60 Jahre Landeskulturverband
Schleswig-Holstein

60 Jahre Landeskulturverband Schleswig-Holstein

Erinnern, Bewahren, Entwickeln – 100 Blicke auf die Kultur im Norden

Herausgegeben von Dr. Bernd Brandes-Druba (Kiel)
im Auftrage des Landeskulturverbandes Schleswig-Holstein (Rendsburg)

Band 17 der Reihe „zeit+geschichte"
der Sparkassenstiftung Schleswig-Holstein

Wachholtz

Inhalt

■ Statements

■ Survey

■ Impressum

Intro

„Dem Landeskulturverband
      Schleswig-Holstein zum 60. Geburtstag"

Rolf Teucher

Bürgermeister a.D., Rendsburg,

Vorsitzender des Landeskulturverbandes

Einführung

Mehr als 60 Jahre hat der Landeskulturverband Schleswig-Holstein e.V. (LKV) die Kulturpolitik und die Kulturarbeit in Schleswig-Holstein beobachtet, begleitet und mit gestaltet. 1948 gegründet, ist er aus dem Kieler Kulturring hervorgegangen.

Der runde Geburtstag des LKV wurde im November 2008 mit einem Empfang im Landeshaus in Kiel gebührend gefeiert und mit einem eintägigen Kulturkongress zum Thema „Kulturpolitik heute" eindrucksvoll gewürdigt. Das Jubiläum des Verbandes war auch Anlass für Überlegungen, in einer Edition die Beiträge der Veranstaltung zu dokumentieren und gleichzeitig die derzeitige Situation der Kultur im nördlichsten Bundesland zu beschreiben und Perspektiven zu definieren.

Kultur und Bildung als Querschnittsaufgabe aufzufassen, ist auch im 7. Friedens-Jahrzehnt nach dem 2. Weltkrieg keine selbstverständliche Einsicht der politischen Parteien.

Der Landeskulturverband hat sich die Aufgabe gestellt, dieses Verständnis von Kultur bei den politisch Verantwortlichen durchzusetzen.

Bildung und Kultur sind nicht der politischen Beliebigkeit anheim gestellt. Sie dürfen auch nicht ausschließlich mit ökonomischen Parametern gemessen werden. Der Landeskulturverband tritt deshalb seit über 60 Jahren dafür ein, dass alle schöpferischen Kräfte gefördert werden und das gesamte Spektrum künstlerischer und kultureller Möglichkeiten offen bleibt.

Der Landeskulturverband ist als Dachverband der Kultur in Schleswig-Holstein in der Verantwortung,

- die Freiheit von Kunst und Kultur zu fördern und zu sichern.
- die Vielfalt und Qualität der kulturellen Infrastruktur zu unterstützen und auszubauen.
- Schleswig-Holstein als lebendige Kulturlandschaft und Kulturregion zu profilieren.
- den Informations- und Erfahrungsaustausch unter den Kulturaktiven und –interessierten zu verbessern.
- kulturpolitische Prozesse zu stimulieren, kulturpolitische Interessen zu entwickeln und zu formulieren.
- die Rahmenbedingungen für Publikations- und Informationsmöglichkeiten zu stärken.
- die Finanzierungsmöglichkeiten kultureller Institutionen und Projekte zu sichern und neue Förder- oder Ertragsperspektiven zu entwickeln.

- den Diskurs mit anderen gesellschaftpolitischen Gruppen und Bereichen zu fördern.
- kulturelle Entwicklungen, Aktivitäten oder Probleme stärker in das öffentliche Bewusstsein zu bringen.

Der LKV versteht sich als Forum, auf dem unterschiedliche Positionen vertreten, pluralistische Auffassungen ausgetauscht und vielfältige Beiträge zur Bildung und Kultur vorgebracht und frei verhandelt werden. Und er versteht sich als Partner der Politik und der Verwaltung in den Kommunen und im Land, die die Rahmenbedingungen für die Entwicklung der Kultur setzen und verantworten.

Herausforderung und Aufgabe des Landeskulturverbandes Schleswig-Holstein e.V. bestehen darin, alle Kräfte des Kultur- und Geisteslebens in Schleswig-Holstein an der Gestaltung der Rahmenbedingungen zu beteiligen und sie für die politische Dimension ihrer Arbeit zu interessieren.

Jutta Kürtz

Journalistin und Autorin, Kiel

Präsidentin des Heimatbundes (SHHB), Molfsee

60 Jahre Landeskulturverband Schleswig-Holstein

Der LKV will die „Unruhe in der geistigen und kulturellen Uhr des Landes sein." So das Credo des Landeskulturverbandes in den Anfangsjahren.

Er war aus dem Kieler Kulturring hervorgegangen und wollte mehr. Der Kieler Max Wittmaack, Stadtrat und langjähriger Leiter der Volkshochschule, war der Motor, die treibende Kraft. Er versammelte machtvolle, ideenreiche Köpfe um sich aus allen im Lande wirkenden politischen Parteien, Künstler aller Sparten, kulturverfasste Menschen, die sich der Gesellschaft und kulturellen Aufgaben verpflichtet wussten. Im Januar 1948 war es so weit. Max Wittmaack, kennzeichnend beschrieben als „Genie des Anregens und der Improvisation", wurde der erste Geschäftsführende Vorsitzende, der Maler Karl Friedrich Gottsch der erste Präsident. Als seine Aufgabe bezeichnete der Landeskulturverband „…alle Kräfte des Kultur- und Geisteslebens im Lande Schleswig-Holstein in demokratischem und friedlichem Geiste zur Erziehungs- und Bildungsarbeit zusammenzufassen, gemeinsame Richtlinien zu erarbeiten und in der Öffentlichkeit zu vertreten…" Der spätere Präsident Hans Heinemann im Rückblick: „Von Anfang an war es eine Institution, die Aufgaben übernommen hat, die es als Erfordernis der Zeit zu übernehmen galt, die aber von anderen Institutionen oder gewissermaßen öffentlichen Stellen oder Personen nicht übernommen werden konnten oder wollten, vielleicht auch zuweilen gar nicht übernommen werden sollten."

Anfang 1948 – das war eine Zeit, in der noch Elend und Not herrschten, in der das Land noch unter Zerstörungen litt. Eine bessere Situation als direkt nach Kriegsende und in der unmittelbaren Nachkriegszeit. Aber dennoch eine Zeit großer Ungewissheit. Allmählich erst fand man vom Überleben zurück zum Leben. Die Währungsreform im Juni 1948 bildete die erste Grundlage für eine wirtschaftliche Erholung, gegen Ende des Jahres wurde das Grundgesetz der Bundesrepublik beraten. Zugleich vertiefte sich aber die Spaltung Deutschlands, der östliche Teil wurde immer weiter abgeschottet.

In dieser Zeit also gab es hierzulande kluge Köpfe, die ideenreich und energievoll auf die Macht des Kultur- und Geistesleben setzten, die erste kulturelle Kontakte zum Ausland herstellten. Dr. Joachim Kruse, Geschäftsführender Vorsitzender in den 70er Jahren: „Diese Generation wollte … umerziehen, Vorurteile abräumen, die Kunst – Musik, Theater, Bildende Kunst – reinigen von ideologischem Ballast, sie wollte die Menschen herausreißen aus dem Grau-in-Grau ihres Alltags und der Geschäftigkeit ihres vordergründigen Tuns. Kunst war für sie noch eine unbezweifelbare Größe. Und sie wollten die Tore aufschließen zu den europäischen Nachbarn."

Bereits im Gründungsjahr, 1948, wurden vom LKV junge Talente gefördert, eine erste Ausstellung präsentierte in Mürwik Arbeiten schleswig-holsteinischer Künstlerinnen und Künstler. Eine Ausstellung, die dann 1949 nach Manchester, Liverpool und London reiste und dort als erste deutsche Kunstausstellung in England nach dem Krieg präsentiert wurde. Man stelle sich die damaligen Reise- und Transportbedingungen vor und das spannungsreiche Verhältnisse zwischen den Völkern… Es ging sofort aktiv weiter mit „Kunsterziehungswochen", umfangreichen Bildungsprogrammen für Lehrerinnen und Lehrer. 1950 trafen sich dann Künstlerinnen und Künstler zu den ersten „Deutsch-Skandinavischen Herbsttagen", 1951 zeigte der LKV eine Unesco-Ausstellung „Internationale Kunst", veranstaltete „Norddeutsche Festspiele", einen „Tag des Schrifttums" und schließlich 1952 die erste „Landeskulturwoche" in Schleswig, sieben prall gefüllte Tage mit 32 Veranstaltungen. Ein beeindruckend vielfältiges und hochqualifiziertes, auch überregional besetztes Programm – alle bedeutenden Köpfe des aktuellen Kultur- und Geisteslebens waren beteiligt, die Besucherzahlen hoch. Die Landeskulturtage hatten – so nachzulesen im Programm – die Aufgabe, „eine Begegnung aller Lebenskreise mit den kulturtragenden Kräften unserer Landschaft zu ermöglichen." Das gelang. Die kultur-hungrigen Menschen im Norden waren begeistert, es war „eine große Bilanz der sich im Lande regenden Bestrebungen", so Dr. Theo Christiansen, einer der bedeutendsten Führungsköpfe des LKV von Anbeginn. Nach der zweiten Landeskulturwoche in Rendsburg (1953) unter dem General-Thema „Menschliche Existenz und Technik", der großen Ausstellung „Wettbewerb junger bildender Künstler aus Schleswig-Holstein" (1954) – 154 Ausstellungen schleswig-holsteinischer Malerinnen, Maler und Graphiker in

öffentlichen Gebäuden folgten in den nächsten Jahren -, nach Musiktagen in Schleswig, Tönning, Plön und Eckernförde erstellte der LKV eine erste Bilanz. Dr. Theo Christiansen: „Als der Verband der Bildenden Künstler sich festigte und große eigene Ausstellungen zeigen konnte, war unsere Arbeit nicht mehr nötig."

„Auftrag und Leistung" nannte der Landeskulturverband im Jahr 1954 seinen Rückblick und beschloss, weiterhin Landeskulturtage zu veranstalten, sich nun aber mit dem Schwerpunkt-Thema Theater zu beschäftigen. Die „Schleswig-Holsteinischen Theatertage" sollten in möglichst vielen Orten möglichst vielen Menschen die Möglichkeit geben, Aufführungen aller fünf Bühnen des Landes mit Stücken der Gegenwart zu sehen, um „Kriterien für Maßstäbe der Leistung zu geben und zu Diskussionen anzuregen". Zwölfmal, von 1958-1971, gastierten alle fünf Bühnen landesweit in großen und kleinen Städten. Daneben unterstützte der LKV weiter Musiktage, Künstler und Ausstellungen und zeigte sich weiterhin mutig, auch den noch weniger Aufgeschlossenen die Kunst der Gegenwart nahe zu bringen.

Der entscheidend neue Ansatz aber war 1954/55 der Blick über die Grenzen des Landes hinweg. Dr. Theo Christiansen: „Das kulturelle Leben im Lande hatte sich inzwischen weitgehend konsolidiert und sich zum Teil auch zu einem verengten Eigenleben der Vereine entwickelt. Wir meinten erkannt zu haben, dass das geistige und künstlerische Leben in Schleswig-Holstein immer dann besonderen Rang erreicht hat, wenn das Land, wie es ein Vorstandsmitglied formulierte, ‚…die Fenster und Türen zu Europa weit aufmachte'. Der Vorstand beschloss daher, sogenannte ‚Begegnungen' mit anderen Ländern zu veranstalten, um Impulse zu vermitteln, Maßstäbe zu setzen und Schleswig-Holstein als Bestandteil des europäischen Raumes zu begreifen." Es war eine völkerverbindende Idee, denn diese „Begegnungen" sollten neben anderem eine möglichst breite Information über das geistige und kulturelle Leben im Land der Gäste geben. Es ging vor allem auch um Einblicke in virulente Entwicklungen und Ergebnisse aus den verschiedensten kulturellen Bereichen jener Länder. Gespräche, Diskussionen, Präsentationen sollten die zwischen-menschlichen und kulturellen Begegnungen ergänzen.

Der Ansatz des LKV gelang. Die „Begegnungen" wurden zu kulturellen Großereignissen – in einer Zeit, in der (noch Mitte der 60er Jahre) der Kontakt über die östlichen Grenzen der Bundesrepublik schwer und selten „offiziell" herzustellen war. Der Landeskulturverband nutzte seine Unabhängigkeit und die Präsidiumsmitglieder setzten ihre persönliche Kontaktfähigkeit und Einflussnahme gekonnt ein. Besonders Dr. Theo Christiansen galt als Meister der Grenzüberwindung und als „Menschenfischer" mit unglaublich freundlicher Beharrlichkeit und Zielstrebigkeit. 1956 begann man mit den „Kulturtagen Berlin-Schleswig-Holstein" – sie wurden ein sensationeller Erfolg mit großen Namen und dem Durchbruch über die DDR-Grenzen hinweg. Der LKV machte sich auf den Weg, daraufhin mit Staaten des Ostblocks zu kooperieren – in der Überzeugung, Europa sei trotz der schrecklichen politischen Teilung immer noch eine geistige Einheit. Es war ein mühsamer Weg, große Hürden mussten überwunden werden, Kontakte waren schwer herzustellen, die finanziellen Mittel des LKV waren geradezu lächerlich gering. Aber der Wille war stark. 1958 gelangen die „Begegnungen mit der DDR". Unendlich viele Kulturveranstaltungen im Norden folgten in den nächsten Jahren – Theaterwochen und Kulturtage, Ausstellungen und beachtliche Tagungen zu aktuellen Kulturthemen – während man mit „dem" Ostblock geduldig verhandelte. Man schob 1963 die „Begegnungen mit Schweden" ein, sehr effektiv. 1965 gelang dann schließlich die „Begegnung mit Polen". Auf einer Studienreise nach Prag zum „Prager Frühling" schaffte man die Kontakte – 1966 veranstaltete der LKV die „Begegnung mit der Tschecho-Slowakei". Nach einer weiteren Studienreise, nach Ungarn, kam dann

1967 die „Begegnung mit Ungarn" – Ungarn tanzten und musizierten in Schleswig und Rendsburg und Künstler und Literaten füllten Ausstellungen und Säle. Das Bemerkenswerte an diesen „Begegnungen" war, dass Künstler aus der DDR und aus dem Ost-

block erstmals die Grenzen überwinden konnten, sich erstmals im Westen präsentieren durften, dass ein Austausch von Musikern, bildenden Künstlern und Literaten auch umgekehrt stattfand.

1968 zog der Landeskulturverband wieder einmal – unter dem Geschäftsführenden Vorsitzenden Dr. Theo Christiansen und der Präsidentin Marianne Redlefsen – Bilanz. „Auftrag und Leistung II" ergaben, dass „die Grenzen zum Ostblock durchlässiger geworden (waren). Reisen und ein offizieller Kulturaustausch waren möglich. Also beendete der LKV seine Serie ‚Begegnungen'." Auch die „Theatertage" wurden nur noch kurze Zeit veranstaltet – die Schleswig-Holsteiner(innen) waren mobiler geworden, Theater-kundiger, kulturbewusster. Die „Nachhilfe" durch den LKV war nicht mehr nötig.

Auf zu neuen Themen also: Nun ging es um grundsätzliche Fragen der kulturellen Gesellschaft, des Kulturbetriebes, der Kulturvermittlung. Es ging darum, mit kritischer Aufmerksamkeit zu beobachten, Anstöße zu geben für das kulturelle Leben in Schleswig-Holstein.

Schließlich waren es die Jahre des Aufbruchs in der Gesellschaft. Das politische und das kulturelle Klima veränderten sich. Die Kulturszene hatte sich etabliert. Auch der LKV brauchte neue Instrumentarien, neue Fragestellungen. Der LKV thematisierte die aktuellen Themen auf Tagungen in der Akademie Sankelmark und später auch in der Evangelischen Akademie Nordelbien in Bad Segeberg. Es ging um „Heimatarbeit", um „Subventioniertes Kino? Wege zur Wahrnehmung der Interessen des Publikums", um „Denkmalpflege – Investition für die Zukunft", um Probleme der Stadtentwicklung, „Kunst am Bau", um „Kunstpädagogik in Schleswig-Holstein" und 1977 in einer spektakulären Tagung in Sankelmark um den Begriff „Heimat". Dr. Joachim Kruse schaffte es, dass kritisch und vielstimmig über den durchaus noch ideologisch belasteten Begriff diskutiert und gepredigt wurde. Sogar Jean Améry kam, als Stargast!

Der LKV machte sich in diesen Jahren aber auch für die großen kulturellen Themen des Landes stark. Er griff ein in den Lauf der Dinge, wenn und damit sich etwas in der Kulturlandschaft bewegte. Es ging um die Entwicklung der Schleswig-Holsteinischen Musikakademie in Lübeck zur Hochschule, schließlich auch um den Bau der Musikhochschule. Es ging um die Umbildung der Muthesius-Werkkunstschule in Kiel zur Fachhochschule – dem immerhin ersten Schritt zur heutigen „Muthesius Kunsthochschule in Kiel". Immer ging es auch um die Qualifizierung von Lehrstätten und von Lehrkräften, um die Veränderung von Lehrplänen. Man stritt über die Situation von Musikschulen und Theatern, um Film und Kino und um den Einsatz öffentlicher Fördermittel im und für den Kulturbereich. Und weiter war der LKV präsent und bewährte sich – unter dem 1963 als Direktor an das Schleswig-Holsteinische Landesmuseum gekommenen Dr. Joachim Kruse, der von 1975 an – im Zusammenklang mit dem Präsidenten Prof. Uwe Röhl und dem darauffolgenden Präsidenten Hans Heinemann – ein aktiver und zeitgemäßer Geschäftsführender Vorsitzender war. Er verließ 1978 als neuer Direktor der Kunstsammlungen der Veste Coburg das Land und damit auch den LKV.

1978 begann mit der Medienfrau Dr. Brigitte Schubert-Riese als Geschäftsführender Vorsitzenden, unterstützt von ihrem Vertreter Dr. Jürgen Jensen und vom Präsidenten Hans Heinemann, eine besonders aktive Zeit des LKV. Man war bereit, heiße Eisen anzufassen, die Defizite einer offiziellen Kulturpolitik aufzudecken und die Stimme in aktuellen kulturpolitischen Auseinandersetzungen als „Schaltstelle der Kultur" zu erheben. Der LKV mischte mit, er mischte sich ein – auch, wenn er nicht immer „laut" war, so war er unüberhörbar und gefragt.

Jahrestagungen mit hochaktuellen Themen fanden statt, „Kinder und Jugendtheater", „Museumslandschaft Schleswig-Holstein", „Kunst und Kunstbetrieb", „Literatur und Literaturbetrieb", "Der kulturelle Auftrag des Rundfunks", „Kulturelles Lernen". Hochkarätig besetzte öffentliche Diskussionen wurden geführt, beispielsweise zur „Kultur zwischen Großstadt und Provinz". Man forderte moderne, kultur-orientierte Lehrpläne, unterstützte die Entstehung des kommunalen Kinos und forderte ein „Museum für Industrie- und Alltagskultur" und die Etablierung eines Kinder- und Jugendtheaters. Die Broschüre „Jüdische Denkmäler in Schleswig-Holstein" von Ole Harck sorgte erstmals für fundamentale Information und warb für Verständnis, schließlich unterstützte der LKV mit seinem Präsidenten Hans Heinemann aus Rendsburg vehement die Wiederherstellung der ehemaligen Rendsburger Synagoge und ihre Nutzung als Jüdisches Museum und als Kulturzentrum. Ein Kompositionsauftrag an György Ligeti wurde erteilt, das Werk uraufgeführt. Es gab kulturelle Begegnungen mit Dänemark, Bildhauersymposien und Literaturwerkstätten. Der Grundstock für eine Literaturgesellschaft und für das „Literaturhaus Schleswig-Holstein" wurden gelegt.

Eine spannende Entwicklung nahm in dieser Zeit die Politik. 1982 wurde erstmals Kultur auch zum öffentlich diskutierten Thema. Eine große Anfrage der F.D.P.-Fraktion im schleswig-holsteinischen Landtag führte zu einer Landtagsdebatte, der Landeskulturverband legte ein umfangreiches Positionspapier vor. Kultusminister Dr. Peter

Bendixen suchte den Diskurs mit dem Vorstand des LKV, die CDU-Landesregierung veröffentlichte eine ausführliche Darstellung der Kulturpolitik. Daraufhin stellte der LKV seine Jahrestagung 1983 unter das Motto „Kulturpolitik für Schleswig-Holstein" und ließ dabei den Nürnberger Prof. Dr. Hermann Glaser, einen der renommiertesten deutschen Kulturpolitiker, seine zukunftsorientierten Thesen darlegen.

Mit dem Jahr 1985 setzt der Landeskulturverband neue Akzente in seiner Arbeitsweise. Dr. Brigitte Schubert-Riese: „...Bis zu Beginn der 80er Jahre ein durchweg vernachlässigter Bereich, wurde die Kultur auch in Schleswig-Holstein als eines der entwicklungsfähigen Gestaltungsfelder entdeckt und mit entsprechender Aufmerksamkeit bedacht. 1985 legte die Landesregierung ein weitreichendes Kulturprogramm auf. Es bot – wie es der LKV in seiner offiziellen Stellungnahme charakterisiert hat – die Chance, den Nachholbedarf des Landes gegenüber anderen Bundesländern abzudecken, wie auch die Möglichkeit, neue Wege der Förderung und Vermittlung von Kunst und Kultur auszuprobieren... Aus der Beurteilung der veränderten kulturpolitischen Situation, dem Boom an kulturellen Angeboten und entsprechenden finanziellen Förderungsmöglichkeiten leiten die Mitglieder die Notwendigkeit ab, nun vornehmlich qualitative Kriterien für die Strukturierung und weitere Entwicklung der Kulturlandschaft Schleswig-Holstein zu formulieren. Für diese Aufgaben haben sich in einem erweiterten Beirat Persönlichkeiten aus allen Sparten von Kultur und Kunst zur Verfügung gestellt. Auf dieser Basis von Fachverstand und Kompetenz ist das Programm ,Kultur aktuell' entwickelt worden." Dazu Präsident Hans Heinemann: „Der LKV will durch wirksames Engagement Anstöße geben zur kulturellen Entwicklung im Lande Schleswig-Holstein. Die Basis dafür ist der pluralistische Austausch von Ideen, Vorstellungen und Meinungen, die mit angemessenem Sachverstand in die Diskussion und Gestaltung der Schleswig-Holsteinischen Kulturlandschaft einfließen sollen. Dazu hat der LKV eine Veranstaltungsreihe ,Kultur aktuell' eingerichtet und einen gleichnamigen Preis geschaffen, mit dem die jeweils herausragende kulturelle Leistung im Ablauf eines Jahres ausgezeichnet werden soll."

„Kultur aktuell" war das neue Schlagwort. Ein Preis wurde ausgelobt, finanziert durch die Landesbank Schleswig-Holstein als Partner. Die Galerie „nemo" in Eckernförde war 1985 der erste Preisträger. Norbert Weber erhielt die Auszeichnung für die Ausstellung „Position Nord", zugleich aber für sein unermüdliches hochrangiges Engagement für die zeitgenössische bildende Kunst Nordeuropas. Dieser „Kultur aktuell"-Preis war auch eine Anerkennung für die kulturelle Brücke zwischen Skandinavien (später auch das Baltikum) und Schleswig-Holstein, die der Galerist zu bauen wusste. Im Jahr 1990 wurde die Vergabe des Preises an Heinrich Breloer für sein dokumentarisches Fernsehspiel „Die Staatskanzlei" allerdings zu einer Zerreißprobe. Das Kulturverständnis wurde auf den Prüfstand gestellt, die Zusammenarbeit mit der über die Auswahl wenig begeisterten Landesbank geriet in Gefahr. Kluge Gespräche führten jedoch zu einem guten Ergebnis. Der Preis blieb, der Geldstifter auch. Bis 2001 wurde der Preis „Kultur aktuell" jährlich vergeben – dann wandelte man ihn um in eine biennale Auszeichnung, der zusätzlich noch ein Förderpreis zugeordnet wurde. (Auflistung im Anhang). „Kultur aktuell" stand in diesen Jahren aber auch für ein Forum, auf dem Informationen und Gespräche über aktuelle Themen aus Kultur und Kunst stattfanden. Eine pluralistische Meinungsbildung über Vorhaben und Entwicklungen im Lande erfolgte, mit dem Blick über die Landesgrenzen hinaus. Die Diskussionen waren von beeindruckender Vielfalt und Differenziertheit und gaben so manchen mutigen Anstoß in die Politik und in die Kulturszene hinein.

Der LKV gab sein Votum ab im Hearing zum Landesrundfunkgesetz, kritisierte die Struktur der Kulturstiftung, forderte ein eigenständiges Museum für Schleswig-Holsteinische Volkskunde und stellte die Frage nach dem Kieler U-Boot-Bunker – Denkmal oder nicht? 1987 legten Vorstand und Beirat dem Landtag vor der Wahl einen Fragenkatalog zur Kulturpolitik vor mit zehn Themenkomplexen. Eine große öffentliche, best-besuchte Podiumsdiskussion fand dazu statt. Man entwickelte ein Nutzungskonzept für das Landeskulturzentrum Salzau und thematisierte immer wieder Muthesius und die Zukunft der Rundfunklandschaft. Kulturelle Forderungen und Ziele wurden

überall dort formuliert, wo sie im Lande in der Gesellschafts- und Kulturpolitik nötig zu sein schienen. Dr. Brigitte Schubert-Riese: „Der LKV ist häufig in der Rolle geblieben, das zu tun, was andere nicht tun können oder nicht tun wollen. Dabei war die Überzeugung von der Bedeutung und Notwendigkeit seiner Aktivitäten immer wichtiger als das Heischen nach massenwirksamer Resonanz."

1988 feierte man: 40 Jahre Landeskulturverband – eine Erfolgsgeschichte. Eine Geschichte, die auch Namen hatte – Menschen, die mit ihrer Energie und mit visionärer Zielstrebigkeit den Verband geprägt hatten. Da waren zunächst einmal die Präsidenten – der Maler Friedrich Karl Gottsch, der Schriftsteller Ottfried Graf Finkenstein, der Musikprofessor Theodor Warner, der Generaldirektor der Landesbrandkasse Karl Dietrich Beencken, die Unternehmerin Marianne Redlefsen, der Universitätsprofessor Erich Burck, der Landeskirchenmuskdirektor Prof. Uwe Röhl und der Unternehmer und Kunstmaler Hans Heinemann. Nicht vergessen werden dürfen aber die Geschäftsführenden Vorsitzenden: Max Wittmaack, Stadtrat und Leiter der VHS in Kiel, der Historiker

Dr. Theodor Christiansen, langjähriger Leiter des Kulturamtes der Stadt Schleswig und der Direktor des dortigen Städtischen Museums, der Schleswiger Dramaturg Armin Krämer, Dr. Joachim Kruse, Direktor des Landesmuseums in Schleswig, die Literaturwissenschaftlerin und Journalistin Dr. Brigitte Schubert-Riese. Ihnen allen zur Seite standen bedeutende Mitstreiter/innen, die unendlich viel bewegt haben.

1990 gab es eine maßgebliche Wende im LKV. Der Landeskulturverband veränderte seine Struktur – das Präsidium als Organ wurde aufgelöst und funktional dem Vorstand zugeordnet. Unter dem Vorsitz von Dr. Magnus Staak bekam der Landeskulturverband ein neues Gesicht. Mit großer Effizienz machte der Vorsitzende den Verband im Land Schleswig-Holstein auf neue Weise unübersehbar und unüberhörbar. Der LKV, der „Anwalt der Kultur" reagierte schnell und direkt auf alle Entwicklungen der Politik und der Kulturlandschaft. Er wurde gefragt, man hörte auf ihn. Er war ein konstruktiv-kritischer Widerpart. Generalintendant Peter Dannenberg, Präsident Friedhelm Hoffmann, Geschäftsführer Jochen Hahne standen dem Vorsitzenden in den ersten Jahren als geschäftsführende Vorstandsmitglieder zur Seite, später auch Landesbankdirektor Peter Pahlke, Bankdirektor Dr. Jörn Winterfeld, Dr. Stephan Opitz, der damals das nordkolleg Rendsburg leitete. Daneben gab es immer einen Erweiterten Vorstand mit Persönlichkeiten aus allen Kulturbereichen und einen großen beratenden Beirat, der im Laufe der Jahre seinen Part dadurch leistete, dass sich der LKV stets kompetent einmischen konnte und schnellstmöglich die Probleme der Kultur und der Kulturpolitik erkannte und aufgriff.

Stets hochaktuell nahm der LKV Stellung zum Kulturhaushalt des Landes, zum Entwurf des Landesarchivgesetzes, zur Neuordnung der Medienlandschaft und der Einrichtung einer Medienstiftung. Er sorgte sich um die Struktur, die Finanzierung und die Aufgabenstellung der Kulturstiftung des Landes. Kunst am Bau, Kunst im öffentlichen Raum, der Verkauf und die Nutzung des Kieler Schlosses, die Minderheiten, die Finanzierung der Theater, die soziokulturellen Zentren, LandArt-Projekte, Kunstausstellungen, KulturAgentur – kein Thema blieb aus. Kulturgespräche in großer Zahl wurden geführt. Praktischen Service leistete der LKV auch für seine Mitgliedsverbände – die „Kulturadressen Schleswig-Holstein" wurden herausgegeben, fortan immer wieder aktualisiert, Ausstellungsorte zeitgenössischer Kunst wurden dargestellt, eine Checkliste für Ausstellungsmacher und eine Mustersatzung für Kulturverbände wurden erarbeitet. Eine Rundschreiben-Reihe „Kultur in Schleswig-Holstein" – viermal im Jahr – gibt auch aus heutiger Sicht einen hervorragenden dokumentarischen Überblick über die Entwicklung des Verbandes und der Kulturlandschaft Schleswig-Holstein in jenen Jahren.

Ein wichtiges, landesweit sichtbares „Instrument" des LKV waren die „Schleswig-Holsteinischen Kulturtage", die über Jahre in vielen Städten und Regionen des Landes unter unterschiedlicher Themenstellung arrangiert wurden. Der erste 1991 in Eckernförde, der letzte 2000 in Dithmarschen (die Übersicht findet sich im Anhang).

Der politische Raum blieb nicht außen vor. Dem 13. Landtag wurden 1992 vor der Wahl 13 Forderungen Schleswig-Holsteinischer Kulturverbände vorgelegt. Es wurde darüber öffentlich diskutiert. Vier Jahre später, 1996, folgten die 14 Forderungen an den 14. Landtag. Neben vielen Ausstellungen und einem hohen Engagement für die bildenden Künstler fand 1995 mit der „Nordskulptur" in Neumünster in der früheren Holstenbrauerei eine der größten Ausstellungen dieser Kunstsparte der letzten Jahrzehnte statt – Tausende kamen zu der Begegnung mit den 26 Bildhauerinnen und Bildhauern und ihren Werken.

1997 wurde dann ein Krisenjahr. Dr. Magnus Staak in seinem Rückblick: „In der Finanzkrise der öffentlichen Haushalte wird deutlich, dass die Mitverantwortung der Träger öffentlicher Haushalte für Kultur und Kulturförderung verkannt und die Chancen versäumt werden, durch verstärkten ehrenamtlichen Einsatz, den Verzicht auf überholte Positionen, die Zuwendung zum Neuen und eine bessere Zusammenarbeit die Kultur in Schleswig-Holstein zu bewahren und weiter zu entwickeln. Zur ‚Kultur unseres Landes im Wandel' legt der Landeskulturverband ‚Zehn Feststellungen und zehn Folgerungen' vor. Die finanziellen Grundlagen der Kulturarbeit in Schleswig-Holstein werden immer schmaler und verlieren ihre Tragfähigkeit. Diese Tatsache führt den Landeskulturverband zu einer Fülle von Stellungnahmen gegenüber Arbeitskreisen, Fraktionen und Ausschüssen des Landesparlaments, in Tagungen und anderen Veranstaltungen und in der Öffentlichkeit. Auf der Grundlage einer Strukturanalyse des Kulturhaushalts werden Wege aufgezeigt, wie ein zielgerechter Einsatz der geringen Mittel zu erreichen ist. Der Erfolg dieser Bemühungen bleibt begrenzt."

Ein Jahr später, 1998, feierte der Landeskulturverband sein 50jähriges Bestehen mit Prof. Hans Maier, dem Münchener Literaturwissenschaftler, als Festredner. Seine Mahnung: „Politik kann nicht alles tun. Vor allem Kulturpolitik kann nicht wirksam werden ohne das vielfältige Engagement der Bürger. An dieses Engagement der Bürger hat der Landeskulturverband Schleswig-Holstein in den 50 Jahren seiner Existenz immer wieder appelliert. Er sollte es auch in Zukunft tun. Denn nur wenn dieser Bürgersinn anhält und aktiv bleibt, nur wenn er sich neu belebt und steigert – nur dann können wir als Deutsche auch in Zukunft stolz auf unsere Regionen, stolz auf unsere Heimat sein."

Als Dr. Magnus Staak und sein Vertreter Peter Dannenberg im Mai 1998 ihre Ämter an einen neuen Vorstand übergaben, konnten sie sehr zufrieden sein. Der Landeskulturverband hatte viel erreicht, er hatte Profil. Sein Nachfolger, Dr. Stephan Opitz, zu Beginn seiner Amtszeit im Rahmen der Jubiläumsfeier: „…Wir (der neue Vorstand) werden uns weder seine Schuhe anmaßen zu tragen noch in seinen Disziplinen antreten. Die Kompetenz von Magnus Staak ist groß – wer außer ihm hätte im Lande ein vollkommen unbeirrbares Hin- und Her zwischen den Sparten Geist und Geld, Verwaltung und Kultur, Politik und Ästhetik derart artistisch, souverän und nachweisbar sehr erfolgreich betreiben können…" Der neue Vorsitzende beschloss seinen geistreichen Diskurs über die Begrifflichkeit von Kultur und die Situation derselben in unserer

Gesellschaft mit der Aufforderung: „…Wir haben uns die Frage zu stellen, womit wir leben wollen. Diese Frage müssen wir öffentlich stellen – und diese Öffentlichkeit will der Landeskulturverband mit Ihnen, den Kulturschaffenden, den Institutionen und der Administration, der Politik weiterhin und vielleicht ein klein bisschen mehr herzustellen trachten. Das könnte, einigermaßen guten Willen und unsere versammelten kulturellen Bedürfnisse vorausgesetzt, interessant werden – immer unter der Voraussetzung funktionierender kollektiver Begreifungskraft: ‚Erkenne die Lage – rechne mit Deinen Defekten‘. Lassen Sie uns dieser Aufforderung Gottfried Benns mit wachen Sinnen und Verstandeskräften nachkommen. Es wird sich lohnen…“.

Es lohnte sich. Der Landeskulturverband blieb im Diskurs, unterstützte die, die es brauchten, veranstaltete weiterhin die Schleswig-Holsteinischen Kulturtage (1999 im Kreis Herzogtum Lauenburg und 2000 in Dithmarschen), verlagerte seine Geschäftsstelle ins Nordkolleg nach Rendsburg und wurde zum begehrten Ansprechpartner. Eine Reihe von Arbeitstagungen zu grundsätzlichen Fragen der Kulturfinanzierung folgte. Opitz: „Der LKV hat sich vorgenommen, in den nächsten Jahren alle Bereiche des Kulturlebens unter dem Blickwinkel der dafür nötigen Finanzierungen auf Arbeitstagungen vorzustellen“. Die erste Tagung „Kulturförderung“ ging das Thema generell an, sie fand schon 1998 in Zusammenarbeit mit dem Nordkolleg in Rendsburg und dem Institut für Kulturmanagement der PH Ludwigsburg statt. Große Referent(inn)en sorgten für großen Zuspruch – Sigrid Löffler, die damalige Feuilletonchefin der „ZEIT“, Prof. Dr. Werner Heinrichs, Direktor des Instituts für Kulturmanagement an der PH Ludwigsburg, Prof. Ellen Lissek-Schütz vom Institut für Kulturmanagement und –verwaltung der FH Potsdam kamen und viele andere. Die Tagung „Musikfinanzierung“ wurde dann in Zusammenarbeit mit dem Landesmusikrat veranstaltet, die Tagung „Kulturmarketing – Marketing für die Kultur“ zusammen mit dem Nordkolleg Rendsburg. Im Zusammenwirken mit dem Kultusministerium, dem Städteverband, dem Landesverband der Volkshochschulen und dem Nordkolleg Rendsburg, führte der LKV eine nachhaltig wirkende Tagung in Rendsburg zur „Kulturarbeit in Städten, Gemeinden und Kreisen“ durch. Die Gründung eines „Hauses der Verbände“ wurde diskutiert, man diskutierte auch über Ziel und Perspektiven des geplanten „Kulturservers Schleswig-Holstein“. Der LKV und der Förderverein Nordkolleg e.V. verliehen den „Eugen Wolff Preis 1999“ für herausragende Studienleistungen im Fach Kulturmanagement an den Kieler Andreas Blödorn. Beim Preis „Kultur aktuell“ entschied man sich für die „Tanz Companie Lübeck“.

1999 wurden vor der Wahl – nach bewährtem Vorbild – 11 Fragen an den 15. Landtag gestellt und öffentlich diskutiert mit allen im Landtag vertretenen Parteien. Dr. Magnus Staak leitete die spannende Podiumsdiskussion unter der Themenstellung „Fragen an die politischen Parteien zur Kulturpolitik in Schleswig-Holstein im Hinblick auf das Wahljahr 2000“.

Opitz als Vorsitzender war unermüdlich unterwegs in Sachen Kultur und in Sachen LKV. Dann aber wechselte er 1999 die Seiten und übernahm bedeutsame Aufgaben im Kultusministerium. Glücklicherweise blieb er aber weiterhin ein zuverlässiger und immer kompetenter Gesprächspartner für den Landeskulturverband.

Sein Stellvertreter, Prof. Bernhard Schwichtenberg, übernahm souverän die Führung des LKV, bis sich 2001 nach schwieriger Findungsphase ein neuer Vorstand präsentieren konnte. Das langjährige Vorstandsmitglied der Provinzial Versicherungsgruppe Kiel, Hans Georg Bergmann, der auch ein Dutzend Jahre lang Vorsitzender des Schleswig-Holsteinischen Kunstvereins war, übernahm den Vorsitz. Kunstsinnig und geistreich manövrierte er den Landeskulturverband durch schwierige Zeiten. Schwindende Mitgliedszahlen, eine starke Eigendynamik und zunehmende Eigen-Aktivitäten der Mitgliedsverbände belasteten den Verband, die finanzielle Situation wurde schwieriger – wie für alle Kulturinstitutionen im Lande, die zunehmend unter rückläufigen und durch Haushaltsengpässe und -sperren in nicht gesicherte Position gerieten.

Im Herbst 2001 fand die nächste, erfolgreiche LKV-Tagung zum Thema Kulturfinanzierung statt – dieses Mal ging es um „Sponsoring und Fundraising". Dann führte der LKV seine „KulturGespräche" ein, er beteiligte sich am Wirtschafts- und Kulturfestival der IHK Flensburg und Kiel unter dem zukunftsweisenden Titel „Vision", auch an der Kulturmanagement-Vorlesungsreihe „Geist und Geld".

Der LKV informierte sich und die Öffentlichkeit, bezog Stellung und nahm Einfluss. Er mischte sich weiter ein – als es erneut um den Verkauf und die Nutzung des Kieler Schlosses ging, um das Landeskulturzentrum Salzau, um ein neu geplantes Science Center, auch um die H.P.Schrader-Plastik vor dem nunmehr verkauften Plöner Schloss. Man unterstützte das „Mommsen-Jahr 2002" und veranstaltete den Kulturkongress 2002 zum Thema „Kultur-Tourismus-Wirtschaft". Damit schob der LKV ein längst fälliges, für das Tourismusland Schleswig-Holstein wichtiges Thema an. Der „KulturImpuls" am Museumstag, eine große öffentliche Diskussion, zeigte Bestand und Visionen der Museumslandschaft auf. Weiter wurde diskutiert über ein „Haus der Geschichte", ein „Haus der Kultur", über Profil und Zielsetzung des „Kulturnetzes", und auch „Kunst im öffentlichen Raum" blieb ein Thema. Daneben wurden immer wieder KulturGespräche mit einzelnen Kultursparten geführt, Ausstellungen begleitet, der Preis „Kultur aktuell" nunmehr biennal vergeben, erstmals 2003 an das koreanische Ehepaar Kap-Sun Hwang und Si-Sook Kang, beide ausgewiesene Keramik-Künstler.

Im April 2003 übernahm dann Rolf Teucher den Vorsitz, ehemals Bürgermeister der Stadt Rendsburg, unterstützt durch einige „erprobte", aber auch durch neue Vorstandsmitglieder. "Wir werden uns bemerkbar machen und gefragt und ungefragt Stellung nehmen", versicherte er.

In einem Interview mit dem Wirtschaftsmagazin WNO nannte er das aktuelle Programm, das die Kern-Tätigkeitsfelder des Landeskulturverbandes aufzeigt:

- Förderung und Sicherung der Freiheit von Kunst und Kultur
- Stärkung und Weiterentwicklung des kulturellen Angebotes in Schleswig-Holstein

- Information der Öffentlichkeit über kulturrelevante Entwicklungen und Entscheidungen
- Stärkung des öffentlichen Bewusstseins für kulturelle Aktivitäten, Entwicklungen und Probleme
- Förderung der Zusammenarbeit zwischen den Kulturanbietern
- Förderung der Kommunikation der Mitglieder des LKV mit Kulturinteressierten und Kulturnutzern
- Fortbildung und Wissensvermittlung, Kooperation und Kommunikation mit anderen gesellschaftlichen Gruppen wie Wirtschaft, Tourismus, Sozialverbänden
- Vermittlung zwischen dem Land Schleswig-Holstein, den Kommunen, den kommunalen Landesverbänden und den kulturellen Verbänden, Vereinen und Institutionen in kulturpolitischen Fragen und Auseinandersetzungen
- Moderation kultureller und kulturpolitischer Themen.

Ein ehrgeiziges, umfassendes Programm. „Der LKV ist Initiator und ggf. Umsetzer von Ideen und Innovationen", betonte der neue Vorsitzende auch – und so beklagte er gleich zu Anfang die bisher ungenutzten Möglichkeiten in der Kooperation von Wirtschaft und Kultur. Bereits im ersten Jahr initiierte er seine Marketing-Idee „KulturCent", die zusätzliche Finanzmittel für die Kulturförderung in Millionenhöhe akquirieren und der Kultur-Finanzierung zuführen sollte. Rolf Teucher wurde aktiv. Er brachte dem LKV neue Strukturen (auch wieder einen Beirat) und mit der „KulturPerspektive" eine klare Aufgabenstellung. Eine enge Zusammenarbeit zum Thema KulturTourismus und KulturMarketing entwickelte sich in Zusammenarbeit mit dem Kultusministerium, der Tourismus-Agentur und der Sparkassenstiftung. Mit dem Kultusministerium wurde erstmals eine Ziel- und Leistungsvereinbarung geschlossen. Die Übernahme des „Kulturnetzes" gelang. Der LKV war allüberall gegenwärtig und durch den Vorsitzenden und seine Vorstandsmitglieder tatkräftig dabei. Seine aktuellen Stellungnahmen wurden wahrgenommen, seine landesweit geführten KulturGespräche sorgten für einen hohen Bekanntheits- und Informationsgrad des LKV im Land.

Das setzt sich fort bis heute. Jährlich ist der „KulturKongress" des Landeskulturverbandes mit seinen hochaktuellen, richtungsweisenden Themen und den überregional renommierten Referenten ein Markenzeichen. (Die Liste der KulturKongresse ist im Anhang beigefügt).

Auf den KulturKongress im Jubiläumsjahr 2008 mit dem Thema „KulturPolitik heute" folgte 2009, im Jahr des vorzeitigen Regierungswechsels von der großen Koalition zur CDU-FDP-Koalition, der sehr gut besuchte KulturKongreß „KulturPerspektive 2010-2015". Der gerade ernannte Minister für Bildung und Kultur des Landes Schleswig-Holstein, Dr. Ekkehard Klug, sprach sich dabei für eine Stärkung der kulturellen Bildung und für die Sicherung der kulturellen Infrastruktur aus. „Für die kommenden fünf Jahre steht zumindest eines fest: Die gemeinsamen Schnittmengen von Kultur und

Bildung in Schleswig-Holstein können wieder stärker zur Geltung kommen. Wenn es um die Perspektiven der schleswig-holsteinischen Kulturpolitik geht, gehört kulturelle Bildung sicher zu den Punkten, die es zu stärken gilt". Um die kulturelle Infrastruktur zu sichern, solle künftig ein Kulturentwicklungsplan das Fundament für eine Vereinbarung zwischen dem Land und den Kommunen legen.

Tagesaktuell und zukunftsorientiert waren auch die Referate – u. a. sprachen die namhaften deutschen Kulturpolitiker und Kulturberater Dr. Cornelia Dümcke (Culture Concepts, Berlin), Prof. Dr. Michael Göring (ZEIT-Stiftung Ebelin und Gerd Bucerius, Hamburg), Prof. Dr. Dieter Haselbach (ICG culturplan Unternehmensberatung GmbH, Berlin) und Prof. Dr. Oliver Scheytt (RUHR.2010 GmbH, Essen). Auch die Arbeitsgruppen und die Diskussion mit Fraktionsvorsitzenden und Landtagsabgeordneten des neuen Parlaments sorgten für den Blick nach vorn.

Dem LKV gelingt es ohnehin seit Jahren, in zahlreichen Workshops und Tagungen, immer wieder die auflaufenden Fragen und Themen der Kulturlandschaft zu klären. Jährlich machen mehrere KulturGespräche im ganzen Land, in allen Kultursparten die Entwicklungen und Probleme sichtbar. Seit 2004 hat der LKV die Organisation und Moderation des „KulturSommers" übernommen, der alljährlich mit einem gewaltigen Veranstaltungsprogramm zwischen Nord- und Ostseeküste den musikalischen Sommer des „Schleswig-Holstein Musik Festival" begleitet und ergänzt. Stets mit demselben Länderschwerpunkt und einer großen, feierlichen Eröffnung. Alle zwei Jahre wird der Kulturpreis „KulturAktuell" vergeben, seit 2007 unter dem Titel „Norddeutscher Kulturpreis", nun in Verbindung mit einem Förderpreis.

Die Beteiligung am Wirtschafts- und Kulturfestival „Vision" und an dem grenzüberschreitenden „Grenzlandportal", die Teilnahme an Diskussionsforen und Konferenzen, die Mitarbeit in Gremien haben in den letzten Jahren neue Einsichten und Kooperationen geschaffen. Die Liste der Informations- und Kontaktgespräche ist schier endlos. Das alles prägt das Gesicht und das Gewicht des LKV.

Zweimal ist der Vorsitzende Rolf Teucher wiedergewählt worden. Ihm zur Seite standen (und stehen) in diesen Jahren – in unterschiedlichen Positionen des Gesamtvorstandes: Erle Bessert, Dr. Bernd Brandes-Druba, Hans Brüller, Guido Froese, Lutz Jahre, Torge Korff, Reiner Kraatz, Jutta Kürtz, Iris Mann, Dr. Juliane Moser, Antje Peters-Hirt, Peter Amadeus Schneider, Prof. Dr. Thomas Steensen, Prof. Dr. Reimer Witt, Dr. Christian Zöllner.

Sie alle haben – unter der stringenten, kreativen und kompetenten Führung ihres Vorsitzenden nie das tradierte Ziel aus den Augen verloren: der Landeskulturverband möge die „Unruhe in der geistigen und kulturellen Uhr des Landes sein".

PS: Gäbe es eine Fee und hätte der Vorsitzende Rolf Teucher drei Wünsche für den LKV frei, so wären dieses zweifelsohne 1. Erfolg für die Aktion „KulturCent", 2. Eine Sonderbriefmarke „Für die Kultur", 3. Lotteriegelder nicht nur für den Sport, sondern auch für die Kultur.

- Hätte es Gerd Skowronek nicht gegeben, der von Beginn an bis 1990 auf vorbildliche Weise die Geschäfts- und Kassenführung für den LKV übernommen hat und große Mengen von Dokumenten hinterlassen hat,
- hätten 1988 nicht Dr. Brigitte Schubert-Riese und Dr. Jürgen Jensen zum Jubiläum die vorzüglichen, immer noch hochinteressanten „Beiträge zur Kultur" herausgegeben,
- hätte nicht Dr. Magnus Staak 1998 zum Jubiläum in seiner unnachahmlich ordnenden, strukturierenden Weise mit seiner Dokumentation „Kultur in Schleswig-Holstein 1948-1998" Fakten vorgelegt –

dann wäre diese Zusammenfassung „60 Jahre Landeskulturverband" nicht möglich gewesen. Den „Vorschreibern" sei also ausdrücklich und sehr gedankt.

Die „Beiträge zur Kultur" und „Kultur in Schleswig-Holstein 1948-1998" sind in Bibliotheken noch vorhanden.

www.landeskulturverband-sh.de

Die Abbildungen in diesem Textbeitrag zeigen Kunstwerke aus dem Archiv des Landeskulturverbandes

Preisträger des Norddeutschen Kulturpreises – „KulturAktuell"

2009	-	Günter Kunert und „Piano meets Vibes" (Nils Rohwer und Jens Schliecker)
2007	-	Pierre Schumann und Karen Duve
2005	-	Armin Mueller-Stahl und Marc Schnittger
2003	-	Si-Sook Kang und Kap-Sun Hwang
2001	-	Liliencron Dozentur (Prof. Dr. Heinrich Detering und Dr. Wolfgang Sandfuchs)
1996	-	Projekt „Historische Gärten in Schleswig-Holstein"
1995	-	„Gesellschaft für akustische Lebenshilfe" für die Durchführung des Projekts „Chambers" mit Klanginstallationen von Alvin Lucier und einer Wandzeichnung von Sol LeWitt
1994	-	Stiftung Seekamp
1993	-	das soziokulturelle Zentrum „Speicher Husum"
1992	-	Günter Bialas und die Bühnen der Landeshauptstadt Kiel
1991	-	Prof. David Geringas, Cellist und Dirigent
1990	-	Bürgerinitiative Plön zum Erhalt der HD-Schrader-Stahlplastik „Kubus-Balance" auf der unteren Schlossterrasse in Plön
1989	-	Heinrich Breloer, Regisseur
1988	-	Das „Kinder- und Jugendtheater" der Bühnen der Landeshauptstadt Kiel
1987	-	Hans-Jürgen Heise, Lyriker
1986	-	Das Modell des Dithmarscher Landesmuseums in Meldorf
1985	-	Galerie „nemo" (Norbert Weber), Eckernförde

Schleswig-Holsteinische Kulturtage

1991:	Eckernförde
1992:	Bad Oldesloe, Bad Segeberg, Brunsbüttel
1993:	Itzehoe + Glückstadt, Geesthacht
1994:	Reinbek
1995:	Elmshorn, Norderstedt
1996:	Friedrichstadt
1997:	Leck + Niebüll
1999:	Kreis Herzogtum Lauenburg
2000:	Dithmarschen

KulturKongress 2009
    „60 Jahre Landeskulturverband
    – KulturPolitik heute"

Grußwort aus Anlass des 60 jährigen Jubiläums des Landeskulturverbandes

Sehr geehrter Herr Teucher,

sehr geehrter Herr Bundestagsvizepräsident Thierse,

meine sehr geehrten Damen und Herren Abgeordneten,

sehr geehrte Festversammlung,

mit großer Freude gratuliere ich dem Landeskulturverband zu seinem 60 jährigen Bestehen: Die Worte des Vorsitzenden eben haben noch einmal Meilensteine aus der Geschichte des Verbandes in Erinnerung gerufen, und es ist – mir ging es jedenfalls so – deutlich geworden, dass der Landeskulturverband seit Jahrzehnten ein wichtiger, ein ernsthafter, ein engagierter Akteur in der kulturellen – oder genauer: in der kulturpolitischen Landschaft ist!

Deshalb will ich gleich zu Beginn meiner Überlegungen ein Wort des Respekts und des Dankes sagen: Dank dafür, dass der Landeskulturverband die notwendige kulturpolitische Diskussion in Gang hält.

Und Dank dafür, dass er ganz handfest Impulse setzt und sich engagiert:

Etwa durch die Verleihung des Norddeutschen Kulturpreises,

- etwa durch den Anstoß für das Kulturportal im Internet,
- etwa durch die Koordination des schleswig-holsteinischen Kultursommers.

Der Landeskulturverband setzt sich für das Zivilste, für das Grundlegendste ein, was unserer Gesellschaft Halt und Orientierung gibt.

„Die Kultur ist die Substanz der Gesellschaft" – mit diesen Worten führt Udo di Fabio in sein viel diskutiertes Buch „Die Kultur der Freiheit" ein. Dieses Buch ist ein Plädoyer für eine neue, eine selbstbewusste Bürgerlichkeit, die wesentlich auf Kultur fußt.

Ich meine: Eine demokratische, zivile Gesellschaft hat keine andere Grundlage als die Kultur. Und deshalb bin ich ganz persönlich der Auffassung, dass gerade die Kulturpolitik offensiv sein muss:

Sie muss immer wieder aufs Neue davon überzeugen, welches großartige Potenzial Kunst und Kultur für eine humane Lebensgestaltung darstellen.

Aus der Kunst und aus der Kultur entspringen Haltungen und Werte, die für jeden Einzelnen von Bedeutung sind und die für die Gesellschaft als Ganzes bedeutsam sind. Ich bin froh, dass etwa die Konrad-Adenauer-Stiftung dies in ihrer Denkschrift „Kulturpolitik der Zukunft" von Jörg-Dieter Gauger und Günther Rüther deutlich herausstellt.

Und ich verstehe die öffentliche Kulturförderung nicht als Subvention. Die Kulturförderung aus öffentlichen Händen ist infrastrukturelles Handeln für die Grundlagen von Identität und humaner Zukunft unserer Gesellschaft. Dass dies ganz entscheidend auch den Wirtschaftsstandort prägt, ist richtig: Erst auf kulturellen Grundlagen entsteht wirtschaftliches Handeln, nicht umgekehrt. Man kann so verstanden gar nicht Kulturförderung als Wirtschaftsförderung missverstehen. Und vielleicht wird auch deutlich, dass das Modewort „Humankapital" zu kurz greift.

Natürlich ist die Kultur ein Faktor mit wirtschaftlichen Folgen – und das haben bisher noch zu wenige erkannt. Aber sie soll uns doch zuallererst mehr Orientierung in Zeiten des Wandels geben, nicht mehr Bruttosozialprodukt in Zeiten der Finanzkrise.

Wir in Schleswig-Holstein messen der Kulturpolitik in diesem Sinne eine besondere Bedeutung bei. Deshalb habe ich die Verantwortung für die Kulturpolitik der Landesregierung für den Ministerpräsidenten reklamiert – wobei ich meine:

Die Kulturpolitik dient der Kultur, nicht der Politik!

Die kulturpolitische Diskussion der vergangenen Jahre hat gezeigt, dass Kulturförderung und Kulturpolitik nicht mehr allein auf der Grundlage eines bildungsbürgerlichen Kanons hinsichtlich Angebot und Nachfrage abgesichert sind.

Wir wissen, dass diese Prozesse vor dem Hintergrund von Globalisierung, technologischem und demografischem Wandel erheblicher externer Dynamik ausgesetzt sind. Kulturpolitik und Kulturschaffende müssen die Bedingungen der gegenwärtigen „Erlebnisgesellschaft" berücksichtigen.

Dabei ist die Kulturpolitik vor die Aufgabe gestellt, das kulturelle Erbe und das kulturelle Leben des föderal verfassten Nationalstaats Deutschland in der kulturellen und politischen Tradition Europas zu sichern und zu entwickeln.

Diesem grundsätzlichen Anspruch ist auch die Kulturpolitik in Schleswig-Holstein verpflichtet.

Die Kulturförderung ist in der Landesverfassung im Grundsatz gesichert. Das dafür zur Verfügung gestellte öffentliche Geld gilt im Haushaltsrecht als „Freiwilligkeitsleistung" – damit ist ein politisches Selbstverständnis von Kultur signalisiert: Kulturförderung ist eine freiwillig eingegangene und in ihrem Grundsatz in der Verfassung abgesicherte politische Verpflichtung des Landes und seiner Kreise und Kommunen.

Und es gehörte und gehört zu den vornehmsten Aufgaben des Landeskulturverbandes, diejenigen, die Verantwortung tragen im Land, in den Städten und Gemeinden davon zu überzeugen, dass die Freiwilligkeit ein fiskalischer Grundsatz ist und kein politischer!

Die Landesregierung jedenfalls bekennt sich im Rahmen der Haushaltsgesetzgebung zur Förderung der Kultur. Wir unterscheiden dabei zwischen Landesinteresse und regionalem Interesse. Wir sichern insbesondere das bedeutende kulturelle Erbe des Landes als identitätsstiftendes Moment.

Wir bauen die kulturelle Infrastruktur im Rahmen der finanziellen Möglichkeiten kontinuierlich aus und stellen die Rahmenbedingungen insbesondere für dezentrale

Kulturprojekte bereit. Wir fördern die kulturellen Potenziale des Landes als wichtige Standortfaktoren.

Politisch bedeutet dies, dass Kultur enorme Querschnittsaufgaben und –potenziale hat: Im Landeshaushalt beschäftigen sich eben auch der Wirtschaftsminister, der Minister für ländliche Räume oder die Jugendministerin intensiv mit kulturell wirksamen Fragen. Diese Querschnittsfunktionen wiederum schlagen sich in der Kulturfinanzierung nieder – die Menge der Kulturfinanzierungsinstrumente allein aus öffentlichen Mitteln ist groß. Die Möglichkeiten der Mischfinanzierungen aus öffentlichen, privaten und gemeinnützigen Mitteln sind im letzten Jahrzehnt verstärkt entwickelt worden und bieten erhebliches Potenzial. Auch in dieser Debatte hat der Landeskulturverband – soweit ich sehe – eine beharrliche und kreative Rolle gespielt. Die Landesregierung tritt für eine stärkere Vernetzung der unterschiedlichen Partner und Träger von Kultur ein. Dies gilt für die Verbände, Vereine und Initiativen ebenso wie für die Kreise und Kommunen als entscheidende Träger der „Kulturlandschaft". Ich meine: Vernetzung

sichert Pluralität durch die Förderung von Heimat- und Breitenkultur vor allem in den ländlichen Räumen und unterstützt das ehrenamtliche Engagement im Kulturbereich. Und gerade hier kann ich mir einen noch aktiveren, einen noch weiter in die Fläche des Landes wirkenden Landeskulturverband vorstellen: Einen Verband,

- der die regionalen Potenziale erschließt,
- der neue Zusammenhänge und Allianzen herstellt
- und wie ein kulturpolitischer Transformationsriemen zwischen den Kommunen und Kulturlandschaften und der Landesebene fungiert und die nötigen Übersetzungs- und Übertragungsarbeiten leistet.

Das vielfältige Geflecht der kulturellen Infrastruktur – von Museen und Theatern über Literaturstätten und Archiven bis hin zu Bibliotheken, Volkshochschulen und soziokulturellen Zentren – ermöglicht ein flächendeckendes, differenziertes, allgemein zugängliches und in der Regel auch wohnortnahes Kulturangebot. Das ist in einem Flächenland das Ergebnis vieler Anstrengungen, ein Ergebnis eindeutiger Prioritäten. Das ist eine Leistung, und es ist ein Maßstab. Ich meine: Dies soll auch so bleiben. Aber sicher ist auch: Damit dies so bleiben kann, müssen die Institutionen und Initiativen auf neue Anforderungen mit gesteigerter Effizienz und professionellem Management reagieren. Sie werden sich künftig stärker als Serviceeinrichtungen und Kompetenzzentren pro-

filieren müssen, sie werden Kooperationen eingehen und Synergien erschließen, um vorhandene öffentliche, privatwirtschaftliche und bürgerschaftliche Ressourcen, Fähigkeiten und Mittel zu nutzen.

Das Land sichert in einer solchen Verteilung der Verantwortung die grundsätzliche Substanz der Infrastruktur unter Beachtung des Subsidiaritätsprinzips. Dies bedeutet keine statische Geborgenheit, sondern eine verlässliche Partnerschaft der Kulturakteure, vor allem der kommunalen Partner und des Landes in einer gemeinsam zu verabredenden, dynamischen Entwicklung.

Und ich bin froh, wenn der Landeskulturverband sich laut und vernehmlich an einer solchen Debatte beteiligt.

Ich habe eben gesagt, dass uns Kultur zuallererst mehr Orientierung in Zeiten des Wandels geben soll, nicht mehr Bruttosozialprodukt in Zeiten des Aufschwungs. Davon bin ich überzeugt und davon gehen meine kulturpolitischen Vorstellungen aus. Und doch ist gleichzeitig richtig, dass Kunst und Kultur auch in Schleswig-Holstein in zunehmendem Maß auch ein Standortfaktor sind, in den investiert und mit dem geworben wird.

Kunst und Kultur sind arbeitsplatzintensive Bereiche des Dienstleistungssektors. Kulturwirtschaftliche und kulturtouristische Aktivitäten stärken die kulturelle Infrastruktur, sie ergänzen und stützen die öffentliche Kulturförderung. Ein zielorientiertes, verbessertes Marketing der Kulturanbieter wird die Kulturwirtschaft einschließlich eines prosperierenden Kulturtourismus verbessern. Diese Potenziale sollen noch stärker erschlossen und profiliert werden – allerdings nicht ohne mein ceterum censeo: Wir wollen die vielfältigen kulturellen Potenziale Schleswig-Holsteins besser vermarkten, ohne sie zu verkaufen. Ich bin sicher, dass der Landeskulturverband künftig auch hier maßgeblich dazu beiträgt, die nötigen Standards und die nötigen Instrumentarien zu entwickeln. Es klingt wie eine Binsenweisheit und wird doch dadurch nicht falscher: Der Umgang mit Kunst und Kultur trägt zur Identitätsbildung des Einzelnen und des Landes bei. Den Grundstein dafür legt kulturelle Bildung, die ein wesentlicher Baustein zum Verständnis und zur Teilhabe an Kunst und Kultur ist.

Die Beschäftigung mit Kultur
- setzt Kreativität und Phantasie frei,
- fördert die Entwicklung der Lernfähigkeit
- und liefert einen Beitrag zur Entwicklung von Schlüsselqualifikationen.

Es ist ein konsequentes kulturpolitisches Anliegen, die kreativen und musischen Anlagen der Menschen frühzeitig zu entdecken, um sie entsprechend zu entwickeln und zu fördern. Kulturelle Bildung muss daher nicht nur in den Schulen und Hochschulen, sondern in allen Bildungseinrichtungen, in Kindertagesstätten sowie in Aus- und Fortbildungsangeboten angemessen verankert sein und in alle Einrichtungen der kulturellen Infrastruktur Eingang finden. Wir haben deshalb in den letzten Jahren gerade im Bereich der kinder- und jugendkulturellen Angebote Schwerpunkte gesetzt.

Ich meine: Nur das Zusammenspiel von bewusstem, selbstverständlichem Umgang mit dem kulturellen Erbe, von Kunstschaffen in Freiheit und Vielfalt, von kultureller Infrastruktur und kultureller Bildung ist ein starkes Fundament für eine demokratische Gesellschaft. Für sie ist der Landeskulturverband ein maßgeblicher zivilgesellschaftlicher Mitstreiter und Diskussionspartner.

Es ist deshalb folgerichtig und liegt in der Logik des Selbstverständnisses des Verbandes, dass er sich auch zum 60 jährigen Jubiläum nicht darauf beschränkt, zurückzublicken, sich loben und preisen zu lassen, sondern morgen gleich einen ganzen Tagungs- und Arbeitstag anzuschließen!

Mit seinem diesjährigen Kulturkongress unter der Überschrift „KulturPolitik heute" versucht der Landeskulturverband eine Bestandaufnahme, aus der sich Perspektiven ableiten lassen für eine Kulturpolitik morgen. Mit diesem Kongress bringt sich der Landeskulturverband auf zeichenhafte Weise selbst auf den Punkt:

Er setzt das Thema,

er führt die Akteure zur Diskussion zusammen,

und er bündelt Aufmerksamkeit.

Das macht den Verband für die Politik zum Partner auf – wie man heute gern sagt – auf Augenhöhe. Ich bin dankbar dafür, dass Sie, sehr geehrter Herr Teucher, den Chef der Staatskanzlei eingeladen haben, morgen gleich zu Beginn des Programms zu sprechen!

Ich danke allen, die im Landeskulturverband beharrlich und engagiert durch die Jahrzehnte die kulturpolitische Debatte bereichert und vorangetrieben haben.

Ich danke dem Landeskulturverband für sechs Jahrzehnte einer kritisch-konstruktiven Zusammenarbeit mit der Politik und ich freue mich auf die weiteren Diskussionen.

Herzlichen Dank!

Herzlichen Glückwunsch!

Wortlaut einer Rede, die Ministerpräsident Carstensen zu den kulturpolitischen Schwerpunkten in der 16. Wahlperiode gehalten hat.

Dr. h.c. Wolfgang Thierse MdB, Berlin
Bundestagsvizepräsident

Festrede aus Anlass des 60 jährigen Jubiläums des Landeskulturverbandes

Nachdem bereits Ministerpräsident Peter Harry Carstensen würdigende Worte zum 60. Jubiläum des Landeskulturverbandes Schleswig-Holstein gefunden hat, denen ich mich ausdrücklich anschließe, möchte ich ein paar grundsätzliche Anmerkungen zur Kulturpolitik machen. Der Kulturkongress morgen steht in diesem Jahr ja auch unter dem Thema „KulturPolitik heute".

In meinem Verständnis ist die Kultur mit ihren wesentlichen Gestaltungsfeldern – von den Künsten, über die Geschichtskultur, das Kulturelle Erbe bis zur Kreativwirtschaft und der Kulturellen Bildung – nicht nur reiner Überbau, bloße Verzierung des Alltags, Ornamentik oder Beiwerk. Sondern die Kultur ist immer ein wichtiges produktives Element der gesellschaftlichen Zustände, durch diese geprägt und auf sie einwirkend. Und zugleich ist sie (bzw. der Zugang zu ihr) ein wesentliches Element individueller Lebensgestaltung, von Persönlichkeitsentwicklung. Dass damit der Kultur als wichtigem Gestaltungsfeld der Zukunft eine bedeutende Rolle zufällt und Kulturpolitik kein peripheres Politikfeld mehr sein sollte, dem werden Sie gewiss nicht widersprechen.

Und sicher heißt dies vor diesem Auditorium „Eulen nach Athen zu tragen". Doch ohne Kultur geht es tatsächlich nicht. Kultur und besonders die Künste sind ein nicht wegzudenkender Teil unseres Lebens. Das Kulturelle stärkt die Kreativität und die Zukunftsfähigkeit der Gesellschaft, mobilisiert Phantasie und unabhängiges Denken. Die Kultur öffnet uns innere Räume, die uns sonst verschlossen wären, sie verleiht uns Ausdrucksmittel für eine Transzendenz des Alltags, für Intensität jenseits der Welt der Zwecke. Die Kultur ist in besonderer Weise der Raum der Werte und Zielverständigung der Gesellschaft wie der Ort der Reflektion und freien Kreativität des Einzelnen.

Auch Politik und Kultur brauchen einander, haben sich mit Respekt, Sympathie und Neugier gegenseitig etwas zu sagen. Wobei wichtig ist, die Kultur nicht zu instrumentalisieren und zu vereinnahmen, auch nicht bloß zu historisieren und musealisieren, sondern es wirklich ernst zu nehmen, was wir hören oder sehen von ihr, aus ihr. Und es geht auch um kulturpolitische Entscheidungen, es geht um Feuilletondiskurse, die oft nachhaltiger wirken und meinungsprägender sind als manches tagespolitische

Gepländel, es geht auch um intellektuelle und künstlerische Positionen, die verstören, aufwecken und voranbringen.

Es wird Sie vielleicht überraschen, wenn gerade ich (als Bundespolitiker) feststelle: Die Kulturhoheit der Länder ist keineswegs bloße Verfassungsfolklore. Zwar wäre es viel besser in Brüssel mit einer starken Stimme zu sprechen, doch es ist nun mal so: Von den rund 8 Mrd. öffentlicher Kulturförderung fällt nur rund 1 Mrd. auf den Bund. Kulturpolitik bleibt, erst recht nach der letzten Föderalismusreform, wesentlich Sache der Länder und Kommunen, in diesem Sinne – sage ich – ist Kiel wichtiger als Berlin.

Doch ist – andererseits – vor 10 Jahren ein bedeutender kultureller Aufbruch hinzugekommen, der der Kulturpolitik im Bund endlich die ihr zustehende Bedeutung verlieh und ein modernes, offeneres und für Künstler produktiveres Klima schuf. Das Amt des Kulturstaatsministers und der neue Bundestagsausschuss für Kultur und Medien stehen durchaus für wegweisende intellektuelle Anstöße und für verbesserte Rahmenbedingungen der Kulturförderung.

Ich erinnere nur an die Kulturstiftung des Bundes, die zusätzlich zu dem Löwenanteil, den die Kommunen und Länder schultern, überall im Lande Zeitgenössisches fördert und gleichzeitig das vielfältige nationale Kulturerbe erhalten hilft. Oder an die Enquete-Kommission „Kultur in Deutschland" des Bundestages, die nach 30 Jahren erstmals wieder eine umfassende Bestandsaufnahme vorgelegt und über 400 Handlungsempfehlungen an Bund, Länder und Kommunen formuliert hat, die besonders auf die öffentliche und private Kulturförderung, die wirtschaftliche und soziale Lage der Künstler, die Kultur- und Kreativwirtschaft, die kulturelle Bildung und europäische Kulturpolitik abzielen. Ich erinnere auch daran, dass es gerade in der Kultur auf das bürgerschaftliche Engagement der dort mehr als drei Millionen Ehrenamtlichen ankommt, die wie Sie das kulturelle Leben prägen und sich in Stiftungen, Vereinen und Verbänden, in Kirchen und unterschiedlichsten Trägerorganisationen engagieren. Die Voraussetzungen und Rahmenbedingungen dieses bürgerschaftlichen Engagements zu gestalten, das hat sich – von der Reform des Stiftungsrechts bis hin zur Stärkung des Ehrenamtes – zu einer bedeutenden Aufgabe der bundesweiten Kulturpolitik entwickelt.

In der derzeitigen geschichtlichen Phase tief greifender sozialer Umbrüche und neuer Katastrophendrohungen ist das individuelle und kollektive Bedürfnis nach Vergewisserung, nach Verständigung, nach Identität wieder besonders groß. Kunst und Kultur sind mehr als das Schöne, Wahre und Gute. Gerade in Krisenzeiten begreifen wir, dass der Zusammenhalt einer Gesellschaft nicht allein durch das Recht und durch ökonomische Beziehungen, durch den Markt garantiert wird, sondern auch und wesentlich durch gemeinsame Überzeugungen, Werte, ein gemeinsames Gedächtnis, also durch Kultur. Mir ist besonders wichtig, dass die Künste Erfahrungsräume menschenverträglicher Ungleichzeitigkeit schaffen, in denen die Menschen jenseits ihrer Markt-Rollen (als Produzenten und Konsumenten) agieren und sich wahrnehmen können. Die Kultur als Raum der Welterklärung: Hier wird über Herkunft und Zukunft, über das Bedrängende und das Mögliche, über Sinn und Zwecke, über das Eigene und Fremde reflektiert, kommuniziert, gespielt, gehandelt.

In diesem Sinne wird Kulturpolitik nur dann vor aktuellen und zukünftigen Herausforderungen bestehen und Sinn stiften, wenn sie als Gesellschaftspolitik begründet und gestaltet wird. So unterstreicht es auch der Präsident der Kulturpolitischen Gesellschaft, Oliver Scheytt in seinem gerade erschienen Buch „Kulturstaat Deutschland": Es geht zuvorderst darum, dass die Künste, die Künstlerinnen und Künstler Freiheit brauchen, aber auch Schutz und Förderung, gerade jenseits ökonomischer Zwänge. Kulturpolitik ist – in der Tradition etwa von Hermann Glaser, Hilmar Hoffmann und Olaf Schwencke – somit eine gesellschaftliche Aufgabe in der und für die Kulturgesellschaft. In diesem Wechselspiel mit der Kulturgesellschaft und im Interesse der Kulturbürger findet der Kulturstaat als „aktivierender Kulturstaat", manche sagen auch als „ermöglichender Staat", der alle kreativen Kräfte mobilisiert, seinen Auftrag. Ich möchte drei Schlüsselbegriffe herausgreifen und als kulturpolitische Hauptaufgaben näher erläutern. Es geht um **Kultur der Anerkennung, Kultur als Öffentliches Gut und um Kulturelle Bildung.**

Erstens: Kultur der Anerkennung.

In innergesellschaftlichen wie in den weltpolitischen Auseinandersetzungen und Gefährdungen der Gegenwart spielen Fragen der Kultur heute eine überraschend wichtige Rolle. Das ist spätestens seit den Reaktionen auf den „11. September" weltweit sichtbar; das prägt auch – von spektakulären Fällen des Scheiterns von Integration über die Frage des EU-Beitritts bis zu Moscheeneubauten – die Debatte in Deutschland. Hatte nicht zuletzt der US-Wahlkampf, das „Change" des jungen Obama, Züge eines kulturellen Aufbruchs?

Was in den 70er Jahren die Losungen sozialdemokratischer Kulturpolitik waren, nämlich „Kultur für alle" und „Bürgerrecht Kultur", kann man in heutiger Terminologie als „kulturelle Teilhabegerechtigkeit" übersetzen. Die Bilanz ist allerdings ernüchternd. Der Einbezug aller in das – anspruchsvolle kulturelle Leben ist heute so weit entfernt wie eh und je. Trotz der Ausweitung des öffentlichen Kulturangebots, trotz erhöhter Kaufkraft, trotz ausgedehnter Freiheit und trotz höherer formaler Bildung nahm die kulturelle Partizipation in den letzten Jahrzehnten kaum zu. Die Wahlmöglichkeiten der potentiellen Kulturnutzer sind zwar stärker gestiegen und die kulturnahen Milieus nehmen die Angebote öfter wahr. Doch wer früher nicht ins klassische Konzert, in die Oper, ins Theater oder in Ausstellungen ging, der tut das jetzt auch nicht. Das gestiegene Kulturinteresse beschränkt sich nach wie vor auf die fünf bis zehn Prozent kulturellen „Vielnutzer" und auf weitere 40 bis 45 Prozent der Bevölkerung, die gelegentlich öffentliche Kultureinrichtungen in Anspruch nehmen. Die soziale Selektivität von Kultur hat sich seit 30 Jahren nicht verringert, offenbar hat sich kulturelle Spaltung zwischen Nutzung und Nichtnutzung kultureller Einrichtungen etwa 50:50 versteinert. Soziale und sozialpsychologische Barrieren gehören zu den Ursachen dafür.

Es geht um das neue Migranten-Proletariat sowie um eine bildungsferne, abgekoppelte oder prekär lebende deutsche „Unterschicht". Die anhand sozialer Kriterien bestimmbaren Spaltungen der Gesellschaft haben unübersehbar eine zutiefst kulturelle Dimension. Diese kulturelle Exklusion verfestigt sich zur sozialen Exklusion. Sozialtransfers allein werden die Situation nicht verbessern, es kommt vielmehr auf Fragen von Bildung und Kultur an. Gerade kulturelle Bildung wird zu einer notwendigen, nicht mehr zu vernachlässigenden Aufgabe von Gerechtigkeitspolitik.

Um des inneren und äußeren Friedens willen müssen wir den Austausch, den Dialog der Kulturen befürworten als ein zentrales Moment sozialer Integration von Menschen unterschiedlicher ethnischer Herkunft, religiöser Überzeugung und kultureller Prägung in unserem Land wie auch als eine wichtige Aufgabe friedlicher Globalisierung. Kultur der Anerkennung, wirkt der Entwicklung von Parallelgesellschaften ebenso entgegen wie der Ausgrenzung gesellschaftlicher Minderheiten und der Verschärfung kultureller Differenzen zu ideologisierten Konflikten. Ohne das programmatische Ja zu kultureller Vielfalt, zu kulturellem Pluralismus ist das nicht zu haben. Dieses Ja zur Vielfalt schließt das Nein zu fundamentalistischen Verengungen, zu falschen Politisierungen von religiösen und kulturellen Differenzen ein.

Ich möchte den indischen Wirtschaftswissenschaftler und Philosophen und Nobelpreisträger Amartya Sen zitieren: „Die Wichtigkeit der kulturellen Freiheit bedeutet nicht, dass man jedwede Form des kulturellen Erbes feiert, ungeachtet dessen, ob die Betroffenen sich aus freien Stücken für die entsprechenden Praktiken entscheiden würden, wenn sie die Möglichkeit hätten, dies kritisch zu prüfen, und über andere Optionen und die tatsächlich vorhandenen Wahlmöglichkeiten hinreichend informiert wären." Das Ja zur kulturellen Vielfalt heißt aber auch, worauf Sen ebenfalls hinweist, sich mit einer Globalisierung nicht abzufinden, die einseitig auf kulturelle Verwestlichung (und Amerikanisierung) reduziert wird. Auch deshalb fördern wir ja den deutschen und europäischen Film, damit nicht alles Hollywood wird.

Es kommt in unserer unumkehrbar multikulturell gewordenen Gesellschaft auf den Respekt und die Würde der „Anderen" – immerhin 15 % von 82 Mio. Menschen – an. Noch viel zu häufig ist in Deutschland Realität, was Renan Demirkan in ihrem Buch „Septembertee", das wir kürzlich im Willy-Brandt-Haus vorstellten, beschrieben hat:

Die schwierige türkische Immigration führte bei ihrer Elterngeneration zum Gefühl eines „geliehenen Lebens" mit dem Empfinden, nirgendwo wirklich gewollt zu sein, keine Heimat gefunden zu haben.

Kulturpolitik, die nur über Wie-Fragen spricht, wird in die Defensive geraten, die Wozu-Fragen nach den orientierenden Inhalten und Werten müssen dazukommen. Nur ein gleichzeitig wertefundiertes wie tolerantes Kulturverständnis kann sich gegen einen eindimensionalen oder funktionalisierten Kulturbegriff behaupten, der Kultur und Religion zur Begründung von Ausgrenzung missbraucht. Bei aller Verschiedenheit bleibt der interkulturelle Dialog auf der Basis humanistischer Grundwerte die Voraussetzung für das Gelingen kultureller Integration.

Indem wir Kultur als öffentliches Gut definieren, das ist der zweite Kernbegriff, heben wir ihre Bedeutung für die soziale Gemeinschaft und die Demokratie hervor und betonen die Verantwortung der Politik für ihre Verfügbarkeit. Öffentliche Güter müssen ausreichend und in großer Vielfalt bereitgestellt werden. Dies schafft den kulturellen und sozialen Zusammenhalt, der für eine vitale Demokratie unverzichtbar ist, und stützt das Kooperationsgefüge der Bürgerschaft. Der Reichtum dieser kulturellen, sozialen, demokratischen Güter macht die Lebensqualität unser Städte und Gemeinden aus. Öffentliche Museen, Theater, Volkshochschulen, Musikschulen, Stadtbibliotheken, Orchester usw. sind Güter, an denen die Bürger ein gemeinsames Interesse haben. Hinter solcherart und uns vertraute kulturelle Grundversorgung darf es kein weiteres kulturpolitisches Zurück geben.

Deshalb gehört die Verteidigung der öffentlichen Mittel für die Kultur zum Kerngeschäft aller Kulturpolitik. Denn es hat sich in den letzten Jahren durchaus bemerkbar gemacht, dass die Ausgaben von Bund, Ländern und Kommunen für Kultur – trotz Steigerungen beim Bund – insgesamt von 8,4 Mrd. Euro im Jahr 2001 auf 7,8 Mrd. Euro im Jahr 2005 zurückgingen. Während der Bund seine Kulturausgaben seit 2001 leicht steigerte, ging es bei Ländern und Kommunen im gleichen Zeitraum bergab! Das ist keine gute Entwicklung.

Denn: Immer mehr Privatisierung und Kommerzialisierung zerstören tendenziell öffentliche Räume und sind für die Entfaltung von Kunst und Kultur höchst problematisch. Die grundgesetzlich garantierte Freiheit der Kunst hat heute eben weniger den vormundschaftlichen Staat zum Gegner, sondern viel mehr die Zwänge des sogenannten freien Marktes. Wenn es noch weiterer Argumente für die Kultur als öffentliches Gut bedurfte, so finden wir sie in den aktuellen Auswirkungen der Systemkrise der Finanzmärkte auf die Kultur. Was man da aus den USA hört, lässt nichts Gutes für die Kultur ahnen:

Der Zusammenbruch des amerikanischen Bankensystems hat dort verheerende Auswirkungen, wo die öffentliche Hand nur 10% – und nicht 94% wie bei uns – der Kulturausgaben trägt, wo Kulturförderung überwiegend als private Spende, als Sponsoring und Stiftungsgelder von Banken und Unternehmensgruppen organisiert ist. Gerade die Investmentbanker waren neben dem individuellen Mäzenatentum besonders aktive Geldgeber für die Kultur, sie haben hunderte von Stiftungen und Kulturinstitutionen, vom MoMA bis zu soziokulturellen Projekten unterstützt. Manches Projekt geriet sofort in Schwierigkeiten, insgesamt aber baut sich die Krise schleichend auf: Man rechnet damit, dass der große flächendeckende Einbruch gerade für Opern und Museen spätestens Ende 2010 kommt, wenn die meisten Sponsoringverträge auslaufen.

In Deutschland besteht die private Kulturförderung ebenfalls weitgehend aus konjunkturabhängigen kurzfristigen Spenden und Sponsoring. Die durchgesetzte Erneuerung des Stiftungsrechts hat zwar einen Stiftungsboom ausgelöst, doch sind von den insgesamt 525 Mio. Euro privater Kulturförderung nach wie vor nur 125 Mio. Euro Stiftungsgelder, die regelmäßig und relativ unantastbar fließen können. Theoretisch jedenfalls, denn auch Kulturstiftungen können in Schieflage geraten, denn auch ihr in Aktien und Zertifikaten falsch angelegtes Stiftungsvermögen kann schmelzen. Überhaupt ist in einer Rezession, in der Unternehmen weniger Steuern bezahlen, in der ihr Sponsoring nachlässt, auch weniger Geld für Kultur da. So trifft man allenthalben auf die Prognose, dass der Kampf um Spenden und Fördergelder auch in Deutschland rauer wird.

Doch auch die kommunale Kulturpolitik in Deutschland kann direkt getroffen werden: welche Auswirkungen wird es auf den kommunalen Kulturetat haben, dass man hörte, mancher städtische Kämmerer habe das kommunale Geld – auch von diesen „cross-borderleasing"-Aktionen – in Aktien und Zertifikaten angelegt, die nun weniger Wert sind oder sich wie im Fall der Lehman Brothers in Luft aufgelöst haben?

Nicht zuletzt geht es um die Künstler selbst, bei denen prominente Spitzenverdiener – wie Daniel Barenboim, Anne-Sophie Mutter, Daniel Kehlmann, Gerhard Richter oder Neo Rauch – nicht den Blick verstellen sollten davor, dass der Durchschnittsverdienst von Künstlerinnen und Künstlern bei ca. 11.000 Euro brutto im Jahr (und nicht im Monat!) liegt. Kaum ein freischaffender Künstler verdient regelmäßig, deshalb sind Künstlersozialversicherung, Urhebervertragsrecht, neue Antworten auf Individualisierung, Flexibilisierung und erzwungenes Selbstunternehmertum so wichtig.

Gegenüber diesen zu Besorgnis Anlass gebenden Entwicklungen lernen wir unsere Kulturpolitik und öffentliche Kulturfinanzierung in Bund, Ländern und Kommunen neu schätzen. Den 525 Mio. Euro privater Kulturförderung stehen in Deutschland wie gesagt zirka 8 Mrd. aus öffentlicher Kulturfinanzierung gegenüber. Vielleicht gibt der gewandelte politische Diskurs der letzten Wochen ja Rückenwind für die Stärkung von kulturellen Belangen bei haushaltspolitischen Zielkonflikten.

Und gegenüber dem renditehungrigen Risikokapitalismus besinnen wir uns wieder auf unsere deutschen, oft belächelten, von der EU bekämpften, Sparkassen, in deren Statuten Gemeinnützigkeit festgeschrieben ist. Mit mehr als 142 Mio. Euro war die

Sparkassengruppe im letzten Jahr der größte nichtstaatliche Sponsor in Deutschland. Die zudem – wir wissen es alle – eben nicht nur auf imagefördernde Eventkultur setzt, sondern gerade das lokale und regionale Kulturengagement unterstützt.

Wir bekennen uns zu Deutschland als einem Kulturstaat, weil allen Menschen gleichermaßen kulturelle Bildung, kulturelles Erbe, musische Erfahrung, Kunst der Gegenwart zugänglich sein sollen. Auch deshalb setze ich mich weiterhin, auch wenn ein erster Anlauf im Bundesrat gescheitert ist, für die Verankerung von Kultur als Staatsziel im Grundgesetz ein.

Nicht nur ist eine Mehrheit der Bevölkerung immer noch bereit, über Steuern und Abgaben ihren finanziellen Beitrag zu leisten, um ihre Bildungs- und Kultureinrichtungen auf hohem Niveau zu erhalten. Hinzu kommt das vielfältige ehrenamtliche Engagement.

Privatisierung ist eben keine Alternative, bei der immer wieder angemahnten Neujustierung des Verhältnisses zwischen staatlicher bzw. kommunaler Politik, zivilgesellschaftlicher Selbstverantwortung und marktwirtschaftlichen Mechanismen ist Vorsicht geboten. Natürlich soll die aktivierende Kulturpolitik die Bürger einbeziehen. Aber auch bei PPP, bei „public-private-partnership", kommt es auf die Reihen- und Rangfolge an.

„Öffentliche Güter" meint nicht Verstaatlichung, sondern gemeinschaftliche, eben politische Verantwortung für ihre Zugänglichkeit. Es geht immer auch um politische Strategien und Maßnahmen zur Förderung des freiwilligen, gemeinwohlorientierten, nicht auf materiellen Gewinn ausgerichteten bürgerschaftlichen Engagements. Es ist ja gerade Ihre 60jährige Erfahrung, wie sehr ein demokratisches Gemeinwesen auf die aktive Beteiligung seiner Bürgerinnen und Bürger am gesellschaftlichen, am staatlichen Leben angewiesen ist; dieses Engagement ist das Lebenselixier demokratischer Gesellschaften. Insgesamt sind es übrigens über 23 Millionen Menschen, das sind 36 Prozent der Bevölkerung, die nach dem Bundestagsenquetebericht von 2002 zum Ehrenamt in Deutschland freiwillige, ehrenamtliche Arbeit leisten, übrigens seitdem mit einer leicht steigenden Tendenz! Was auch an unserer Politik liegt, denn seit drei Legislaturperioden in Folge kümmern wir uns um die Stärkung des bürgerschaftlichen Engagements in Deutschland. Es bleibt eine dauernde Aufgabe, den Helfern zu helfen, ihnen die Arbeit zu erleichtern.

Fördern wir, dass noch mehr Menschen motiviert sind, sich ehrenamtlich oder finanziell für die Kulturgesellschaft zu engagieren!

Die dritte zentrale Herausforderung der Kulturpolitik ist der Ausbau der Kulturellen Bildung, die wie kaum ein anderer Lernbereich von klein auf die Persönlichkeitsentwicklung fördert. Identitätsfindung, emotionale Stabilität, Selbstverwirklichung, Teamfähigkeit, Zuhören, Disziplin, Körpergefühl und überhaupt die schöpferischen Fähigkeiten im intellektuellen und emotionalen Bereich werden durch sie vermittelt. Doch die Realität ist niederschmetternd: Kein Fünftel der Grundschullehrer erhält mehr eine musikalische Ausbildung; an Grund- und Hauptschulen entfallen zwei Drittel des Musikunterrichts, an Gymnasien ist es ein Drittel. Von den 14-19jährigen hören nur noch etwa 5% gerne klassische Musik.

Kulturelle Bildung muss gesellschaftlich wie schulisch deutlich aufgewertet werden! Kunst, Literatur, Musik, Tanz und darstellendes Spiel müssen selbstverständlich werden und die gleiche Anerkennung erfahren wie naturwissenschaftliche Fächer. Curricula müssen auch künstlerisch-bildnerische, musikalische, dramatische und Theaterwerke umfassen, auch weil die musisch-kulturelle Bildung die entscheidende Voraussetzung für Nachwuchsbildung ist, auf der Publikumsseite wie unter den Kunstschaffenden. Die Enquete-Kommission des Bundestages empfiehlt dringend: Kulturelle Bildung sollte systematisch in die frühkindliche Erziehung einbezogen und an den Schulen gestärkt werden, etwa indem sie als verpflichtendes Abiturfach eingeführt wird. Wir kennen Simon Rattles Film „Rhythm is it" und wissen von anderen Modellversuchen – von der Berlin-Neuköllner Rütli-Schule bis hin zur „School Tour" bekannter deutscher Popmusiker – wie sehr musisch-kulturelle Bildung selbst da noch integrativ wirksam ist, wo Sprache versagt. Ganz zu schweigen von neueren Erkenntnissen der Neurowissenschaften, die nahe legen, dass durch kulturelle Bildung stimulierbare Emotionalität ein zentrales Lernsteuerungsinstrument ist. Vieles, vor allem höhere Kreativität und bessere Lernleistungen auch in Sprache und Mathematik, wird durch den ganzheitlichen Einbezug von Musik, Bewegung und Kunst gefördert. Wäre nicht eigentlich mehr musisch-kulturelle Bildung die richtige Antwort auf den Pisa-Schock gewesen?

Es sind ja die Künste, von der Musik über die Literatur bis zur Malerei, der Raum des Emotionalen, des Sinnlichen, des Symbolischen, in dem in freierer Weise das Eigene, die eigene Identität ausgebildet und erfahren werden kann, und zugleich das Fremde, das Andere akzeptiert, anerkannt, integriert werden kann. Kulturelle Bildung, musische Erziehung wollen den Zugang zu diesem Raum ermöglichen, zu dieser wesentlichen, sozialen und individuellen menschlichen Dimension gleichermaßen. Das geht nicht ohne musische Selbstbetätigung, ohne Entfaltung eigener Kreativität, die Kinder als Begabung schon haben und die sie unter Anleitung entwickeln sollen. Und das geht nicht ohne kulturelles Wissen. Damit bin ich bei einem speziellen Punkt, der besonders umstritten ist. Wenn ich von kulturellem Wissen rede, muss ich unweigerlich ein sehr konservativ erscheinendes Wort in den Mund nehmen: Es geht nicht ohne kulturellen Kanon, also ohne eine Verständigung über das Minimum dessen, was die Mitglieder einer Gesellschaft an gemeinsamem kulturellen Wissen, an Beständen kulturellen Gedächtnisses haben müssen. Ein kultureller Kanon ist nicht etwas starr Fixiertes und ein- für allemal Gültiges, aber es muss etwas Fassbares sein, dieses gemeinsame Wissen als Basis kultureller Verständigung.

Ich komme damit zum Schluss:

Zentral für jede Kulturpolitik scheint es mir, nicht vollends in den Mainstream betriebswirtschaftlichen Argumentierens und kulturfernen Denkens abzugleiten. Ökonomische Sekundärbegründungen mögen im Kampf gegen Kürzungen oder bei Entscheidungen zwischen Sozial- und Kulturausgaben ihren taktischen Platz haben, doch es bleibt die kulturpolitische Gesamtverantwortung. Dies gilt umso mehr angesichts der aktuellen Finanzkrise, die uns Grenzen eines verkürzt marktradikalen Denkens drastisch vor Augen geführt hat.

Wer die Künste nicht als „schönste Form der Freiheit" (Michael Naumann) verteidigt, Kultur nicht emphatisch als Bildungsauftrag formuliert, nicht auch grundsätzlich die Bedeutung der Kultur unterstreicht, der hat schon verloren. Seitdem wir ihn in den Koalitionsvertrag hineingeschrieben haben, hat sich der Satz durchgesetzt: „Kulturförderung ist keine Subvention, sondern Investition in die Zukunft unseres demokratischen Gemeinwesens"! Und das kulturelle bürgerschaftliche Engagement ist eine unverzichtbare Bedingung für unsere Kulturgesellschaft und den Zusammenhalt der Gesellschaft!

Deshalb ist es so wichtig, dass es Vereine und Verbände gibt, wie den Landeskulturverband Schleswig Holstein, der seit 60 Jahren für die Belange der Kultur und der Kulturschaffenden eintritt. Kultur lebt nicht aus sich selbst heraus, sondern braucht Verfechter, die tagtäglich das zu leben, zu gestalten und durchzusetzen versuchen, was ich beschrieben habe.

Ich danke allen, die sich in diesem Sinne im Landeskulturverband für die Kultur engagieren und wünsche Ihnen viel Kraft und Inspiration für die nächsten 60 Jahre und den Anwesenden einen heiteren Abend!

Vielen Dank für Ihre Aufmerksamkeit!

Peter Amadeus Schneider

Bürgermeister Nottuln, Westfalen

Ehemaliger Leiter des Nordkolleg Rendsburg

Kommunale Kulturpolitik – Illusion? Oder Chance?

Blick in die Provinz

Zunächst soll ein kurzer Blick in die Provinz geworfen werden. Das passende *bonmot* ist nicht neu: „Provinz" ist nicht eine Frage der Geografie, sondern eine Frage der Einstellung. Über Provinz bzw. über provinzielles Verhalten gibt es viele Klischees. Leider sorgen viele Kommunen dafür, dass sich eine ganze Reihe der Klischees als Realität herausstellen. Und ehrlich gesagt: Der Ort, aus dem ich komme, macht – mindestens, was die Kulturpolitik betrifft – bedauerlicher Weise keine Ausnahme.

Ich komme aus einer Gemeinde in Westfalen in unmittelbarer Nachbarschaft der westfälischen Hauptstadt Münster. Münster hat es einerseits zum Titel „Lebenswerteste Stadt der Welt" geschafft und andererseits den Wettbewerb um die „Kulturhauptstadt 2010" knapp verloren. Und die Bürgerinnen und Bürger haben durch einen Bürgerentscheid den Bau einer dringend notwendigen Musikhalle verhindert. Und das, obwohl eine Stiftung bereits Gelder in Millionenhöhe hierfür eingesammelt hatte. Das als erste Bemerkung zum Thema „Provinz".

Die Kommune, in der ich arbeite, hat etwas mehr als 20.000 Einwohner. Seit 2005 wird nicht mehr kameralistisch sondern kaufmännisch Buch geführt. Die jährlichen kommunalen Haushalte sind in der Regel strukturell unausgeglichen, was aber weniger mit den Qualitäten der Kämmerei zu tun hat, sondern mehr mit der Mentalität der Gebietskörperschaften, die sich durch Umlagen finanzieren. (Es wäre von nicht geringem Reiz, gerade im Hinblick auf die eben zurückgestellten Ideen der Strukturreform in dem Bundesland Schleswig-Holstein, ein paar zynische Bemerkungen zur Existenzberechtigung von Kreisen zu machen, doch dafür ist leider hier nicht der passende Ort.)

Besagte Gemeinde in Westfalen also verfügt über so einiges nicht, was zum vertrauten Feld städtischer kulturpolitischer Aktivitäten gehört. Die kommunale Musikschule wurde vor vier Jahren geschlossen, wenige Wochen vor der letzten Kommunalwahl. Alle öffentlichen Bibliotheken sind in kirchlicher Trägerschaft und werden durchweg ehrenamtlich geführt. Konzerte und Ausstellungen werden von einem Kulturverein veranstaltet. Diverse Chöre und Orchester leisten ihre Beiträge zum Veranstaltungskalender. Museen sucht man vergeblich – was ich allerdings im Hinblick auf die in den letzten Jahren inflationär landauf landab entstandenen Heimatmuseen nur begrenzt zu bedauern im Stande bin: die Freunde historischer Ackergeräte mögen mir das nachsehen.

Ist das eine stichwortartige Schilderung einer Kulturwüste?

Sie ahnen es schon: Das Gegenteil ist der Fall. Ohne nennenswerte kommunale Zuwendungen gibt es in diesem vergleichsweise kleinen Ort ein bemerkenswertes Kulturleben. Jazz-Festivals, Oratorienkonzerte, Kabarett-Abende, Orchesterkonzerte, Kunstausstellungen, Künstlerbörsen, literarische Abende, Theaterwochenenden, Lesenächte, crossover-dates, internationale Begegnungen, Geschichtswerkstätten, etc. etc.

Und unter der wichtigen Unterscheidung, dass das Wort „professionell" eben sowohl als Adjektiv wie auch als Adverb genutzt werden kann, verdienen viele der eben aufgezählten Beispiele dieses Attribut.

Und das alles ohne eine nennenswerte finanzielle Förderung der Kommune.

In kleinen Städten gehen manche Uhren anders als in größeren. Man kann nicht sagen, dass sie langsamer gingen, oder dass die Uhrwerke von geringerer Qualität wären, sie gehen nur einfach anders.

Viele Entwicklungen der letzten Jahre haben auch in kleineren Kommunen stattgefunden. Da war zunächst die Euphorie der Achtziger-Jahre, in denen man noch in Veröffentlichungen lesen konnte, dass sich kulturelle Angebote und Einrichtungen einer deutlich zunehmenden Beliebtheit des Publikums erfreuen. Bibliotheken, Musikschulen, Theater, Volkshochschulen, soziokulturelle Zentren, – um eine (fast) zufällige Auswahl zu nennen –, waren erfolgreich in ihrer Arbeit und damit auch erfolgreich in der Einwerbung von öffentlichen Mitteln.

Mit der (fast zufälligen) Wahl der Beispiele soll eine Idee der Vielfalt kommunaler Kultur gegeben werden: Auf der gut erkennbaren Spur des klassischen Bildungsideals ebenso wie auf den Pfaden alternativer Kulturarbeit, gleichermaßen aktiv wie rezipierend, und oft eng verzahnt mit der Bildung. (An anderer Stelle sollte man dieses eigenartige Gegensatzpaar „alternativ" und „klassisch" einmal beleuchten, aber dazu fehlt hier der Raum.)

Die dafür erforderlichen öffentlichen Gelder wurden überwiegend von den Städten und Gemeinden bereitgestellt. Gewiss, auch die Kulturhaushalte der Länder enthielten erhebliche Gelder, aber der in Summe größere Anteil stammte von den Kommunen. Kulturpolitik hieß Kulturförderung, und Kulturförderung hieß in vielen Fällen primär finanzielle Förderung.

Ich bitte darum, diese Ansicht als kritische Selbsteinschätzung eines früher Kulturschaffenden zu sehen, der seinen Beitrag zu diesen Gleichungen geliefert hat.

Heute erscheinen mir die Gleichungen „Kulturpolitik = Kulturförderung" und „Kulturförderung = Finanzielle Förderung" zu einfach.

Ich möchte damit keinesfalls den Wert der einschlägigen Forschungen, Kongresse und Veröffentlichungen klein reden, die ihre überzeugenden Begründungen für diese Art Kulturpolitik geliefert haben. Und gerade, weil ich nach Zeiten des Künstlers und Pädagogen und nach Zeiten des Kulturvermittlers heute den Blick des Verwaltungspraktikers vertrete, äußere ich meinen Respekt vor diesen Leuchttürmen der Kulturarbeit: einige sind ja gestern und heute anwesend und verleihen diesem Jubiläums-Kultur-Kongress einigen Glanz.

Es mag sein, dass mein persönlicher Blickwinkel durch die Arbeit in einem kleinen Ort geprägt und begrenzt ist. Dennoch wage ich die Behauptung, dass ein großer Abstand besteht zwischen der Theorie der Kulturpolitik einerseits und der praktischen Realität andererseits. Nur so ist meines Erachtens zu erklären, dass zum einen vielerorts Kulturarbeit überwiegend mit Zuschüssen definiert wurde, und dass zum zweiten in Zeiten engerer Gürtel mit großer Geschwindigkeit die Volumina der Zuwendungen reduziert wurden: **Die Entscheidungsträger der Kürzungen waren zu weit weg von den Fachleuten, und eine einflussreiche Lobby war nicht entstanden.** Und so komme ich zu zwei Thesen, die meines Erachtens bestehenden Illusionen der kommunalen Kulturpolitik betreffend. Über Zustimmung freue ich mich ebenso wie über Widerspruch.

Erste Illusion

Die *erste Illusion* ist, der Weg der Kulturförderung vergangener Jahre sei erfolgreich gewesen. Ich begründe das wie folgt:

a. Auch in Zeiten besserer Finanzausstattungen ist es nicht gelungen, wichtige Qualitätsmerkmale erfolgreicher Kulturpolitik zu erzielen. Von einer signifikaten Erhöhung des Anteils so genannter bildungsferner oder benachteiligter Schichten an dem Kreis der Nutzer der Kulturangebote kann nicht gesprochen werden. Zwar sind die Angebote vielseitiger geworden, ein wirklich nachhaltiges Ergebnis bei der Verbesserung der Integration von bestimmten Bevölkerungsgruppen konnte ich nicht beobachten.

b. Die Verteilung der zur Verfügung stehenden Mittel unterliegt häufig ungünstigen Sachzwängen. Ein Beispiel: Bei aller Begeisterung für ein funktionierendes Tarifvertragswesen müssen wir feststellen, dass es überall dort, wo kommunale Einrichtungen wie zum Beispiel städtische Bühnen mit Planstellen bestehen, es in der Regel den „freien" Institutionen, wie zum Beispiel den freien Theatern, weniger gut geht. Schließlich bieten die Zuwendungen an solche (freien) Einrichtungen den zunächst leichteren Spielraum für Mittelkürzungen. Das gilt insbesondere dann, wenn die Zuwendungen als Projektförderung und nicht als institutionelle Förderung gewährt werden.

c. Die Partizipation der Bürgerinnen und Bürger an den kulturpolitischen Entscheidungen ist zu gering. Häufig werden Investitions- und Personalentscheidungen ausschließlich von Räten oder Ratsausschüssen ohne bemerkenswerte Bürgerbeteiligung getroffen. Auch wenn die Zahl der Kulturdezernenten und der Kulturamtsleiter in der letzten Zeit abgenommen hat, so ist die Gestaltung der Kulturprogramme doch immer noch oft durch die Neigung zur individuellen Selbstverwirklichung geprägt und weniger durch eine gerade in diesem Bereich so wichtige und motivierende Mitwirkung der Bürgerinnen und Bürger gekennzeichnet.

d. Häufig haben kulturelle Angebote die gewünschten Adressaten nicht erreicht: die Kommunikation zwischen Anbieter und Publikum funktionierte nicht wie erhofft. Häufig wurde als Ursache das „dumme Publikum" und nicht etwa eine mangelhafte Vermittlung oder ein unzureichendes Marketing identifiziert.

e. Die Kulturarbeit der finanziell besser ausgestatteten Jahre hat nicht bewirkt, bei den politischen Entscheidungsträgern das Gefühl der Unverzichtbarkeit der Kulturarbeit hervorzurufen.

Zweite Illusion

Die *zweite Illusion*, oder besser Fehleinschätzung: Angeblich führen die Einsparungen zwangsläufig in *allen* Bereichen zu einer Verarmung der Kultur. Aus meiner Sicht ist das nur zum Teil der Fall.

a. Es muss differenziert werden. Kürzungen bei Kulturinstitutionen sind anders zu bewerten als Reduzierungen von Zuwendungen für andere kulturelle Zwecke. Wenn beispielsweise Theater, Museen oder soziokulturelle Zentren ihren Auftrag nicht mehr sinnvoll erfüllen können, muss man natürlich von einer Verarmung sprechen; nicht selten sind die Einrichtungen in ihrer Existenz bedroht.

b. Das private Engagement wird stärker. Die Gründung von Stiftungen ist zunehmend zu beobachten. Mäzenatentum und Sponsoring ist durchaus in Mode. In der Kreisstadt „meines" Landkreises hat eine Unternehmerfamilie schon vor einiger Zeit ein Museum mit Veranstaltungssaal errichtet und nun vor kurzem ein Konzerttheater gebaut. Allerdings nimmt der Mäzen auch prägenden Einfluss auf den Spielplan.

c. Ehrenamtliches Engagement hält Bibliotheken, Einrichtungen der Erwachsenenbildung, Kulturzentren aufrecht und veranstaltet kulturelle Veranstaltungen. Die Beteiligten verstehen ihren Einsatz dabei durchaus nicht als Lückenbüßer, weil die Kommune sich zurückgezogen hat, sondern als Beitrag zur persönlichen Verwirklichung. Motivierend wirkt dabei die Aussicht, auch inhaltlich prägend sein zu können.

Damit wir uns nicht falsch verstehen: Ich möchte keinesfalls die Kürzungen öffentlicher Mittel rechtfertigen. Meine These ist lediglich, dass die beiden Gleichungen „Viele Zuschüsse = gute Kulturpolitik" bzw. „Wenig Geld = schlechte Kulturpolitik" zu einfach sind, um haltbar sein zu können.

Ziel meiner Überlegungen ist, angesichts der finanziellen Enge, – nicht der finanziellen

Enge der kommunalen Haushalte, sondern der finanziellen Enge der von Kürzungen betroffenen Einrichtungen! -, über die Frage nachzudenken, ob nicht andere kulturpolitische Wege beschritten werden müssen.

Und so möchte ich nach den Illusionen auf Chancen und Perspektiven zu sprechen kommen.

Perspektiven

Angesichts der Sparzwänge auf allen Ebenen müssen Forderungen nach Erhöhung der öffentlichen Mittel utopisch erscheinen. Selbst die Forderung nach gleichbleibender Förderung, was ja gleichbedeutend ist mit einer realen Minderung, scheint in der Regel unrealistisch. Ein resignierendes Nachlassen der Forderungen nach Mittelerhöhung hätte allerdings unmittelbar einen weiteren Kahlschlag des öffentlichen Engagements zur Folge: deshalb dürfen Institutionen und Verbände keinesfalls in ihren Forderungen nachlassen.

Neben der Utopie eines Mittelzuwachses stellen sich die Fragen zum einen nach umsetzbaren Ansätzen und zum anderen auch nach kulturpolitisch erfolgreichen Wegen – wenn wir schon unterstellen, dass die Menge des Geldes nicht der Garant für erfolgreiche Kulturpolitik ist.

Hierzu sind Leitgedanken zu formulieren. Diese Leitgedanken werden zwangsläufig in mittleren und großen Kommunen anders aussehen als in einer kleinen Gemeinde. Und für Kreise und Regionen stellt sich die Formulierung der Ziele wieder anders dar.

Bei der Formulierung der Leitgedanken muss *der soziale Auftrag* der Kulturpolitik im Vordergrund stehen und nicht der Versuch, eine Haushaltskonsolidierung zu Lasten der Kulturausgaben auch noch inhaltlich zu begründen.

Ich formuliere aus meiner Sicht ein paar mögliche Leitgedanken:

Kultur ermöglichen, statt Kultur veranstalten

Aus der Sicht einer kleinen Gemeinde muss die aktuelle Kulturpolitik vorrangig darin bestehen, Kultur *zu ermöglichen*. Soweit nicht längst aus finanzieller Not geschehen, gilt es Abschied zu nehmen von der Idee, es sei eine Aufgabe der öffentlichen Hand, Kultur *zu veranstalten*. Ich betone noch einmal, das formuliere ich aus der Sicht einer kleinen Kommune, die weder ein eigenes Theater betreibt, noch ein Sinfonieorchester unterhält oder Museen trägt.

Ich gebe zu, es lebt sich gut in geringer Entfernung von einer größeren Stadt mit attraktivem Kulturangebot. Und manche spannenden Veranstaltungen findet man gerade deshalb in den kleinen Orten und nicht in den großen, weil in den Städten die Kürzungen des Kuluretats zuerst an den freien Ansätzen im Kuluretat vorgenommen werden, denn beispielsweise durch Tarifverträge vorgegebene Personalkosten oder unvermeidliche Betriebsausgaben lassen oft Kostenreduzierungen bei den Kultureinrichtungen nicht zu. So müssen Einsparungsvorgaben, so wie sie oft pauschal von Politikern vorgegeben werden, im freien Bereich dargestellt werden.

Diese Zwickmühle ist in kleinen Kommunen in der Regel unbekannt. Dafür müssen kleine Kommunen mit nur minimalen Ressourcen auf irgendeine Weise ihren Auftrag erfüllen – und damit begründe ich den eben geäußerten Vorschlag, die kleine Kommune solle ihren Auftrag primär darin sehen, kulturelle Aktivitäten zu fördern, anstatt ihren Ehrgeiz in ein eigenes kommunales Kulturprogramm zu setzen.

Die inhaltliche Einflussnahme wird dadurch geringer. Aber die Erfahrung lehrt, dass das Angebot Dritter häufig vielfältiger ist, als es ein kommunales Angebot sein kann.

Kulturelle Bildung

Vielerorts wird ein deutlich zurückgehendes Interesse der Bürgerinnen und Bürger an kulturellen Angeboten beklagt. Mal abgesehen davon, dass bei genauerem Hinsehen in einigen Fällen nur eine Verlagerung des Interesses auf Bereiche festzustellen ist, die im klassischen Kulturkanon nicht enthalten sind, sind die angeblich Schuldigen schnell gefunden: Der gesellschaftliche Wandel, die neuen Medien, etc. etc.

Eine der Hauptursachen scheint mir woanders zu liegen: Die Einrichtungen und Angebote der Kulturellen Bildung halte ich für völlig unzureichend. Wir dürfen uns über eine kulturelle Verarmung in der Gesellschaft nicht wundern, wenn die Einrichtungen, in denen kulturelle Bildung betrieben wird, zunehmend vernachlässigt werden – goldene Zeiten haben diese Einrichtungen ohnehin nicht erlebt.

Ein Schwerpunkt kommunaler Kulturpolitik muss also die Sicherung und die Intensivierung kultureller Bildung sein. Damit rücken die Aspekte der schulischen Angebote und, mehr noch, die Aspekte der außerschulischen Bildung nach vorn.

Demografischer Wandel

Über den demografischen Wandel in unserer Gesellschaft ist vieles gesagt und geschrieben worden. Nach meiner Einschätzung wird diese Problematik aber zu sehr auf die Veränderungen in der Altersstruktur reduziert. Auch die Sozialstruktur bekommt ein neues Gesicht. Nicht nur die Verteilung der Altersgruppen ändert sich, auch beispielsweise der Anteil von Menschen mit Migrationshintergrund wächst. Aus diesen Änderungen entstehen Herausforderungen auch für die Kulturpolitik, aber auch Chancen. Chancen auf eine stärkere Beteiligung der Menschen an den Gestaltungsprozessen. Chancen auf eine vielfarbige Kultur.

Aktive Betätigung vor Kulturkonsum

Der Schwerpunkt der Kulturarbeit muss in der Förderung derjenigen Angebote liegen, welche die Bürger zu eigener Aktivität motivieren. Eine Nachhaltigkeit ist eher mit Herausforderungen zum beispielsweise eigenen Gestalten, Musizieren, zum eigenen Kultur-Erleben zu erzielen, als mit dem kurzzeitigen Genuss von Kulturereignissen. Ich rede nicht vom Verzicht auf letztere Angebote, sondern von einer Priorisierung der ersteren. An bestätigenden Beispielen ist kein Mangel. Dort, wo eine Volkshochschule ein Theaterseminar anbietet, wo eine Künstlerinitiative kreative Kurse offeriert, dort werden auch die Theaterabende und Vernissagen sich eines besseren Zuspruchs erfreuen.

Woran ließe sich nun eine gute Kulturpolitik messen? Ich versuche, mit den folgenden vier Begriffen mögliche Ansatzpunkte für eine Bewertung darzustellen:

1. **Teilhabe und Integration**

   Wenn eines der wichtigsten politischen Ziele darin besteht, allen Menschen in der Gesellschaft die Teilhabe an allen Bereichen des gesellschaftlichen Lebens zu ermöglichen, dann gilt das unvermindert auch für die Ermöglichung der Teilhabe am kulturellen Leben. Kulturpolitik hat deshalb insbesondere die Integration von Menschen in den unterschiedlichsten Lebenslagen zu ermöglichen.

   Das gilt für ältere Menschen ebenso wie für jüngere, das gilt für Männer wie für Frauen, das gilt für Menschen mit irgendeiner Form von Behinderung, das gilt unabhängig vom Bildungsabschluss, das gilt unabhängig von der Frage der kulturellen Herkunft.

2. **Erreichbarkeit**

   Mit diesem Begriff ist gleich eine ganze Reihe von Voraussetzungen gemeint. Die **„geografische Erreichbarkeit"** ist hierbei noch recht einfach zu fassen. Nutzer von kulturellen Angeboten müssen in der Lage sein, die betreffende Veranstaltung überhaupt erst zu besuchen. Die Distanz zum Veranstaltungsort ist gerade im ländlichen Raum ein großes Problem. Der ÖPNV bietet in der Regel keine hinreichenden Möglichkeiten. Fantasievolle Lösungen wie Bürgerbus-Initiativen können helfen. Ein anderer Aspekt: für Menschen in besonderen Lebenslagen sind manche Angebote buchstäblich unerreichbar. Behinderte Menschen werden Veranstaltungen in Räumen, die nur über Treppen erreichbar sind, in der Regel meiden. (Die Forderung der Behindertenverbände geht übrigens nicht dahin, dass der Veranstalter Helfer bereitstellt – gefordert wird regelmäßig die Möglichkeit, dass behinderte Menschen ohne fremde Hilfe ein Angebot wahrnehmen können. Eine Forderung, die dem angestrebten Abbau von Diskriminierungen Rechnung trägt.)

   Ferner zu beachten ist die **„ökonomische Erreichbarkeit"**. Auch wenn in vielen Fällen kulturelle Angebote nur einen geringen Teil ihrer Kosten durch Eintrittsgelder decken, wirkt dennoch die Gestaltung der Kosten, die zur Wahrnehmung des Angebotes zu tragen sind, häufig prohibitiv. Allerdings muss zugestanden werden, dass die Erfahrung der vergangenen Jahre uns gelehrt hat, dass die Höhe des Eintrittspreises für den Entschluss des Nutzers zur Teilnahme in der Regel nicht ausschlaggebend war. Selbst Angebote zum Null-Tarif wurden nicht wahrgenommen.

Deshalb müssen wir auch über die **„mentale Erreichbarkeit"** sprechen. Hier scheint mir die größte Herausforderung zu liegen. Die Kulturpolitik muss ihren Beitrag leisten, Schwellenängste abzubauen. Die kulturelle Bildung ist ein Werkzeug, Angebote für mehr Menschen zu öffnen und Barrieren abzubauen.

3. Qualität

Dieser Begriff darf in der Aufzählung nicht fehlen. Kulturpolitik darf nicht beliebig sein. Oder anders formuliert: Beliebigkeit und Qualität sind unverträglich. Die Bewertung der Qualität von Kulturangeboten kann allerdings sinnvoll nur unter Berücksichtigung des Ortes, der Akteure und ihren Absichten und Voraussetzungen und der Nutzer und deren Wünschen und Voraussetzungen erfolgen. Eine gute Publikumsresonanz allein ist überhaupt kein Indiz für Qualität, ein schlechtes Publikumsecho aber auch kein Beweis für deren Mangel. Professionelle Akteure sind kein Garant für professionelles Handeln.

Ich muss zugeben, ein verlässliches Rezept zur Qualitätsbeurteilung von Kultur gibt es nicht. Darüber allerdings sollten wir letztlich ganz froh sein.

4. Wiedererkennbarkeit

Ich habe beobachtet, dass kulturelle Angebote in der Regel erfolgreicher sind, also ihre Adressaten besser erreichen, wenn sie eine Art Reihencharakter aufweisen. Ich kann nur vermuten, dass die Bevorzugung vertrauter Strukturen und gewohnter Inhalte etwas mit dem Wunsch der Rezipienten zu tun hat, sich nicht stets neu orientieren zu wollen.

Die Philosophie der Veranstalter geht oft andere Wege: Da wird dem *event* der Vorrang eingeräumt gegenüber der Kontinuität. Ich halte das für einen verhängnisvollen Weg. Zum einen ist zwangsläufig ein immer höherer Aufwand zu treiben, um das nächste *event* als eine Steigerung gegenüber dem vorangegangenen darstellen zu können. Und inhaltlich werden für diese „Strohfeuer" immer eigenartigere inhaltliche thematische Konstruktionen erforderlich sein, um den Wunsch nach stets steigender Reizung zu erfüllen.

Es ist also eine Aufgabe der Kulturpolitik, dieser Entwicklung durch Kontinuität entgegen zu steuern.

Ein kleines Schlusswort aus aktuellem Anlass:

Der Landeskulturverband Schleswig-Holstein hat in den 60 Jahren seines Bestehens eine Fülle von Ideen und Impulsen hervorgebracht. Der „KulturCent" war eine solche Idee. Zum Beispiel: 1 Cent von jeder verkauften Mineralwasserflasche, eine wunderbare Sache. Dieses Beispiel ließe sich angesichts der aktuellen Finanzkrise in seiner Wirkung aber mit Leichtigkeit übertreffen: Von jedem Euro des Milliarden schweren Rettungspaketes der Bundesregierung jeweils ein Cent für Kultur und kulturelle Bildung!

Senatorin a.D. Adrienne Goehler
Kuratorin/Autorin, Berlin

Verflüssigungen – Zur Durchlässigkeit von Politik und Kultur

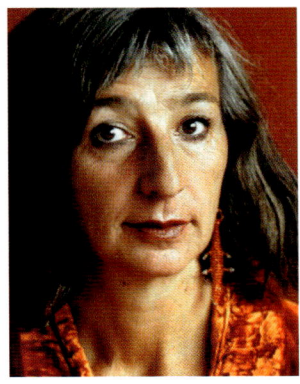

Wenn man am Ende eines so konzentrierten und erschöpfenden Tages redet, ist die Sorge groß, in die Karl Valentinsche Falle zu tappen, also: Es ist schon alles gesagt, nur noch nicht von allen.

Um dieser Falle zu entgehen, habe ich mir ihren Tag vorgestellt: Sie werden angefüllt sein mit Hoffnungen, Wünschen, Erwartungen und Ernüchterungen, die das schwierige Verhältnis von Kultur und Politik kennzeichnen. Sie werden die Unter- und Überschätzungen thematisiert haben, die auf der Kultur lasten: Der Zwang, Leuchtturm, Event zu sein, gefragt von der Kulturwirtschaft, Tourismusförderung. Gesprochen haben Sie über Stadt-Landgefälle, schrumpfende Regionen und die steigende Angst auf vielen gesellschaftlichen Ebenen, über klamme Finanzen in den Kommunen und natürlich die absehbaren Verheerungen, die die Finanzkrise auch für KünstlerInnen und Kultureinrichtungen bedeuten wird.

Es wird im Saal noch nachklingen: Kultur als Ersatz. Sinngebung, Kultur als der Möglichkeitsraum Gesellschaft zu verändern.....

Und natürlich, unterstelle ich, schweifen viele von uns seit der Wahl des amerikanischen Präsidenten gelegentlich in die Frage ab, was der fulminante Sieg von Obama weltweit für eine neue politische Kultur bedeuten wird. Wie es sich hierzulande niederschlagen wird, wo 80 % Obama gewählt hätten. Hierin drückt sich eine Sehnsucht aus, die Politik hier jetzt aufnehmen könnte. Müsste.

Obama hat das Gefühl vermittelt, dass es auf jede und jeden Einzelnen ankommt.

Das alles hätte ich gerne aus der Nähe verfolgt, wäre ich nicht in Salzau bei dem „Visual lab", von radius_ researchbasedart, einem Residency-Programm zwischen unabhängigen Kunstorten im Nahen Osten und in Europa, in denen wechselseitig, über mehrere

Wochen, KünstlerInnen vor Ort ihre Recherchen betreiben und sich gegenseitig vorstellen. Es geht dabei um den fremden Blick auf das Eigene, um Erweiterung der Wahrnehmung des Anderen. Es geht um die Kunst als das Unverfügbare, um mit Adorno zu sprechen, und trotzdem um Durchlässigkeiten zwischen dem Politischen und dem Anderen der Kunst.

Es geht dort um einen Vorschein dessen, zu dem ich Sie zum Abschluß Ihres langen Tages gerne entführen möchte: KomplizInnen der Vision einer Kulturgesellschaft zu werden, die aus den Verflüssigungen zwischen dem Politischen und dem Kulturellen entstehen könnte, dem Durchlässigmachen von Grenzen und dem Überschreiten des Bestehenden.

Die Kulturgesellschaft basiert auf dem Grundsatz, dass jeder Mensch auf Resonanz angelegt ist, gestalten will, sich von der Gesellschaft gebraucht und in ihr nützlich fühlen möchte. In den Worten des Hirnforschers Joachim Becker: „Mit anderen in Resonanz zu treten ist ein biologisches Bedürfnis. Jeder spürt die Magie des Zusammenspiels über Töne und Körpersprache."

Vor diesem Hintergrund, aber auch in der Gewissheit, dass die Gegenwart mehr Versagung für das Bedürfnis nach Resonanz bereit hält als Möglichkeiten ihrer Befriedigung, versteht sich mein Plädoyer, aus dem Anderen der Künste und Wissenschaften ein gesellschaftliches Mehr und ein öffentliches Gut für Modellhaftes zu machen. Ich möchte Sie dazu verlocken, von den Künsten zu lernen, denn sie sind besser gewappnet für die Krise unserer Gewissheiten, die sich durch alle wesentlichen Lebensbereiche zieht.

Ich gehe dabei – stichwortartig von folgender Grundlage aus:

Wir leben in einer Zeit des umfassenden gesellschaftlichen Übergangs, in einer Zeit des **„nicht mehr und noch nicht"**. Hinsichtlich der Arbeit, ist die Hoffnung auf „mehr, besser, schneller" nicht mehr. Eine Rückkehr zu Zeiten der Vollbeschäftigung wird es in Deutschland, wie in allen Hochpreisländern, nicht mehr geben, was an ihre Stelle treten soll, damit ‚der Mensch ein Mensch ist, bitte sehr', ist noch nicht Gegenstand öffentlichen Nachdenkens.

Die Gegenwart stellt die Frage nach der azentrischen Existenz, die sich ihre Mittelpunkte erst noch schaffen muss.

Der amerikanische Zukunftsforscher John Naisbitt hat die gegenwärtige Zeit als die zwischen zwei Klammern bezeichnet: Noch nicht zurückgelassen sei die Vergangenheit, die zentralisierte, industrialisierte, in sich abgeschlossene alte Welt, die auf Institutionen, Nationalstaaten und starren Hierarchien aufgebaut war. Gleichzeitig nähmen wir die Zukunft noch nicht an. „Wir halten noch an der bekannten Vergangenheit fest, aus Angst vor der unbekannten Zukunft. Oder wie Shakespeare so schön sagt: Dass wir die Übel die wir haben, lieber ertragen als zu unbekannten fliehn.

Die herkömmlichen Strukturen und Selbstverständlichkeiten tragen nicht mehr, ob in Schule, Familie, Arbeit (Finanzmarkt), Natur und Ressourcen, aber noch greifen andere Modelle nicht auf breiter gesellschaftlicher Ebene. Mit dem Rückgang der Lohnerwerbstätigkeit geht dem Sozialstaat Bismarckscher Prägung sein Fundament, seine Voraussetzung verloren: Der lebenslang beschäftigte männliche Ernährer der Familie.

Wir sind herausgefordert, eine Umbewertung von Arbeit vorzunehmen, einen neuen Umgang damit zu finden, zu erfinden, denn die ungebrochene Erwerbsbiografie ist die Ausnahme, nicht mehr die Regel. Die Implosion des Sozialstaats bringt seit einiger Zeit das gesamte gesellschaftliche Gefüge erheblich ins Wanken.

Unübersehbar die schichtenübergreifende Angst vor dem Verlust heraus zu fallen, vor Entwertung, vor dem Gefühl nicht Teil der Lösung, sondern das Problem zu sein.

Auch hier leben wir in einem Zwischenraum: Wir werden nicht mehr genügend vom Vater, vom Staat versorgt, und können noch nicht andere – eigene – Wege beschreiten, weil noch die Voraussetzungen für soziale Konstruktionen fehlen, die Hybride zwischen Fürsorge und Selbstorganisation erzeugen könnten.

Im Zwischenraum zu sein bedeutet, Ambivalenzen aushalten zu müssen. Darin sind KünstlerInnen geübter als andere, denn sie sind von Hause aus spezialisiert auf Übergänge, Zwischengewissheiten und Laboratorien – und als solche natürliche FeindInnen des Verharrens im Bestehenden. Neu ist, dass sie in dieser Art zu arbeiten, zum Rollenmodell werden. Eine Studie des Wissenschaftszentrum Berlin geht davon aus, dass sich die Arbeitsplätze der Zukunft stark an denen der Künstler und Publizistinnen orientieren werden: „selbstbestimmter, kompetitiv, wechselhaft in Art und Umfang des Beschäftigungsverhältnisses, in stärkerem Maße projekt- und teamorientiert, zunehmend in Netzwerke und weniger in Betriebe integriert, mit vielfältigen und wechselnden Arbeitsaufgaben, schwankender Entlohnung oder Vergütung und kombiniert mit anderen Einkommensquellen oder unbezahlter Eigenarbeit".

Sarkastisch gesprochen, gilt: Die nicht verbeamtete oder fest angestellte Kunst und Wissenschaft bilden die Avantgarde der prekären Verhältnisse, sie hat darin einen unfreiwilligen Erfahrungs- und Leidensvorsprung.

Einerseits sind die Menschen aus herkömmlichen Bindungen freigesetzt, andererseits fehlt ihnen für das Leben in radikal offenen Kontexten noch die Erfahrung. So kommt es zu experimentellen Selbstverhältnissen, die kurzatmige, aber kulturell relevante Lebensstrategien hervortreiben (Dietmar Kamper). Es erfordert individuellen, gesellschaftlichen und politischen Mut, sich diesen Zwischenraum zu vergegenwärtigen und ihn aushalten zu können, denn es bedeutet die Auseinandersetzung mit Angst und Abhängigkeit, mit dem Verlust von Erfahrung, persönlicher Sicherheit und staatlicher Fürsorge.

An dieser Diagnose, an diesem Nicht-Mehr-Noch-Nicht setzt der Gedanke der Kulturgesellschaft an. Er basiert auf der Behauptung, dass künstlerische Strategien für diese radikal offenen Kontexte die die „flüssige Moderne" (Zygmunt Baumann) besser gewappnet sind. Gesellschaftlich bedeutsam in Zeiten von Ratlosigkeit ist die Disfunktionalität von Kunst und Wissenschaft, ihre Fähigkeiten zur Gegenläufigkeit zu dem, was vorherrschend ist. Ihre Fähigkeiten zum Ausprobieren, auch zum Fehlschlagen, zum Ausdehnen des gemeinschaftlichen Handelns. Die Künste und die Wissenschaften haben einen Erfahrungsvorsprung darin, Leben und Arbeit nicht nur eindimensional über den Erwerb zu denken, sondern andere (Selbst-)Beschäftigungsformen einzugehen und damit mit ihrer Zeit eigenständig umzugehen. Die Gesellschaft als Ganze ist aber noch nicht auf das Verschwinden der herkömmlichen Arbeit mit ihren vorgegebenen Rhythmen vorbereitet.

Die getaktete Realität des „Freitags ab eins, macht jeder Seins" ist im Schwinden begriffen, Arbeit und Freizeit überlappen sich, solchermaßen entgrenzt, geraten auch Strukturen und Bindungen ins Wanken. Nicht mehr noch nicht.

Deshalb rückt die Frage ins Zentrum, **welche Anerkennungs- und Beteiligungsformen die Gesellschaft ihren Mitgliedern bieten kann**, wenn zugrunde gelegt werden muss, dass es für das „neue Subproletariat das Schichten übergreifend ist, keine Perspektive einer sozialen Verortung gibt."

Es wird darauf ankommen, neue Modelle zu erfinden, die einen gesellschaftlichen Mehrwert erzeugen, die Verbindungen und Kooperationen zwischen den noch voneinander abgegrenzten gesellschaftlichen Bereichen suchen und Mischformen generieren, die aus unterschiedlichen Denk- und Lebenswelten kommen, für die KünstlerInnen und WissenschaftlerInnen Kompetenzen entwickelt haben. Von ihnen ist auch zu lernen, in Projektstrukturen zu denken und arbeiten. Das ist die neue Herausforderung, mit allen zwiespältigen Begleitumständen.

Denn längst haben die Künste ihre angestammten Plätze in Museen und Theatern erweitert hin zu Interventionen im öffentlichen, sozialpolitischen Raum, die, wie der Kunstpublizist Paolo Bianchi sagt, nicht „Handelsware", sondern „Handlungskonzepte" produzieren.

Die Politik nimmt die für ihre eigene Arbeit so wichtige Möglichkeit der Künste und Wissenschaften, Verhältnisse zu verflüssigen, neue Zugänge zu öffnen, **noch nicht** ausreichend wahr.

Künstlerisches wie wissenschaftliches Arbeiten lebt von einer Mischung aus Selbstreflexion und dem Schaffen von Neuem, neuen Formen des Denkens, Gestaltens, Sehens. Ihm ist das Anfangen und Aufhören inhärent, es lebt vom selbst gewählten, ständigen Neubeginn, eben auch durch Verwerfen, Korrigieren, Aufgeben, Wiederfinden.

Um zu einer inspirierenden Kraft zu werden, braucht es aber KulturpolitikerInnen, die Raum für „win-win-situations" ermöglichen, in dem sie neue Allianzen eingehen: Allianzen zwischen den Ressorts, aber auch mit Krankenkassen, Stiftungen, der Agentur für Arbeit etc. Und im Finden von neuen Wegen. Hier will ich einen Ausflug ins sehr Konkrete machen:

Schule, die vor allem ästhetische Leidenschaft statt Didaktisierung braucht.

Es sind die KünstlerInnen, TänzerInnen, (Rhythm is it!!) ArchitektInnen..., die deutlich wahrnehmbar eine Lust erkennen lassen, sich temporär in Schule einzumischen, nicht als künftige LehrerInnen, sondern für zeitlich begrenzte Projekte. Von außen kommend, eine Welt verkörpernd, wo mit dem Wissen konkret etwas angefangen wird. Dahin muss sich Schule verflüssigen, muss durchlässig werden für Profis, deren berufliche Ideen, Leidenschaften und Ernüchterungen, die aber auch eine andere Autorität in die Schule bringen könnten; dies auch zur Entlastung der lebenslänglichen LehrerInnen.

Mir geht bei all diesen Überlegungen immer auch darum, wie wir Arbeits- und Lebensbedingungen für KünstlerInnen schaffen können, unter denen sie ihr spezifisches Wissen, auch über ihre genuinen Orte hinaus, gesellschaftsrelevant weitergeben und sich auch reproduzieren können, wenn man bedenkt, dass nach den Kenntnissen der KSK der jährliche Durchschnittsverdienst bei ca. 11.000 € liegt, und wenn man weiß, dass nahezu 50% der in der Kulturwirtschaft Tätigen in prekären Verhältnissen leben.

Ich schlage also vor, dass in den Schulen die eine oder andere Oberstudienratsstelle zugunsten von Projektmittel aufgelöst werden.

Es braucht Verflüssigung zwischen den erstarrten Ressorts und Zuständigkeiten, in denen Politik gefangen ist (Mein eindrücklichstes Erlebnis bei meinem kurzen Regierungspraktikum in Berlin).

Ich unterstelle Ihnen Allen, dass Sie das auch spüren und darunter in Ihrer Arbeit leiden. Wir brauchen ressortübergreifende Pools, denn im Dazwischen ereignen sich die wichtigen Dinge. Zwischen den Ressorts Schule – Soziales und Jugend – urbaner Raum- Migration. Aber auch in den Vorhöfen des Wirtschaftsressorts.

Einen zweiten Wunsch, den ich habe: Einfluß zu nehmen auf die Agentur für Arbeit. Von der Kunst lernen heißt in Projekten zu denken lernen. Auch hier eine win-win-Situation. (Und bevor ich zu Ihnen als Komplizin zurückkomme, noch eine bissige Bemerkung: Entlassen sie die Kultur aus dem Dasein der Lieblingsnebenbeschäftigung von Ministerpräsidenten! Da wird Kultur zum Schaufenster zur Spiegelung der Regierenden!). Ich zähle also Sie alle, die Sie KulturpolitikerInnen sind, zu denen, die eine kulturell bestimmte Gesellschaft bewegen und mittragen. Sie könnten sich, so habe ich aus mehreren Untersuchungen und Studien zusammengetragen, dabei heute schon auf die Resonanz von ca. 20 – 25 % der Gesellschaft verlassen.

Zumeist selbstständig arbeitend, intellektuell, kreativ-schöpferisch tätig, mit einer ausgeprägten Urteilskraft und einem Bewusstsein für gesellschaftliche Relevanzen und: Menschen, die vieles in ihren Lebens- und Arbeitsweisen eint und die sich doch noch nicht in einer gesellschaftlichen Gemeinsamkeit verorten. Ihre Entscheidung für ein tätiges Leben bilden nicht mehrheitlich finanzielle, sondern gestalterische Gesichtspunkte. Es sind gut ausgebildete, auch privilegierte ›Freelancer des Lebens und Arbeitens‹, die den bestehenden Arbeitsmarkt oft nicht mehr als Orientierungsmaßgabe betrachten oder sich nicht in ihn integrieren können und stattdessen in viele Richtungen aufbrechen. Auch die unabgesicherten und marginalisierten Existenzen, von denen sich viele in Künsten und Wissenschaften finden dürften, ohne die lebenslangen Absicherungen einer unbefristeten Professur im Rücken, in der Mehrheit aber doch mit der Aussicht auf gesellschaftliche und ökonomische Erweiterung ihres Tuns. Sie sind auch zu finden bei den Nichtregierungsorganisationen (NGOs) und den Agenda-Initiativen, bei den NetzwerkerInnen, bei den sozialen Bewegungen, die gesellschaftlichen Reichtum, Arbeit und Wirksamkeit anders verstehen wollen. Es sind auch Menschen mit Leidensdruck und noch nicht gänzlich verschütteter Gestaltungslust, die sich dem gesellschaftlich, ökonomisch und politisch Erstarrten schon entgegenstellen oder noch entziehen wollen.

Es gehören auch die diejenigen in Politik und Wirtschaft dazu, die herkömmlichen Problemlösungsmustern misstrauen und interessiert sind an nachhaltigen und zukunftsgerichteten Entwürfen für eine unter großem Veränderungsdruck stehende Gesellschaft, und die vielleicht sogar zu TeilzeitaussteigerInnen geworden sind.

Und es gehört die Gruppe dazu, die der amerikanische Sozialwissenschafter Richard Florida die Kreative Klasse nennt, zu der die oben Genannten alle gehören oder gehören könnten. Alle zusammen, auch wenn sie noch kein umfassendes Gefühl der Zusammengehörigkeit entwickelt haben, sondern sie ein eher unbestimmtes Gefühl der Differenz vereint, sind nicht ein paar vereinzelte AbweichlerInnen vom Mainstream, sondern wir reden hier mittlerweile von einem beachtlichen Anteil der Bevölkerung, der auf 20 bis 25 Prozent zu schätzen ist. Mit Paul Celan ließe sich ihnen zurufen: „Ins Weite, ins Offene".

Verflüssigungen ist die Gegenbewegung zur Abkapselung gesellschaftlicher Blöcke und Verhärtung in starren Oppositionen, das Gegenmoment zur Verfestigung von Verhältnissen, die ihren Gegenstand aus dem Blick verloren haben.

Verflüssigung meint: wechselseitige Durchdringungen, Energien freisetzen, Durchlässigkeiten unter Wahrung des Eigenen herstellen, nicht Auflösung der Widersprüche, sondern im Bewusstsein von Differenz und Ambivalenz neue Erfahrungen zulassen, ohne die damit einhergehende Angst vor Verlust der Gewissheiten abzuspalten.

Die Kulturgesellschaft basiert auf dem Reichtum der Möglichkeiten und den Lebensentwürfen ihrer Mitglieder. Sie braucht deren Talente und Gestaltungskraft, ihr Bewusstsein an der umfassenden Entwicklung ihrer Stadt teilhaben zu können – im Arbeiten und im Leben. Und sie braucht ein bewegliches, kreatives Gegenüber in der Politik und ihren Verwaltungen! Denn Talent | Kreativität ist ein beweglicher, flüchtiger Rohstoff, „kein Vorrat, sondern Strömung". Ein Rohstoff der versiegt, wenn er durch die Reduktion auf seine unmittelbare ökonomische Verwertbarkeit vernutzt wird.

Offene Denk- und Handlungsräume brauchen Umgangsformen, die das Plurale sozialer und ethnischer Zugehörigkeiten, die Heterogenität von Generationen und das Erschließen verschiedener gesellschaftlich und ökonomisch wirksamer Arbeitsfelder ermöglichen, die nicht nach dem Muster üblicher politischer Großlösungen erstellt werden können.

Das Verständnis einer Kulturgesellschaft folgt keiner Einheitslogik, denkt nicht in Fläche, auch nicht in Flächentarifen, gibt dem weisen, etwas in Vergessenheit geratenen Gedanken von „think globally, act locally" eine veränderte Plattform, meint die ganze Fülle gesellschaftlich konkreter Erfahrungen und die Absicherung ihrer Grundlagen.

Die Kulturgesellschaft reduziert die Menschen nicht auf Beitragszahler und Empfangsberechtigte eines Sozialstaats, als Informationsempfänger und –lieferanten einer Wissensgesellschaft, als Konsumbürger eines Wirtschaftsstaats, und definiert sich nicht in erster Linie über Lohnarbeit und die zunehmende Abwesenheit derselben. Sie setzt auf das Vermögen der Einzelnen, das mehr umfasst als die jeweilige Arbeitskraft und den damit einhergehenden Marktwert.

Und wirklich sozial wird eine veränderte und sich verändernde Gesellschaft erst, wenn die Menschen nicht bedarfsbemessen werden, sondern sie selbst die Bedingungen herstellen können, ihren je möglichen, eigenen, aktiven Beitrag darin leisten zu können.

Handeln heißt anfangen können. „Was den Menschen zu einem politischen Wesen macht, ist seine Fähigkeit zu handeln; sie befähigt ihn, sich mit seinesgleichen zusammenzutun, gemeinsame Sachen mit ihnen zu machen, sich Ziele zu setzen und Unternehmungen zuzuwenden, die ihm nie in den Sinn hätten kommen können, wäre ihm nicht diese Gabe zuteil: etwas Neues zu beginnen." Sagt die wunderbare Hannah Arendt.

Dr. Jörg Herrmann
Leiter der Evangelischen Akademie der Nordelbischen Kirche, Hamburg

Wechselwirkungen. Zum Verhältnis von Kirche und Kultur

1. Kirchliche Kulturarbeit

Das Kulturthema findet auf fast allen Ebenen der evangelischen Kirche in den letzten Jahren eine zunehmende Aufmerksamkeit. Neben der kirchenmusikalischen Arbeit, die ja immer schon eine zentrale Stellung in den Gemeinden hatte, findet man zunehmend auch Angebote zu Literatur, Film, Theater, Kunst und Kunstgeschichte in den Gemeinden, auf der Kirchenkreisebene und bei verschiedenen übergemeindlichen

Diensten und Werken. So bietet zum Beispiel die Kirchengemeinde Altona-Ost regelmäßig Literaturveranstaltungen an, so gibt es in der Kirchengemeinde Quickborn-Hasloh eine Gemeindeakademie mit dem Schwerpunkt Kirche und Kultur, so hat die Hamburger Kirchengemeinde Ottensen sich als ein zentraler Ort für Neue Musik etabliert. Ein ähnlicher Trend lässt sich im Überregionalen zum Beispiel im Bereich der Evangelischen Akademien vermerken – vergleichen Sie einmal Programme aus den 70ern mit aktuellen Programmen! Wir als neu im Aufbau befindliche Evangelische Akademie der Nordelbischen Kirche haben hier auch einen Akzent gesetzt: eines der beiden von uns favorisierten Themenfelder trägt die die Überschrift „Religion und Kultur", bei dem anderen geht es um Gerechtigkeit und Bildung.

Manchmal könnte man zwar meinen, wir könnten auch wieder etwas mehr politisches Interesse und Engagement in der Kirche vertragen, nun sind wir aber erst einmal sehr froh darüber, dass die lange im Zuge der Wort-Gottes-Theologie zu wenig beachtete Kulturthematik stärkere und angemessenere Aufmerksamkeit auf allen Ebenen der kirchlichen Arbeit findet. Gemacht wurde ja immer schon viel, gerade im Bereich der Kirchenmusik. Aber es fehlte an bewusster Wertschätzung. Die nun neue Aufmerksamkeit für die Kulturthematik insgesamt ist nicht zuletzt auch mit ein Verdienst der Theologie als Wissenschaft, insbesondere der sogenannten Praktischen Theologie, in deren Kontext seit Anfang der 90er Jahre eine „empirisch-kulturhermeneutische Erweiterung" propagiert wird, das heißt, dass man sich verstärkt für die gelebte Religion der Menschen und die religiöse Dimension der Gegenwartskultur interessiert. Die Theologie steht übrigens mit diesem Interesse ganz und gar nicht alleine da, sondern findet sich im Kontext eines cultural turn vor, der im gesamten Feld der Geistes- und Sozialwissenschaften zu beobachten ist und mit dem eine neue Wahrnehmung der sinnstiftenden und handlungsorientierenden Bedeutung von Kultur einhergeht.

Deutlich zeichnet sich die neue Aufmerksamkeit für das Kulturthema auch auf der Ebene unserer Dachorganisation, der EKD, ab, die 2002 gemeinsam mit der Vereinigung Evangelischer Freikirchen die Denkschrift „Räume der Begegnung. Religion und Kultur in evangelischer Perspektive" veröffentlichte, eine Einladung, „Räume zu gestalten, in denen Religion und Kultur mit einander ins Gespräch kommen".[1] Um dieses Gespräch systematisch und kontinuierlich zu fördern, richtete die EKD darüber hinaus ein Kulturbüro ein und berief 2006 mit Dr. Petra Bahr die erste Kulturbeauftragte der EKD mit Sitz in Berlin.

Summa summarum: Von der Gemeindeebene über die übergemeindlichen Dienste bis in die EKD und die theologische Wissenschaft hinein findet die Kulturthematik eine neue Aufmerksamkeit.

Vor diesem Hintergrund sind wir als Kirche natürlich sehr erfreut darüber, dass der Schlussbericht der Enquete-Kommission des Deutschen Bundestages „Kultur in Deutschland" so deutlich aufzeigt, wie bedeutsam das weit gefächerte, qualitätsvolle und dazu zumeist noch frei zugängliche oder jedenfalls erschwingliche kulturelle Angebot der beiden großen Kirchen für unsere kulturelle Infrastruktur ist und was uns fehlen würde, wenn es, gerade in ländlichen Räumen, die kirchenmusikalischen Angebote, die Bibliotheken, die Kunst in den Kirchen und die Kirchengebäude selbst – um nur einen Ausschnitt zu nennen – nicht gäbe.[2] Es wird u.a. festgestellt, dass die Kirchen „mit ihren Aufwendungen für Kultur im Vergleich der öffentlichen Ebenen gleichauf mit den Kommunen und Ländern" liegen.[3] Es wird hervorgehoben, dass die Einbeziehung des Ehrenamtes und die Förderung der Jugend (hier ist vor allem an die Musikangebote zu denken!) besondere Charakteristika des kirchlichen Engagements seien, das als „öffentlich-nichtstaatlich" eingeordnet wird. Angemahnt wird, und das können wir von Seiten der Kirche nur unterstreichen, die Notwendigkeit der staatlichen Mithilfe und gerade nicht des Rückzuges bei der Pflege der vielen Baudenkmäler und historischen Orgeln in kirchlichem Besitz. Hier sind die Länder gefordert. Ingesamt betont der Bericht das hohe Eigeninteresse des Staates an der Fortsetzung der kirchlichen Kulturarbeit im Sinne des Gemeinwohls. Das freut uns als Kirche, da können wir nur zustimmen. Wir sehen es auch so: die kirchliche Kulturarbeit versteht sich weithin als öffentliches Angebot von ästhetischer Erfahrung, von Sinn- und Identitätsstiftung. Wir freuen uns natürlich über jede und jeden, der dadurch den Weg zum evangelischen Glauben findet, verstehen diese weite Kulturarbeit jedoch nicht als missionarische Strategie, sondern als Ausdruck des Glaubens, als Dienst am Nächsten und als Beitrag zur Entwicklung einer humanen Kultur und Gesellschaft.

2. Zum Verhältnis von Kirche und Kultur

Das Verhältnis von Kirche und Kultur lebt von historischen und funktionalen Gemeinsamkeiten. Da ist zunächst das die historische Dimension: Unsere europäische Kultur ist von der jüdisch-christlichen Tradition geprägt. Sie gehört, neben den antiken Traditionen, zu den Grundlagen europäischer Kultur. Das gerät heute manchmal in Vergessenheit, gilt aber bei weitem nicht nur für die Kunstgeschichte, sondern lässt sich bis hinein in die Verzweigungen unserer postmodernen Medienkultur nachweisen und z.B. an Musikvideos von Madonna oder populären Spielfilmen deutlich machen. Die christlichen Grundlagen und Dimensionen könnten hier übrigens eine wichtige Rolle bei der Intensivierung der innereuropäischen Kulturkommunikation im Horizont des politischen Projektes Europa spielen.
Zum zweiten. Der Bericht der Enquete-Kommission sieht die Kirchen besonders beim Thema Erinnerungskultur in der Verantwortung. Es heißt dort: „Das kulturelle Gedächtnis eines Gemeinwesens stiftet Identität und trägt zum Zusammenhalt einer Gesellschaft bei. In dieser Erinnerungsarbeit haben die Kirchen eine besondere Aufgabe: Sie können auf religiöse Wurzeln des Alltagshandelns verweisen, die verschütteten Quellen authentischer und aktuell verantworteter Werte offenlegen und Traditionen fruchtbar machen."[4] Hier ist von Identitätsstiftung, Zusammenhalt und Werten als

Funktionen der Kultur die Rede. Man kann diese Funktionen noch mehr zusammenfassen: Kultur ist Arbeit am Sinn. Dies ist eine Gemeinsamkeit von Kirche und Kultur.[5] Die Arbeit am Sinn aus unterschiedlichen Perspektiven. In kulturwissenschaftlicher Perspektive würde man auch sagen: Religion ist ein kulturelles Teilsystem im großen Netzwerk Kultur. Dieses Netzwerk ist nichts anderes, als das von Menschen konstruierte und tradierte Geflecht von Sinnzusammenhängen. Ohne Kultur, so der Kulturwissenschaftler Clifford Geertz, „würde das Verhalten des Menschen nicht steuerbar sein, ein bloßes Chaos bedeutungsloser Akte und explodierender Emotionen, würde seine Erfahrung praktisch konturenlos sein".[6] Ohne Kultur, um es noch deutlicher zu sagen, wäre der Mensch kein Mensch. Er braucht Kultur, um seine mangelnde Instinktsteuerung auszugleichen, um sich im Leben an Werten und Zielen zu orientieren, um Mensch zu werden. Kultur ist das Medium der Menschwerdung des Menschen. Darum ist kulturelle Praxis in- und außerhalb der Kirche Arbeit an der Gestaltung des Menschen und seinen Sinnressourcen. Diese strahlen wiederum in alle Bereiche der Gesellschaft aus. Sie merken: ich denke, dass man die Bedeutung von Kultur gar nicht hoch genug veranschlagen kann und stimme der Empfehlung des Kulturberichtes sehr zu, Kultur als Staatsziel im Grundgesetz zu verankern.

Wie nun sollte das Verhältnis von Kirche und Kultur idealerweise aussehen und praktiziert werden?[7] Ich schlage zunächst vor, beim kulturellen Angebot der evangelischen Kirche zwischen drei Kategorien zu unterscheiden. Da sind zum einen etwa die kirchenmusikalischen Angebote, die Bibliotheken, die Archive und die Kirchengebäude als Bauten und Baudenkmäler. Angebote dieses Typus könnte man auch als offene Angebote bezeichnen, als kulturelles Engagement der Kirchen zur Förderung und Pflege bestimmter kultureller Praktiken und Traditionen. Hier sind vor allem Kooperation, Koordination und Synergie gefragt, wechselseitige Unterstützungen zur Stärkung der Stärken! Wo lassen sich noch neue Brücken schlagen, wo noch neue Netzwerke bilden? Zwischen kirchlichen, staatlichen, kommerziellen und nichtkommerziellen Kultureinrichtungen.

In einer zweiten Kategorie würde ich die spezifisch religionskulturellen Angebote sehen. Dazu gehören für mich z.B. Gottesdienst und Konfirmandenunterricht, Veranstaltungen also, die mit der Verkündigung und Praxis des Glaubens zu tun haben. Dieser Bereich ist vor allem Sache der Kirchen selbst. Dennoch sollte die Gesellschaft m. E. ein Interesse daran haben, dass dieser evangelische Beitrag zum Sinn- und Wertehorizont der Individuen, zur Bildung und Weiterbildung ihrer Religiosität geleistet wird.

Zu einer dritten Kategorie gehören für mich Veranstaltungen, die sich ausdrücklich mit dem Dialog von Kirche und Kultur in einem inhaltlichen Sinne beschäftigen. Dabei geht es um Gemeinsamkeiten, aber auch um Unterschiede. Diese auch von der Kulturdenkschrift angestrebten Dialoge sind besonders geeignet, neue Zugänge sowohl zur christlichen Tradition wie auch zur kulturellen Gegenwart zu eröffnen. Sie können helfen, neue Brücken zwischen Kultur und Religion zu bauen und dadurch Kommunikationsmöglichkeiten schaffen, die zur wechselseitigen Inspiration, Herausforderung und Bereicherung beitragen können.

Dialog heißt dabei auch: Kritik ist erlaubt, von beiden Seiten. Es gilt, Gemeinsamkeiten zu entdecken, aber auch Unterschiede zur Sprache zu bringen. Dabei kann und darf es zu Irritationen und Kontroversen kommen. Wenn zum Beispiel Kunstwerke in einer Kirche ausgestellt oder sogar eingebaut werden, die herausfordern und irritieren – wie schon in den 80ern die Schreiter-Fenster in Heidelberg etwa. Wenn im Kino Filme laufen und im anschließenden Filmgespräch theologische Perspektiven hermeneutisch und kritisch ins Spiel kommen (Adams Äpfel, München, American Beauty, Auf der anderen Seite...). Wenn die religiösen Implikationen der letzten Schlingensief-Aufführung in einer religionshermeneutischen interessierten Besprechung diskutiert werden. Irritation und Herausforderung gehen dabei nicht nur von einer Seite aus. Das mit dem Stichwort „Wechselwirkung" im Titel meines Referates angedeutete Verhältnis meint ja, dass sowohl die Kirche neue Impulse und Perspektiven aus der Kultur erhalten kann wie auch die Kultur durch den Dialog mit Theologie und Kirche herausgefordert werden kann. So könnte es sein, dass die Kunst im Gespräch mit der Kirche ethisch herausgefordert wird und die Kirche umgekehrt eine ästhetische Irritation erlebt, dass durch die Kunst Gegenwart in die Kirche kommt und durch die Kirche vielleicht gefährliche Erinnerung in den Kunstdiskurs.

Es könnte in diesem Dialog aber auch sein, dass sich zum Beispiel Kunst und Religion wechselseitig auf dasjenige hinweisen, was sie im Kern verbindet: das Schaffen von zweckfreien Erfahrungsräumen, von Gelegenheiten zum zweckfreien, ungezwungenen, kontemplativen und durchaus hedonistischen Aufenthalt in der Gegenwart: für, so könnte man theologisch formulieren, die Feier des Lebens am siebten Tag der Schöpfung.

Exkurse

Dr. Rolf-Peter Carl

Ehemaliger Leiter der Kulturabteilung im Schleswig-Holsteinischen
Kultusministerium

„Und wo Ihr's packt, da ist's interessant".
Die Theaterlandschaft Schleswig-Holstein

I.

In Schleswig-Holstein gibt es kein Staatstheater; das Jahrbuch des Deutschen Bühnenvereins verzeichnet drei von der öffentlichen Hand unterhaltene Theater, die überwiegend vom Land finanziert, aber von den Kommunen getragen werden. Das Theater
Lübeck wird als GmbH geführt, die Bühnen der Landeshauptstadt Kiel seit 2007 als
Anstalt öffentlichen Rechts und die Schleswig-Holsteinische Landestheater und -or-
chester GmbH hat – neben den Sitzstädten Flensburg, Schleswig und Rendsburg – eine
Reihe von Gemeinden und Kreisen im nördlichen und westlichen Landesteil als Gesellschafter. Mitglied des Bühnenvereins ist aber auch die Eutiner Festspiele GmbH als
einzige Privatbühne des Landes.

Die Theaterszene Schleswig-Holsteins umfaßt aber natürlich weit mehr als diese vier
Einrichtungen. Eine Vielzahl von Privattheatern – in Kiel etwa „Die Komödianten"
und das Polnische Theater, in Lübeck das Theater Combinale und das Theater am
Tremser Teich, in Flensburg die Pilkentafel, in Elmshorn die Dittchenbühne, um nur
einige der bekanntesten zu nennen -, teils mit, teils ohne Förderung aus öffentlichen
Mitteln, zahllose Amateur-, Schul- und Vereinstheater, niederdeutsche Speeldeels und
freie Gruppen bieten fast täglich und an vielen Orten ein breites Programm unterschiedlichen Anspruchs und Niveaus. Neben den Bühnen, auf denen Menschen als
Spieler agieren, gibt es die Figuren- bzw. Puppentheater in fester Organisationsform
wie das Marc Schnittger Figurentheater in Kiel oder das „Lübecker Unterwasser Mari-
onetten Theater". Spezielle Theaterformen haben ihre eigenen jährlichen Festivals – die
Pole Poppenspäler-Tage in Husum, die Figurentheatertage in Kappeln, das Preetzer
Papiertheatertreffen, das Internationale Monodrama-Festival „Thespis" und das Niederdeutsche Theatertreffen im Freilichtmuseum Molfsee. Den größten Besucherzulauf
mit über 200.000 im Jahr verzeichnen die Karl-May-Spiele in Bad Segeberg, die nahezu
gleichzeitig mit den Eutiner Sommerspielen gegründet wurden und bereits ihr 50jäh-
riges Bestehen feiern konnten.

Abgesehen davon, daß sehr viele Theater(gruppen) ganz ohne oder mit sehr geringer
öffentlicher Förderung arbeiten (müssen), wird ein erheblicher Anteil der Kulturetats
von Ländern und Gemeinden für das Theater aufgewandt. Es liegt auch von daher
nahe, daß sich eine überregionale Institution wie der Landeskulturverband dieser Kultursparte und ihrer Entwicklung mit besonderem Engagement widmet. Dabei standen
nicht so sehr die einzelnen Bühnen im Fokus seines Interesses als vielmehr deren Be-

gegnung und Kooperation. Gegründet im Jahr 1948, begann der LKV seine Tätigkeit in einer für die Theater sehr schwierigen Zeit des Umbruchs. Hatte es gleich nach dem Krieg einen regelrechten Theaterboom gegeben – ausgelöst zum einen durch einen ungeheuren Nachholbedarf nach einer Phase der versuchten Zwangsideologisierung, der von allen politisch mißliebigen Stücken „gesäuberten" Spielpläne und der strikten Abschottung gegenüber allen westlich-liberalen Strömungen in der NS-Zeit, zum anderen aber auch durch eine eigentümliche ökonomische Situation des Geldüberhangs bei gleichzeitiger Waren- bzw. Angebotsknappheit – so hatte die Währungsreform schlagartig ein Theatersterben großen Ausmaßes zur Folge. Noch im Mai 1948 hatte eine Arbeitsgemeinschaft der Privattheater Schleswig-Holsteins eine Theaterwoche in Eutin veranstaltet, an der neun Bühnen des Landes teilnahmen. Wenig später existierten fünf davon schon nicht mehr; sie waren auf der Strecke geblieben. Der LKV griff die Intention solcher Theatertreffen auf (und weitete sie später zu Kulturwochen aus). Er hatte dabei anfangs auch privat getragene Bühnen und Puppentheater im Blick, konzentrierte sich bei den ab 1958 an wechselnden Orten organisierten Theatertagen aber doch auf die fünf großen Bühnen. Neben dem Bestreben, die Theater aus einer gewissen institutionellen Isolierung herauszuführen und sie zu animieren, über den eigenen Tellerrand hinauszublicken (und sich damit zugleich einem (Leistungs-)Vergleich zu stellen), galt das Interesse des LKV im besonderen Maß zeitgenössischen Produktionen, Gegenwartsstücken, und weniger dem gängigen Kanon der bildungsbürgerlichen Theaterliteratur.

1951 richtete er in Cismar Norddeutsche Festspiele aus, zu denen auch Aufführungen der künstlerischen Volksbühne „Der Morgenstern" aus Grömitz gehörten – eines der neun Theater des Treffens von 1948, das überlebt hatte. Ein Jahr später fand – unter dem für die Nachkriegszeit bezeichnenden Motto „Kultur ist Durst nach Kultur" – die erste Landeskulturwoche in Schleswig statt, ein Großereignis mit 28 Veranstaltungen quer durch alle Kultursparten. Beteiligt waren diesmal neben dem dort residierenden Nordmark-Landestheater wieder die Morgenstern-Bühne und die Marionettenbühne Fey. Die Kulturwochen wurden noch zweimal wiederholt, 1953 in Rendsburg, 1955 in Plön, danach setzte der LKV andere Akzente. 1956 startete – beginnend mit Westberlin (!) und fortgesetzt mit der DDR, dann Schweden, Polen, der ĆSSR und Ungarn – die Reihe der kulturellen Begegnungen mit anderen Ländern, der ab 1958 – binnenorientiert – die alljährlich stattfindenden Schleswig-Holsteinischen Theatertage an die Seite traten. Ging es bei den Begegnungen gerade um eine möglichst vielseitige Präsentation der Kultur der Nachbarländer, so verfolgten die Theatertage das doppelte Ziel, dem Publikum Gelegenheit zu geben, „interessante Werke der dramatischen Literatur der Gegenwart" kennenzulernen, die „nicht auf dem örtlichen Spielplan stehen" und damit zugleich „das Spiel fremder Ensembles zu erleben". Das Programm der ersten „Woche des zeitgenössischen Schauspiels" vom 29.3. bis zum 3.4.1958 in Lübeck – und auch der folgenden Theatertage – war nicht nur unter wirtschaftlichen Gesichtspunkten durchaus gewagt: es mutete einem in seinen Erwartungen kaum einschätzbaren Publikum die Begegnung mit – überwiegend – unbekannten Stücken unbekannter Autoren zu, dargeboten zudem von anderen als den vom eigenen Theater her vertrauten Schauspielerinnen und Schauspielern. In Lübeck wurden 1958 aufgeführt: August Strindbergs „Totentanz" (Städt. Bühnen Flensburg), „Montserrat" von Emmanuel Robles (Nordmark-Landestheater Schleswig), Rolf Honolds „Geschwader Fledermaus" (Landesbühne Rendsburg), John Osbornes „Blick zurück im Zorn" (Bühnen Kiel) und zwei Stücke des gastgebenden Lübecker Theaters: Karl Wittlinger „Kennen Sie die Milchstraße" und Dylan Thomas „Unter dem Milchwald" – bis auf das Strindberg-Drama also sämtlich Gegenwartsproduktionen. Dieser Schwerpunkt wurde bis 1971 durchgehalten. Insgesamt zwölfmal beteiligten sich diese fünf Bühnen an den Theatertagen, die nicht nur in den Sitzstädten, sondern auch in nicht theatertragenden Städten wie Husum, Ratzeburg, Eutin und Elmshorn stattfanden. In der Stückauswahl griff man gelegentlich bis in die ersten Jahrzehnte des Jahrhunderts zurück (Sternheim, Barlach, Georg Kaiser); über 60 Produktionen vermittelten aber einen durchaus repräsentativen Querschnitt des internationalen Dramas der Zeit. Den Aufführungen folgten jeweils Publikumsdiskussionen bis in die Nacht hinein.

Nach 1971 änderte der LKV erneut sein Programm, indem er Jahrestagungen mit Fachreferaten zu jeweils aktuellen Themen in der Evangelischen Akademie in Bad Segeberg abhielt. Die Tagung von 1978 war dem Kinder- und Jugendtheater gewidmet. (Nur) Am Kieler Theater gab es mittlerweile ein eigenständiges Ensemble dafür, das seit 1977 auch über einen eigenen Leiter (aber erst ab 1989 über eine eigene Spielstätte) verfügte. Ziel der Tagung war zum einen eine Bestandsaufnahme dessen, was es auf diesem Sektor im Land bereits gab, zum anderen die Erarbeitung eines „Modells Kinder- und Jugendtheater für Schleswig-Holstein", das über das übliche Weihnachtsmärchen und – sporadische – Jugendstücke hinausführen sollte. Die Ergebnisse der Tagung haben die Diskussion über die Bedeutung der musisch-kulturellen Bildung von der frühesten Kindheit an, über geeignete Formen der Öffnung der Theater – auf und hinter der Bühne – für ein jugendliches Publikum und über die Intensivierung der Zusammenarbeit zwischen Schule und Theater ohne Zweifel angeregt und vorangebracht. Daß das Kieler Theater im Werftpark schon 1988 mit dem erst kurz zuvor gestifteten Preis „Kultur aktuell" ausgezeichnet wurde, ist sicher auch darauf zurückzuführen, daß die öffentliche Aufmerksamkeit auf diese Themen gelenkt worden war. Der gemeinsam vom LKV und der Landesbank Schleswig-Holstein (die ihn auch finanziert) konzipierte Preis kann sowohl – wie in diesem Fall – für die besondere Leistung während eines Jahres, als auch für ein herausragendes Kulturereignis eines Jahres verliehen werden. Diesen zweiten Akzent setzte die Vergabe von 1992 an den Komponisten Günter Bialas und die Kieler Bühnen für die Uraufführung des Singspiels „Aus der Matratzengruft".

Nicht nur mit den Theatertagen 1958-71, auch mit seinen Fachtagungen und der Verleihung seines Preises hat der LKV immer wieder theaterpolitische Zeichen gesetzt und sich in die aktuelle Diskussion eingeschaltet. Regelmäßig vor den Landtagswahlen hat er mit seinen Wahlbausteinen den Parteien kritische Fragen zur kulturpolitischen Entwicklung gestellt und Erwartungen formuliert. 1984 bezog er mit „Anmerkungen" zu einem Kulturprogramm für das Land Schleswig-Holstein in einer Reihe konkreter Punkte entschieden Position. Von den unter der Rubrik „Ausbau und Erweiterung der kulturellen Einrichtungen" aufgeführten theaterbezogenen Forderungen sind zwei nach wie vor offen: die Errichtung eines Staatstheaters für Kiel (die allerdings angesichts einer ohnehin fast 60prozentigen Beteiligung des Landes am Zuschußbedarf der Bühnen so vordringlich nicht ist) und die Anhebung des Philharmonischen Orchesters zum A-Orchester (hierzu hatte die Landesregierung Anfang der 90er Jahre ihre Bereitschaft signalisiert, der Rat der Stadt konnte sich aber nicht dazu durchringen, seinen Teil beizutragen; bis heute zeichnet sich eine Verwirklichung dieses Ziels noch nicht ab). Einige Jahre später meldete sich der LKV erneut mit einem Papier „Viel Theater ums Theater" zu Wort, in dem er Möglichkeiten und Grenzen einer Kooperation zwischen den drei großen Theatern erörterte und vor einer „Verödung von Teilen der Theaterlandschaft" für den Fall von (Sparten-)Stilllegung oder massiven Personalreduzierungen warnte.

II.

In der Tat vermittelt eine intensivere Beschäftigung mit der Geschichte des Theaters in Schleswig-Holstein vor allem eine Erkenntnis: von der Zeit der Wanderbühnen an bis in die Gegenwart hinein zieht sich als roter Faden der ständige Kampf ums Geld. Bis zur Errichtung stehender Häuser mit fest angestellten Leitern und Ensemblemitgliedern waren die Theaterdirektoren („Prinzipale") freie Unternehmer, die selbst zusehen mußten, wie sie ihre Kosten mit ihren Einspielerlösen in Übereinklang brachten – saisonale Defizite waren die Regel, Konkurse alles andere als selten. Seit der Gewährung von Betriebskostenzuschüssen aus öffentlichen Mitteln, erst recht seit der Übernahme der Theater in städtische Regie wird dieser Kampf zur – nahezu permanenten – Spardiskussion mit immer neuen – bzw. immer wieder denselben – Schließungs- und Fusionsüberlegungen. Mal geht es um die Abschaffung der Oper oder des Orchesters, mal um die Einstellung der Sparte Schauspiel oder die Aufgabe einer Spielstätte, um die Verkürzung der Spielzeit, um den Verzicht auf ein breites Repertoire nebeneinander vorgehaltener Produktionen oder auf den täglichen Programmwechsel. Speziell für Schleswig-Holstein kommt die fixe Idee dazu, es müsse doch alles wesentlich billiger werden, wenn man zwei, drei oder gleich alle Theater fusioniere. Neben dem Ziel der Bildung eines einheitlichen „Theaterbezirks" um 1900 und der zeitweise bestehenden Personalunion in der Leitung der Theater in Wismar, Schleswig und Rendsburg (!), neben der 1920 in Erwägung gezogenen Theaterfusion von Lübeck, Kiel und Schwerin (!) und der Vorstellung eines schleswig-holsteinischen Gesamttheaters gibt es nahezu keine Zweierallianz, mit deren Realisierung man nicht wenigstens in Gedanken gespielt hätte: Flensburg mit

Rendsburg oder mit Schleswig, Itzehoe mit Rendsburg, Heide oder Schleswig und – immer wieder – Kiel mit Lübeck und Schleswig mit Rendsburg.

Eine Fusion allerdings hat stattgefunden und nach mehr als 25jähriger Existenz jedenfalls auch ihre Bewährungsprobe bestanden. Die nach langen Verhandlungen erreichte Zusammenführung dreier bisher selbständiger Theater und eines Orchesters – der Städtischen Bühnen und des Nordmark-Sinfonieorchesters in Flensburg, des Nordmark-Landestheaters in Schleswig und der Landesbühne Schleswig-Holstein mit Sitz in Rendsburg – in der Schleswig-Holsteinische Landestheater und Sinfonieorchester GmbH bedeutete die einschneidendste Veränderung der Theaterlandschaft im Norden seit 1945. Sie hat mit der Spielzeit 1974/75 unter der Leitung des Generalintendanten Dr. Horst Mesalla ihren Betrieb aufgenommen und bespielt außer den Sitzstädten etwa 20 weitere Gemeinden im nördlichen und westlichen Landesteil. Die Produktionen des Musiktheaters entstehen in Flensburg, die des Schauspiels in Schleswig und Rendsburg, insgesamt mehr als 20 Inszenierungen je Spielzeit, die in allen drei Städten und – soweit möglich und gewünscht – in den Abstecherorten gezeigt werden. Die Gesellschafter haben sich vertraglich zu unterschiedlich hohen Beiträgen verpflichtet und damit den Anspruch auf eine entsprechend gestaffelte Zahl von Aufführungen erworben;

Hauptgeldgeber der GmbH ist aber das Land aus Mitteln des Finanzausgleichsgesetzes. Dank der Dynamisierungsformel für die Zuschüsse zur Theaterförderung – sie stiegen jahrelang um 5%, dann (bis 2006) um bis zu 3% jährlich – konnten die Gesellschafterbeiträge über lange Zeit stabil gehalten werden, die Kostensteigerungen wurden durch die zunehmenden Landesleistungen ausgeglichen. Dennoch sieht sich auch das Landestheater in kurzen Abständen Sparauflagen ausgesetzt, die immer

Das Ensemble des Theaters im Werftpark Theater Kiel – Kinder- und Jugendtheater, Copyright: Olaf Struck

dann zu einer krisenhaften Zuspitzung führen, wenn sie mit der (Androhung einer) Kündigung des Gesellschaftsvertrags verbunden werden. Gleichwohl ist zumindest den Hauptgesellschaftern – den Sitzstädten – bewußt, daß nur die GmbH den Erhalt ihrer Theater gewährleisten kann und die Unterhaltung eines eigenständigen Theaters längst keine Alternative mehr darstellt.

Andere, weniger spektakuläre Veränderungen in der Theatergeschichte der ersten 60 Jahre des Bundeslandes Schleswig-Holstein machen deutlich, daß sich das Theater als Institution und die Theater als Betriebe in einem ständigen Prozeß der Anpassung an sich wandelnde gesellschaftliche, technische und mentale Verhältnisse befinden. Die Einrichtung eines autonomen Kinder- und Jugendtheaters als fünfter Sparte in Kiel, die unter Joachim Klaiber, dem bisher bedeutendsten Kieler Generalintendanten (1963-76) eingeführten Neuerungen (das Opernstudio und die Konzertreihe musica nova), die ambitionierten Operninszenierungen im Kulturprogramm zur Kieler Woche (etwa die Uraufführungen von Dieter Schönbachs Multimedia-Oper „Die Geschichte von einem Feuer" 1968 und der Auftragskomposition „Geisterliebe" von Isang Yun 1971), die Weiterentwicklung des traditionellen Balletts zum Tanztheater unter Stephan Thoss und Mario Schröder oder die unter dem gegenwärtigen Generalintendanten Daniel Karasek erprobte Öffnung des

Zinnie Harris: Mittwinter
Spielstätte: Alte Gießerei, Kiel
Theater Kiel – Nachwuchs Theaterfestival „Feuertaufe", 2008
Copyright: Olaf Struck

Richard Wagner: Das Rheingold, Theater Lübeck – Großes Haus, 2007, Copyright: stage picture – Bettina Stöß

Hauses durch neue Spielstätten und Veranstaltungsformen: „Oper-" und „Schauspiel extra", „Blaue Stunde" und „Reihe 17", dazu die Nachwuchs-Theaterfestivals „Flächenbrand" (2006) und „Feuertaufe" (2008) – all das sind Stationen in diesem Prozeß. Ganz ähnliche Entwicklungen lassen sich im Theater Lübeck beobachten: der Mut zu „theaterfremden" Spielorten (der „Bullenstall") während der vollständigen Schließung beider Häuser, die konsequente Verfolgung des Programmschwerpunkts skandinavische

Oper unter der Intendanz Marc Adam und das unter dem neuen Dreierdirektorium (Christian Schwandt, Roman Brogli-Sacher, Pit Holzwarth) mit großem Erfolg gestartete Projekt „Wagner trifft Mann" – parallele Aufführungsreihen der vier Teile des „Rings des Nibelungen" und szenischer Fassungen von Romanen Thomas Manns mit überraschenden Handlungs- und Motivanklängen zwischen den beiden Komplexen. Beim Landestheater sind es die Veränderungen im Zuge des Intendantenwechsels von Horst Mesalla zu Michael Grosse mit der erstmaligen Angliederung einer Sparte Puppenspiel, mit konsequenter Ausrichtung auf den Theaternachwuchs und dem programmatischen Anspruch eines Spielplans, der sich als Gratwanderung zwischen Konvention und Innovation versteht und auf zeitgemäße Ästhetik – bis hin zur Rockoper und zum Jazzballett – setzt. Auch die Rechtsformänderungen selbst, die stärkere Lösung aus der unflexiblen Kameralistik und der Bindung an kommunalpolitische Gremien sind Ausdruck dieser allmählichen Wandlung im Innen- und Außenverständnis der Institution.

Thomas Mann / John von Düffel: Buddenbrooks
Theater Lübeck – Großes Haus, 2007
Copyright: stage picture – Thomas M. Jauck

Reiner Schmeckthal / Stela Korljan: Blendend Schwarz. Das Leben einer Jazzlegende, Schleswig-Holsteinisches Landestheater, 2009
Copyright: Heiner Seemann

III.

Theater sind heute mittelständische Unternehmen mit stark spezialisierten Aufgabenbereichen und einer heterogenen Belegschaft, deren Führung neben der nach wie vor unabdingbaren künstlerischen Kreativität und Sensibilität auch Managementqualitäten verlangt. Betriebswirtschaftliche Kompetenz ist unverzichtbar; ohne ein stringentes Marketingkonzept, ohne eine Kostenrechnung, ohne die Nutzung aller Möglichkeiten der Kommunikationstechnologie und Verständnis für das Zug-um-Zug-Geschäft des Sponsorings geht heute gar nichts mehr.

Wichtigste Voraussetzung für einen funktionierenden Theaterbetrieb sind natürlich intakte und von den Arbeitsabläufen her zweckmäßig konzipierte Gebäude und eine den heutigen Anforderungen entsprechende Bühnentechnik. Und damit lag es Anfang der 90er Jahre in allen fünf Häusern von Flensburg bis Lübeck im Argen; der Sanierungsbedarf hatte sich bis zu einer Größenordnung von 150-180 Mio. DM aufgestaut. Und erst nach langwierigen Verhandlungen der Kommunen (als zuständigen Trägern) mit dem Land (als dem größten Zuschußgeber für die laufenden Betriebskosten) konnte ein 10-Jahresprogramm entwickelt werden, das umfassende bauliche und technische Sanierungsmaßnahmen, zuerst und in größtem Ausmaß in Lübeck, danach in den Spielstätten des Landestheaters und zuletzt in den beiden Kieler Häusern ermöglichte. Das Land beteiligte sich aus Mitteln eines Sonderfonds mit einem guten Drittel der Kosten. Die Hansestadt Lübeck konnte ihren Anteil allerdings nur über einen Kredit aufbringen, zu dessen Refinanzierung „bis auf weiteres" die Sparte Ballett aufgegeben werden mußte. Ebenfalls mit Unterstützung des Landes war es noch in den 90er Jahren möglich, einen – architektonisch und funktional überzeugenden – Theaterneubau (Itzehoe) und das Multifunktionsgebäude der Musik- und Kongreßhalle in Lübeck zu realisieren.

Wie stark sich die Theaterszene insgesamt im Lauf von sechs Jahrzehnten verändert hat, könnte im übrigen auch eine Analyse der Kulturetats des Landes und der Kommunen belegen: anfangs waren es allein die öffentlichen Theater, die aus Haushaltmitteln unterhalten wurden (und in der Regel bereits mehr als die Hälfte der kommunalen Ausgaben für Kulturförderung beanspruchten), inzwischen gehört nicht nur die – meist allerdings eher bescheidene – Unterstützung der ortsansässigen „freien" Theater nach bestimmten Kriterien, sondern auch die Förderung einzelner Projekte (Inszenierungen, kleiner Tourneen oder Kooperationen) von niederdeutschen und Amateurtheatergruppen zur Palette der finanziellen Hilfestellungen. Beim Land sind außerdem die Förderung der Dachverbände (Niederdeutscher Bühnenbund, Amateurtheaterverband) – insbesondere für Fortbildungsmaßnahmen und modellhafte Vorhaben -, die Finanzierung der seit 1993 sehr erfolgreich laufenden Reihe „Kindertheater des Monats" (gemeinsam veranstaltet mit der Landesarbeitsgemeinschaft Soziokultur) und die Mitfinanzierung weiterer Festivals hinzugekommen. Auch das ist Ausdruck einer gewachsenen Konkurrenz, in der die öffentlichen Theater stehen – zum einen gegenüber anderen Institutionen auf dem gleichen Feld der darstellenden Kunst, zum andern und noch wesentlich stärker gegenüber alternativen Unterhaltungs- (und Bildungs-) angeboten.

Wenn heute landauf, landab von der „Krise des Theaters" gesprochen wird, so ist das einerseits – was die finanzielle Seite betrifft – ein alter Hut; für diese Klagen lassen sich seit dem ausgehenden 19. Jh. zahlreiche Belege finden. Die Lübecker Kultursenatorin Luise Klinsmann erklärt noch 1953 fast beschwörend, es handele sich „nur um eine Finanzkrise", keineswegs um eine kritische Situation der Institution als solcher. Und Jürgen Flimm, einer der großen Regisseure und Intendanten der Gegenwart, erinnert sich 1994: „Aber seit ich denken kann, hatten wir die Krise. Wenn wir die nicht mehr hätten, dann hätten wir sie". Dennoch scheint hier etwas ins Rutschen gekommen zu sein. Die Unverblümtheit, mit der auch in den Feuilletons „seriöser" Tages- und Wochenzeitungen Sinn und Notwendigkeit einer Theater"subventionierung" (schon dieser Begriff offenbart ein fundamentales Mißverständnis der Aufgaben eines Kulturstaats!), ja einer öffentlichen Kulturförderung überhaupt, in Frage gestellt wird, ist neu. Der gesellschaftliche Konsens, das Theater als einen durch nichts anderes ersetzbaren Ort und unentbehrliches Medium der Sinn- und Wertorientierung, der Bildung und Aufklärung, als Freiraum der Fantasie, der Normabweichung, des sozialen Gegenentwurfs und der Utopie zu begreifen, ist nicht mehr gegeben. 1945 war er noch in Kraft: daß selbst unter den damaligen extrem schwierigen äußeren Lebensbedingungen öffentliche Mittel für die Wiedereröffnung der Theater eingesetzt werden sollten, war unumstritten. Vielleicht – wahrscheinlich – war dieser Konsens auch zu früheren Zeiten nie so einhellig, wie es den Anschein hatte, aber wer ihn öffentlich aufgekündigt hätte, der hätte zumindest nicht auf breite und offene Zustimmung rechnen können.

Dessenungeachtet: eine Institution mit mehr als 2500jähriger Tradition, die eine derartige Überlebenskraft und Wandlungsfähigkeit bewiesen hat wie das Theater, um deren weitere Zukunft muß man wohl nicht grundsätzlich ernsthaft besorgt sein. Allerdings sollte sich auch kein Freund des Theaters zu schade sein, privat und öffentlich zu erklären, daß und worin für ihn die Bedeutung und die Einzigartigkeit des Theaters bestehen.

Bernd-Günther Nahm

Leiter kultureller Filmförderung Schleswig-Holstein in Kiel

Heimat Film

„Gemeinsame Sache für den Film!" war das Motto der Zusammenlegung der Filmförderungen von Hamburg und Schleswig-Holstein (FFHSH) mit Sitz in Hamburg im Jahre 2007. Begleitet oder mit ausgelöst wurde diese Zusammenführung durch die Fusion der Landesmedienanstalten der Länder Schleswig-Holstein und Hamburg zur gemeinsamen Landesmedienanstalt MA HSH mit Sitz in Norderstedt im Rahmen eines neuen Medienstaatsvertrags. Ein weiterer Auslöser dieser strukturpolitischen Neuorientierung waren der zunehmend stärker werdende Wettbewerb der großen Film- und Medienstandorte in Deutschland (Berlin, Köln/Düsseldorf, München und Hamburg) und das Bemühen, dem Standort Norddeutschland darin ein größeres Gewicht zu verleihen.

Angesichts solcher Überlegungen stellt sich natürlich die Frage: Was hat die „Filmkulisse Schleswig-Holstein", der kleine Film- und Medienstandort im äußersten Norden der Republik zu bieten, inwieweit kann sich Schleswig-Holstein noch neben den Großen profilieren? Kann Schleswig-Holstein dem künstlerischen Film eine Heimat sein? Und kann Film unter den Umständen Heimat für Kreative im Norden sein?

Unbestreitbar ist das Jahr 2007 für die Film- und Medienschaffenden in Schleswig-Holstein keine Stunde Null, kein Neuanfang, sondern eher eine Justierung, eine Neuausrichtung und Stärkung bestehender Netzwerke und Kooperationen. In den letzten 20 Jahren ist der Filmstandort Schleswig-Holstein, regional und überregional sichtbar, weiter gewachsen. Das Fundament dazu wurde Ende der 80ziger Jahre gelegt. Die Filmschaffenden selbst und Vertreter von Institutionen aus dem Film- und Medienbereich initiierten die Landesfilmförderung in der Trägerschaft des gemeinnützigen Vereins Kulturelle Filmförderung S.-H. e.V. (KFF). Abweichend von anderen Länderförderungen setzte man von Anfang an auf ein duales System aus finanzieller Förderung und direkter Produktionsunterstützung (Beratung, Technik) durch die Filmwerkstatt, um die filmkulturelle Arbeit in einem Flächenstaat und primär „nicht Filmstandort" weiter zu entwickeln und abzusichern. Im Zuge dessen konnten auch die unterschiedlichen und zum Teil schon erfolgreichen Ansätze in Schleswig-Holstein wie z.B. der Landesverband (früher LAG) Jugend und Film unterstützt und – wenn auch nicht im wünschenswerten Maße – die finanzielle Filmförderung Schritt für Schritt aufgebaut werden. Das gemeinsame Förderziel war nicht allein einzelne Projekte voran und auf den Markt zu bringen, sondern die Entwicklung von nachhaltigen Strukturen. Damit wurden die Grundlagen für Folgeprojekte geschaffen sowie die Vernetzung über die Landesgrenzen hinaus und die Durchgängigkeit des Fördersystems von der Jugendförderung bis zur internationalen Koproduktion ermöglicht.

Daneben stand der langfristige Erfolg, die Zusammenarbeit der Kreativen in Schule, Hochschule und anderen Bildungsträgern einerseits und die professionelle Filmarbeit bis zur Kino- und Fernsehauswertung andererseits, im Fokus der Förderung. Allerdings konnten die Landesmittel die Förderung nur zum Teil alimentieren. So war es Rettung in höchster Not, als im Jahr 1992 die Unabhängige Landesanstalt für Rundfunk und neue Medien (ULR) der KFF finanziell zur Seite sprang. Diese „freiwilligen Leistungen", ein Begriff der ja auch ein Synonym für Kultur ist, haben bis zur Fusion der norddeutschen Medienanstalten dankenswerter Weise angehalten. Seit ihrer Gründung 1993 hat auch die TV-nahe Gesellschaft zur Förderung audiovisueller Werke in Schleswig-Holstein mbH (MSH) in Lübeck, bestehend aus den Gesellschaftern NDR und ULR, als finanzieller Förderer erheblich zur Entwicklung des kreativen Potentials in Schleswig-Holstein beigetragen.

Damit war ein solider Boden für die kulturelle Filmarbeit bereitet, auf dem im Zusammenspiel von finanzieller Förderung, Beratung, Weiterbildung und technischer Unterstützung mancher „Leuchtturm" wachsen konnte, wie das wichtigste deutschsprachige Nachwuchsfestival in Saarbrücken, der Max Ophüls Preis, zeigt: In den Jahren 2005-2010 waren jeweils aus Schleswig-Holstein geförderte Filme im Wettbewerb, von denen drei als Siegerfilme erfolgreich waren.

Mit dem Spielfilm „Am Tag, als Bobby Ewing starb" gewann Lars Jessen 2005 den Haupt-

preis in Saarbrücken und begeisterte mit seinem Debüt vor der TV-Auswertung über 100.000 Kino-Zuschauer.

2006 gewann Ines Thomsen mit „Mañana al mar" den Max Ophüls Preis in der Sparte Dokumentarfilm. 2007 setzte die Regisseurin Sung-Hyung Cho mit „Full Metal Village" die Erfolgsserie fort. Erstmals gewann damit ein Dokumentarfilm den Max Ophüls-Hauptpreis. Der „Heimatfilm" über das Dorf Wacken in Schleswig-Holstein und sein Heavy Metal Festival – Preisträger Hessischen Film-

preis sowie Schleswig-Holstein Filmpreis für den besten Dokumentarfilm – zog in der Kinoauswertung über 180.000 Zuschauer in seinen Bann.

Sicher mitentscheidend für die erfolgreiche Arbeit der Filmförderung war, dass die agierenden Personen in der Kultur, in der Filmbranche und auch in der Politik diese Vision einer selbst bestimmten Kulturellen Filmförderung mitgetragen haben. Was die Politik angeht, war ein solcher Erfolg allerdings auch nirgends billiger zu haben. Sowohl die MSH wie auch die Kulturelle Filmförderung haben hingegen die filmwirtschaftlichen Strukturen in Schleswig-Holstein nicht wesentlich ausbauen können. Erklärtes Förderziel der Kulturellen Filmförderung war jedoch die weitere Entwicklung der im Lande ansässigen Kreativen, FilmemacherInnen und Autoren.

Das war rückblickend auch der einzig richtige Ansatz, um die Film- und Medienbranche in Schleswig-Holstein nachhaltig zu fördern. Alle Überlegungen, mit größerem finanziellen Einsatz eine Film- und Medienindustrie zu entwickeln, waren aufgrund fehlender

Mittel und damit zu geringem Produktionsvolumen zum Scheitern verurteilt und hätten allenfalls in Schleswig-Holstein eine Filmindustrie „am Tropf" zur Folge gehabt.

Kulturelle Filmarbeit in Schleswig-Holstein

So gilt der Rückblick wie der Ausblick den Kreativen im Lande und ihrer „Heimat". Heimat und Film sind zwei Begriffe, die in ihrer Kombination unter Filmschaffenden aus Schleswig-Holstein hoch aktuell sind, wie etwa das „Filmfest Schleswig-Holstein Augenweide" oder die „Nordischen Filmtage Lübeck" zeigen. Nicht nur unter filmkünstlerischen Aspekten spielt Heimat eine Rolle, sondern auch in der Frage nach regionaler Identität: Wie finden sich das Land und seine Menschen in den Medien wieder? Die Filmschaffenden im Norden haben diese Menschen und ihre Lebensräume – Heimat – als Thema entdeckt und damit nicht zuletzt den Film als Heimat für kreative Annäherungen. Überdies sind gerade Filme aus Schleswig-Holstein, die sich mit dem Land und seinen Menschen beschäftigen, national und international sehr erfolgreich, wie die Teilnahmen an internationalen Festivals bezeugen. Viele der erfolgreichen Filmemacher haben die klassische „Schleswig-Holstein Karriere" hinter sich – von der LAG über die Förderung durch die KFF und MSH bis hin zum Filmstudium und erfolgreicher Arbeit für Kino und TV. Detailreich nachgelesen werden können die Karrieren und Erfolge unter www.infomedia-sh.de. Das in diesem Text nur ansatzweise beschriebene Netzwerk des Filmschaffens in Schleswig- Holstein wird auch in der neuen, gemeinsamen Filmförderung Hamburg Schleswig-Holstein GmbH eine „fördernde Heimat" finden. So zeigt der Produktionsspiegel der Jahre 2008/2009 einen deutlichen Anstieg an Drehtagen in Schleswig-Holstein und beweist, dass neben den bekannten TV-Serien, denen Schleswig-Holstein Heimat und Kulisse ist – „Landarzt", „Tatort", „Küstenwache", „Der Fürst und das Mädchen" –, auch große Fernseh- und Kinofilme in Schleswig-Holstein realisiert werden. Auch von außerhalb wird der Drehort Schleswig-Holstein geschätzt, wie zahlreiche Produktionen beweisen. Bleibt die Frage, wie die Perspektive für die „Landeskinder" aussieht. Und selbst da tun sich Wege auf, zeigen sich durch die Digitalisierung der Medien neue Möglichkeiten und neue überregionale, wenn nicht globale Märkte. Die kleinteiligen aber hoch flexiblen Strukturen im Lande sind der Branche hilfreich bei der Suche nach neuen Verwertungsmöglichkeiten für ihre inhaltlich ausgerichteten Produkte, fordern aber gleichzeitig die Neuausrichtung, die Veränderung alt gewohnter Produktionsweisen ein. Die Filmwerkstatt der Filmförderung Hamburg Schleswig-Holstein wird weiterhin diese Entwicklungen unterstützend und fördernd begleiten.

Dr. Dirk Jachomowski

Leiter Landesfilmarchiv Schleswig Holstein, Schleswig

Filmkultur mit Nachhaltigkeit – Das schleswig-holsteinische Landesfilmarchiv

Schleswig-Holstein ist ein Filmland. Film hat hier einen hohen Stellenwert, und das zeigt sich vor allem an einer sehr aktiven einschlägigen „Szene". Hierzu gehören nicht nur die Festivals – es sind ihrer mehrere – oder die Nutzung unseres Landes als Location für Krimis und ländlich orientierte Arztserien. Es gehören viele engagierte Filmemacherinnen und Filmemacher dazu, die das Land und seine Menschen abbilden und ihm gleichzeitig eine Identität stiftende Prägung verleihen.

Wer sind diese Filmemacher? Es sind diejenigen, die an einer lebendigen Produktion beteiligt sind und Neuheiten zur Aufführung bringen, im Fernsehen, in den Kinos oder im DVD-Vertrieb. Es sind aber auch diejenigen, die sich in Arbeitsgruppen mit der Herstellung von Filmen beschäftigen, sei es bei der Heranführung junger Studierender an dieses Medium, wie es im Studentenwerk Schleswig-Holstein geschieht, sei es bei der Landespolizei, wo Filme von der Suchtprävention bis zur Verkehrserziehung produziert werden. Filmemacher sind auch die vielen, die davon leben, Auftragsproduktionen zum Beispiel für einen Industriebetrieb oder eine Handelskette herzustellen. Dabei entstehen Industriefilme oder Werbefilme. Filmemacher sind auch diejenigen, an die man vielleicht am wenigsten denkt: die Mitarbeiter einer Baubehörde, die engagiert den Fortgang ihrer Arbeitsprojekte filmen, oder die privaten Amateure, die das Leben im Land aus ihrer Perspektive zeigen. Auf Festivals kommen derartige Produktionen zumeist nicht, und sie sind auch nicht immer im Bewusstsein, wenn Filmkultur definiert wird.

Filmkultur hat viele Gesichter. Und zur Filmkultur gehört auch die historische Dimension, also das, was in mittlerweile mehr als einem Jahrhundert Filmproduktion hier im Lande gemacht worden ist. Das öffentliche Interesse an historischem Filmmaterial – gemeint sind nicht die Historienfilme – ist erstaunlich groß. Manches von diesem Material ist bekannt, aber je kleiner und privater diese Filme sind, desto weniger wissen wir darüber und desto mehr ist es dem Zufall überlassen, ob sie verloren gehen oder erhalten werden. Anders als bei großen Kinoproduktionen hat es von vielen kleinen Filmschätzen nur ein einziges Exemplar gegeben oder bestenfalls ganz wenige Kopien.

Und hier beantwortet sich die Frage, worum sich das schleswig-holsteinische Landesfilmarchiv – eine Einrichtung des Landesarchivs in Schleswig – kümmert. Es sind nicht die großen Produktionen und nicht die Fernsehsendungen. Diese sind zumeist schon in Archiven wie dem Bundesarchiv-Filmarchiv oder in den Sendearchiven der Fernsehanstalten vorhanden. So geht es eher um die kleinen Dinge, die in ihrer Erhaltung gefährdet sind. Gerade die ortsbezogene und scheinbar wenig spektakuläre Überlieferung ist es ja, die für die betroffene Region oftmals wichtiger sein kann als der Weltklassiker aus

Hollywood. Manches fast verlorene Einzelstück entwickelt sich, wenn es gerettet und bekannt wird, geradezu zu einer Ikone regionaler Identität.

Die Arbeit des Landesfilmarchivs begann 1987, als es gelang, den wichtigsten Dokumentarfilmbestand, den es in und über Schleswig-Holstein gab, zu erwerben. Die Filmproduktionsfirma Nordmark-Film hatte als Familienbetrieb seit 1920 fast 70 Jahre lang in Kiel gearbeitet, als der letzte Inhaber, Gerhard Garms, sein Filmarchiv mit den Eigenproduktionen der Firma dem Land Schleswig-Holstein verkaufte: Grundstock für unser Landesfilmarchiv. Orts- und Landschaftsporträts aus den 1920er und 1930er Jahren, Filme zu Schiffbau, Fischerei und Landwirtschaft, zur Marine in Kiel, frühe Werbefilme von schleswig-holsteinischen Firmen, die längst zur Legende geworden sind: Es spiegeln sich im Nordmark-Filmbestand sieben Jahrzehnte Leben und Arbeit in unserem Land. Es war bei der Einrichtung des Landesfilmarchivs das leitende Konzept, nicht nur diesen Bestand zu bewahren und zu nutzen, sondern mit dem Grundstock etwas zu schaffen, was eine Sogwirkung entfaltet und zur Rettung weiterer, bisher noch gar nicht bekannten Materials führt. Diese Erwartung hat sich in vollem Maße erfüllt.

Besonders bemerkenswert ist, dass über die Jahre hinweg von Privatleuten 16-mm-Amateurfilme aus der NS-Zeit in das Landesfilmarchiv gegeben wurden. Derartiges Filmmaterial, das die NS-Zeit im dörflichen oder kleinstädtischen Rahmen aus privater oder halb privater Sicht zeigt, hatte es bis dahin nicht gegeben. Eine Geschichtsquelle ersten Ranges! Was dann hinzukam, waren Filmbestände, die von Behördenmitarbeitern gemacht worden waren und Jahrzehnte später als Behördenabgaben an das Landesfilmarchiv gelangten. Hier hat sich der Status als Einrichtung des Landesarchivs Schleswig-Holstein und damit als Landesbehörde in segensreicher Weise ausgewirkt. Von den alten Marschenbauämtern wurden Wasserbaumaßnahmen mit der 16-mm-Kamera dokumentiert; die Landespolizei filmte Ereignisse, an denen sie beteiligt war. Hinzu kamen Auftragsproduktionen der Landesregierung oder auch einzelner Behörden, deren Arbeit im Laufe der Jahrzehnte einem breiteren Publikum vermittelt werden sollte. Heute sind solche Filme historische Quellen. Das Gleiche gilt für die zahlreichen in filmischen Arbeitsgruppen entstandenen Bilder über unser Land. Durch langjährige Zusammenarbeit mit solchen Arbeitsgruppen haben viele derartige Produktionen ihren Weg ins Landesfilmarchiv gefunden. Auch die Eigenproduktionen der ehemaligen Landesbildstelle befinden sich heute im Landesfilmarchiv. Industrie- und Werbefilme sind ein ganz eigenes Genre, das seine Entstehung zumeist wirtschaftlichen Interessen privater Firmen verdankt. Nach relativ kurzer Zeit haben solche Filme kaum noch eine Bedeutung für den Zweck ihrer Entstehung. Ihre Bedeutung für die Wirtschafts-, Sozial- und Technikgeschichte unseres Landes wird dann umso größer. Ihnen wird daher ganz besondere Beachtung geschenkt. Ins Archiv kommen solche Stücke von zwei Seiten: manchmal über die Auftraggeber, manchmal auch über die Filmemacher.

Ein Problem ist es zumeist, die Spreu vom Weizen zu trennen, da nicht alles mit hohem Aufwand auf Dauer gepflegt werden kann. Sichtung und Beratung nehmen viel Zeit in Anspruch, Zeit, die gut investiert ist, zumal auf diesem Wege Informationen über die Entstehung der Filme gewonnen werden können, die auf andere Weise nicht mehr ermittelbar wären.

Filmarchivierung ist etwas anderes als die traditionelle Aufgabe von Bildstellen oder sonstigen auf Medienverleih ausgerichteten Institutionen. Es geht nicht um den Verleih aktueller Medien, deren Ausmusterung aus Gründen mangelnder Aktualität und technischen Verschleißes regelmäßig erfolgt.

Hier wird eine landesbezogene Filmüberlieferung geschaffen. Und das bedeutet, dass Ermittlung und Erwerb auch in eine Nachhaltigkeit münden. Nachhaltigkeit ist in einem doppelten Sinne zu verstehen: materielle Erhaltung, aber auch Erhaltung der historischen Dimension im öffentlichen Bewusstsein. Die Nachhaltigkeit der Überlieferungsbildung schafft selbst eine neue Form der Filmkultur, weil jetzt auf einmal Dinge greifbar sind, die es vorher – man kann es durchaus so sagen – nicht gegeben hat.

Werden alte oder neue Rollen und Dosen ins Landesfilmarchiv übernommen, so setzt ein aufwändiges Verfahren der technischen Sicherung und der Erschließung ein. Für die materielle Erhaltung ist die Anfertigung von Sicherungsstücken notwendig, die klimatisiert eingelagert werden. Archiviert wird bei 35-mm oder 16-mm Filmen im Originalformat. Aus Qualitätsgründen soll nach Möglichkeit die früheste Generation erworben und verwahrt werden, im günstigsten Fall also das Originalnegativ. Da dieses oft nicht mehr erhalten oder auffindbar ist, wird ein Duplikatnegativ im Originalformat angefertigt und gemeinsam mit einem zweiten Sicherungsstück im Originalformat in klimatisierten Magazinräumen eingelagert. Diese Sicherungsstücke stehen für eine Benutzung nicht zur Verfügung, sorgen aber dafür, dass jederzeit – auch in hundert Jahren und auf ganz anderen, heute noch unbekannten Formaten – neue Benutzungsstücke hergestellt werden können. Die Benutzung selbst erfolgt ausschließlich auf elektronischen Trägern, die sich am besten handhaben lassen. Für aktuelle Filmproduktionen werden die alten Formate immer seltener verwendet. Vielfach gibt es diese Produktionen nur noch auf elektronischen Trägern, deren Systeme im rasanten Wandel begriffen sind. Hier noch Originalformate vorzuhalten, wäre gar nicht mehr möglich – und geschieht auch nicht. Da hilft nur die Umkopierung auf neue Träger als Daueraufgabe.

Die Erschließung des Filmbestandes umfasst neben den formalen Daten der Filme jeweils eine kurze Inhaltsangabe und eine Beschreibung der enthaltenen Einzelsujets. So können auch kurze Dokumentarszenen nach Orts-, Personen- oder Sachbetreffen leicht ermittelt werden. Ein gedrucktes Findbuch ist im Landesarchiv oder im Buchhandel erhältlich.

Wie sieht nun die Nutzung aus? Alle Filme stehen im Lesesaal des Landesarchivs für Sichtungszwecke zur Verfügung. Eine weitergehende Verwendung ist in jedem Fall vom urheberrechtlichen Status des benötigten Films abhängig, der im Einzelfall geprüft wird. Großes Sorgenkind in allen Archiven, die mit älterem Filmmaterial umgehen, sind ungeklärte Urheberrechte. Wenn eine Rolle – wie es häufig geschieht – ohne jede schriftliche

Dokumentation ins Archiv gelangt, lässt sich zwar relativ leicht feststellen, dass Urheberrechte Dritter zu beachten sind. Wie aber soll der Kontakt zum Rechteinhaber nach Ablauf von Jahrzehnten hergestellt werden, wenn keinerlei Verbindungsglied mehr vorhanden ist? Der Aufwand kann immens sein und dennoch manchmal ins Nichts führen. Nicht immer werden in solchen Fällen alle wünschbaren Nutzungen möglich sein.

Das Benutzungsprofil älterer Filmmaterialien unterscheidet sich zumeist vom Einsatz aktueller Produktionen. Zunehmend wird in den letzten Jahren erkannt, dass Filme neben ihrem ursprünglichen Entstehungszweck nach Ablauf einiger Jahre eine neue, ursprünglich zumeist nicht intendierte Bedeutung erhalten – die Bedeutung als Quelle. So bildet die Verwendung von Einzelsujets aus dokumentarischem älterem Filmmaterial einen wesentlichen Teil der regelmäßigen Nutzung. Dieses gilt für Fernsehanstalten ebenso wie für freie Filmemacher. Zu den ebenfalls stark ausgeprägten Benutzungsbereichen gehört die Filmausleihe an Kommunale Kinos oder für historisch orientierte Film- und Vortragsveranstaltungen jenseits der Kinos: Landwirtschaftliche Vereine oder Lehreinrichtungen beschäftigen sich mit ihrer eigenen Geschichte, Lehrer suchen Einblick in die Veränderung pädagogischer Konzepte, Firmen interessieren sich für die Vorläufer eigener technischer Innovationen, und Arbeitsschützer analysieren die Veränderungen der Arbeitswelt. Eigene Editionen, die allerdings nur in begrenztem Maße geleistet werden können, sollen dieses unterstützen.

Zu den am schnellsten wachsenden Nutzungsformen in jüngster Zeit gehört die Verwendung von Filmteilen in Dauerausstellungen von Museen oder in kleineren Wechselausstellungen von unterschiedlichsten Veranstaltern. Hier stehen Filme in einem Zusammenhang mit gegenständlichen oder schriftlichen Zeugnissen und ermöglichen ganz neue Zugangsformen zu den Themen. Wie sonst könnte man lange verstorbene Menschen bei der Arbeit mit Geräten zusehen, die heute – vielleicht achtzig Jahre später – als museale Exponate präsentiert werden?

Das Landesfilmarchiv trägt mit seiner Arbeit dazu bei, die Einbeziehung der historischen Dimension in unterschiedlichste Bereiche des Lebens zu ermöglichen. Angesichts der regen Benutzung wird damit die Wahrnehmung unseres Landes in einem durchaus auch Identität stiftenden Sinne erweitert. – Filmkultur mit Nachhaltigkeit!

Senatorin Prof. Dr. Karin von Welck

Kulturbehörde der Freien und Hansestadt Hamburg

„Die Kultur im Norden aus Hamburger Sicht"

Wenn das Schleswig-Holstein Musik Festival jeden Sommer wieder zahlreiche Konzerte auch in Hamburg stattfinden lässt, können Hamburger, ohne ihre Stadt zu verlassen, in den Genuss des kulturellen Reichtums im nördlichen Nachbarland kommen. Natürlich machen sich die Hamburger aber auch durchaus auf den Weg nach Schleswig-Holstein, um das reiche Kulturangebot dort wahrzunehmen. Ebenso wie die Schleswig-Holsteiner, vor allem die Bewohner der sogenannten Metropolregion, oft Kulturveranstaltungen in Hamburg wahrnehmen und damit eine wichtige Zielgruppe für die Kulturinstitutionen in unserer Stadt sind. Kultur und ihre Besucher müssen in Hamburg und Schleswig-Holstein auf jeden Fall grenzüberschreitend gedacht werden: Eine Herausforderung für alle Kulturinstitutionen in beiden Ländern. Wie nah sich die Kultur in Hamburg und Schleswig-Holstein ist, zeigen künstlerische „Grenzgänger" wie der Schriftsteller Siegfried Lenz, der in Hamburg lebend die raue Schönheit der Landschaft im Norden beschreibt und als Ehrenbürger sowohl von Hamburg als auch von Schleswig-Holstein eine gemeinsame Identifikationsfigur darstellt. Die von Lenz so treffend beschriebene Weite und die Nähe zu den beiden Meeren macht nicht nur den landschaftlichen Reiz von Schleswig-Holstein aus, sondern prägt auch das dortige kulturelle Leben: Denn neben den größeren Städten birgt das Land viele Perlen der Kultur auf dem Land und in kleineren Orten.

Bei den Städten ist natürlich an erster Stelle Lübeck zu nennen, dessen historische Altstadt seit 1987 zum UNESCO-Weltkulturerbe zählt – ein Status, den wir in Hamburg mit unserem Kontorhausviertel und der Speicherstadt für das Jahr 2014 anstreben. Als Sitz des Schleswig-Holstein Musik Festivals und der Musikhochschule mit dem Brahmsinstitut kann Lübeck sich das musikalische Zentrum des Nordens nennen. Dafür sprechen auch so ambitionierte Projekte wie zurzeit der „Ring der Nibelungen" am Theater Lübeck. Dass auch die Hamburgische Staatsoper gerade den Ring inszeniert, erklärt den Norden gewissermaßen zur „Wagnerzone" und ermöglicht den Besuchern einen direkten Vergleich. In der Landeshauptstadt Kiel hat sich die Zusammenlegung der staatlichen Bühnen als sehr sinnvoll und erfolgreich erwiesen, deren Programm unter der Leitung von Daniel Karasek das Stammpublikum ebenso wie neue Besucher begeistert. Aber auch die Kieler Kunsthalle konnte in den letzten Jahren mit mutigen Ausstellungskonzepten und internationalen Kooperationen punkten und neue Sponsoren anziehen. Durch den Wechsel des bisherigen Leiters Dr. Dirk Luckow an die Deichtorhallen in Hamburg sind in Zukunft gemeinsame Projekte denkbar, die die Kunstszenen in Hamburg und Kiel verbinden.

Einen Höhepunkt der schleswig-holsteinischen Museumslandschaft fernab der großen Städte stellt Schloss Gottorf, das mit seinen Kunstschätzen und -ausstellungen auch überregionale Aufmerksamkeit auf sich zieht. Über Gottorf hinaus zeigen die weiteren in der Stiftung Schleswig-Holsteinische Landesmuseen organisierten Museen, wie zum Beispiel das Wikinger Museum in Haithabu, das Jüdische Museum Rendsburg oder das Kloster Cismar, das breite Spektrum der Museumslandschaft. Bereichert wird diese auch durch Initiativen wie die Nolde Stiftung in Seebüll, die inmitten der flachen nordfriesischen Landschaft im ehemaligen Wohnhaus von Emil Nolde einen immer wieder neuen Blick auf Leben und Werk dieses großen norddeutschen Künstlers ermöglicht, oder die Stiftung Landdrostei, die aus der ehemaligen Drostei in Pinneberg ein lebendiges Ausstellungs- und Veranstaltungshaus hat werden lassen.

Die verschiedenen privaten Initiativen und Stiftungen in Schleswig-Holstein leisten einen immensen Beitrag dazu, das kulturelle Erbe zu wahren und das Kulturleben in seiner Vielfalt zu fördern. Sei es die Dräger-Stiftung, die sich vor allem der Pflege künstlerischer und kulturgeschichtlicher Zeugnisse Lübecks und Schleswig-Holsteins widmet, oder die Possehl-Stiftung, die neben der Förderung von Musik, Kunst und Literatur vor allem im Denkmalschutz sehr aktiv ist und in Lübeck mehr als fünfhundert das Stadtbild prägende historische Gebäude und die fünf gotischen Stadtkirchen saniert hat. In diesem Bereich muss natürlich auch der von Bürgern gegründete Verein „Denkmalfonds Schleswig-Holstein" genannt werden. Dem Erhalt der kulturellen Werte hat sich auch die Sparkassenstiftung Schleswig-Holstein verschrieben, die ihre Mittel in verschiedenste überregionale Projekte und Einrichtungen aus Kunst, Theater, Literatur, Musik und Denkmalpflege fließen lässt.

Um das breite kulturelle Angebot in Schleswig-Holstein und Hamburg zu nutzen, wird bereits in vielen Bereichen zusammengearbeitet: So gibt es seit Juli 2007 die in Hamburg ansässige Filmförderung Hamburg Schleswig-Holstein und bei den Nordischen Filmtagen in Lübeck verleihen der Hamburger Senat und die Landesregierung in Kiel ab diesem Jahr gemeinsam den Norddeutschen Kinopreis. In Norderstedt hat seit März 2007 die Medienanstalt Hamburg Schleswig Holstein ihren Sitz. Und im Zuge der Strukturreform der nordelbischen Kirche feierte im April 2009 der Kirchenkreis Hamburg-West/Südholstein ein Gründungsfest mit rund 7.500 Menschen. Zusammenarbeit gibt es natürlich auch in vielen anderen Bereichen, wie zum Beispiel mit der gemeinsamen Herausgabe des „Georg Dehio Handbuchs der Deutschen Kunstdenkmäler Hamburg – Schleswig-Holstein", das gerade in seiner dritten Auflage erschienen ist. Auch die Archive arbeiten eng zusammen: Nach dem Einsturz des Kölner Staatsarchivs, das bedeutende Zeugnisse der Hansegeschichte barg, taten sich die drei „Schwester-Archive" Lübeck, Hamburg und Bremen spontan zusammen, um gemeinsam ihre Unterstützung zur Verfügung zu stellen. Die Tatsache, dass die Besucher von Kulturveranstaltungen in Schleswig-Holstein und Hamburg oft die gleichen Interessen haben, ist im Übrigen ein wichtiger Punkt beim Hamburg Marketing, an dem die Landkreise der Metropolregion beteiligt sind und das sich bei der Kundenansprache immer auch an die Bewohner der Metropolregion wendet.

Die gelungenen institutionellen sowie individuellen Kooperationen zeigen, dass die Kultur von Hamburg und Schleswig-Holstein als gemeinsames Thema wahrgenommen wird und Synergien bereits in vielen Bereichen genutzt werden. Der Erfolg der genannten Beispiele sollte uns darin bestärken, unsere länderübergreifende Zusammenarbeit und Projekte weiterhin zu verstärken. Denn auch in Zukunft sollte es unser aller Ziel sein, den kulturellen Reichtum in Norddeutschland als gemeinsamen Reichtum zu verstehen, den es zu bewahren und zu fördern gilt.

Prof. Dr. Ralf Konersmann

Direktor des Philosophischen Seminars der Christian-Albrechts-Universität zu Kiel

Kulturphilosophie und Kulturwissenschaften an der CAU Kiel

In den aktuellen Versuchen, die Vielgestaltigkeit der modernen Welt zu erfassen, spielt das Wort „Kultur" eine bedeutende Rolle. Zwei Verwendungsweisen sind zu unterscheiden: Politik und Publizistik verwenden den Begriff meist strategisch und sehen Kultur als Mittel zum Zweck – als Standortfaktor, als Zukunftsbranche, als Freizeitbeschäftigung, als Bildungsgut, als touristische Attraktion, als Prestigeobjekt, als Religionsersatz. Die Wissenschaften hingegen bevorzugen ein weites Begriffsverständnis: Als Kultur gelten ihnen nicht lediglich die Gegenstände des Feuilletons, sondern die von Menschen gemachte und bewohnte, auf sie hin angelegte und ihnen doch niemals gänzlich verfügbare Welt.

Um die tiefgreifende Wirkung des neuen Paradigmas „Kultur" speziell in den Wissenschaften zu ermessen, empfiehlt sich die skizzenhafte Vergegenwärtigung der Zusammenhänge. Bereits im 19. Jahrhundert versammelte sich ein offener Kreis von Fächern unter dem Begriff des Geistes. Seit Sokrates schließt dieser Begriff die Erwartung ein, dass die auf ihn bezogenen Gegenstände vorbildlich, bleibend, in sich vollendet und in ihrer besonderen „Vernünftigkeit" (Hegel) bestimmbar seien. Das Ergebnis dieser Institutionalisierung des Geistes war die akademische Welt der „zwei Kulturen": der neuen Geisteswissenschaften hier, der Ingenieurs- und Naturwissenschaften dort.

Bereits im Verlauf dieser wissenschaftshistorischen Gabelung, deren Folgen bis heute sichtbar sind, entstanden auf zweiter Stufe die Sozialwissenschaften. Die von den Geisteswissenschaften betonte Opposition zu den Naturwissenschaften wurde von dieser Fächergruppe vermieden. Als Kerndisziplin wollte die junge Soziologie naturwissenschaftliche Verfahren für die Beschreibung der Gesellschaft nutzbar machen, betonte dabei freilich auch deren Eigenständigkeit. Diese Eigenständigkeit ihres Gegenstandsfeldes behaupten schließlich auch die Kulturwissenschaften, die sich allerdings zum Szientismus der Naturwissenschaften weder schroff ablehnend verhalten noch die Gemeinsamkeit suchen. Kurzum: Kulturell und somit auch kulturwissenschaftlich interessant sind alle Wahrnehmungen von Naturgegenständen – einschließlich der Wahrnehmungen von Naturwissenschaftlern –, nicht aber die Naturgegenstände selbst. Der Realismus einer Natur, wie sie an sich und jenseits menschlicher Zeichen, Worte, Bilder, Blicke, Empfindungen sein mag, markiert für die Kulturwissenschaften die klar gezogene Grenze ihrer Zuständigkeit.

Die Ausbreitung wissenschaftlicher Paradigmen wie „Geist" oder „Natur", wie „Gesellschaft" oder „Kultur" erfolgt nicht planmäßig, sondern prozessual und ergebnisoffen. Umso wichtiger ist es, ihre Tragweite zu erfassen und den Durchsetzungsprozess kritisch zu begleiten. Was bedeutet es, wenn ganze Fächergruppen auf Kultur umstellen? Gefragt ist die wissenschaftliche Begründung der Systematik, der Methodologie und der Begrifflichkeit jener Disziplinen – neben den Philologien die Geschichte, die Politologie, die Pädagogik, die Psychologie, die Geografie … –, die gerade eben dabei sind, sich als Kulturwissenschaften zu verstehen und neu auszurichten.

Das damit vorgegebene Pensum bildet einen Arbeitsschwerpunkt des Philosophischen Seminars an der CAU. Im regen Austausch mit Kollegen im In- und Ausland wurde mit der Kulturphilosophie eine Fachdisziplin ausgebaut (und auch in der Lehre fest integriert), die schon früh die Relevanz der Kulturwissenschaften erkannt und sich die Darstellung ihrer „Logik" (Ernst Cassirer) zum Ziel gemacht hat. Wie alle Teildisziplinen des Faches hat es auch die Kulturphilosophie mit den großen Fragen der philosophischen Tradition zu tun. Im Speziellen widmet sie sich den Formen und Figuren symbolischer Repräsentation; der Gegenbegrifflichkeit von Eigenem und Fremdem sowie den Aussichten gelebter Interkulturalität; den Medien und Strategien kultureller Selbstbeschreibung; den Prozessen und Prozeduren kultureller Kontinuitätsstiftung – mit einem Wort: Sie ist als Philosophie zugleich Kritik und ein Beitrag zur Selbstaufklärung der Kultur. Neben mehreren Monografien, die bei renommierten Verlagshäusern erschienen sind, entstanden Aufsätze, Wörterbuchartikel und Texteditionen, ein von einer international besetzten Autorenschaft getragenes Handbuch ist in Vorbereitung. Thematisch einschlägige Qualifikationsarbeiten des wissenschaftlichen Nachwuchses liegen ebenfalls vor.

Stellvertretend für diese Aktivitäten, über die die Homepage des Philosophischen Seminars im Einzelnen informiert (www.uni-kiel.de/PhilSeminar), sei die *Zeitschrift für Kulturphilosophie* hervorgehoben. Sie wird seit 2007 am Philosophischen Seminar redaktionell betreut und, zusammen mit einem Kollegen der Berliner Humboldt-Universität, von Prof. Dr. Ralf Konersmann und Prof. Dr. Dirk Westerkamp (beide Kiel) herausgegeben. Nach der Fertigstellung des Jahrgangs 2009 beleuchtet die aktuelle Frühjahrs-Ausgabe (1/2010) den Übergangsbereich von Kultur und Sport unter dem Titel „Brot und Spiele" (mit Originalbeiträgen von Hans Ulrich Gumbrecht, Wolfgang Kersting, Birgit Recki, Martin Seel, Peter Sloterdijk u.a.).

Prof. Dr. Jürgen Miethke

Präsident i.R. des Sparkassen- und Giroverbandes für Schleswig-Holstein, Kiel

„Das Haus der unendlichen Geschichte"
- Landesgeschichte und Museumslandschaft
Schleswig-Holsteins -

Diesen Begriff – „Das Haus der unendlichen Geschichte"- verwandte der damalige MdL (und heutige Bildungsminister) Dr. Ekkehard Klug in der 94. Sitzung des Landtages am 29. August 2003 bei der Ablehnung der Förderung eines Geschichtsmuseums des Landes. Das Desiderat eines Hauses der Geschichte aber bleibt. Aufgegriffen hat das Thema wieder Günter Endruweit mit seinem demnächst erscheinenden Werk „Schleswig-Holstein auf den Spuren der Landesgeschichte in den Museen". Er behandelt diese und zeigt dabei, wo und wie sie in kleinen und großen Museen dargestellt wird.

Ein Thema, das Jahre, Jahrzehnte die Politik – Regierung und Parlament –, Historiker und Museumsleute beschäftigt hat. Expertenkommissionen und Gutachten wurden eingesetzt und erstellt.

Schleswig-Holstein ist das einzige Bundesland, das keine politisch, kulturell und sozial umfassend dargestellte Geschichte des Landes besitzt. Das ist umso erstaunlicher bei dem Stolz der Schleswig-Holsteiner auf ihre landsmannschaftlichen Eigenarten und die kaum einem Menschen verständliche bunte Geschichte des Landes.

Jeder zitiert gern – auch Endruweit – den englischen Staatsmann Lord Palmerston, den Initiator des ersten Londoner Protokolls von 1850, in dem die Integrität des dänischen Gesamtstaates von den Großmächten anerkannt wurde: Nur drei Menschen in ganz Europa hätten die Geschichte Schleswig-Holsteins begriffen. Einmal Prinz Albert, Gemahl der Queen Victoria. Der aber sei tot. Dann irgendein deutscher Professor, der sei im Irrenhaus, und schließlich er selber, aber er habe sie vergessen.

Wir besitzen eine vielfältige und – zumindest quantitativ – gut bestückte Museumslandschaft mit Teilpräsentationen und Facetten von der Eiszeit (wie im „Eiszeitmuseum" an der historischen „Auffahrtscheune" von Nienthal bei Lütjenburg) über die Steinzeit (Archäologischer Park und Museum in Albersdorf), die Wikingerzeit in Haithabu, die Slawenwanderungszeit im „Oldenburger Wallmuseum" und die Archäologie Lübecks im „Bethaus" des Burgklosters bis hin zu der Gedenkhalle der preußisch-dänischen Auseinandersetzungen ab der Mitte des 19. Jahrhunderts in Idstedt und – last but not least – zu Schloss Gottorf mit seinen kulturhistorischen Sammlungen. Daneben existieren zahlreiche andere, zum Teil kleinere Häuser mit stadt- oder lokalhistorischen Präsentationen sowie einige der – besonders im Zuge der Flüchtlingsthematik entstandenen – „Heimatstuben".

Wie wenige andere Gebiete spiegelt Schleswig-Holstein europäische Geschichte wider: Zerfall des dänischen Gesamtstaates, Aufkommen des Nationalismus und die Erhebung von 1848, Eingreifen der Großmächte, Vereinigung mit dem deutschen Nationalstaat als preußische Provinz, Aufbau der Kaiserlichen Marine in Kiel, 1. Weltkrieg, Matrosenaufstand 1918. Im Jahre 1920 die Teilung des Landes, Arbeitslosigkeit, Nationalsozialismus, 2. Weltkrieg, Flüchtlingselend, Wiederaufbau, neues Bundesland Schleswig-Holstein, Zonenrandgebiet, Wiedervereinigung und vieles mehr.

Interessiert das unsere Mitbürger? Wollen wir wissen, woher wir kommen, wohin wir gehen? Ja, das zeigt die steigende Zahl von Museumsbesuchern, insbesondere von qualitativ hochwertigen Ausstellungen, auch und gerade historischen. Am Anfang stand vor über 30 Jahren die große Staufer-Ausstellung in Stuttgart, der viele folgten wie die über „Troja – Traum und Wirklichkeit", und jetzt mehrere Sonderausstellungen (Haltern, Kalkriese und Detmold) zu „2000 Jahre Varusschlacht". Erinnert sei auch an die Ausstellungshalle im Bucerius-Kunstforum in Hamburg, wo neben alter und moderner Kunst auch die Antike einen großen Interessentenkreis anzieht (Gräber von Paestum, Kleopatra und die Caesaren, Die Etrusker) – auch wenn das keine „historischen Ausstellungen" im engeren Sinne sind. „Gottorf im Glanz des Barock" (1997) war für den gesamten Norden ebenfalls ein großer Publikumserfolg über ein zentrales historisches Thema.

Seit vielen Jahren haben sich mehrere Verbände im Lande für eine umfassende Darstellung der Landesgeschichte eingesetzt. 1993 hatte ich als damaliger Vorsitzender der Gesellschaft für Schleswig-Holsteinische Geschichte (GSHG) in einem offenen Brief an die Kultusministerin um eine Gesamtkonzeption der Landesmuseen gebeten, da die Belange der Landesgeschichte bisher zu wenig berücksichtigt wurden. Auch hinsichtlich der Verlagerung der Volkskunde auf den Schleswiger Hesterberg hatten wir damals unsere Bedenken geäußert. Erfolgreich waren wir nicht.

Und auch in Kiel sind viele Pläne erfolglos geblieben, mit Ausnahme eines Anbaus der Kunsthalle, der erst durch massiven Druck einer Bürgerinitiative vom Land Schleswig-Holstein förmlich erpresst wurde. Das „Museum für Industrie- und Alltagskultur", in dem ein Prozess der Urbanisierung und Industrialisierung mit seinen bedeutenden Auswirkungen auf Betriebe und deren Beschäftigte gezeigt werden sollte, wurde nach anfänglich in Aussicht gestellter Unterstützung von Land und Stadt nicht realisiert. Heute hätte man an exponierter Stelle an der Hörn einen ausbaufähigen Glanzpunkt. Aber selbst die jüngste Projektion eines maritim ausgerichteten „Science Center" ist dort – ebenso nach vielen Jahren des Diskurses – erneut gescheitert.

Ein Trauerspiel ist auch die Entwicklung um das Kieler Schloss. Hier ist das historische Zentrum, hier könnte Kiel sich ein Profil schaffen mit seinen Kultureinrichtungen (Warleberger Hof, Schifffahrtsmuseum, Nikolaikirche, Kloster, Rantzaubau und den „Gropiusbauten" mit den Universitätssammlungen zur Medizingeschichte und Zoologie und Völkerkunde am Prinzengarten), und Wirtschaft, Tourismus und Kultur in unmittelbarer Nähe zum neu errichteten „Ostseekai" miteinander verbinden.

Die „Kulturoffensive Kieler Altstadt" hat ebenfalls zwischenzeitlich ihre Initiative beendet. In „Kiel – eine Stadt und ihre Probleme" hat sich Endruweit 2005 auch hierzu eingehend und profund geäußert.

Hoffnung kam auf, als im Jahr 2000 in der Koalitionsvereinbarung für die 15. Legislaturperiode von der SPD und den Grünen die Präsentation der Landesgeschichte als kulturpolitische Aufgabenstellung vereinbart wurde. Auf der Herbsttagung des Museumsverbandes Schleswig-Holstein im November 2000 wurde das Thema von der Kultusministerin vorgetragen und der Museumsverband um ein Konzept gebeten. Nachdem die Landesregierung auf Antrag der CDU Ende 2001 einen Bericht zum Haus der Geschichte vorgelegt hatte, haben sich in der Landtagsdebatte am 24. Januar 2002 alle damals im Schleswig-Holsteinischen Landtag vertretenen Parteien dafür ausgesprochen, die schleswig-holsteinische Geschichte von der Mitte des 19. Jahrhunderts bis zur Gegenwart in einem „Haus der Geschichte" darzustellen. Zwei Kommissionen wurden zur Erstellung von Umsetzungsstudien eingesetzt. Außerdem hatte die Gesellschaft für Schleswig-Holsteinische Geschichte für mehrere Monate im Internet ein Bürgerforum eingerichtet, in dem Interessierte ihre Ideen und Vorstellungen einbringen konnten. Zudem hatte der Bildungsausschuss hochrangige Historiker und Museumsfachleute in einer Veranstaltung zur inhaltlichen Konzeption eines zeitgeschichtlichen Museums vortragen lassen. Das Fazit: Die Notwendigkeit sei unbestritten, ein „Haus der Geschichte" zu errichten.

Das Ende erfolgte dann – wie zu Beginn geschildert – im Landtag 2003: Das Museum sei in der laufenden Landtagsperiode nicht finanzierbar. Kein „Haus der Geschichte", kein „Historisches Zentrum" in Kiel.

Hingegen Versuche von verschiedenen Museen und Archiven, in dieser Lücke Profil zu gewinnen, z. B. mit Ausstellungen wie „Schleswig-Holsteinische Erinnerungsorte" (Volkskunde Museum Schleswig), „Landesweit" (Landesbibliothek), „Heinrich von Rantzau (Landesarchiv) oder zu Aspekten der „Schimmelmann-Zeit" in Kiel (Landesbibliothek) sowie auf Schloss Ahrensburg.

Ferner viele geschichtsbezogene Ausstellungen im Landesarchiv in Schleswig „Vertrag zu Ripen", und jüngst: „Fremdes Zuhause – Flüchtlinge und Vertriebene in Schleswig-

Holstein nach 1945" (Freilichtmuseum Molfsee), einem lange sträflich vernachlässigten wichtigen jüngeren historischen Thema für unser Bundesland, dessen Ausarbeitung sich die Sparkassenstiftung Schleswig-Holstein vorgenommen hat.

Auch die Bemühungen des Schleswig-Holsteinischen Zeitungsverlages mit der „Jahrhundertstory" sind dankbar zu nennen.

In einer Pressemitteilung der Landesregierung vom Herbst letzten Jahres zur Ausstellung „Mobilität und Verkehr in Schleswig-Holstein" im Schleswiger Volkskunde Museum hieß es, dass damit der Weg zu einem „Schleswig-Holstein-Haus" fortgesetzt werde. Recherchen von mir ergaben, dass damit aber nicht wieder das alte Thema aufgegriffen werden sollte. Umso erfreuter war ich über die Mitteilung über das Werk von Günter Endruweit, das im Boyens Verlag Heide erscheinen soll. Er steht damit in der Tradition der Christian-Albrechts-Universität. Zu den 1665 nach Kiel berufenen Professoren gehörte der Mediziner Johann Daniel Major, der auch ein früher Theoretiker und Praktiker des Museumswesens war. Er gründete 1669 in Kiel das erste Landesmuseum „Museum Cimbricum", das sich der „Erforschung und Dokumentation des Landstrichs nördlich von Elbe und Trave" widmen sollte.

Leider sind keine Bestände des gegen Entgelt zu besichtigenden Museums mehr erhalten. 130 Jahre später, noch unter dänischer Herrschaft, gab es wieder ein „Landesmuseum". 1914 als „Museum für Schleswig-Holsteinische Landeskunde" apostrophiert, wurden dort Sammlungsstücke zur Geologie, Zoologie und Botanik, zur Vorgeschichte und Volkskunde, zum Schiffbau und zur Fischerei, zur Landes- und Stadtgeschichte sowie nicht zuletzt zum Kunstgewerbe der nördlichen Landschaften gezeigt. Dieses Museum wurde bei der Groß-Hamburg-Gebietsreform 1937 mit seiner Trägerin, der Stadt Altona, Hamburg zugeschlagen und firmiert dort – eher abgelegen von den allgemeinen Besucherströmen – unter dem Namen „Norddeutsches Landesmuseum". Eine Kooperation mit Gottorf ist nicht erkennbar!

Die Idee der Landesmuseen stammte aus einer Zeit, in der die politische und soziale Entwicklung des Deutschen Reiches das Bewusstsein der kulturellen Entwicklung der einzelnen deutschen Landschaften zu überlagern drohte. Diese Überlagerungen haben bis heute nicht an Gewicht verloren, im Gegenteil: in einem „Europa der Regionen" sind sie so aktuell wie nie zuvor.

In Kiel war 1835 das „Museum Vaterländischer Alterthümer" gegründet worden, das seit 1873 in enger Verbindung mit der Christian-Albrechts-Universität systematisch ausgebaut wurde. 1875 war, ebenfalls in Kiel, das Thaulow-Museum entstanden, das sich in besonderer Weise der Landeskulturgeschichte widmete. Noch vor dem 2. Weltkrieg wurde es in „Schleswig-Holsteinisches Landesmuseum" umbenannt. 1947 beschloss die Regierung des gerade gegründeten jungen Landes Schleswig-Holstein auf Weisung der britischen Alliierten, dass die beiden Landesmuseen sowie das Landesarchiv von Kiel nach Schloss Gottorf ziehen und sie selbst im Gegenzug von Schleswig nach Kiel übersiedelt.

Das Schloss war im Lauf der Geschichte durch Brände, Benutzung als Kaserne und als jahrelanges Notquartier für Flüchtlinge in einem erbarmungswürdigen Zustand. Die Schätze, die das Schloss gefüllt hatten, waren im 18. Jahrhundert nach dem von Schweden und Schleswig-Holstein gegen Dänemark verlorenen Krieg in mehreren Transporten nach Kopenhagen geschafft worden; den immer noch stattlichen Rest hatte man nach der schleswig-holsteinischen Erhebung in der Mitte des 19. Jahrhunderts versteigert.

Dänische, preußische und deutsche Kavallerie hatten nacheinander vom Schloss Besitz ergriffen, hatten Stallungen, Reit- und Exerzierhallen errichtet, die einst großartigen Terrassen des Fürstengartens in Reitplätze verwandelt und so dafür gesorgt, dass die kulturelle Überlieferung des Ortes weitgehend gegenstandslos geworden war.

Sieht man heute Schloss Gottorf, den nachgebauten „Herkules" im großen Wasserbassin oder den ebenso rekonstruierten Globus Adam Olearius' in dem wunderbar neu auf seinen historischen Grundrissen wieder angelegten Barockgarten (Fürstengarten), ist wahrlich ein Wunder geschehen.

Die beiden Landesmuseen mit ihren Dependancen sind seit 1999 unter dem gemeinsamen Dach der Stiftung Schleswig-Holsteinische Landesmuseen vereint und haben nach anfänglichen Problemen durch sinnvolle Kooperationen, durch Zusammenlegung bestimmter Arbeitsbereiche, durch gemeinsamen Personaleinsatz sowie durch abgestimmtes Marketing positive Effekte erzielt.

Im Bereich des Archäologischen Landesmuseums und im Wikinger Museum Haithabu wird ein wichtiger Teil der Historie unserer Landschaften abgebildet. Im Partnermuseum Kunst und Kultur finden wir diesen Bereich unseres Landes insbesondere aus der Zeit der Gottorfer Herzöge.

Ein – leider öffentlich zu wenig beachtetes – Volkskunde Museum auf dem Hesterberg in Schleswig und das größte norddeutsche Freilichtmuseum in Molfsee decken mit anderen örtlichen Museen den landwirtschaftlichen und volkskundlichen Bereich ab. Eine einheitliche, kohärente Darstellung der Geschichte an einem Ort fehlt aber.

Über 200 „Sammlungen" gibt es im Lande, von denen aber viele nicht im engeren Sinne als „vollwertige Museen" gezählt werden können: die in der Fachwelt anerkannte Beschreibung der Museumsfunktionen vom International Council of Museums (ICOM) trifft auf sie nicht zu. Die klassischen Aufgaben der Museen sind unverzichtbar: Sammeln, Bewahren, Forschen, Ausstellen und Vermitteln, und zwar als gleichrangige Verpflichtungen.

Dies wird leider oft in der Politik zu wenig beachtet. Trotz leerer Kassen werden neue Museen errichtet, mit zum Teil krampfhaft willkürlich anmutend zusammengebrachter Sammlung (Buchheim am Starnberger See), während im traditionsreichen Haus nebenan wertvolles Kulturgut nicht aufgearbeitet werden kann, ja schlimmstenfalls im Magazin „verrottet". Dazu zählt auch der offenbar unstillbare Wunsch, „modern" und „avantgardistisch" zu sein, und was ist moderner als zeitgenössische Kunst?

Also wird jene oft genug der älteren Kunst ungebührlich vorgezogen. Sie ist auch für Events nicht geeignet: Myron, Phidias, Polyklet können nicht kommen, aber Baselitz, Richter oder Lüpertz sind dabei. Hauptsache, dass man seinen Auftritt gehabt hat, die Leere der Räume nach der Eröffnung sieht man nicht – und der kulturelle Bildungsauftrag für die Gesamtgesellschaft wird vernachlässigt!

Die bloße Zahl der Besucherinnen und Besucher ist nur ein Aspekt erfolgreicher Museumsarbeit. Entscheidender als die Frage „Wie viele kommen?" ist die andere: „Wie viele kommen wieder?".

Bisher kamen sie, seit der Antike. Das „mouseion" war ursprünglich ein Musentempel, dann ein den Musen der Gelehrsamkeit, der Wissenschaft und der Künste geweihter Ort. Das bedeutendste und wichtigste Museum des Altertums war das zu Alexandria, als dessen Stifter gewöhnlich Ptolemäos Philadelphos (285 – 247 v. Chr.) genannt wird. Es umfasste eine Halle zum Herumwandeln, eine andere zum Sitzen und einen großen Bau, worin sich der Speisesaal der am Museum angestellten Gelehrten befand. Diese wurden auf Staatskosten unterhalten, um sich ungestört ihren wissenschaftlichen Bestrebungen widmen zu können. Ihre Tätigkeit war eine vorherrschend philologische; hier wurde die Poesie geübt, aber auch für die Medizin und die so genannten exakten Wissenschaften ein fruchtbarer Boden gewonnen. So ähnlich lautet es in der berühmten 6. Auflage von „Meyers Großem Konversationslexikon" von 1906.

Die großen Museen in Florenz, von Cosimo von Medici gegründet, und die im Vatikan eines Julius II. folgten. Die von Königen und Kaisern errichteten und mit Kunstschätzen aus allen Ländern bereicherten Museen wie der Louvre in Paris, das Britische Museum in London, die einst Königlichen Museen in Berlin, die einst Kaiserlichen Hofmuseen in Wien sowie die Eremitage in St. Petersburg erfreuen uns heute noch. Das Ideal der Antike war, dass das Museum nicht nur Ort der Sammlung, sondern auch der Versammlung, der Begegnung war.

Dieses streben auch heute wieder viele Museen an. Die Gesellschaft verändert sich, und die Museen müssen ihren Platz in dieser Gesellschaft neu erkunden. Dafür müssen wir die Gesellschaft selbst kennen: Erlebnisgesellschaft, Freizeitgesellschaft, Informationsgesellschaft, Kommunikationsgesellschaft, Mediengesellschaft usw.

Viele Museen reagieren nur mit modern anmutenden Begriffen wie Forum, Zentrum, Science Center, wobei so die museale Funktion verschleiert wird. Weshalb? Ein Museum ist kein Rummelplatz, kein Disneyland; es muss aber für neue Medien offen sein. Die audiovisuellen Medien haben sich in den meisten Museen längst etabliert: Dias, Filme, Videos, Multivision und interaktive Bildschirmsysteme gehören zum Standard. Mindestens 30 Prozent der Besucher nutzen diese Möglichkeiten, mit steigender Tendenz. Medien können komplexe und abstrakte Möglichkeiten auch besser veranschaulichen: Zeitlupe, Zeitraffer, Vergrößerung können Unsichtbares sichtbar machen. Das virtuelle Museum kündigt sich an. Interaktivität ist eine nur medial mit unseren heutigen Mitteln mögliche Option im musealen Umfeld.

Die virtuellen Netzwerke erschließen tendenziell die Exponate aller Museen digital und bieten zusätzliche Möglichkeiten der Wissensaneignung. Mit der Vernetzung von Archiven, Museen und Bibliotheken werden neue Möglichkeiten interdisziplinärer Arbeit geschaffen. In Schleswig-Holstein haben wir mit dem Projekt „DigiCULT" einen „Trendsetter" geschaffen: zahlreiche Sammlungen sind dort inzwischen integriert (http://www.digicult-sh.de).

„DigiCult" hat dabei in Selbstauskunft als vorrangige Ziele definiert:

Langfristige Sicherung des Kulturerbes durch ein gemeinsames technologisches Konzept für die digitale Erfassung und Verbreitung. Stärkung des Kultur- und Wirtschaftsstandortes durch Verfügbarmachung der Kulturschätze des Landes in Web-basierten Datenbanken.

Auch das grenzüberschreitende schleswig-holsteinisch/dänische Internetprojekt „Das Virtuelle Museum" (VIMU) bietet heute im Netz jene medialen Möglichkeiten, die ein auf Artefakten basierendes Museum nicht darstellen und vermitteln kann; schon gar nicht, wenn „Geschichte" auf viele verschiedene Standorte und Häuser aufgeteilt ist (http://www.vimu.info).

In der Selbstbeschreibung dieses vorrangig auf historische Themen orientierten Portals heißt es dort:

„Geschichte – ganz nah!

VIMU – das virtuelle Museum zeigt lebendige Geschichte der deutsch-dänischen Grenzregion von Hamburg bis Odense von 1830 bis heute.

Geordnet in 6 Dimensionen – Grenzen, Politik, Gesellschaft, Wirtschaft, Kultur, Meer – finden Sie in unserem Museum 36 spannende, multimedial aufbereitete Themen – und vieles mehr!

Das bedeutet ein verändertes Selbstverständnis der Museen als wissenschaftlicher Ort, wo Geschichte sich in Gegenständen „dinglich" materialisiert. Mit dem elektronischen Wissensspeicher und seiner globalen Vernetzung wird das Museum sozusagen digital – sagen wir es freundlich: „hinterlegt", sagen wir es nicht so freundlich: „unterwandert".

Das bedeutet aber auch einen Erlebnisverlust. Museen leben von der Qualität des Echten, von der Konkretion der Dinge, von der Aura des Museums.

Diese Aura-Erfahrung im Museum entsteht durch das Wissen, aber auch durch das subjektive „Gefühl" um die Einmaligkeit, um die Echtheit, um die (erhoffte oder vermutete) „Authentizität" eines Objekts und seine reale Anwesenheit.

Sie entsteht auch über den nur im Museum möglichen Zauber der „sinnlichen Nähe".

Diese „Sehnsucht nach dem Authentischen, das in allen Lebensbereichen immer rarer wird", ist für die Museen eine große Chance.

Das mächtige, von Wasser umgebene Schloss Gottorf mit seinem wiederhergestellten Barockgarten bietet einen exklusiven Rahmen für die herzogliche Selbstdarstellung eines Friedrich III. von Schleswig-Holstein-Gottorf. Seine Herrschaftsatmosphäre beeinflusst die Besucherinnen und Besucher und macht ihren Aufenthalt im unverwechselbaren Ort zum unverwechselbaren Erlebnis. Das gilt auch für das Schleswig-Holsteinische Freilichtmuseum Molfsee, das auf einer Fläche von 60 Hektar etwa 70 historische Gebäude aus den verschiedenen Zeiten und Landschaften Schleswig-Holsteins zeigt. Die mit Mobiliar und Arbeitsgeräten eingerichteten Gebäude sind Zeugen einer vergangenen Alltagswelt und zeigen anschaulich das Zusammenleben der Menschen ohne den Luxus und die technischen Hilfsmittel der heutigen Zeit. Günstige Ausgangsbedingungen, aber wie Ovid sagt: „Zeit zernagt die Dinge". Deshalb war es folgerichtig, ja: geradezu „zwingend", dass vor wenigen Monaten eine Fördersumme in Höhe von 2 Millionen EURO zum Erhalt eines der wichtigsten Museen unseres Landes, des Schleswig-Holsteinischen Freilichtmuseum Molfsee, geflossen ist. Die Anregung von Günter Endruweit, die „Schleswig-Holsteinische Geschichte" museologisch zusammenfassend zu behandeln, und die vom Landeskulturverband Schleswig-Holstein im September 2009 dem Landtag vorgelegten kulturpolitischen Forderungen zur Schwerpunktbildung in der Volkskunde und zur Errichtung eines „Hauses der Geschichte" treffen sich gut mit der Neubesetzung des Vorstandes der Stiftung Schleswig-Holsteinische Landesmuseen. Der neue Vorstand, Leitender Direktor von Carnap-Bornheim und Direktor Fitschen, werden für ihr Museum ein Konzept 2020 entwickeln*. Ein solches Konzept wird auch seit Jahren für die gesamte Museumslandschaft Schleswig-Holstein angemahnt.

In die Überlegung, das Freilichtmuseum Molfsee unter das Dach der Stiftung Schloss Gottorf zu geben und mit den dortigen volkskundlichen Sammlungen des „Hesterberg" zu einer Bündelung der auf die Geschichte des Nordens bezogenen volkskundlichen Artefakte im Lande zu kommen, könnte auch ein stärker auf die Historie orientiertes Museum eingebunden werden. Denn: „Volkskunde" und „Geschichte" bedingen (und ergänzen) einander.

Dazu zunächst wenige Fakten hinsichtlich der Besucher (2007):*

Schloss Gottorf:	130.700
Globushaus:	29.300
Barockgarten:	27.200
Volkskunde:	24.500
Wikinger Museum Haithabu:	140.000
Freilichtmuseum Molfsee:	140.400

(bei nur 7 Monaten Öffnungszeit, November bis April geschlossen)

Antikensammlung (in der Kunsthalle):	22.100
Kunsthalle zu Kiel	37.200
Stadt- und Schifffahrtsmuseum Kiel:	52.200.

Die Schleswiger Museen und ihre Dependancen in Büdelsdorf, Cismar und Rendsburg sind als Stiftung organisiert. Antikensammlung und Kunsthalle Kiel sind Universitätsmuseen (dazu gibt es neun weitere Lehr- und Schausammlungen, zum Teil als Institutsmuseen), Stadt- und Schifffahrtsmuseum sind kommunal getragene Einrichtungen der Landeshauptstadt Kiel.

Das Freilichtmuseum Molfsee hat als Träger einen eingetragenen Verein mit 3.400 Mitgliedern. Es stellt eine große Ausnahme unter den Museen dar, da es nur wenig öffentliche Förderung erhält. Die Stadt Kiel hat bei der Gründung des Museums durch die Überlassung des im Landschaftsschutzgebiet gelegenen Geländes sehr geholfen, aber ist danach nur in geringem Maß an der Fortentwicklung beteiligt. Das Land Schleswig-Holstein hat sich ebenfalls bei der Gründung stark engagiert, nämlich bei der Überführung der ersten Häuser nach Molfsee. Inzwischen liegt der Beitrag seit Jahren bei 125.000 Euro p.a. Das bedeutet, dass aus Mitgliedsbeiträgen, Eintrittsgeldern, Verpachtungen (Drathenhof, Kutschenhaus) und Sponsorengeldern rund 90 % der Kosten selbst erwirtschaftet werden müssen. Das ist in Deutschland einmalig. Eine Konzentration der landeshistorisch relevanten Volkskunde in Molfsee böte die Möglichkeit, in einem gut frequentierten Museum die Arbeitswelt und Alltagskultur im Norden vom 16. bis in das 21. Jahrhundert zusammenfassend darzustellen.

Der Standort Hesterberg ist ungünstig – und wird es bleiben. Der ehemalige Leiter des Hauses der Geschichte der Bundesrepublik Deutschland in Bonn (Prof. Hermann Schäfer) hat auf der Podiumsdiskussion bei der Tagung des Bildungsausschusses im schleswig-holsteinischen Landtag auf die Frage, welches die drei wichtigsten Voraussetzungen für ein Museum seien, geantwortet: 1. Lage, 2. Lage, 3. Lage.

Als gebürtiger Schleswiger habe ich seinerzeit auch gewarnt. Es ist erfreulich, dass durch Events (Treckerfahrten, Kutschenausflüge, Maschinenvorführungen) wieder mehr Besucher an den Hesterberg kommen. Aber diese gehen nicht ins Museum (um des Museums willen), was an den Eintrittsgeldern feststellbar ist. Sondern wegen der Angebote auf Museumsboden. Für diese Angebote ist ein Museum ein zwar hilfreiches, aber nicht zwingende Voraussetzung zur Durchführung des Events.

Als Depot, Labor, Lager, Archiv, Werkstatt oder Büroraum bliebe der Hesterberg unverzichtbar. Er bliebe damit eine notwendige Investition.

Eine Verbindung der beiden volkskundlich orientierten Museen würde zu einer Ergänzung der Ressourcen und zu nachhaltigen Synergien führen. Das Freilichtmuseum Molfsee kann zudem auf Dauer nicht durch den bisherigen Trägerverein erfolgreich geführt und gesteuert werden, da für Investitionen und zunehmende Restaurierungen (das Museum wurde 1965 eröffnet) keine ausreichenden Mittel zur Verfügung stehen. Im letzten Herbst konnte nur durch schnelle Hilfe der Landesregierung eine Insolvenz verhindert werden. Das kulturelle Gedächtnis des Landes für die ländliche Bau- und Lebensweise benötigt dringend weitere Entwicklungsmöglichkeiten. Ein Ausstellungsgebäude für Dauer- und Wechselausstellungen ist so eine wichtige Voraussetzung für eine ganzjährige Öffnung des Museums, das bisher nur sieben Monate im Jahr geöffnet ist. Darüber hinaus werden erweiterte Vermittlungen über die Häuser und ihre Bewohner erforderlich sein. Die Zusammenführung der Bestände beider Museen, darunter die außergewöhnliche Lühning`sche Sammlung in Schleswig, böte die Möglichkeit einer umfassenden landeshistorischen Präsentation und das Erreichen von Synergien – das würde nicht nur Molfsee als Standort eines wichtigen Museums, sonder auch der ganzen Region um Kiel als kulturell attraktiver „Leuchtturm" dienen.

Die Konzentration der Besucher auf den Schlossbereich mit Globushaus und Barockgarten sowie Haithabu und das Stadtmuseum ist so stark, dass es nicht gelingen wird, die Volkskunde auf dem Hesterberg in den Fokus der Besucher zu bringen. Der Schleswiger Dom mit seinem Brüggemannaltar zieht darüber hinaus ebenfalls beträchtliche Besuchermengen an.

Was fehlt? Die Darstellung der sozialen, politischen und wirtschaftlichen Geschichte des 19. und 20. Jahrhunderts. Hierzu haben die Expertenkommissionen dem Landtag Vorschläge unterbreitet mit einer Dauerausstellung „Schleswig-Holsteins Weg in die Moderne" unter besonderer Berücksichtigung der Themen Demokratisierung, wirtschaftliche Entwicklung und Zusammenleben. Ich möchte hierzu keine neue Standortdiskussion entfachen: Kiel, Rendsburg (Büdelsdorf) und Schleswig hatten sich beworben. Exponate gibt es – so die Museumsfachleute – genug.

Festzuhalten ist, dass in Kiel noch die Exponate für ein Museum für Industrie- und Alltagskultur lagern und auch die Landesbibliothek mit ihrer landesgeschichtlichen Sammlung einen Beitrag zur Darstellung der Geschichte Schleswig-Holsteins leisten könnte. Zudem sollte sich bei einer Museumsdiskussion auch die Christian-Albrechts-Universität zu Wort melden. Sie gehört zu den „TOP Ten" der vom Bund-Länder-Programm geförderten Exzellenzinitiative und beweist so ihr Entwicklungspotential. Bei der Kunsthalle Kiel und den zehn weiteren Museen der Universität ist dagegen eine Koordinierung und Zukunftsplanung nicht erkennbar. Die Universität sollte sich nicht in die Verantwortung eines Science Centers ziehen lassen, wenn dieses nicht wissenschaftsrelevant ist und auf unsoliden Wirtschaftsprojektionen beruht.

Anstelle des abgelehnten, jetzt in abgespeckter, veränderter Form neu diskutierten Projektes sollte sich Kiel als Zentrum maritimer Technologie darstellen – von gestern bis in die Zukunft. Seine Geschichte der Werftindustrialisierung ließe sich auf dem künftig wohl nicht länger benötigten Gelände der früheren HDW-Werft in deren besonderen Aura darstellen, und zugleich könnte in der Verbindung mit dem Zentrum für Meereswissenschaften, GEOMAR, auf die Bedeutung der Forschung hingewiesen werden. Für Kiel und die Universität wäre dieses gleich wichtig. Das wäre dann eine neue Aufgabe, ein neuer historischer Teilaspekt, aber natürlich kein Haus der Geschichte. Ein solches wäre um Kiels historisches Zentrum mit dem Kieler Schloss gut denkbar. Nach den bisherigen Erfahrungen bleibt es aber wohl eine Illusion.

Dann muss man sich auf eine realistische Alternative verständigen und Schloss Gottorf als Nukleus für den noch fehlenden Teil der Schleswig-Holsteinischen Geschichte nehmen: Archäologie, Geschichte, Kunst und Kultur der Herzöge sind vorhanden.

Eine Entlastung der Schlossinsel durch einen weiteren Ausbau des Hesterberg als großer Magazin- und Werkstattbereich und der Abzug der Kutschensammlung böten Raum für die neuere Geschichte. Sie würde dort von dem Besucherschwerpunkt Gottorf, dessen Ausstrahlung und von der dort vorhandenen Infrastruktur profitieren. Keine Ideallösung, aber dafür umsetzbar.

Schon bei Demokrit heißt es: Ewiges Zögern lässt nie etwas zustande bringen.

Der Beitrag ist eine leicht gekürzte Fassung einer Rede an der CAU zu Kiel aus Anlass des 70. Geburtstages von Prof. Dr. Günter Endruweit, CAU zu Kiel, am 29. Oktober 2009.

Statements

Prof. Dr. Jörn Henning Wolf

Dr. Martin Westphal

Museumsverband Schleswig-Holstein

Der Museumsverband Schleswig-Holstein – Entstehung, Aufgaben, Vorhaben

M. Westphal   J. H. Wolf

Ein Zusammenschluss der Museen in Schleswig-Holstein besteht seit 40 Jahren. Der im Vergleich mit der Situation in den alten wie neuen Bundesländern jedoch auffällig späten Gründung des Museumsverbandes Schleswig-Holstein in seiner heutigen Struktur vor 15 Jahren ging die 25-jährige Existenz der sog. Arbeitsgemeinschaft schleswig-holsteinischer Museen als unmittelbare Vorgängereinrichtung voraus. Ihre Geschicke lenkten auch damals engagierte Museumsleute wie der Volkskundler Arnold Lühning auf Schloss Gottorf als Erster Vorsitzender sowie Nis R. Nissen in Meldorf als Nachfolger; zu den Protagonisten der Arbeitsgemeinschaft zählten weitere profilierte Museumsdirektoren wie Jens Christian Jensen (Kiel), Erich Wohlenberg (Husum), Wulf Schadendorf (Lübeck) und Ulrich Schulte-Wülwer (Flensburg). Nach einem viertel Jahrhundert entschloss man sich, um einen förderungsfähigen Status zu erlangen, die Rechtsform zu ändern, und so kam es 1994 zur Gründung des Museumsverbandes Schleswig-Holstein als eingetragener Verein unter dem Vorsitz des Husumer Museumskollegen Klaus Lengsfeld. Nach dessen vorzeitigem Rücktritt leitete seine Stellvertreterin Renate Paczkowski den Verband, bis ihr 1999 durch Neuwahl Jörn Henning Wolf folgte als seither amtierender Vorsitzender mit Martin Westphal (Rendsburg) als Schatzmeister und Geschäftsführer sowie derzeit Thorsten Rodiek (Lübeck) und Marion Bejschowetz (Klein Königsförde) an der Seite, unterstützt von den Mitgliedern des erweiterten Vorstandes mit speziellen Ressorts Dorothee Bieske (Flensburg), Bärbel Böhnke (Elmshorn), Rüdiger Kelm (Albersdorf) und Lütger Landwehr (Kiel). Dem Verband gehören gegenwärtig ca. 130 Museen und 70 persönliche

Mitglieder an. Ihre Interessen gegenüber den politischen Instanzen und der Öffentlichkeit zu vertreten, die Arbeit der Museen durch Fortbildung und den Erfahrungsaustausch in museumskundlicher und wissenschaftlicher Hinsicht zu fördern, gehört zu den Zweckbestimmungen nach Maßgabe der Satzung des Verbandes. Wie schon bei der Vorläufereinrichtung handelt es sich vielfach um wiederkehrende oder ähnliche Belange, zum Beispiel finanzielle Förderung, Verteilung der Kompetenzen und Mittel, zu

regeln in einer Organisationsstruktur mit den beiden Eckpfeilern staatlicher Institutionen wie dem einstigen eigenständigen und hoch dotierten (1,3 Mio. DM Jahresetat) Museumsamt, heute Referat für Museen und Tourismus im Ministerium für Bildung und Kultur einerseits und dem Verband als ehrenamtlich tätiger Körperschaft des Dritten Sektors andererseits; er ist ausgestattet mit einem aufgrund von Ziel- und Leistungsvereinbarungen – unter Haushaltsvorbehalt garantierten Zuwendungsbudget. Nach der Auflösung des Museumsamtes und seiner zum 1.1.2002 erfolgten Integration des verkleinerten Arbeitsstabes in die Kul

Die Geschäftsstelle des Museumsverbands Schleswig-Holstein e.V. befindet sich ab Juni 2010 im Nordkolleg in Rendsburg

turverwaltung der Landesregierung gliedern Behörde und Verband die Aufgaben in einvernehmliche Zuständigkeiten. Danach obliegt dem Ministeriumsreferat die Beratung und Förderung der Träger nichtstaatlicher Museen („staatliche Museen" sind nur noch die Museen der Christian-Albrechts-Universität!) in musealen und kulturtouristischen Angelegenheiten, während sich beide Einrichtungen die organisatorische Unterstützung großer Kulturveranstaltungen im Land teilen: So richtet der Museumsverband gemeinsam mit dem Deutschen Museumsbund den alljährlichen Internationalen Museumstag als besondere Aktivität eines Großteils der einzelnen Museen aus, während der sogenannte Kultursommer – obgleich unter Beteiligung zahlreicher Museen mit Sonderausstellungen – von der staatlichen Instanz betreut wird. Bei der Initiative „MuseumsCard", die Jugendliche im Schulalter zu kostenfreiem Eintritt in die Museen zu locken sucht, arbeiten Ministerium und Verband zusammen.

Seit 2000 ist der Museumsverband auf den Konferenzen der Regionalen Museumsämter, -verbände und Museumsberatungsstellen der einzelnen Bundesländer sowohl alljährlich in Berlin als auch jeweils im Herbst an wechselnden Orten in einem der Bundesländer ständig vertreten und fungierte selbst bereits als Gastgeber vor einigen Jahren. Regelmäßig veranstaltet der Verband im Frühjahr und im Herbst an verschiedenem Ort museumswissenschaftliche Tagungen unter einem aktuelle Entwicklungen und Probleme aufgreifenden Rahmenthema. Hierzu vermochte er in großer Zahl Experten auf dem Gebiet der Museumsforschung und Museumspraxis sowie Kulturpolitik aus dem gesamten Bundesgebiet und benachbarten Ausland als Referenten zu gewinnen. Das seit Jahren entwickelte, vom Museumsverband Schleswig-Holstein inaugurierte Projekt der digitalen Dokumentation von Museumsbeständen mit der Dignität des kulturellen Erbes ist unter der Bezeichnung „digiCULT" Gegenstand eines eigenen Beitrags in dieser Broschüre, verfasst von Lütger Landwehr, dem Referenten für Neue Medien im Vorstand des Verbandes und Schrittmacher der sich unter Mitwirkung einer Vielzahl von Museen fortentwickelnden Aktion, deren Übergang vom finanziell geförderten Projekt zu seiner gesicherten Etablierung in geeigneter Rechtsform kürzlich vollzogen ist.

Gegenwärtig plant der Verband als langfristiges Vorhaben nach dem Leitbild des seit mehreren Jahren im Raum des Museumsverbandes Niedersachsen und Bremen durchgeführten Unternehmens eine sog. Museumsregistrierung. Dabei handelt es sich um eine auf Selbstevaluierung der einzelnen Einrichtungen nach umfassender Beratung und Fortbildung des beteiligten Museumspersonals beruhende Zertifizierung nach den Maßstäben der vom Deutschen Museumsbund festgeschriebenen musealen Qualitätsstandards. Als Projektleiter wird für den Museumsverband der erfahrene Kollege und langjährige Direktor des Museumsbergs Flensburg Prof. Dr. Ulrich Schulte-Wülwer tätig werden, assistiert vom Vorstandsmitglied Marion Bejschowetz und Dr. Bernd Bünsche, ehemaliger Chefrestaurator der Stiftung schleswig-holsteinisches Landesmuseum Schloß Gottorf für die professionelle Beratung der an dem Vorhaben auf freiwilliger Basis beteiligten Museen beispielsweise in Hinblick auf konservatorische und restauratorische Maßnahmen, binnenklimatologische Erfordernisse der Ausstellungs- und Magazinräumlichkeiten u. dgl. mehr. Den größten Vorteil des Vorhabens erblickt der Museumsverband in der Chance einer umfassenden Beratung der Museen in allen Bereichen, für die es sonst im Land keine Voraussetzungen gäbe. Das Projekt wird von der Landesregierung begrüßt und unterstützt; es besteht die Hoffnung, dass ebenso wie im Nachbarland Niedersachsen, wo die dortige Sparkassenstiftung das Unternehmen als namhafter Geldgeber mitfinanziert, auch in Schleswig-Holstein ein vergleichbarer Förderer gefunden wird.

Der Museumsverband Schleswig-Holstein steht zur Zeit in Verhandlungen mit dem Museumsverband Hamburg e.V. über eine auf dessen Wunsch und in gemeinsamen Interesse betriebene Fusion zum künftigen Museumsverband Schleswig-Holstein und Hamburg e.V.

Prof. Dr. Rainer Hering

Leiter des Landesarchives Schleswig-Holstein, Schleswig

Archive als Kulturträger in Schleswig-Holstein

Archive hatten ursprünglich ausschließlich rechtliche Funktion,
indem sie der Aufbewahrung ju-
ristisch wichtiger Urkunden und
Verträge dienten. Erst seit dem 19.
Jahrhundert gewannen Archive
als Ort historisch und kulturell
wertvoller und aussagekräftiger
Quellen an Bedeutung.

Aufgaben der Archive

Archive archivieren Unterlagen,
in erster Linie Schriftgut, aber
auch andere Informationsträger
wie Karteien, Dateien, Karten, Pläne, Bild-, Film-, Ton- und maschinenlesbare Daten-
träger sowie Siegelstempel. Der Zugang ist gesetzlich geregelt – für den Bund und jedes
Bundesland gibt es ein Archivgesetz – und läuft quasi organisch ab: Entsprechend dem
Zuständigkeitsbereich des jeweiligen Archivs müssen die betroffenen Stellen alle nicht
mehr zur Erfüllung ihrer Aufgaben benötigten Unterlagen dem Archiv anbieten, das
dann über die Archivwürdigkeit der zumeist einmaligen Unterlagen entscheidet. Für
Schleswig-Holstein sind hier vor allem zu nennen: das Landesarchiv für die staatliche,
Kreis-, Stadt-, Amts- und Gemeindearchive für die kommunale Ebene sowie das Archiv des Erzbistums Hamburg, das Nordelbische Kirchenarchiv und die Kirchenkreis-
und Gemeindearchive für den kirchlichen Bereich (vgl. http://www.archive.schleswig-
holstein.de).

Aufbau der Archive

Archive sind nach dem Provenienzprinzip aufgebaut, also nach der Herkunft der jeweiligen Unterlagen. Diese werden in dem Zusammenhang archiviert, in welchem sie
entstanden sind. Jede Registratur führende Stelle bildet einen eigenen Bestand, innerhalb dessen die vorgefundene Ordnung, in der Regel der Aktenplan, beibehalten wird.
Ist diese Ordnung nicht mehr erkennbar, muss sie im Archiv rekonstruiert werden.
Dadurch bleiben Zusammenhänge, Entscheidungsabläufe erhalten, und die Tätigkeit
der jeweiligen Akten führenden Stelle ist nachvollziehbar.

Archive als kulturelles Gedächtnis

Archive haben heute weiterhin zentrale rechtliche Funktionen und sind als Kompetenzzentren der Schriftgutverwaltung wichtige Elemente der Verwaltungsmodernisierung. Zugleich stellen sie aber auch das kulturelle Gedächtnis einer Gesellschaft dar. Sie bewahren das schriftliche und bildliche Kulturgut über Jahrhunderte und ermöglichen so den notwendigen Rückgriff auf Vergangenes und die Sicherung des Gegenwärtigen für die Zukunft.

Diese Gedächtnisfunktion gewinnt zunehmend an Bedeutung: Die Vorgänge im Zeitalter der Globalisierung sind kompliziert, schwer überschaubar und schwer verständlich. Ihre Auswirkungen für das Individuum können kaum noch nachvollzogen werden; die Selbstverortung des Einzelnen wird dadurch massiv erschwert. Die Beschäftigung mit der Geschichte vor Ort und in der Region kann jedoch den Prozess der Identitätsfindung nachhaltig unterstützen. Das kollektive Gedächtnis einer Region ist für die Identität eines jeden Menschen von großer Bedeutung: Die Bürgerinnen und Bürger können sich durch die Gewinnung von lokaler und regionaler Identität in einer als zunehmend unübersichtlich empfundenen Welt orientieren und mental verankern. Der Vorzug dieser Auseinandersetzung ist offensichtlich: Die lokale und die regionale Ebene sind für den Einzelnen direkt erfahrbar und damit überschaubar und konkret. Entscheidungen, zum Beispiel von politischen Gremien oder Trägern regionaler Kultur, sind nachvollziehbar und bürgernah, die handelnden Personen vielfach sogar persönlich bekannt. Aus diesen Gründen sind Archive als Gedächtnisort wesentlich, da sie die für die Beschäftigung mit der Vergangenheit in der Region erforderlichen Quellen und weiterführende Beratung zur Verfügung stellen.

Archive als kulturelle Schnittstellen

Archive fördern eine gemeinsame, generationsübergreifende kulturelle Arbeit an und mit der Geschichte über nationale, soziale und ethnische Barrieren hinweg. Ältere und jüngere Menschen fühlen sich gleichermaßen angesprochen; gerade Senioren können mit ihren Erinnerungen den Jüngeren wertvolle Erkenntnisse und Informationen zum Verständnis der Gegenwart liefern. Umgekehrt bereichern die Fragen des Nachwuchses die Sichtweisen der älteren Generation und fördern Verborgenes wieder zutage. Die Geschichte der Region, die lokalen und regionalen Traditionen, das alltägliche Leben gerade auch der „kleinen Leute" werden erfahrbar und in ihren Ursprüngen und Ursachen nachvollziehbar.

Archive sind also in vielfacher Hinsicht Grenzen überschreitende Schnittstellen der konstruktiven kulturellen und interdisziplinären Zusammenarbeit: von Fachwissenschaftlern und interessierten Laien, von Zeitzeuginnen und Zeitzeugen sowie Forschenden, von Menschen unterschiedlicher kultureller bzw. ethnischer Prägung, von Vergangenheit und Gegenwart. Gerade sie führen neue Schichten von Bürgerinnen und Bürgern an ein historisches Verständnis heran, das Geschichte und Gegenwart lebendig verbindet.

Archive haben darüber hinaus einen direkten historisch-politischen und kulturellen Bildungsauftrag. Sie fördern durch Führungen, Vorträge, Ausstellungen, Veröffentlichungen sowie besondere Angebote für Gruppen die Auseinandersetzung mit der Geschichte und Kultur des Landes Schleswig-Holstein. Insbesondere im lokalen und regionalen Kontext sind Archive über ihre rechtlichen und Verwaltungsfunktionen hinaus ein unverzichtbarer Kulturfaktor.

www.museumsverband-sh.de

Dr. Wolfgang Sandfuchs
Leiter des Literaturhaus Schleswig-Holstein, Kiel

Kulturbereich im Aufschwung – Ein Aufriss zum Literarischen Markt in Schleswig-Holstein

In seinem Beitrag zur LKV-Tagung „Notwendigkeit und Möglichkeit einer Literaturförderung in Schleswig-Holstein" führt Dieter Lohmeier 1982 sehr pointiert die These aus, „dass die Ausbildung des modernen literarischen Marktes Schleswig-Holstein unwiderruflich zur literarischen Provinz gemacht hat. "Zwar könne man als Schriftsteller im Land leben, aber es sei „unendlich schwer, hier einer zu werden". Der Beitrag, der in schriftlicher Fassung 1988 im Vorgänger dieses Buches aus Anlass des 40. Gründungsjahres des LKV erschien und einen nach wie vor lesenswerten Aufriss zur Sozialgeschichte der Literatur in Schleswig-Holstein vom Spätmittelalter bis ins 20. Jahrhundert bietet, konstatiert: Weder könne ein junger Autor in Schleswig-Holstein das nötige Handwerk lernen, noch gebe es „Einrichtungen, die ständig zwischen Autoren, Verlegern und Publikum vermitteln". Zukunftsorientierte Literaturförderung könne für junge Autoren „nichts Besseres tun, als ihnen aus diesem Land hinaus zu helfen".
Zeitgleich mit dieser traurigen Analyse, die für die meisten Regionen Deutschlands gelten konnte, nahm eine Entwicklung ihren Lauf, die in ihrem Ausmaß unerwartet war und in den nächsten 20 Jahren tief greifende Änderungen für den literarischen Markt zeitigen sollte. Ein neues Interesse an Literatur, gerade auch an gegenwärtiger, und an der öffentlichen Präsentation von Literatur entstand, der Literaturbetrieb im heutigen Sinne nahm Form an. Eng damit verbunden organisierte sich auch die öffentliche Förderung der Literatur in den Bundesländern neu, die Mittel stiegen und auch die Bereitschaft, in die Infrastruktur des Literaturbetriebs zu investieren.
Ende der 80er Jahre beginnend und mit den Jahren immer vollere Fahrt aufnehmend, wurden vielerorts in der Bundesrepublik und in der Regel mit Fördermitteln der

Länder oder Kommunen regional arbeitende Literaturbüros gegründet, dann orts-gebundene Literaturhäuser und schließlich literarische Reihen und Literaturfestivals unterschiedlichster Provenienz. Buchhandlungen, gemeinnützige Kulturvereine und öffentliche Institutionen verstärkten ihre Bemühungen, dem Lesepublikum Schriftstel-ler vor Ort zu präsentieren. Dem entstehenden breiten Lesungsmarkt korrespondierte in der Autorenförderung die Einrichtung von Stipendiatenhäusern, die Auslobung neuer Literaturpreise und die Institutionalisierung eines literarischen Aus- und Fort-bildungsbetriebs. Parallel zu diesem Aufschwung für das aktuelle literarische Schaf-fen geriet verstärkt auch das literarische Erbe und dessen öffentliche Präsentation in den Blick. Das literarische Gedenken fand seinen Platz in Dichterhäusern.

In Schleswig-Holstein wird der Beginn dieser Entwicklung in einem Datum augenfällig, in der Gründung des Literaturhaus Schleswig-Holstein e.V. im Herbst 1989 als Zusammenschluss litera-risch tätiger Vereine und buchnaher Institutio-nen im Land. Mit dem gemeinsamen Verein und seinem Literaturbüro entstand eine formale, eine ‚betriebliche' Vermittlungsstelle und ab 1998 mit dem Literaturhaus in Kiel auch ein exponierter Ort der Vermittlung. Teils verbunden mit dem Verein, teils unabhängig davon nahmen die meisten der oben genannten Entwicklungen im Literaturbetrieb auch in Schleswig-Holstein ihren Lauf.

Autorenvereinigungen wie die Schriftsteller in Schleswig-Holstein oder den Verband deutscher Schriftsteller hatte es schon länger gegeben, neue Autorenvereine wie der Lübecker Autorenkreis oder der Euterpe-Literaturkreis kamen in den 80er Jahren hinzu. Man publizierte Anthologien, organisierte Lesereihen und traf sich zu Gesprä-chen über literarische Manuskripte. Viele weitere Vereinigungen wurden in den Jah-ren seither gegründet, manche lang-, manche kurzlebig, Nordbuch etwa, Strandgut in Eckernförde oder Colibri in Schleswig, und die ganz junge literarische Szene, die sich Kurztexten und der Slam Poetry verschreibt, hat seit einigen Jahren in dem Projekt assembleART ihren Zusammenhalt gefunden.

Das neue Interesse an der öffentlichen Präsentation von Literatur wird besonders am Lesungsmarkt in Schleswig-Holstein erkennbar. War es Ende der 80er Jahre noch etwas exotisch, sich als passionierter Lesungsbesucher zu erkennen zu geben, ist heute der Besuch einer Lesung in weiten Kreisen etwas Selbstverständliches. Lesungen finden nahezu flächendeckend im ganzen Land statt.

Dazu tragen unterschiedliche buchnahe Veranstalter bei, Buchhandlungen oder öffent-liche Büchereien, spezifische literarische Vereine wie der Verein „Literatur im Weißen Haus" in Cismar oder das Literaturhaus selbst mit seinen Lesungen in Kiel und seinen Kooperationsveranstaltungen im ganzen Land. Auch inhaltlich breiter aufgestellte Kulturvereine oder Auslandsgesellschaften, die Theater des Landes, Einrichtungen der Erwachsenenbildung, Schulen und soziale Institutionen integrieren gerne Lesungen in ihr Angebot. Mit der Quantität ist die Vielfalt der Präsentationsformen enorm gestiegen, die sich am jeweiligen Zielpublikum orientieren. Lesungsveranstaltungen im Kinder- und Jugendbereich etwa nutzen in der Regel andere Medien oder kreative Formen. Crossover-Projekte von Literatur, Musik und bildender Kunst oder Lesebühnen und Poetry Slams, die ganz auf den mündlichen Vortrag und die Interaktion mit dem Publikum setzen, sind längst die Regel. Auch einige mittlerweile langjährige Literaturreihen sind im Land beheimatet, der landesweite Literatursommer, die LiteratTour Nord in Lübeck, die Kinder- und Jugendbuchwochen u.a.m.

Sehr viel breiter aufgestellt als noch vor 20 Jahren sind die Einrichtungen, die sich um die Aufarbeitung und Publizität des literarischen Erbes in Schleswig-Holstein bemühen. Das schon lange bestehende Hebbel-Museum und Hebbel-Haus in Wesselburen und das ebenfalls seit Jahrzehnten existierende Klaus-Groth-Museum in Heide erweiterten ihre Angebotspaletten. In Husum verwandelte sich von 1972 an das Storm-Haus vom privat genutzten Wohnhaus in ein öffentliches Dichter-Museum und konstituierte sich 2006 als Storm-Zentrum mit unterschiedlichen zielgruppenorientierten Angeboten. In Lübeck war Anfang der 90er Jahre die Initiative für ein Literaturmuseum im Buddenbrookhaus erfolgreich. Im Jahr 2000 wurde das Museum in der „Beletage" eingerichtet, das für seine Ausstattung und seine zukunftsorientierte Arbeit mittlerweile mit vielen Preisen ausgezeichnet wurde. 2002 kam in Lübeck das Günter Grass-Haus mit seinem attraktiven Ausstellungs- und Lesungsprogramm hinzu. Dies sind nur die exponiertesten Beispiele im Land, die durch Aktivitäten verschiedenster Namensgesellschaften ohne eigenes Haus zu ergänzen wären. Hier sei nur als jüngste Gründung die Wilhelm-Lehmann-Gesellschaft in Eckernförde genannt, die 2010 erstmals einen Preis vergeben hat. Bezeichnend für diesen Trend ist schließlich das Bestreben in vielen Kommunen, durch Tafeln, Wegweisung oder Veranstaltungen dem literarischen Erbe des Ortes die Reverenz zu erweisen.

Die Hausse an Veranstaltungen ist Zeugnis eines neuen Klimas für die öffentliche Präsentation von Literatur im Land, von dem mittelbar auch die Produzenten literarischer Werke profitieren. Für sie hat sich im gleichen Zeitraum auch auf der Ebene direkter Förderung manches zum Vorteil geändert.

In der Einrichtung von Stipendiatenhäusern und der Vergabe von Literaturstipendien steht Schleswig-Holstein anderen Bundesländern nicht nach. Das Künstlerhaus Kloster Cismar bietet seit 1990 jährlich 8-10 Autoren einen geförderten ruhigen Arbeitsplatz. In den Künstlerhäusern in Lauenburg (seit 1986) und Eckernförde (seit 1998) sowie im GEDOK-Atelierhaus in Lübeck (seit 1991) stehen je ein bis zwei längerfristige Stipendienzeiträume für Autoren bereit. Sind alle diese Möglichkeiten ohne regionale Beschränkung ausgeschrieben, so sind die neuen, seit 2009 jährlich ausgeschriebenen Reise- und Arbeitsstipendien der Landesregierung ausdrücklich auf Landeskinder und auf die Förderung des literarischen Nachwuchses festgeschrieben. Und ergänzend zur öffentlichen Förderung hat eine private Stiftung mit dem kunst:raum sylt quelle in Rantum eine internationale Begegnungsstätte geschaffen, die von vielen Autoren besucht wird.

Auch was die Literaturpreise angeht, kann das Land einiges vorweisen, den Thomas-Mann-Preis und den Fallada-Preis, den Debütpreis des Buddenbrookhauses, den Sylter Inselschreiber und den neuen Wilhelm-Lehmann-Preis. Als Auszeichnung für (jüngere) schleswig-holsteinische Autoren sind allerdings neben dem Hebbel-Preis als wichtigster Würdigung nach wie vor nur noch im Bereich des Niederdeutschen relevante, von Stiftungen oder Kommunen ausgelobte Preise zu finden. Ein Blick schließlich in die Liste der großen Kulturpreise im Land zeigt, dass hier die Literatur in den letzten 15 Jahren einen durchaus exponierten Platz einnimmt. Dafür sprechen die Landeskunstpreise für Doris Runge, Hans-Jürgen Heise, Jochen Missfeldt und Feridun Zaimoglu oder der Norddeutsche Kulturpreis 2009 für Günter Kunert sowie dessen Förderpreis 2007 für Karen Duve.

Das positive Bild vom Aufschwung der Literatur in Schleswig-Holstein kann nicht ganz ungebrochen bleiben. Zu einem „modernen literarischen Markt", wie ihn Dieter Lohmeier im Blick hatte, fehlt es immer noch an einigen wesentlichen Marktsegmenten. Die Verlagsszene im Land, die neuen Autoren zu Publizität verhelfen könnte, ist relativ überschaubar und mit Akteuren wie z.B. der Verlagsgruppe Husum oder dem Boyens Verlag im literarischen Sektor eher regional orientiert. Literarische Zeitschriften gibt es abgesehen vom Lübecker „Dreischneuß" nicht mehr, allerdings werden mit dem Neumünsteraner „Brückenschlag", dem Nordbuch-Jahrbuch „Fundstücke" und den Anthologien des Euterpe-Literaturkreises durchaus noch jährlich Anthologien publiziert, die auch jungen Autoren offenstehen.

Eine weitere Lücke besteht bei der Vermittlung des literarischen Handwerks. Das Rendsburger Nordkolleg, das Literaturhaus und einige Autorenvereine halten zwar immer wieder Angebote literarischer Fortbildung für jüngere Autoren bereit, eine stringente Schriftstellerausbildung wie sie andernorts konzipiert wurde, ist aber Desiderat geblieben. Um das Handwerk des Schriftstellers zu lernen, kann Literaturförderung im Sinne Lohmeiers auch weiterhin „nichts Besseres tun, als ihnen aus diesem Land hinaus zu helfen". Was nicht notwendig zum Schaden der Literatur und der Autoren sein muss. Mareike Krügel, Jan Christophersen, Paul Brodowsky oder Svealena Kutschke sind Beispiele dafür, wie der Weg über das Leipziger Literaturinstitut oder die Hildesheimer Schriftstellerausbildung für die Literatur im Land fruchtbar wird. Und auch jenseits solcher Ausbildungen haben in den letzten Jahren jüngere Autoren innerhalb wie außerhalb des Landes literarisch reüssiert: Arne Rautenberg, Larissa Boehning, Christopher Ecker, Jens Petersen oder Svenja Leiber, um nur einige zu nennen.

So mag Dieter Lohmeiers eingangs zitierte Feststellung leicht verändert auch diesen

Aufriss beschließen. Man kann als Schriftsteller in Schleswig-Holstein leben. Der Wandel des literarischen Marktes seit Ende der 80er Jahre hat die Bedingungen dafür noch verbessert. Dafür spricht die Zahl renommierter Schriftsteller, die im Land leben und arbeiten. Schriftsteller zu werden, bleibt allerdings schwer, und dennoch gelingt dies in den letzten Jahren erstaunlich vielen jungen Autoren aus dem Land. Dass sie nicht alle ,heimkehren' sollte nicht beunruhigen, nehmen ihre Romane, Erzählungen und Gedichte doch Schleswig-Holstein mit in die Welt der Literatur.

Der Aufriss muss zwangsläufig unvollständig bleiben. Es fehlen Namen, Hintergründe, Geschichten, es fehlen einige Bereiche ganz, Entwicklungen, die sich seit Mitte der 90er Jahre in den vielfältigen internationalen Beziehungen auf literarischer Ebene, im Bereich der niederdeutschen Literatur oder im Feld des literarischen Übersetzens zugetragen haben. Aber auch sie würden das skizzierte Bild des kontinuierlichen Aufschwungs im literarischen Leben Schleswig-Holsteins, der sich parallel zum allgemein steigenden Interesse an Literatur vollzieht, nur unterstreichen. Ein Wermutstropfen bleibt bei alledem, denn größeres öffentliches Intresse an der Literatur ist leider nicht automatisch mit wachsendem Interesse, Literatur zu lesen, in eins zu setzen. Dies durch gemeinsame Anstrengungen mit Bildungsinstitutionen zu erreichen, ist sicherlich eine wichtige Aufgabe auch für alle am literarischen Markt Beteiligten.

www.literaturhaus-sh.de

Dr. Uwe Haupenthal
Leiter des Richard-Haizmann-Museum, Niebüll

Ist-Zustand und Perspektiven
Kunstmuseen in Schleswig-Holstein

Schleswig-Holstein, ein mit weniger als drei Millionen vergleichsweise dünn besiedeltes bundesrepublikanisches Flächenland, weist eine auf den ersten Blick überraschende museale Bandbreite auf. Ein Künstler vor allem vermochte zum identitätsstiftenden Synonym des Landes zwischen den Meeren zu werden: Emil Nolde. Dessen museale, vor wenigen Jahren in Teilen neu errichtete Stiftung erweist sich seit Jahrzehnten als Publikumsmagnet.

Neben den großstädtisch geprägten kulturellen Zentren Kiel, Lübeck und Flensburg entstand in den Mittel- und Kleinstädten des Landes eine beachtliche Zahl weiterer Museen. Auffallend indes, dass viele dieser Häuser, etwa in Flensburg, Husum und Rendsburg, nicht ausschließlich als Kunst-, sondern vielmehr als kulturgeschichtliche Museen gegründet wurden, die somit auch, aber eben nicht nur, bildende Kunst zeigen. Unbestrittener Leuchtturm der schleswig-holsteinischen Museumslandschaft ist die zentral gelegene und in historischen Gebäuden untergebrachte, riesige, baugeschichtlich bedeutende Museumsanlage Schloss Gottorf. Auch sie wurde in Doppelfunktion konzipiert, als Archäologisches Landesmuseum und Landesmuseum für Kunst- und Kulturgeschichte. Letzteres zeigt einen kultur- und als kunsthistorischen Abriss der vergangenen Jahrhunderte sowie überregional ausgerichtete Wechselausstellungen, wobei die Kunst vor Ort heute allenfalls eine untergeordnete Rolle spielt. Arbeiten gewichtiger schleswig-holsteinischer Künstler wurden bedauerlicher Weise seit mehr als dreißig Jahren nur unzureichend gesammelt. Eine Lücke, die sich noch immer vergleichsweise leicht schließen lässt.

Besonderer Wertschätzung erfreuen sich auch die Kunsthalle in Kiel wie das St. Annen-Museum in Lübeck mit seiner neu errichteten Ausstellungshalle. Vor allem die Kieler Kunsthalle hat in den zurückliegenden vier Jahrzehnten eine überregional viel beachtete, weil innovative Rolle gespielt. Die Kieler Stadtgalerie beeindruckt seit Jahren durch ein eigenes, nordisch ausgerichtetes Ausstellungsprogramm. Der Museumsberg in Flensburg hingegen, das alte Schleswigsche Provinzialmuseum, hat vor dem Hintergrund der eigenen Sammlung ein autonomes Profil zwischen regionaler und überregionaler Kunstgeschichte gefunden und auf diese Weise zahlreiche kunsthistorische Lücken geschlossen.

Weitere Häuser, allem voran der Kunstverein in Plön, die Stadtgalerie im Elbeforum in Brunsbüttel oder das Richard Haizmann Museum in Niebüll zeigen qualitativ herausragende Kunst des 20. Jahrhunderts bzw. aus der Gegenwart und suchen die fortgesetzte, kunsthistorisch begründete Vernetzung zwischen Künstlern des Landes und nationalen bzw. internationalen Positionen. Und sie leisten dieses mit sehr geringen finanziellen Mitteln, während das privat initiierte, mittlerweile jedoch auch staatlich geförderte Kunst- und Kulturzentrum Büdelsdorf (KiC) zwar über ein weitläufiges Areal verfügt, ein künstlerisch ausgewiesenes Profil jedoch, als Gebot der Stunde, noch immer finden muss. Gleiches gilt, wenn auch sicherlich in einem künstlerisch fortgeschrittenerem Stadium, für den 2007 eröffneten Gerisch-Skulpturenpark in Neumünster, dessen avantgardistisch vorgetragene Position auf lange Sicht Früchte tragen kann, so denn herausragende Kunst nach einem eindeutig definierten Konzept präsentiert wird.

Der Brunswiker Pavillion in Kiel, die Ausstellungstätte des Berufsverbandes Schleswig-Holsteinischer Künstler, bietet vor Ort ein zwar begrenztes, gleichwohl konzeptionell wie finanziell leicht bespielbares Forum.

Bedauerlich indes, dass in Schleswig-Holstein weder eine überregional erfolgreiche kommerzielle Galerie arbeitet, noch ein herausragender Sammler, der schon durch seine bloße Präsenz die Szene inspiriert und beflügelt. Mithin alles in allem keine schlechte Ausgangslage, deren Schwierigkeiten und Defizite jedoch ebenso augenfällig wie belastend sind. Fragen der kunsthistorischen wie künstlerischen Selbstdefinition stehen im Vordergrund. Noch immer fehlt eine geschlossen und solide vorgetragene museale Darstellung der schleswig-holsteinischen Kunstgeschichte. Dies gilt insbesondere für die letzten 30 Jahre. Obwohl eine Reihe namhafter und überregional bedeutender Künstler in Schleswig-Holstein dauerhaft oder aber zumindest temporär arbeiten, existiert bislang kein Ausstellungszentrum, das ihre Werke sowohl in einer Dauerausstellung wie in wechselnden Konstellationen präsentiert. Falls vorhanden, würde Schleswig-Holstein in dieser Frage weitaus besser dastehen als sein überregional wahrgenommener Ruf dies augenblicklich vermuten lässt.

Bliebe zu diskutieren, an welchem Ort eine solche Ausstellungshalle die größtmögliche Wirkung entfalten könnte. Schloss Gottorf böte sich sicherlich ebenso an wie etwa die Landeshauptstadt Kiel, wenngleich man bei einer solchen Standortwahl Gefahr laufen wird, dass sich das avisierte neue Zentrum gegen die gebotene überregionale Fülle nicht recht behaupten wird. Da die Hansestadt Lübeck in der Vergangenheit zumeist auf kultureller Autonomie bestanden hat und ihre Randlage darüber hinaus wenig geeignet erscheint, wäre eine Schleswig-Holsteinische Kunsthalle in der Stadt wohl eher deplaziert. Blieben regionale Städte wie Flensburg, Neumünster, Plön, Rendsburg, Husum oder Niebüll mit ihren ausgewiesenen Museen.

Im Übrigen wundert es in diesem Zusammenhang nicht wenig, dass ein solcher Ausstellungsort bisher von den Künstlern vor Ort im eigenen Interesse nicht oder nur wenig vehement gefordert wurde.

Ein eigenes, unabhängiges publizistisches Organ in Form einer Kunstzeitschrift, wie es sie auch in anderen Bundesländern gibt, wäre eine dringend gebotene flankierende Maßnahme. Eine solche Zeitschrift existierte schon einmal im Jahre 1997 für kurze Zeit (Visus), und sie übte allseits eine durchaus ‚heilsame‘ Wirkung aus, zumal erstmals so etwas wie ein offenes Diskussionsforum geboten wurde. Schlagartig erhielten hiesige Museen wie Künstler eine zuvor weithin unbekannte Bedeutung. Schleswig-Holstein hatte eine neue Möglichkeit gefunden, sich speziell in künstlerischen Belangen neu zu verorten und zu definieren. Wenige ausgesuchte Sammlungen in den schleswig-holsteinischen Kunstmuseen sollten in den nächsten Jahren auf möglichst hohem qualitativem Niveau ausgebaut werden. Unbestritten, dass in solchem Ansinnen zum einen signalartig wirkende, hohe Lebensqualität für die Bürger des Landes zu erreichen ist und man sich zum anderen auf touristischem Feld interessant macht. Um ein gewisses konzeptionelles Alleinstellungsmerkmal zu gewährleisten, könnte man sich beispielsweise auf Nordeuropa konzentrieren. Dabei müssen auch die eigenen, schleswig-holsteinischen Künstler Berücksichtigung finden, so sie denn in ihrer künstlerischen Wertigkeit entsprechende Werke schaffen. Land, Städte, Banken und private Sponsoren werden mit dem notwendigen Bewusstsein entsprechende finanzielle Mittel zur Verfügung stellen.

Kulturelles Selbstbewusstsein in Verbindung mit exzeptionellen künstlerischen Ansprüchen sind das Gebot der Stunde. Sie wirken über den Tag hinaus, und sie sorgen für eine überzeugende, weil zeitgemäße künstlerische Selbstdarstellung.

www.haizmann-museum.de

Dr. Heinz-Jürgen Lorenzen

Direktor der Büchereizentrale Schleswig-Holstein

... mehr als Bücher!

Diese Aussage wäre vor 60 Jahren völlig unvorstellbar gewesen! Natürlich hatten öffentliche Büchereien nur Bücher im Angebot! Die Büchereien waren hauptsächlich damit beschäftigt, die Folgen des Zweiten Weltkrieges zu überwinden. Es gab erheb-liche Verluste bei den Buchbeständen, einerseits durch Kriegsschäden und anderer-seits durch die Aussonderungen der jeweiligen Machthaber. Die dezimierten Bestände trafen nach dem Krieg auf ein bildungshungriges Volk. Da es kaum neue Bücher gab, wurden die wenigen vorhandenen Titel immer und immer wieder gelesen. Auch wenn die Bände oft in die Buchbinderei kamen, wurde die Substanz schrittweise durch Verschleiß weiter aufgezehrt. Nur langsam erholten sich die Büchereien in den 50er Jahren von dieser Situation. Die größeren öffentlichen Büchereien waren als Thekenbüchereien angelegt und die Bestände konnten nicht frei zugänglich genutzt werden. Die Benutzer mussten an die Theke treten und der Bibliothekarin bzw. dem Bibliothekar ihre Wünsche vortragen. Die Ausgabe der Bücher erfolgte nicht nur danach, ob das Gewünschte vorhanden war. Es wurde mit pädagogischem Ansatz gefiltert. Darüber hinaus waren auch Platzgründe für dieses Konzept maßgeblich. In den kleinen Büchereien gab es oft nur Bücherschränke in Klassenzimmern oder Regale in anders genutzten Räumen.

Der Wandel zur heutigen Freihandbücherei vollzog sich in Schleswig-Holstein hauptsächlich in den 60er Jahren. Bürger konnten selbst an die Regale geben, das vorhandene Angebot sichten und entscheiden, was sie ausleihen wollten. Der pädagogische Ansatz wurde fallengelassen. Dies ging natürlich nicht ohne vorherige, zum Teil heftige Grundsatz-Diskussionen und einen schrittweisen Bewusstseinswandel im Berufsstand. Aber im Verlauf der Jahre setzte sich durch, dass sich die Bibliotheken als Dienstleistungseinrichtung für den Bürger verstehen.

In den 70er und 80er Jahren wandelte sich schrittweise das Angebot. Im Zuge einer „Spieliothekenwelle" fanden sich Spiele in Büchereien ein. Vereinzelt fanden kulturelle Veranstaltungen, wie z.B. Autorenlesungen, in den Büchereien statt. Es gab erhebliche Bedenken, andere Medien – damals waren es Videofilme – als Konkurrenz zu den Büchern in das Angebot aufzunehmen. Nur schrittweise setzte sich der Gedanke durch, dass eine Bücherei im Rahmen ihres Kultur- und Bildungsauftrages der Medienvielfalt Rechnung tragen muss. Erste Büchereien in Schleswig-Holstein machten mit Hilfe von Projektmitteln des Landes Angebote zur Ausleihe von Videofilmen. Kassetten insbesondere für Kinder kamen hinzu. Da und dort wurden Artotheken aufgebaut und es konnten auch Bilder entliehen werden.

Dieser Medienumbruch vollzog sich in der Breite hauptsächlich in den 90er Jahren. Bibliotheken entwickelten eigene Kulturprogramme. Parallel dazu fand die Datenverarbeitung Einzug in den Büchereien. Die Arbeitsabläufe wurden automatisiert. Die Kataloge konnten per Bildschirm von den Lesern eingesehen werden. Offensiv wurde auch als neues „Medium" das Internet in die tägliche Arbeit der Bibliotheken einbezogen. In fast allen Büchereien gibt es mittlerweile öffentliche Internetzugänge, das Internet wird für Auskünfte sowie zur Automatisierung und Beschleunigung des regionalen Leihverkehrs genutzt. Bereits seit 10 Jahren kann man die Bestände aller öffentlichen Büchereien in Schleswig-Holstein im Zentralkatalog der Büchereizentrale über Internet einsehen und von zu Hause aus Bestellungen abgeben, die über jede hauptamtliche Bücherei im Lande ausgeliefert werden können.

Der Wandel in der Medienwelt wurde nunmehr selbstverständlich vollzogen. Den Videos und Kassetten folgten CDs, CD-ROMs und DVDs. Eine „Deutsche Internetbibliothek" erschließt die wichtigsten, kostenlos zugänglichen Internetquellen für die Nutzer Öffentlicher Bibliotheken und beantwortet im Verbund Email-Anfragen. Datenbanken werden zunehmend für Informationsrecherchen eingesetzt. Zurzeit werden Verfahrensabläufe geprüft, wie man den Nutzern öffentlicher Büchereien digitale Medien zur „Ausleihe" zur Verfügung stellen kann.

In den letzten 10 Jahren erfolgte ausgelöst durch die ersten PISA-Studien eine weitere Neuausrichtung der Büchereien. Ausgangspunkt war die Erkenntnis, dass Büchereien eine wichtige Funktion für die Leseförderung der Kinder wahrnehmen. Im Netzwerk von Schulen, Kindergärten und Eltern kommt den Büchereien die Aufgabe zu, den Kindern ein interessantes Buchangebot zu unterbreiten, damit sie selbstbestimmt und hoch motiviert eigene Leseinteressen entdecken können und freiwillig durch die Ausleihe und das Lesen von Büchern ihre Lesefertigkeit und ihr Sprachvermögen schrittweise erhöhen bzw. verbessern. Die Büchereien in Schleswig-Holstein gehen offensiv an diese Aufgabe heran. So werden themenorientierte, an den Lehrplänen ausgerichtete Medienboxen angeboten, die in den Schulen zusätzlich zu den dort vorhandenen Lehrbüchern weitere Zugänge zu den im Unterricht behandelten Themen für die Schüler eröffnen. Klassenführungen werden verstärkt angeboten. Mit Schulklassen werden immer wieder gemeinsame Veranstaltungen, z.B. im Rahmen der landesweiten Kinder- und Jugendbuchwochen, durchgeführt.

In den letzten Jahren hat die Büchereizentrale Schleswig-Holstein weitere Initiativen unternommen, um die Zusammenarbeit zwischen Schulen und Büchereien zu stärken. Dies soll über Kooperationsverträge erfolgen. Angebote zur Unterstützung der Büchereien wurden aufgebaut. Beim Projekt „Adventskalender" bietet die Büchereizentrale Materialien zum Vorlesen und mit kleinen Aufgaben für 2. und 3. Schulklassen an. Damit kann jeder Unterrichtstag in der Adventszeit „lesefördernd" gestaltet werden. Beim Ferienleseclub werden 5. und 6. Schulklassen umworben. Schüler/innen erhalten die Möglichkeit, durch das Lesen einer bestimmten Anzahl von Büchern in den Sommerferien Zertifikate zu erwerben, die zu positiven Eintragungen in den Zeugnissen führen. Mit Abschlussparties werden die erfolgreichen Teilnehmer gewürdigt.

Schleswig-Holstein war das erste Bundesland, in dem die Büchereizentrale gemeinsam mit dem Bildungsministerium und dem IQSH eine umfassende Umfrage zum Bestand und zur Ausstattung von Schülerbüchereien auf den Weg gebracht und eine Auswertung vorgelegt hat. Danach gibt es eine recht hohe Anzahl von Schülerbüchereien, die aber völlig unterschiedliche Angebote haben und völlig unterschiedlich ausgestattet sind. Ein fachgerechter und auf die bereits bestehenden Bibliotheken abgestimmter Aufbau des Schülerbüchereiwesens ist auch angesichts der zunehmenden Zahl der Gesamtschulen dringend geboten.

Mit besonderer Aufmerksamkeit wird zurzeit die Problematik der Kinder mit Migrationshintergrund von der Büchereizentrale verfolgt. Es wird ein Projekt vorbereitet, um in Zusammenarbeit mit den DaZ-Zentren (Deutsch als Zweitsprache) Medienboxen aufzubauen, die Kindern das Erlernen der deutschen Sprache als Zweitsprache zu erleichtert.

Auch der demografische Wandel beschäftigt die Büchereizentrale. Im Rahmen eines Projektes mit dem Sozialministerium wird es in den nächsten Monaten Medienboxen für Betreuer von älteren Senioren geben. Diese Medien bieten Vorlesestoff, Spielanleitungen und Anregungen für Sport im Alter.

Aus den angeschnittenen Entwicklungen wird deutlich, dass der Slogan „mehr als Bücher" eigentlich in „mehr als Bücherei" umgewandelt werden müsste. Die vielfältigen Angebote öffentlicher Büchereien werden auf unterschiedlichste Weise eingesetzt, um sie an die potentiellen Nutzer und fest definierte Zielgruppen heranzubringen. Zunehmend werden Zielgruppen mit Problemen berücksichtigt, wie z.B. die lernschwachen Kinder beim Ferienleseclub. Es werden die Möglichkeiten der Datenverarbeitung und der Informationstechnologie genutzt.

Ungeachtet dieser vielen positiven Entwicklungen für die weitere Zukunft unterliegen Öffentliche Bibliotheken der Zuordnung als freiwillige Aufgabe. In Zeiten knapper öffentlicher Mittel sind Kürzungen bis hin zu Schließungen kaum zu verhindern. Es ist dann vom Wohnort abhängig, ob Bürger über eine angemessene Medien- und Informationsversorgung verfügen oder nicht. Daher sind die Aufgaben Öffentlicher Bibliotheken als Kultur- und Bildungseinrichtung gesetzlich als Pflichtaufgabe festzuschreiben, wie es auch die Landesregierung bei der Beantwortung der Großen Anfrage zu „Stand und Perspektiven der kulturellen Entwicklung in Schleswig-Holstein" vor einem Jahr befürwortet hat.

www.bz-sh.de

Torge Korff

Leiter des Kulturbüros der Stadt Flensburg

Von Ämtern, Büros und Veränderung in der Kultur

1997 wurde in Flensburg das erste Kulturbüro in Schleswig-Holstein in einer kreisfreien Stadt gegründet und das bis dahin bestehende Kulturamt aufgelöst. Vorbild war die 1989 erfolgte Gründung des Dortmunder Kulturbüros, welches das erste Kulturbüro in Deutschland war. In Schleswig-Holstein folgten mit Neumünster (2000) und Lübeck (2005) weitere Kulturbüros, so dass inzwischen in der Mehrzahl der kreisfreien Städte in Schleswig-Holstein Kulturbüros für die Betreuung der Kultur zuständig sind. Lediglich in Kiel wird die Kultur weiterhin von einem Amt, dem Amt für Kultur und Weiterbildung, betreut.

Doch was war die Motivation der Umwandlung von Kulturämtern in Kulturbüros? Der Grundgedanke war sicherlich in allen Städten derselbe, ähnlich wie in Dortmund wollte man „weg vom Verwalten von Kultur, hin zur Initiierung und Begleitung kultureller Prozesse"[1] Man wollte der örtlichen Kulturszene einen Partner an die Seite stellen, der Kultur auch inhaltlich versteht und sich in die nicht immer gerade verlaufenden Entwicklungsprozesse kultureller Einrichtungen hineindenken kann. Dabei war es kein Zufall, dass die so genannte „freie Szene" am stärksten von der Unterstützung durch die Kulturbüros profitierte, da diese in der Regel über keinen eigenen Verwaltungsapparat verfügt. So kommt dem Kulturbüro auch immer wieder die Rolle eines Übersetzers zu, als Übersetzer zwischen der Welt der Kultur auf der einen und der Welt der Politik und Verwaltung auf der anderen Seite. Wird diese Arbeit gut gemacht, führt das zwangsläufig dazu, dass ein Kulturbüro in der Kulturszene immer auch die Position der Verwaltung und in der Verwaltung die Position der Kultur vertritt. Man muss sich also quasi bewusst zwischen die Stühle setzen, um erfolgreich zu sein. Wie notwendig dieser Übersetzungsprozess ist, soll ein Vorfall zeigen, der sich in Flensburg vor Gründung des Kulturbüros ereignet hat: eine freie Theatergruppe hatte von der Stadt Flensburg für die Produktion eines Theaterstückes einen Zuschuss gewährt bekommen. Von der Fördersumme wurde unter anderem ein Wintermantel angeschafft, der in der entsprechenden Produktion zum Einsatz kam. Bei der Überprüfung des Verwendungsnachweises kam die zuständige Sachbearbeiterin auf die Idee, dass ein Wintermantel ja nicht nur als Bühnenrequisit, sondern auch als ordinäres Kleidungsstück genutzt werden könne und wollte von der Theatergruppe eine schriftliche Bestätigung „dass die Anschaffung des Wintermantels aus künstlerischer Sicht notwendig war." Die Theatergruppe antwortete daraufhin, dass man den Mantel ja wohl kaum angeschafft hätte, wenn er nicht künstlerisch notwendig gewesen wäre. Kurzum, man missverstand sich gründlich. Nach einigem Hin und Her endete der Konflikt übrigens damit, dass die Theatergruppe eine Postkarte mit dem Satz „Ich bestätige, dass die Anschaffung des Wintermantels künstlerisch notwendig war." an das Schulverwaltungs- und Kulturamt schickte, welches nun das gewünschte Schriftstück besaß.

Inzwischen haben die Kulturbüros dafür gesorgt, dass solche Konflikte nicht mehr unnötigerweise eskalieren.

Neben der Rolle eines Vermittlers nehmen die Kulturbüros auch wichtige Aufgaben bei der Begleitung, Initiierung und Durchführung von neuen Kulturprojekten wahr. Beispielsweise seien die Nacht der Theater in Lübeck, die Nächte der Kultur in Flensburg, das Festival „Kunstflecken" in Neumünster sowie das grenzüberschreitende Festival folkBaltica genannt.

Im Hinblick auf die nächsten Jahre könnte den Kulturbüros eine ganz besondere Vermittler- und Moderatorenrolle zufallen, denn in fast allen Städten und Kommunen sieht die finanzielle Lage gleich desolat aus: Steigerungen im Kulturhaushalt sind aufgrund der massiven Überschuldung der Städte nicht möglich. Aber selbst ein Einfrieren der Kulturausgaben (geschweige denn eine Kürzung) führt zu massiven finanziellen Problemen auf Seiten der Kultureinrichtungen, denn ein nominelles Festhalten an der bisherigen Förderung bedeutet aufgrund der jährlichen Preissteigerung de facto eine Kürzung. Die Luft in den Kultureinrichtungen wird immer dünner. Hier ist dringend ein strategisch steuerndes Eingreifen gefragt, denn eine Förderung nach dem Gießkannen- oder Rasenmäherprinzip bedeutet letztendlich nur ein Siechtum des status quo. Gerade aber Kultur lebt von neuen Impulsen und Initiativen. Die Schaffung eines Investitionstopfes für neue Kulturprojekte ist also dringend erforderlich, wenn der Spagat zwischen Erhalt des kulturellen Erbes und Weiterentwicklung gelingen soll. Wenn aber das Kulturbudget selbst für die bisher geförderten Einrichtungen nicht ausreicht, kann das nur bedeuten, dass die bisherige Förderpraxis überdacht werden muss. Ausgehend von grundsätzlichen Fragen wie „Welche Kultur braucht unsere Stadt?" und „Wollen wir, dass sich das kulturelle Leben in unserer Stadt entwickelt?" muss die bisherige Förderung kritisch evaluiert werden mit dem

Ziel, auch wieder Neues zu ermöglichen. Natürlich bedeutet das zwangsläufig, dass man sich von einigen liebgewonnenen Projekten oder sogar Einrichtungen verabschieden müssen wird. Aber nicht alles, was vor 60 Jahren seine kulturelle Berechtigung hatte, hat diese auch heute noch. Gerade die Kulturbüros sind prädestiniert dafür, einen solchen Evaluationsprozess zu moderieren, da sie einerseits eine tiefe Kenntnis der Kulturszene vor Ort haben, auf der anderen Seite aber keine eigene Kultureinrichtung repräsentieren und somit nicht Gefahr laufen, in Konflikt mit eigenen Interessen zu kommen.

www.flensburg.de

Günter Schiemann

Landesarbeitsgemeinschaft Soziokultur Schleswig-Holstein e.V. , Husum

Die soziokulturellen Zentren

Soziokultur steht für gesellschaftskritische, demokratische und sozial engagierte Kulturarbeit. Ihre Entstehungswurzeln liegen bereits über 30 Jahre zurück. Soziokulturelle Zentren sind häufig aus selbstverwalteten Jugendzentren und / oder besetzten Häusern/ Fabriken/ Kulturdenkmälern hervorgegangen.

Soziokulturelle Zentren sind gekennzeichnet:
a. durch die Organisation von generationsübergreifenden Bildungs- und Freizeitangeboten;
b. durch die Integration verschiedener Altersgruppen, sozialer Schichten und Nationalitäten;
c. als Umschlagplatz von Ideen, Meinungen und Einstellungen;
d. als ein Treffpunkt von Bürgerinitiativen und Vereinen;
e. durch die Organisation kultureller Veranstaltungen mit Schwerpunkt auf der Förderung freier Kulturarbeit sowie kultureller und künstlerischer Bewegung „von unten";
f. durch die Unterhaltung eines offenen Bereiches (Zutrittsrecht);
g. als Ort für kritische Auseinandersetzung mit Umwelt, Politik und Gesellschaft;
h. durch Initiierung sozialer, politischer und kultureller Lernprozesse;
i. durch die Organisation freier Jugendarbeit und freier Jugendhilfe;
j. durch demokratische Entscheidungsstrukturen;

k. durch die Einbeziehung interessierter Bürgerinnen und Bürger in Entschei-
dungsprozesse;

l. durch Basis- und Nutzerorientierung;

m. durch Offenheit und Transparenz;

n. durch den Verzicht auf Gewinnerzielungsabsicht – also durch eine nicht pro-
fitorientierte Ausrichtung;

o. durch die Betonung des demokratischen und humanistischen Inhalts von
Kultur und durch Widerstand gegen faschistische und menschenverach-
tende Bestrebungen.

**24 Einrichtungen und Initiativen sind in der LAG Soziokultur e.V. zusammenge-
schlossen:**

- Aktivitetshuset Flensburg
- Alte Meierei, Kiel
- Bildungswerk anderes lernen e.V., Kiel
- Begegnungsstätte Ellenberg e.V. (BeZ), Kappeln
- Cumulth e.V.- Lauenburger Kulturladen
- Das Haus, Jugend-, Kultur- und Medienwerkstatt, Eckernförde
- Freunde des Charlottenhofes e.V., Klanxbüll
- Hansastr. 48, Kiel
- Heilandskapelle Flensburg Weiche
- Hof Akkerboom e.V., Kiel
- Interkulturelle Begegnungsstätte, Lübeck
- Jugendbildungsstätte Mühle, Bad Segeberg
- Kühlhaus e.V., Flensburg
- KuK Volksbad, Flensburg
- Kulturladen Leuchtturm e.V., Kiel
- Kulturwerkstatt Forum e.V., Neustadt
- Miteinander Leben e.V., Mölln
- mittendrin – Stadtteilzentrum Elbhochufer, Wedel
- Pumpe Kiel e.V.
- Rundum Kulturverein Süderbrarup e.V.
- Speicher Husum e.V.
- OberstadtTreff Geesthacht, Mehrgenerationenhaus
- tribüHne Theaterwerkstatt e.V., Lübeck
- Werkhof Lübeck e.V.

**Mitglieder der LAG Soziokultur e.V. müssen die folgenden Aufnahmekriterien
erfüllen:**

- die Betonung eines erweiterten Kulturbegriffs,

- die Förderung der künstlerischen/kreativen Eigenbetätigung,
- die Integration verschiedener Altersgruppen,
- die Einbeziehung von sozialen und ethnischen Minderheiten,
- die nicht- kommerzielle Ausrichtung,
- die Basis- und Nutzerorientierung
- die Gewährleistung von demokratischen Organisationsformen und Entscheidungsstrukturen, sowie ein spartenübergreifendes Angebot.

Die Gründung des Landesverbandes erfolgte 1985 als loser Zusammenschluss von acht Zentren, die heutige LAG Soziokultur e.V. konstituierte sich 1990 als eingetragener Verein. Die LAG Soziokultur ist **Interessens- und Lobbyverband** für soziokulturelle Zentren und Initiativen in Schleswig-Holstein gegenüber Land und Kommunen, **Fachverband** für Kulturpolitik und Soziokultur:

- Wir beraten unsere Mitglieder in konzeptionellen und betriebswirtschaftlichen Fragen
- Wir beraten die Landesregierung in kulturpolitischen Fragen
- Wir beraten die im Landtag vertretenen Parteien in kulturpolitischen Fragen
- Wir beraten die Kommunen in kulturpolitischen Fragen
- Wir liefern qualifiziertes Material für kulturpolitische Anfragen im Landtag SH oder der Enquete-Kommission des Bundes
- Wir geben die **LAG Schriftenreihe zur Soziokultur** mit wichtigen Beiträgen zu kulturpolitischen Themen in SH heraus

Projektträger für landesweite Kooperationsprojekte, wie
- „Kindertheater des Monats" I-XV (1993-2010)
- Theater für Youngsters (2008 bis …). Im Bereich Kindertheater ist die LAG mit derzeit 200 Aufführungen, die von unseren Kooperationspartnern durchgeführt werden, größter Anbieter im Land.
- „Chancen und Risiken der Neuen Medien, Schwerpunkt Internet" (1996/97)
- „Mensch guck mich nicht so an" – Landesweite Kulturwochen gegen Rassismus und Ausländerfeindlichkeit (1993)
- „Krieg ist kein Kinder Spiel" (1999)
- „zusammen@leben-sh" (2001/2002)

Veranstalter für Fachtagungen und Kongresse

Dienstleister für seine 24 Mitglieder mit den Aufgabenschwerpunkten
- Förderung des Informations- und Erfahrungsaustausch und der Kooperation unter den Mitgliedern
- Beratungstätigkeit für Mitglieder und andere Organisationen
- Funktion einer kulturellen Service-, Informations- und Beratungsstelle

- Vermittlung von externen qualifizierten Beratern
- Unterstützung bei der Einwerbung von Fördergeldern
- Hilfe durch Verbands-Geschäftsführung in existentiell schwierigen Situationen

Mitglied in landes- und bundesweiten Netzwerken,
- in der Bundesvereinigung Soziokultureller Zentren e.V. und damit Bestandteil eines europaweiten Netzwerkes,
- im Landeskulturverband Schleswig-Holstein e.V.

Brigitte Hohmann

Geschäftsführerin der Kulturstiftung des Landes Schleswig-Holstein, Kiel

25 Jahre Kulturstiftung des Landes Schleswig-Holstein

Am 4. Juli 1984 gegründet, kann die Kulturstiftung des Landes Schleswig-Holstein mit Sitz in Kiel auf 25 Jahre erfolgreiche Arbeit zurückblicken. Zunächst als Stiftung des bürgerlichen Rechts und ab 1995 als öffentlich-rechtliche Stiftung, konnte die Stiftung zukunftsweisende Akzente setzen und sich als eine wichtige Einrichtung der Kulturförderung im Lande profilieren. Besonders in Zeiten knapper öffentlicher Mittel ist die Landeskulturstiftung unentbehrlich, um kulturelle Projekte von landesweiter Bedeutung zu verwirklichen. Mit ihrer Kulturstiftung will die schleswig-holsteinische Landesregierung die Kultur als unerlässlichen Teil des Zusammenlebens in einer die staatliche Förderung ergänzenden Struktur stärken.

Die Kulturstiftung hat den Zweck, Kunst und Kultur von besonderer Bedeutung für Schleswig-Holstein zu ermöglichen und wichtige Kulturgüter zu bewahren. Vom Land Schleswig-Holstein eingebracht, beläuft sich ihr Stiftungskapital auf 8,5 Millionen Euro. Mit Hilfe der Erträge fördert und erhält sie Bewährtes und stößt neue innovative Vorhaben an.

Die Zielsetzung ist in der Satzung der Kulturstiftung wie folgt verankert.
Die Stiftung hat den Zweck:
1. Kulturgüter und Kunstgegenstände von herausragender Bedeutung für das Land Schleswig-Holstein zu sichern,
2. Veranstaltungen und Publikationen von besonderem Interesse für die Kultur, Kunst oder Geschichte des Landes Schleswig-Holstein zu ermöglichen oder selbst anzubieten,

3. neue Formen und Entwicklungen auf den Gebieten von Kultur und Kunst zu fördern,

4. Maßnahmen zur Entwicklung und Stärkung der kulturellen Infrastruktur im Lande zu unterstützen.

Die Kulturstiftung des Landes Schleswig-Holstein konnte seit ihrer Gründung insgesamt 23,7 Millionen Euro für Projekte und Erwerbungen bereitstellen. In den ersten Jahren förderte sie überwiegend den Erwerb von Kulturgütern und investierte in das kulturelle Erbe. Besonders wertvolle Exponate, Gemälde, Skulpturen und Kunsthandwerk konnten so für Schleswig-Holstein und für die Öffentlichkeit gesichert werden. Aktuell ermöglichte die Landeskulturstiftung den Erwerb des Gemäldes „Flusslandschaft" von Jakob Philipp Hackert für die Stiftung Schleswig-Holsteinische Landesmuseen Schloss Gottorf, den Ankauf von Instrumenten für das neue Kieler Haus „Musiculum" und den Erwerb von Brahms-Autographen (Chorlieder), Letzteres gemeinsam mit der Kulturstiftung der Länder und der Possehl-Stiftung Lübeck.

Die Landeskulturstiftung hat seit ihrem Bestehen zum Aufbau und zur Ausstattung zahlreicher Kultureinrichtungen im ganzen Land beigetragen und so die kulturelle Infrastruktur verbessert. Vielfach haben sich die mit Hilfe der Kulturstiftung ausgebauten Einrichtungen zu kulturtouristischen Highlights der jeweiligen Stadt entwickelt, wie beispielsweise das Buddenbrook-Haus in Lübeck oder das Theodor-Storm-Haus in Husum. In den vergangenen zehn Jahren hat die Landeskulturstiftung ihren Förderschwerpunkt etwas verlagert. Im Mittelpunkt stehen heute zunehmend Projektförderungen für herausragende kulturelle Vorhaben in allen Kunstsparten. So hat die Kulturstiftung zahlreiche neue Kulturreihen und Festivals ermöglicht oder mit angeschoben, so das Schleswig-Holstein Musik Festival, JazzBaltica, FolkBaltica, Chiffren, das Norddeutsche Theatertreffen u.a. Im Jahr 2010 wird die Landeskulturstiftung einer der Hauptförderer des Bundeswettbewerbs „Jugend musiziert" in Lübeck sein.

Trägerschaft für das Landeskulturzentrum Salzau

Seit Februar 2005 wird das Landeskulturzentrum Salzau als Salzau Betriebs-gGmbH geführt. Dieser eigenständig und gemeinnützig arbeitende Kulturwirtschaftsbetrieb ist eine hundertprozentige Tochter der Kulturstiftung des Landes Schleswig-Holstein.

Die großzügige Anlage in Salzau bietet einen idealen Platz für vielfältige (Kultur-) Darbietungen. Wichtige Veranstaltungsschwerpunkte sind die Nutzung durch die Orchesterakademie des Schleswig-Holstein Musik Festivals und durch JazzBaltica.

www.Kulturzentrum-Salzau.de

Dr. Michael Paarmann

Landeskonservator, Landesamt für Denkmalpflege, Kiel

Denkmalschutz und Denkmalpflege

Die staatliche Denkmalpflege in Schleswig-Holstein blickt auf eine über einhundertjährige Tradition zurück. 1893 wurde der Eutiner Gymnasiallehrer Dr. Richard Haupt zum Provinzial-konservator berufen, nachdem er bereits 1883 ehrenamtlich im Auftrag der preußischen Provinzialregierung eine erste Be-standsaufnahme der Bau- und Kunstdenkmale im Lande vorge-nommen hatte. Mit der Ernennung Haupts war die Kontinuität der staatlichen Denkmalpflege begründet, deren Augenmerk zunächst allerdings nur den herausragenden Kunst- und Ge-schichtsdenkmalen im öffentlichen und kirchlichen Besitz galt. Unter dem Nachfolger Heinrich Sauermann widmete sich das zu einer kleinen Behörde avancierte Amt zunehmend auch der Pflege bürgerlicher und bäuerlicher Kulturdenkmale. Nach dem zweiten Weltkrieg ent-stand das Landesamt für Denkmalpflege, für dessen Auftrag das 1958 verabschiedete Denkmalschutzgesetz maßgebend wurde. Waren zunächst Bauten von besonderer ge-schichtlicher, wissenschaftlicher, künstlerischer und städtebaulicher Bedeutung förmlich unter Denkmalschutz zu stellen, erweiterten sich die Aufgabengebiete seit den 1970er Jahren stetig. 1993 kam die Gartendenkmalpflege hinzu. Mit der Novellierung des Denk-malschutzgesetzes im Jahr 1996, die die Erhaltung und Pflege auf Denkmalbereiche und

die Kulturlandschaft prägende Elemente ausweitete, wurde in Schleswig-Holstein eine Annäherung des gesetzlich ver-ankerten Auftrags an die modernen Denkmalschutzgesetze anderer Bundesländer vollzogen. Die jüngste, auf Bürokratie-abbau, Bürgernähe und Planungssicherheit für die Betroffe-nen abzielende Gesetzesinitiative der Landesregierung ist im Jahre 2009 gescheitert. Es bleibt abzuwarten, ob die Moder-nisierung des schleswig-holsteinischen Denkmalschutzge-setzes, im Besonderen die Einführung des nachrichtlichen Eintragungsverfahrens und die Aufgabe zweier Denkmalka-tegorien zugunsten eines einheitlichen Denkmalbegriffs in absehbarer Zeit wiederum als politisches Ziel definiert wird. Bei abschmelzenden Personalressourcen in den Denkmal-ämtern liegt in der Vereinfachung von Verwaltungsverfahren die Chance, dass sich die Fachleute wieder verstärkt ihren Kernaufgaben widmen können. Als Obere Denkmalschutzbehörde und zentrale Fachbehörde des Landes ist das Landesamt für Denkmalpflege in allen Angelegenheiten des Denkmalschutzes und der Denkmalpflege in Schleswig-Holstein zuständig. Ausgenommen sind die archäologischen Denkmale und die Kulturdenkmale Lübecks, die der Betreuung durch den Bereich Denkmalpflege der Hansestadt unterliegen. Die Verantwortung für die kirchlichen Kulturdenkmale obliegt den Kirchen, die ihre denkmalpflegerische Arbeit im traditionell engen Zusammenwirken mit dem Landesamt abstim-

men. Die Kreise und kreisfreien Städte sind als Untere Denkmalschutzbehörden für die Erstberatung der Denkmaleigentümer und den Vollzug des Denkmalschutzgesetzes, hier insbesondere für die Erteilung denkmalrechtlicher Genehmigungen, zuständig.

Die Teilung der Verantwortung für die Kulturdenkmale unseres Landes erhält seine Begründung durch die zunehmende Spezialisierung. Der Umgang mit den baulichen Zeugnissen der Vergangenheit ist wissenschaftlichen Methoden unterworfen, die geschultes Fachpersonal voraussetzen. Dies gilt in besonderem Maße für das Erkennen, Deuten und Bewerten der Kulturdenkmale, aber auch für den richtigen Umgang mit den uns fremd gewordenen traditionellen Bautechniken oder den gezielten Einsatz Energie sparender Techniken zur Abminderung von Betriebskosten. Dabei zielt das Interesse der Denkmalpflege nicht ausschließlich dahin, das äußere Erscheinungsbild eines Denkmals möglichst unverändert zu erhalten. Der eigentliche Auftrag der Denkmalpflege gilt der Bewahrung der authentischen Substanz und der historischen Konstruktionen, die wesentlich den Zeugniswert der Kulturdenkmale ausmachen.

In Politik und Gesellschaft muss ein grundlegender Konsens darüber bestehen, dass das architektonische Erbe Schleswig-Holsteins ein kulturelles und gesellschaftliches Gut von unersetzlichem Wert darstellt, und dass die Erhaltung der Geschichtsdenkmale den unverwechselbaren Charakter der unterschiedlichen Kulturlandschaften bewahren hilft. Denkmalschutz und Denkmalpflege können nur dann erfolgreich sein, wenn sie vom bürgerschaftlichen Engagement, vom Wohlwollen der Öffentlichkeit getragen und von der Politik nachhaltig unterstützt werden. In wirtschaftlich schwierigen Zeiten droht der Denkmalschutz, der für manche als vermeintliches ‚bürokratisches Hemmnis' Wachstum verhindert und unternehmerische Entscheidungen behindert, als kulturpolitische Aufgabe ins Abseits gedrängt zu werden. Deshalb muss gerade jetzt ein eindringlicher Appell an die Verantwortlichen in der Regierung, in den Parlamenten und in den Kirchengremien gerichtet werden, zu ihrer historischen Verantwortung für den Erhalt der Denkmale als unverzichtbare Zeugnisse unserer Geschichte und Kultur zu stehen und diese Verantwortung auch aktiv wahrzunehmen. Eine denkmalförderliche Politik, die der Vergangenheit nicht gleichgültig gegenüber steht, sondern dem Denkmalschutz –

wie dem Naturschutz und dem Umweltschutz – zu einem herausragenden politischen Ziel erklärt, kann die Lebensqualität der Bevölkerung in Stadt und Land entscheidend mit prägen.

Simone Eberhardt

Projektmanagement Kultur, Tourismus-Agentur Schleswig-Holstein GmbH, Kiel

seit Juli 2009

Berit Johannsen

Ehemals Projektmanagement Kultur, Tourismus-Agentur Schleswig-Holstein GmbH,

Januar 2007 – April 2009

Kulturtourismus in Schleswig-Holstein

Das unverwechselbare Profil Schleswig-Holsteins wird von natürlichen, kulturellen und geschichtlichen Merkmalen bestimmt. Das Land voll reizvoller Naturräume zwischen Nord- und Ostsee ist Teil eines zusammenhängenden Kulturraumes, der sich um den Ostseeraum gebildet hat. Damit ist Schleswig-Holstein Mittler der Kulturen im Grenzraum zwischen Nord- und Mitteleuropa.

Diese Potentiale müssen genutzt werden; kulturelle Substanz und kulturelles Erbe sind zum einen Grundlagen für regionales Bewusstsein, zum anderen unterstützen sie die Auseinandersetzung mit der Gegenwart. In Verbindung mit den Reizen der unterschiedlichen Naturräume bilden sie zudem entscheidende Grundlagen für einen landesspezifischen Imagetransfer und prosperierenden Kulturtourismus.

Schleswig-Holstein steht als Urlaubsreiseziel im Inland auf Platz drei[1] und spielt auch für kulturaffine Besucher eine Rolle: Immerhin interessieren sich 18,2% der potentiellen Schleswig-Holstein-Touristen auch für einen Kulturaurlaub[2]. Des Weiteren haben 26% der Schleswig-Holstein-Urlauber Museen beziehungsweise Ausstellungen und Kirchen besucht (25% der Urlauber waren während ihres Urlaubes in Schleswig-Holstein auf einer Veranstaltung).

Die Tourismus-Agentur Schleswig-Holstein (TASH) fokussiert sich auf Basis einer Studie der Unternehmensberatung Roland Berger Strategy Consultants[3] auf die drei Zielgruppen „Familien", „Anspruchsvolle Genießer" und „Best Ager". Diese Zielgruppen finden sich ebenfalls in den von der landesweiten Arbeitsgemeinschaft „Kultur und Tourismus"[4] definierten kulturtouristischen Themenfeldern: „Maritimes Erbe", „Schlösser, Gärten, Herrenhäuser", „Kultur auf Kindernasenhöhe" und „Künstlerreisen" wieder. Die Themenbereiche wurden an Hand der Ergebnisse der Veranstaltung „Kulturtourismus" des Sparkassen- und Giroverbandes für Schleswig-Holstein und dem Tourismusverband

Schleswig-Holstein (TVSH)"[5] als besonders relevant und charakteristisch für Schleswig-Holstein herausgearbeitet. Seit 2006 ist die von der Kulturabteilung des Ministeriums für Bildung und Kultur geförderte Projektstelle Kultur in der TASH angesiedelt. Kulturtouristische Themen sind in die Zielgruppenkampagnen integriert. Zudem werden die bestehenden Synergien zu den Themen Radtourismus und Gastronomie effektiv genutzt. So haben Touristen auf dem landesweiten Online-Portal www.sh-tourismus.de die Möglichkeit, sich ihr Urlaubsprogramm individuell zusammen zu stellen. Das Projektmanagement Kultur vernetzt und berät die Kultur- und Tourismusakteure auf Landesebene. Die landesweiten kulturellen Themen werden zum Beispiel durch Newsletter, Printbroschüren, Pressereisen und -mitteilungen sowie dem oben genannten Onlineportal vorgestellt. Auch bei den Maßnahmen zum Auslandsmarketing für die touristischen Quellmärkte wird das Thema Kultur entsprechend platziert. Kulturtouristische Produkte wie die Faltblattsammlung „gartenrouten zwischen den meeren" oder der „kinderpass*" vermitteln einen themenspezifischen Überblick und erfreuen sich einer starken Nachfrage. Eine kulturtouristische Basismaßnahme wurde mit dem Kultur- und Freizeitführer „Merianguide" und 2010 „Merianaktiv Schleswig-Holstein" geschaffen, welcher seit 2007 in Kooperation mit der TASH von dem Verlag Travel House Media GmbH herausgegeben wird.

In Ergänzung zu den kulturtouristischen Vermarktungsaktivitäten der TASH sind die kulturellen Akteure und Einrichtungen aufgefordert, in verstärktem Umfang die spezifisch schleswig-holsteinischen Potentiale zu nutzen: Die Nähe zu Naturräumen, zu Stätten des kulturellen Erbes oder zu nur in Schleswig-Holstein zu findenden Besonderheiten. Kulturelle Einrichtungen können mit Konzepten Angebote konturieren, erweitern und ein attraktives Profil bilden, diese stellen die „Marke" Schleswig-Holstein in den Mittelpunkt. Die vier oben bereits genannten kulturtouristischen Themenfelder können hierbei als Orientierung dienen. Das Thema „Maritimes Erbe" besitzt in diesem Zusammenhang das höchste Alleinstellungsmerkmal für Schleswig-Holstein. Entscheidend für die Steigerung der Attraktivität und für die Profilschärfung sind unter anderem eine konsequente Besucher- und Serviceorientierung, sowie das Herausstellen der eigenen Schwerpunkte. Letzteres kann Ausgangspunkt für eine Kooperation mit Partnern aus den Bereichen Kultur und Tourismus sein, um mit gebündelter Kraft die überregionale Wahrnehmung zu stärken.

Neben den übrigen Bereichen der Landeskulturförderung setzt das Land Schleswig-Holstein im Bereich Kulturtourismus für den Ausbau des kulturtouristischen Marketings, für den Erhalt des kulturellen Erbes sowie für die Förderung von Projekten mit einem hohem kulturtouristischen Markenpotential Haushaltmittel ein. Die Förderung dieser Bereiche ermöglicht eine nachhaltige Profilbildung und zugleich die Schaffung herausragender Kulturorte oder -projekte, um kulturelle und außerkulturelle Mehrwerte zu erzielen.

www.sh-tourismus.de

Rainer J. Kraatz

Vorsitzender der Muthesius-Gesellschaft, Kiel

Mitinitiator „O-Ton"

KulturWirtschaft:
Künstlerische Arbeit in wirtschaftlichen
Wert transformieren

Die Diskussion um die Kulturwirtschaft hat zunehmend an Bedeutung gewonnen. Sie wird nicht mehr allein als ein Imagefaktor begriffen, sondern als ein eigenständiges Wirtschaftsfeld mit großem Potential.

Dr. Bernd Brandes-Druba, Birgit Rapior
Initiative „O-Ton"

Unter dem Oberbegriff sind (je nach definitorischem Ansatz) Kultur- und Kreativunternehmen erfasst, welche überwiegend erwerbswirtschaftlich orientiert sind und sich mit der Schaffung, Produktion, Verteilung und/oder medialen Verbreitung kultureller/kreativer Güter und Dienstleistungen befassen.

Prof. Haselbach bringt es mit wenigen Worten auf den Punkt: "Kulturwirtschaft ist die Transformation künstlerischer Arbeit in wirtschaftlichen Wert."

Zur Kulturwirtschaft zählen die Branchen oder Teilmärkte Musikwirtschaft, Buchmarkt, Kunstmarkt, Filmwirtschaft, Rundfunkwirtschaft, Markt für darstellende Künste, Designwirtschaft, Architekturmarkt, Pressemarkt, sowie Werbemarkt und Software/Games-Industrie als Bereiche der Kreativwirtschaft.

Der Beitrag der Kultur- und Kreativwirtschaft zur gesamtwirtschaftlichen Wertschöpfung in Deutschland lag bei 61 Mrd. Euro (2006) und machte einen Anteil von 2,6 Prozent vom Bruttoinlandsprodukt aus. Er liegt damit bei den klassischen Wirtschaftsbranchen auf einem beachtlichen Mittelplatz, z.B. vor der Chemieindustrie und der Energiebranche. Die bisherigen Wachstumsverläufe waren beachtlich.

Gewissen Aufschluss gibt der Bericht der Landesregierung aus dem Jahr 2004: In der Kulturwirtschaft Schleswig-Holsteins gab es (2002) 5319 steuerpflichtige Unternehmen oder Einzelpersonen – eine Steigerung von 35% gegenüber 1998. Der Gesamtumsatz lag bei 3 Mrd. Euro. Gleichwohl ist dieser Bericht nicht vergleichbar mit den Kulturwirtschaftsberichten anderer Bundesländer oder, wie er im Enquetebericht der Bundesregierung (S.333ff) für die Bundesländer angeregt wird.

Nicht nur um eine Vergleichbarkeit herzustellen, sondern insbesondere um neue Steuerungsansätze zu gewinnen, wäre ein neuer Bericht für Schleswig-Holstein wünschenswert!

Damit könnte die Kulturwirtschaft im Lande konkreter erfasst werden, da sich dieser Bereich generell als ausgesprochen heterogen erweist: Mit Unternehmen unterschiedlichster Branchen, Umsatzgrößenklassen, Beschäftigungszahlen und -verhältnissen. Vermutlich – wie in anderen Ländern auch- stark geprägt durch Kleinstunternehmen, die aufgrund ihrer geringen Größe allerdings in der vorteilhaften Lage wären,

sehr rasch neue technologische und nichttechnologische Innovationen aufzunehmen, sich von traditionellen Arbeitsplatzstrukturen zu entfernen und zu einer – idealerweise gut vernetzten -„Projektwirtschaft" zu entwickeln.

Gerade in Zeiten knapper Kassen mögen allerdings die optimistischen Prognosen für diesen Sektor dazu verleiten, die Betrachtung des weiten Feldes der Kultur vorwiegend auf die Kultur-(und Kreativ-) Wirtschaft zu richten, da dieser wirtschaftlich so erfolgversprechend scheint. Diese Betrachtung wäre einsei-

Prof. Dr. Peter Raue, Heinz Maurus
Gesprächsreihe „O-Ton"

tig und kurzsichtig, würde weder der Kulturwirtschaft noch der Kultur gerecht.

„Die mit öffentlichen Mitteln gesicherte kulturelle Infrastruktur ist die Grundlage für Kulturwirtschaft und damit einer kulturwirtschaftlichen Infrastruktur:

Das Vorhandensein von arbeitsfähigen Museen ist (neben ihrer Primärfunktion als Konkretisierung eines kulturellen Gedächtnisses) u.a. auch Grundlage für Handel und Wertsetzung im Kunstmarkt. Theater- und Opernhäuser schaffen die Bereitschaft zur Nachfrage auf ähnlichen Märkten. Bibliotheken und Musikschulen, Einrichtungen der Erwachsenenbildung und soziokulturelle Zentren sind Garanten einer kulturellen Vernetzung, welche private Initiativen zur Wertschöpfung aus kulturellem Handeln erst anregt und ermöglicht. Kulturelle Förderungen von Projekten und Institutionen auf den unterschiedlichen öffentlich-rechtlichen oder gemeinnützigen Ebenen verbinden sich in vielfältigen Kombinationen mit primär gewinnorientiertem kulturwirtschaftlichen Handeln; sie stoßen nicht nur Meinungsbildung und ästhetische Kompetenzentwicklung an, sie fordern und fördern auch die Entwicklung eines freien Austauschs von kulturellen Gütern und Dienstleistungen," so der Bericht 2004 der Landesregierung.

Daher gilt grundsätzlich: Die Kulturförderung der öffentlichen Hand ist mit all ihren Facetten zentrale, maßstabsetzende Grundlage dafür, dass Bewusstsein über und Bedürfnis nach Gütern und Dienstleistungen der Kulturwirtschaft überhaupt entstehen können. Damit wird die Wechselwirkung zwischen Kultur und Kulturwirtschaft prägnant beschrieben und es zeigt sich einmal mehr, wie notwendig es wäre, einen Kulturentwicklungsplan mit klaren verbindlichen Zielen für Schleswig-Holstein zu erstellen. Zwei aktuelle Projekte zur Kulturwirtschaft in Schleswig-Holstein seien im folgenden beispielhaft vorgestellt:

O-Ton Kulturwirtschaft Schleswig-Holstein

Die private Initiative O-Ton fördert seit 2007 den Diskurs über das Thema Kulturwirtschaft zwischen Vertretern aus Wirtschaft, Kultur, Kulturwirtschaft und Politik.

Im Rahmen einer „Salonveranstaltung" hält ein hochkarätiger externer Referent zunächst ein Impulsreferat, dem eine intensive Diskussion aller Beteiligten folgt.

So berichtet u.a. Eske Nannen, Leiterin der Kunsthalle Emden, wie sie ihr Haus zu einem Vorzeigeprojekt und herausragenden Wirtschaftsfaktor entwickelte. Prof. Dr. Peter Raue vom Freundeskreis der Nationalgalerie Berlin erlaubte Einblicke, auf welche Weise er die MoMA-Ausstellung nach Berlin holte und zu großem Erfolg führte. Intendant Christoph Lieben-Seutter stellte die bauliche und vor allem inhaltliche Konzeption der Elbphilharmonie Hamburg vor. Wie ein Unternehmen seine Zielsetzung für „Corporate Social Responsibility" entwickelt und sie mit weithin beachteten und erfolgreichen Projekten realisiert, berichtet Dr. Hans-Herwig Geyer am Beispiel der Beluga Shipping GmbH, Bremen. Aufgrund der informativen Vorträge, der Möglichkeit zu Kontakten und intensivem Gedankenaustausch hat die Initiative O-Ton mittlerweile einen festen Stellenwert in Schleswig-Holstein (**www.o-ton-sh.de**).

KulturWirtschaft am Nordkolleg

Das Nordkolleg Rendsburg ist eine traditionsreiche Weiterbildungsinstitution für Erwachsene und zählt zu den maßgebenden kulturellen Einrichtungen in Norddeutschland. Dort entsteht das Kompetenz- und Servicezentrum Kulturwirtschaft als zentrale Stelle für kulturwirtschaftliche Beratung und Weiterbildung.

Der Fachbereich bietet zu allen Teilsegmenten der Kultur- und Kreativwirtschaft Tagungen, Seminare und Weiterbildungen an. Darüber hinaus dienen Beratung, Service und Weiterbildung der Verbesserung der wirtschaftlichen Orientierung im Kulturbereich, der Professionalisierung des Kulturbetriebs und dessen Management.

Der Schwerpunkt Weiterbildung und Qualifizierung umfasst modular organisierte berufsbegleitende Weiterbildungen im spezialisierten Kulturmanagementbereich sowie mehrtägige Seminare, Branchenseminare und Tagungen.

Das „Kontaktbüro KulturWirtschaft SH" übernimmt als Einrichtung einer zentralen Beratungsstelle für Kultur und Wirtschaft die Aufgaben der Projektvermittlung, Sponsoringberatung für Kultur und Wirtschaft sowie Fundraising im Auftrag für Kultureinrichtungen.

Ferner beherbergt der Fachbereich ein Servicezentrum für die Betreuung, Geschäftsführung und organisatorische Abwicklung landesweiter oder regionaler kulturwirtschaftlicher oder professionalisierender Projekte und Maßnahmen.

Prof. Dr. Stephan Opitz

Stv. Abteilungsleiter Kultur im Kultusministerium, Kiel

Reichtum an Problemen: Kulturmanagement

Als aus Kinderläden allmählich soziokulturelle Zentren wurden und das Wort Festival noch nicht flächendeckend buchstabiert wurde, gab es kein Kulturmanagement in Deutschland, weder als Begriff noch als wissenschaftliche Disziplin. Man darf daraus folgern, dass Kultur auch ohne Kulturmanagement existiert und dass die Grundlage dessen, was Kulturstaat Deutschland meint, ein paar Jahrhunderte mehr auf dem Buckel hat. Dass die Kultur hierbei immer schon – neben der eigentlichen ästhetischen Produktion – vor der Notwendigkeit stand, sich nach innen und außen hinreichend effektiv zu organisieren, um für Texte, Bilder, Töne, Bauwerke und Filme Akzeptanz, Leidenschaft und Freude zu erzeugen und Bildung daraus abzuleiten, war und ist eine begleitende Selbstverständlichkeit in der Kulturgeschichte.

Management ist, wie alles komplexe Handeln, auf Kultur dringend angewiesen, Kultur wird durch Management nicht grundsätzlich beschädigt, sondern kann davon profitieren. Die nach wie vor einmalige Kunstkonzeption Baden-Württemberg 1990 (deren Erfinder Hannes Rettich zusammen mit Werner Heinrichs und Armin Klein einen der ersten Kulturmanagement-Studiengänge, Ludwigsburg, begründete) setzte optimistisch auf einen wachsenden „kulturellen Informations- und Beteiligungswillen der Bevölkerung" und forcierte die Forderung nach einem kompetenten und engagierten Kreis von Vermittlern.

Seit Mitte der 80er gibt es das Wort Kulturmanagement, entlehnt aus arts management; Lothar Späths politische Entdeckung der Verbindung von Wirtschaft und Kultur oder neue Maßstäbe im kulturellen Leben wie z.B. das Schleswig-Holstein Musik Festival begleiteten die Forderung nach professionellem Management für und in der Kultur. Hermann Rauhe, Gründer des ersten Studienganges Kulturmanagement in Deutschland (der eher ein oldboys network wurde), hatte auch gleich eine passende Definition: Kulturmanagement ist die Kunst, Kultur zu ermöglichen. Da es die Kultur schon gab und gibt, kann man nur vermuten, was Rauhe meinte – richtig ist, dass Kulturmanagement für die Kultur managt und so, nach Gerard Mortier, im besten Falle Kombinationen erzeugt, aus denen sich Spannungen und Spannendes ergeben.

Dass Kultur nicht nur vom Angebot, sondern auch von der Nachfrage lebt, wurde und wird diskutiert und zunehmend akzeptiert. Wie ein kulturelles Angebot und eine entsprechende kulturelle Infrastruktur beschaffen zu sein hätten, welche im Rahmen einer wesentlich mit Steuermitteln geförderten Kultur eine entsprechende Nachfrage und Nutzung erfahren sollen, ist eine unter den Parametern der ausufernden Erlebnisgesellschaft, des verschwindenden Bildungsbürgertums und struktureller Haushaltsdefizite sehr vitale Frage – mit Kulturmanagement allein kommt man ihr nicht bei, ohne kann man sie nicht beantworten. Hier kommt die Kulturpolitik ins Spiel, deren beschämend geringe Bedeutung auf legislativer Ebene ebenso beklagt werden kann wie ihre verschwindende wissenschaftliche Verankerung in Deutschland.

Immerhin geht es um kollektive Identität, kulturelles Erbe, ein Selbstverständnis als Kulturnation usf. – ein Markt, auf dem kulturelle Güter und Dienstleistungen mit Hilfe von höchst effizientem Management ausgetauscht würden, wird jedoch aus sich heraus nie jene nachhaltig sichern, es sei denn, die Bedingungen, die Gestaltung des Marktes und seiner Plätze unterliegen einer diskursiven Verständigung (und nicht etwa einer fix ausgerufenen Grundgesetzlichkeit) darüber, wie eine Kulturnation als eine solche leben und überleben will.

Kulturmanagement kann und soll dieser Verständigung randscharf und zielorientiert zuarbeiten, die Verständigung also operativ umsetzen und als Einzel- wie als Gesamt-bild erkennbar machen. Dafür braucht es Bezugsdisziplinen – vorrangig Geistes- und/ oder Kunstwissenschaften, Kultursoziologie und Kulturanthropologie neben der Volkswirtschaft und schließlich der Betriebswirtschaft als Handwerksköfferchen. Die damit zusammenhängende Fülle von Problemen liegt auf der Hand – sie bildet sich ab in einer inzwischen ausufernden Zahl von Studienangeboten, als deren gemeinsamer Nenner allenfalls der ebenso ausufernde wie teilweise umfassend unscharfe Gebrauch einer Berufsbezeichnung Kulturmanager auszumachen wäre. Woraus nicht abzulei-ten ist, dass es Kulturmanagement als seriöse Disziplin mit einer Vielzahl von Wis-senschaftsbezügen nicht gibt. Ein Ranking der Studienangebote wäre aber dringend angebracht.

Die Christian-Albrecht-Universität zu Kiel ist unter den klassischen, traditionsreichen Universitäten Deutschlands eine kluge Einzelgängerin mit dem sog. Ergänzungsfach Kulturmanagement, angesiedelt am Institut für Neuere deutsche Literatur und Medien in der Philosophischen Fakultät. Kulturmanagement ist hier eine freiwillig leistbare Ergänzung in Magister- oder Staatsexamensstudiengängen. Ab Winter 2010 wird das Fach im Masterstudium integriert sein. Das Fach ist über zwei Semester konzipiert und vermittelt diejenigen Kenntnisse und Kompetenzen im Kulturmanagement, die eine sehr solide Basis für eine spätere Entscheidung darüber liefern, einen der zahlreichen Aufbaustudiengänge Kulturmanagement nach dem ersten Studienabschluß zu besu-chen (empfehlen kann man das Institut für Kulturmanagement in Ludwigsburg und das Angebot der Viadrina in Frankfurt/Oder) und ggf. sogar mit einer Promotion im Fach abzuschließen.

Und wer sich mit einem anständigen Grundlagenwissen auf eigene Faust versehen will, dem sei das Kompendium Kulturmanagement empfohlen, herausgegeben von Armin Klein und in 2ter Auflage bei Franz Vahlen in München 2008 erschienen.

ANREGUNGEN, PROJEKTE, PERSPEKTIVEN, MEINUNGEN, INITIATIVEN

Lütger Landwehr

Projektleiter digiCULT, Kiel

Schätze heben – Kultur sichern: digiCULT – Von der Karteikarte zu digitalen Kulturlandschaften

Über 200 Museen und museumsnahe Einrichtungen an 135 Standorten verwalten und vermitteln das kulturelle Erbe des Landes. Bedeutende Gemälde- und Grafiksammlungen, Objekte zur Stadt- und Heimathistorie sowie zur Seefahrts- und Marinegeschichte, herausragende Möbelsammlungen, mittelalterliche Schnitzaltäre und zeitgenössische Skulpturen, Minerale und Fossilien, heimische und exotische Pflanzen und Tiere, Zeugnisse der Archäologie, Volkskunde und der Medizin- und Technikgeschichte sind Beispiele der in den Museen und Sammlungen des Landes verwahrten Schätze.

Ein Großteil dieser Sammlungen schlummert in Magazinen, vieles ist nur temporär in Wechselausstellungen erschlossen.

Dieses kulturelle Potential durch den Einsatz moderner IT-Technologie auszuschöpfen und für viele verfügbar zu machen, ist eine der größten Herausforderungen, denen sich die Museen heute gegenüber sehen.

Hier hat digiCULT angesetzt und seit 2003 begonnen, dieses Erbe mit den technischen Möglichkeiten der heutigen Informationsgesellschaft zu erfassen, zu verbreiten und damit den Wert dieses Erbes und der ihn verwaltenden Institutionen zu steigern. Ziel ist nicht nur die digitale Erschließung und Sicherung der Objekte vor Ort, sondern die Sichtbarmachung in großen Kulturportalen im Internet für jedermann. digiCULT initiiert und unterstützt somit den Paradigmenwechsel von der klassischen Karteikarte zu digitalen Archiven und virtuellen Kulturlandschaften im Internet. digiCULT hat dazu für die Museen Erfassungssoftware entwickelt und sorgt für die gemeinsame digitale Publikation der Objekte auf Internetservern wie Museumsportal-Nord (www.museen-nord.de), im großen europäischen Kultur- und Wissenschaftsportal „Europeana" (www.europeana.eu) und in weiteren Datenbanken.

digiCULT berät die Museen bei der digitalen Dokumentation, sorgt für Fortbildung und Schulungen und hilft den Museen – durch die digitale Erschließung der Sammlung – einen schnellen Zugriff zu den Sammlungsbeständen im eigenen Haus zu haben. Zugleich können sie durch Recherche auf dem Museumsportal des Landes erfahren, welche Objekte der jeweiligen Sammlungsbereiche in den Nachbarmuseen vorhanden sind. So kann sich jedes Museum besser profilieren, hat Anschluss an die Fachcommunity und kann gemeinsame Ausstellungen besser absprechen.

Die Verfügbarmachung der Kulturschätze im Internet stärkt den Kultur- und Wirtschaftsstandort Schleswig-Holstein. Urlauber können sich schon vor ihrer Reise kundig machen, in welchen Museen ihre Lieblingsobjekte gesammelt werden und wann diese zu besichtigen sind.

Manch verborgener Schatz kommt so ans Tageslicht und macht die Vielfalt und Bedeutung der Museumssammlungen im Lande sichtbar.

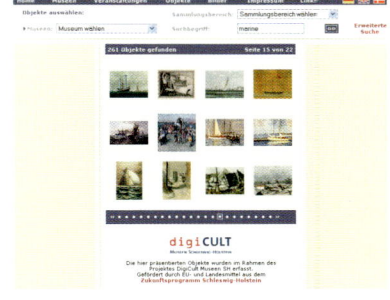

digiCULT hat mit einem Team von Fachexperten an der Universität Kiel in Zusammenarbeit mit dem Museumsverband Schleswig-Holstein ein Kompetenz- und Beratungszentrum zur Digitalisierung von Sammlungen aufgebaut. Die notwendigen Mittel kamen aus dem EU-Strukturfond im Rahmen des Regional- und Zukunftsprogrammes der Landesregierung und wurden durch Landesmittel unterstützt. Die Arbeit begann als Pilotprojekt mit neun Museen. Heute nutzen fast 60 schleswig-holsteinische Museen und Sammlungen die von digiCULT entwickelte Software und die vernetzte IT-Infrastruktur. Darüber hinaus hat sich Hamburg mit seinen vier Stiftungsmuseen und der Saarländische Museumsverband mit ausgesuchten Museen dem digiCULT–Verbund angeschlossen. Mit weiteren Ländern, Stiftungen und Museen werden Gespräche geführt.

Über 100. 000 Objekte wurden seit 2003 im Laufe des Projektes digital erfasst, davon sind zurzeit auf dem Museumsportal Nord über 30. 000 für alle virtuell verfügbar.

Um immer die aktuellsten Fachentwicklungen im Dokumentationsbereich zu verfolgen, arbeitet digiCULT mit nationalen und internationalen Entwicklungsgruppen zusammen. Dazu gehören das Institut für Museumsforschung, das Zuse Institut in Berlin, die Fachgruppe Dokumentation im Deutschen Museumsbund oder die „Europeana", das neue europäische Kulturportal. In diesem sollen bis 2010 über 10 Millionen Kulturobjekte aus Europa verfügbar sein. Schleswig-holsteinische digiCULT-Objekte waren schon mit dem Start der Europeana im November 2008 dabei (www.europeana.com). Und wenn die geplante Deutsche Digitale Bibliothek 2012 als nationales Kultur- und Wissenschaftsportal ans Netz gehen wird, werden auch die schleswig-holsteinischen Museen dank digiCULT dabei sein.

Mit Arbeitsgruppen aus dem In- und Ausland kümmert sich digiCULT auch um die notwendigen Dokumentations- und IT-Standards, damit bei der gemeinsamen Publikation alles zusammenpasst und die Museen Schleswig-Holsteins zeitnah an nationalen und europäischen Entwicklungen teilhaben können.

So nutzt digiCULT den Museen und Sammlungen als Servicedienstleister und eröffnet allen Interessierten aus Bildung, Kultur, Wissenschaft und Tourismus den virtuellen Zugang zu den Museen und ihren Objekten im Internet. Beim Stöbern in den virtuellen Kulturlandschaften auf den Portalen ist so mancher Schatz zu entdecken – im Museum ist dann das Original zu finden. Die Nachfrage nach den Objekten im Internet ist seit Projektbeginn gewaltig angestiegen: Das mehrsprachige Museumsportal Nord, in dem neben allen schleswig-holsteinischen Museen seit kurzem auch die vier großen Hamburger Stiftungsmuseen sichtbar sind, verzeichnet heute etwa 26 Millionen Zugriffe pro Jahr. Mancher Internetbesucher davon wird seinen Weg in die Museen finden – Internetfachportale als ein Fenster zur Öffentlichkeit, dem man vertrauen kann; mit einer Fülle von authentischen Informationen über die Museen und ihre spannenden historischen Bestände. Das Internet als virtueller Raum mit Objekten unseres historischen Gedächtnisses, unserer Geschichte, unserer Identität.

Die Arbeit der Museen mit digiCULT wird auch nach Ende der Projektlaufzeit 2010 weitergeführt und ausgebaut. Im Rahmen der gesicherten Rechtsform einer eingetragenen Genossenschaft wird digiCULT zurzeit mit Unterstützung aller Beteiligten in einen institutionalisierten und dauerhaften Betrieb zum Nutzen der Museen und des Landes Schleswig-Holstein überführt. Ein sicherer IT- und Dienstleistungsbetrieb wird durch die enge Zusammenarbeit mit der Verbundzentrale des Gemeinsamen Bibliotheksverbundes und deren Rechenzentrum gewährleistet (VZG des GBV). Bei der Gründungsversammlung der digiCULT-Verbund eG im Januar 2010 haben sich 42 Mitglieder für die gemeinsame Weiterführung von digiCULT im Rahmen der Genossenschaft entschieden. Seitdem kann jedes Museum und jeder Interessierte aus Kultur und Wissenschaft, der die Arbeit fördern oder digiCULT nutzen möchte, Mitglied dieser Kulturgenossenschaft werden. Schätze heben, Kultur digital vernetzen, dauerhaft sichern und für alle verfügbar machen – dieses Ziel zu unterstützen lohnt sich.

www.digicult-sh.de

Nicole Gifhorn
Vorsitzende des Kieler Kinderkulturbüro, Eckernförde

Das Kieler Kinderkulturbüro – Ein Blick auf Kinderkulturarbeit

Weiß flimmert der Bildschirm, angestrengt gehen die Finger über die Tastatur, schnell am Blattrand in Position gebrachte Begriffe markieren den Raum, der entstehen soll

– ein Artikel für die Festschrift des Landeskulturverbandes Schleswig-Holstein. Eine Idee erscheint am Horizont, ganz knapp über der Menüleiste: Darum geht es, das soll gesagt werden – erleichtert heben sich die Schultern, der Kopf, die ersten Wörter manifestieren sich in Sätzen. Da regt sich eine innere Stimme. Kraftvoll und völlig unbelastet durch umständliche Erwägungen bahnt sie sich ihren Weg, beschwingt den Geist und bringt die Wörter zum Fließen. Sie erzählt von der Kreativität und der Freiheit bei den

Vorbereitungen, von der Intensität gemeinschaftlicher Erlebnisse, von der Freundschaftlichkeit und der Konzentration bei der Umsetzung von Projekten und sie erzählt von der unbedingten Freude an der Vermittlung – sie erzählt von der Arbeit im Kieler Kinderkulturbüro.

2005 gründete Katja Stark das Kieler Kinderkulturbüro gemeinsam mit acht enthusiastischen Männern und Frauen als einen gemeinnützigen Verein. Ihre Kenntnisse aus den Kulturwissenschaften und aus der Pädagogik, ihre Erfahrungen als ErzieherInnen und als Eltern motivierten sie ebenso wie ihre Wertschätzung von Kindern und Jugendlichen sowie ihre Begeisterung für unterschiedliche Bereiche der Kultur. Eine erste Ausstellung für Kinder im Alter zwischen sechs und 12 Jahren wurde 2006 im Kieler Schifffahrtsmuseum unter dem Titel „Förde – Ostsee – Ozean: Kapitäne" realisiert. Im Flensburger Schifffahrtsmuseum ankerten die „Kapitäne" 2008. Zwei weitere Ausstellungen für Kinder („Klar zur Wende! Kinder auf Regattakurs" und „Wie kommt das Schiff aufs Wasser") folgten im Kieler Schifffahrtsmuseum. Einen die Ausstellung ergänzenden Kinderpfad entwickelte der Verein für die Medizin- und Pharmaziehistorische Sammlung der Kieler Universität. „Kinolino – Kulturelles Kinderkino Kiel" bietet seit 2006 Kindern und ihren Familien spielerisch-künstlerische Aktivitäten nach der Filmvorführung. Seit September 2009 öffnen sich ein Mal im Monat in der Kunsthalle zu Kiel die Türen für die kleinen (ab sechs Jahren) und größeren Kinogänger. Mit „Kino on tour – Filmkultur überall erleben" reist das Kieler Kinderkulturbüro zusammen mit dem „Landesverband Jugend & Film Schleswig-Holstein" landesweit an Schulen: Filme und pädagogisches Begleitprogramm im Gepäck. Ein Workshop zur ästhetischen Erziehung („Weithin schillert's übers Land") wurde 2006 konzipiert und richtet sich an SchülerInnen der 3./4. beziehungsweise 5./6. Klasse.

Ausstellungen für Kinder und Jugendliche, Kinder- und Jugendkino und Workshops für SchülerInnen: Entsprechend der Leidenschaft und der Kompetenz der Aktiven entwickelten sich drei unterschiedliche Aufgabenbereiche im Verein.

Worum geht es?

„Interessant" – „lustig" – „langweilig" – „anstrengend" – „ermüdend" – „wertschätzend" – „anregend" – „unverständlich" – „sinnlos" – „beschämend": Mit unterschiedlichen Vorstellungen und Erwartungen kommen die Kinder zu den Angeboten des Kieler Kinderkulturbüros. Abwartend, ablehnend oder erwartungsvoll begeben sie sich in einen inszenierten Raum. Mit mehreren schön und anregend gestalteten Aktivstationen weckt dieser die Aufmerksamkeit der jungen Besucher und schafft eine heiter-geborgene und wertschätzende At-

mosphäre. Betrachtend, lesend, tastend, hörend und manchmal auch riechend und schmeckend nähern sich die Kinder an den Aktivstationen einem Thema. Wohlfühlen und Vertrautwerden mit dem Ort, seinen Besonderheiten und Konventionen, mit dem Handwerkszeug und mit dem Thema sind Grundlage für die inhaltliche Beschäftigung. Dabei gilt es, über die vielfältige Sinnesstimulierung die Kinder nicht mit Reizen zu überfluten, sondern sie, ihrer Persönlichkeit und ihren Vor-

lieben entsprechend, den Wahrnehmungskanal selbst wählen zu lassen. Ebenso wie die altersgemäße Ansprache motiviert ihr „Lieblingssinn" die Kinder zur Auseinandersetzung mit den angebotenen Aufgaben. In der Konzentration auf eine künstlerische Aktivität entsteht einerseits eine intime Situation, in der das Kind mit allen Sinnen genauso bei der Sache wie bei sich ist. Unbestritten sind solche Lern- und Entwicklungsprozesse für die Persönlichkeitsbildung des Kindes. Andererseits entsteht aus derselben Situation etwas, das im Außen, im öffentlichen Raum bleibt – ein künstlerisches Produkt, wie beispielsweise eine Zeichnung oder eine gefaltete Figur. Unabhängig davon, ob sie ihre Kunstwerke mit nach Hause nehmen oder vor Ort präsentieren, lernen sich die Kinder in ihrem künstlerischen Schaffen als Teil einer Öffentlichkeit kennen, die auch sie gestalten können.

„Das ist doch langweilig, anstrengend, ermüdend, unverständlich, sinnlos und beschämend"; Kinder und Jugendliche die mit solchen Erwartungen und Erfahrungen zu den Veranstaltungen kommen, werden meist auch von aufwendig inszenierten Angeboten nicht erreicht. Es bedarf einer ausgestreckten Hand, welche den Kindern und Jugendlichen über den Graben blockierender Gefühle und Einstellungen hilft. Dieser Herausforderung gilt die besondere Aufmerksamkeit des Vereins.

Mit sorgfältig geplanten Projekten und vielen ausgestreckten Händen möchte das Kieler Kinderkulturbüro Teil einer bunten und sinnreichen Kulturlandschaft sein und mit Freude, Kreativität und Freundschaftlichkeit für die Kraft einer lebendigen Kultur in der Bürgergesellschaft werben.

www.kielerkinderkulturbuero.de

Hermann-Josef Thoben

Referatsleiter für ländliche Entwicklung im Ministerium für Landwirtschaft,
Umwelt und ländliche Räume des Landes Schleswig-Holstein

Chancen für Bildung und Kultur im Rahmen der Landesinitiative AktivRegion

In Schleswig-Holstein hatten sich im Jahre 2008 nahezu flächendeckend 21 AktivRegionen in der Organisationsstruktur eines eingetragenen Vereins gegründet. Grundlage für diese Initiative ist das Leader-Konzept der Europäischen Union, das in Schleswig-Holstein im Rahmen des Zukunftsprogramms Ländlicher Raum umgesetzt wird.

Anders als in anderen Programmen steht bei der Umsetzung des Leader-Konzeptes nicht die Förderung eines einzelnen Sektors im Vordergrund. Es geht vielmehr darum, in einer Region (in Schleswig-Holstein in der Regel zwischen 50.000 bis 100.000 Einwohner) durch regionale Akteure selbst die vorhandenen Stärken sektorübergreifend zu erkennen und für eine nachhaltige regionale Entwicklung zu nutzen.

Zwischen List und Lauenburg haben sich mittlerweile alle 21 AktivRegionen auf Entwicklungsziele, inhaltliche Schwerpunkte und größtenteils bereits erste Projekte verständigt.

Zur finanziellen Förderung stehen allen 21 AktivRegionen EU-Mittel in einer Größenordnung von ca. 300.000 EURO jährlich aus dem Europäischen Landwirtschaftsfonds für die Entwicklung ländlicher Räume (ELER) zur Verfügung.

Über den Einsatz dieser Mittel entscheidet ein Gremium, welches sich paritätisch zusammensetzt aus Vertretern von Gemeinden und Verwaltungen einerseits und Vereinen, Verbänden, Unternehmern (inklusive Landwirten) andererseits.

Darüber hinaus stellt das Ministerium für Landwirtschaft, Umwelt und ländliche Räume (MLUR) den AktivRegionen jährlich weitere EU-, Bundes- und Landesmittel im Rahmen eines landesweiten Wettbewerbs für so genannte Leuchtturmprojekte zur Verfügung. Auch über den Einsatz dieser Mittel entscheiden die AktivRegionen im Rahmen eines Beirates. Durch diese bundesweit einmalige Struktur erwartet die Landesregierung einen möglichst hohen Anteil innovativer, mustergültiger und übertragbarer Projekte. Ziel ist es insbesondere, durch die richtigen Anreize neue Wege zu finden für Kooperation und Partnerschaften sowohl innerhalb der AktivRegionen als auch zwischen den Regionen in Schleswig-Holstein und vergleichbaren Strukturen in Deutschland und in der EU.

Bereits zum jetzigen Zeitpunkt kann seitens der Landesregierung festgestellt werden, dass sich nahezu alle AktivRegionen als lernende Organisationen verstehen und ihr Wissen und ihre Kompetenz bei der Entwicklung und Umsetzung von Projekten und zur Verbesserung der Kooperationsfähigkeit ständig steigen.

Im Hinblick auf die Themenbildung und Kultur ist von besonderer Bedeutung, dass sich nahezu an allen 21 Organisationen Vertreter aus Vereinen und Verbänden beteiligen, die in den Bereichen Bildung und Kultur ihren Schwerpunkt finden.

Hinsichtlich der Fördermöglichkeiten ergibt sich ein breites Spektrum sowohl hinsichtlich der Antragsberechtigten (Kommunen, Vereine, Unternehmen, Landwirte) als auch der förderfähigen Sektoren.

So spielen in nahezu allen Regionen der Kulturtourismus, häufig verbunden mit dem Erhalt des kulturellen Erbes, wie zum Beispiel das Danewerk, bis hin zu baukulturellen Besonderheiten sowie sonstige kulturelle und Bildungsprojekte, eine besondere Rolle.

Die Förderinitiative AktivRegion in Schleswig-Holstein bietet die Chance, sowohl innerhalb einer Region als auch darüber hinaus, an Kultur und Bildung interessierte Menschen zusammenzuführen, sie mit dem in jeder Region vorhandenen regionalen Management professionell zu unterstützen und Hilfestellung zu geben für die Entwicklung und Umsetzung unterschiedlichster Projekte.

Als vorläufiges Fazit der seit mittlerweile einem Jahr angelaufenen Initiative kann festgestellt werden, dass bei vielen Menschen das Bewusstsein gereift ist, dass ein entscheidender Faktor für die erfolgreiche Regionalentwicklung die Förderung der Solidarität und des Gemeinsinns darstellt. Der Erfolg der Akteure, die sich für Bildung und Kultur einsetzen, wird im Wesentlichen von ihrer Eigeninitiative und ihrem Engagement und der Bereitschaft zur Kooperation abhängig sein.

Prof. Dr. Uwe Danker
Astrid Schwabe
Institut für Zeit- und Regionalgeschichte (IZRG), Schleswig

www.vimu.info – Geschichte der deutsch-dänischen Grenzregion im Internet

Das Virtuelle Museum „Vimu – Geschichte ganz nah" ist das erste gemeinsame deutsch-dänische, zweisprachige Geschichtsprojekt im Internet. Die interaktive

Plattform Vimu.info[1] vermittelt die Regionalgeschichte Schleswig-Holsteins und Süddänemarks im Zeitraum ab 1830 bis heute in Text, Bild, Film und Multimedia, ausdrücklich aus einer grenzüberschreitenden Perspektive. Erklärtes Ziel ist die Darstellung der Geschichte einer erweiterten Grenzregion, in der nationale Zugehörigkeiten im Betrachtungszeitraum nicht immer selbstverständlich waren. Gefördert von der Europäischen Union (Interreg IIIa Programm) haben dänische und deutsche Historiker, Multimedia-Experten und ‚Human-Informatiker' von der Syddansk Universitet, der Universität Flensburg und der Fachhochschule Kiel das Projekt gemeinsam durchgeführt.[2]

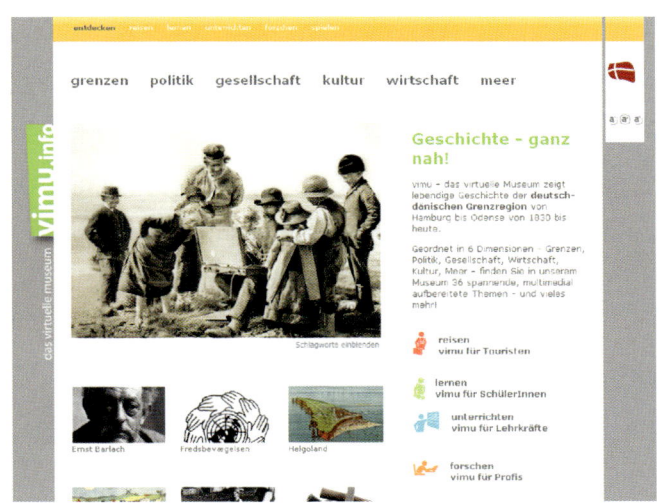

Abb. 1 Screenshot der Startseite des Virtuellen Museums www.vimu.info

Vimu.info präsentiert lebendige Geschichte auf über 2.000 Textseiten mit mehr als 2.300 Abbildungen, 80 kurzen Filmen, etwa 40 Audio-Dateien und 180 attraktiven multimedialen Anwendungen. Vimu.info bietet 36 Themen aus dem regionalhistorischen Forschungsstand, geordnet in sechs Dimensionen, nämlich Politik, Gesellschaft, Wirtschaft und Kultur sowie die für unsere Region spezifischen Themenfelder Meer und Grenzen. Die Besucherinnen und Besucher werden mit einer kurzen textlichen und multimedialen Einführung zu den Themen empfangen. Auf der folgenden Ebene können sie zwischen fünf bis zehn Kapiteln auswählen, den eigentlichen historischen Darstellungen. Diese Kapitel stellen als gleichrangige Sinneinheiten Teilaspekte des Themas dar. Die textbasierten Darstellungen sind überblickbar und als Hypertext so angelegt, dass sie in beliebiger Reihenfolge und ohne voraussetzende Lektüre auch isoliert gewinnbringend genutzt werden können. Vielfältige Zusatzangebote ergänzen die Texte: erzählende Fallbeispiele, textliche und audiovisuelle Quellen, Filme, Multimediaanwendungen etc., aber auch Bibliografien oder didaktische Selbstreflexionen. Auf diese Weise sinnvoll verlinkt, ermöglichen die Informationseinheiten eine intensive, individuelle thematische Beschäftigung in unterschiedlicher Tiefe.

Aufbau und interne Verlinkung von Vimu.info folgen einer Idee, die auch in realen Museen zu finden ist: Leicht steuernde, kaum bewusst wahrnehmbare Navigationspfade laden zum Begehen ein. Innerhalb eines Themas sind die Kapitel und

Zusatzangebote intelligent miteinander vernetzt: Kontexte, Sinnzusammenhänge und Vertiefungen sollen entstehen, nicht aber Sammelsurien an Zusatzangeboten gelistet werden.

Sofern sie es wünschen, können unsere ‚User‘ genau jene Darstellungen finden, die ihren Erkenntnisinteressen und Voraussetzungen entsprechen. Vimu.info spricht also verschiedene Zielgruppen an. Besucher können in der Navigationsleiste sechs unterschiedliche Rollen wählen:

Das IZRG in Schleswig

- ‚Entdecken‘ ist die Basisdarstellung für alle User, die sich keiner anderen Gruppe zugehörig fühlen. Als derartige ‚Standard-User‘ definieren wir Schülerinnen und Schüler der Sekundarstufe I, ohne sie nach Schularten zu differenzieren. Bei der Produktion der Kapitel und der meisten Zusatzangebote haben wir diese Zielgruppe vor Augen.

- ‚Lernen‘ bietet Schülerinnen und Schülern einen eigenen attraktiven, gut verständlichen Zugang zur Regionalgeschichte.

- Ältere Schüler, Studierende, historisch Interessierte, Journalisten und Wissenschaftler – ‚Profis‘ – finden eine ganze Reihe weiterer Zusatzangebote unter ‚Forschen‘, beispielsweise ausführliche Bibliografien.

- Touristen entdecken unter dem Stichwort ‚Reisen‘ Hinweise auf Museen oder Gedenkstätten zu den Themen, mit Lage und Öffnungszeiten.

- Unter ‚Spielen‘ finden Kinder eine reduzierte Darstellung unserer Inhalte in Form von vier animierten Spielen auf einer Datenbankbasis: die ‚Zeitreise‘, das ‚Geo-Quiz‘, die ‚Entdeckungsreise‘ und den ‚Fragensalat‘. Kinder lernen spielerisch durch ein Quiz; wenn sie bei einer Frage unsicher sind, können sie ein Infofeld mit kurzen, Informationen aufrufen. – Übrigens: Auch Erwachsenen schadet das Spielen überhaupt nicht!

- Lehrkräfte schließlich finden unter ‚Unterrichten‘ didaktische Hinweise zu den Kapiteln sowie Zusatzmaterialien für den unterrichtlichen Einsatz, soweit die Themen den (schleswig-holsteinischen) Lehrplan tangieren. ‚Vimu für Lehrkräfte‘ unterstützt Lehrkräfte aller Schularten, das regionalgeschichtliche Angebot von Vimu.info für ihren Unterricht zu nutzen.

Vimu.info liegt ein von Autorin und Autor entwickeltes geschichtsdidaktisches und medientheroretisches Konzept zu Grunde.[3] Hier seien nur unsere Grundsätze pointiert zusammengefasst: Ausgehend von aktuellen geschichtsdidaktischen Ansprüchen und der Bereitschaft, uns auf das neue Massenmedium Internet und seine ‚Gesetzmäßigkeiten‘

einzulassen, haben wir ein Modell einer virtuellen Geschichtspräsentation entwickelt, dessen Realisierung, abgesehen von den fehlenden Exponaten, tatsächlich einem Museum ähnelt. Denn auf ausdrücklich begrenztem Platz mit begrenztem thematischen Angebot sollen die Besucher von Vimu.info Angebote finden, die ihren Interessen und Potentialen entsprechen und ihnen Lernerlebnisse bieten, ohne dass sie zusätzliche Quellen anzapfen beziehungsweise sich in die endlosen Weiten des Internet begeben müssen. Vimu.info ist ein Prototyp mit vielen Stärken, aber gewiss auch einigen Schwächen. Im Projekt ,Vimu' haben sich vier Hochschulen bemüht, grenzüberschreitend und interdisziplinär zusammenzuarbeiten und produktorientiert auf verschiedenen Gebieten Grundlagenforschung zu leisten.

Wir laden Sie ein in das Virtuelle Museum: Gehen Sie auf www.vimu.info, klicken Sie sich in Ruhe durch unserer Museum und urteilen Sie selbst. Wir hoffen, Sie kommen oft wieder!

Katharina Scherer

Herausgeberin „VENTUS", Kronshagen

„Ghost" schlägt Fitschen – ein Plädoyer für ein schleswig-holsteinisches Kulturmagazin

Die Kulturseite des „Schleswig-Holsteinischen Zeitungsverlags" (sh:z) machte am 16. September 2009 mit dem Tod des krebskranken US-Schauspielers Patrick Swayze auf; Titel: „Der frühe Tod des bekanntesten Tanzlehrers", eine Anspielung auf „Dirty Dancing". Inklusive dreier Fotos nimmt der Artikel gut ein Drittel der Seite ein. Darunter zwei Berichte aus Hamburg – eine Kritik zum Konzert von Jazz-Diva Diana Krall in der Laeiszhalle und ein Interview mit Bundesliga-Trainer und Buch-Autor Jörg Berger über kickende Schriftsteller und schreibende Kicker. Ganz unten links wird dann noch ein kulturelles Ereignis aus Schleswig-Holstein kurz erwähnt, die Amtseinführung des neuen Direktors für Kunst und Kultur auf dem Schleswiger Schloss Gottorf, Jürgen Fitschen. Das ist bemerkenswert: Der Wachwechsel an der Spitze des mit Abstand größten Museums im Lande ist dem

sh:z nicht einmal halb so viele Zeilen wert wie der – sicher bedauerliche – Tod eines ehemaligen Leinwandstars. Auch Hamburger Ereignisse wiegen offensichtlich schwerer als solche aus Schleswig-Holstein. Allerdings sieht es auch bei den beiden anderen großen Zeitungen des Landes, den „Lübecker Nachrichten" und den „Kieler Nachrichten" nicht wesentlich anders aus. Die Kieler Nachrichten sind zwar noch der klassischen Kulturberichterstattung verpflichtet; doch beschränken sie sich im Wesentlichen auf Ereignisse in der Landeshauptstadt oder wählen Themen aus den Kulturmetropolen Berlin, München und Hamburg. Die Kultur aus dem Lande findet auch hier eher wenig Beachtung. Solche Kulturseiten bekommen die Leserinnen und Leser immer häufiger vorgesetzt, eine unglückliche Entwicklung, die verschiedene Gründe hat.

Printmedien – insbesondere Tageszeitungen – erlebten im vergangenen Jahrzehnt vielfältige Veränderungen: Die Entwicklung des Internets führte zu starken Verlusten im Anzeigenbereich und heftigen Rückgängen bei den Abonnements. Viele Blätter gerieten unter starken Kostendruck. Hinzu kommt ein Wandel der Verleger-Mentalität: Verbanden die Herausgeber der Nachkriegszeit mit ihrer Tätigkeit insbesondere den politisch-gesellschaftlichen Auftrag, informativ-aufklärend und als Kontrollinstanz im Staate zu wirken, so ist die heutige Generation vor allem unternehmerisch orientiert – am Ende geht's um Dividende. Die Journalisten sind gehalten, Themen zu bearbeiten, von denen man sich eine möglichst große Breitenwirkung verspricht. Die Einschaltquote, seit der Einführung des Privatfernsehens vor einem Vierteljahrhundert der entscheidende Faktor für Programmgestaltung und Anzeigenbudget kommerzieller TV-Sender, hat längst ihre geheime Entsprechung in den Redaktionsstuben der Zeitungen gefunden.

Hinzu kommt ein Wandel in den Ansichten darüber, was Kultur ist. Durfte in früheren Zeiten im geheiligten Feuilleton nur über klassische Musik, Theater, Ballett, Kunst und Literatur berichtet werden, so bemüht der moderne Redakteur heute gern das Wort vom erweiterten Kulturbegriff, um seine Themenauswahl zu begründen. Jazz, Pop- und Rockmusik, ungewöhnliche Kunstaktionen und sogar Erscheinungen der Alltagskultur sind längst akzeptable Sujets. Das ist sicher auch gut so, wenn für dieses erweiterte Programm zusätzlich Raum geschaffen würde. Dem ist aber häufig nicht so. Die Folge ist, dass die „neuen", „erweiterten" überregionalen und mutmaßlich für die Leserinnen und Leser interessanteren Kulturthemen das verdrängen, was der klassische Inhalt von Kulturseiten einer Zeitung sein sollte: Theater, Oper, Klassische Konzerte, Kunst, Ausstellungen kleinerer Galeristen, Literaten aus dem Lande. Diese Themen geraten in Konkurrenz mit „Stars und Sternchen" und so schlägt der „Ghost" (so der Titel seines zweiten erfolgreichen Kinofilms) von Patrick Swayze den Kunsthistoriker Jürgen Fitschen bei der Berichterstattung um Längen. Die Kultur aus dem Lande findet weniger Beachtung und bleibt auf der Strecke.

Aber es gibt sie: Es gibt die zahlreichen Museen in Städten und Gemeinden, es gibt die kleinen Galerien privater Aussteller, es gibt Musikgruppen und Chöre unterschiedlichster Stile und unterschiedlichsten Niveaus. Es gibt kulturelle Weiterbildungseinrichtungen wie das Rendsburger Nordkolleg. Es gibt kleine, aber bundesweit renommierte Privattheater wie die Flensburger „Pilkentafel". Es gibt aber auch das große Schleswig-Holsteinische Landestheater mit seinen Veranstaltungen im ganzen Land. Und es gibt noch sehr viel mehr kulturelle Einrichtungen und Aktivitäten im Norden. Sie alle brauchen deutlich mehr Berichterstattung, als ihnen die großen schleswig-holsteinischen Tageszeitungen aus strukturellen, geschäftlichen, inhaltlichen oder sonstigen Gründen zu geben in der Lage oder willens sind. Und auf der anderen Seite gibt es zahlreiche kulturinteressierte Menschen, die sich gerade eine Berichterstattung über Kulturthemen wünschen.Als Herausgeberin des Kieler Magazins „VENTUS" habe ich die Erfahrung gemacht, dass besonders Leserinnen und Leser im Altersegment ab vierzig Jahre ein starkes Interesse an Kulturthemen haben.

Ein eigenständiges Kulturmagazin für Schleswig-Holstein könnte die Kultur im Lande den Kulturinteressierten wieder näher bringen. Es könnte seinen Lesern zeigen, wie viele Kultureinrichtungen es gibt. Ein Kulturmagazin könnte über Ausstellungen und Aufführungen ebenso berichten wie über Persönlichkeiten, die das kulturelle Geschehen des Landes beeinflussen beziehungsweise beeinflusst haben. Berichte über Menschen, die Musik komponieren, Bilder malen, Romane schreiben oder eines der vielen kleinen Festivals im Lande organisieren. Ein Kulturmagazin könnte aber auch hinter die Kulissen von kulturellen Einrichtungen schauen, könnte fragen, warum eine Schauspiel-Inszenierung in einer bestimmten Weise präsentiert wird oder welche Gemälde einer neuen Ausstellung dem Museumsdirektor besonders gefallen. Nicht zuletzt könnte ein schleswig-holsteinisches Kulturmagazin auch Fragen der Kulturpolitik stellen. Welchen Stellenwert hat Kunst und Kultur in diesem Land? Welche Ziele verfolgt die Kulturpolitik der Landesregierung? Wie finanziert das Land seine Kultur? Fazit: Es gibt eine Fülle an Themen, die auf den Kulturseiten unserer Tageszeitungen zu kurz kommen und die im Forum eines Kulturmagazins diskutiert werden können. Dieses Magazin könnte anregen, sich mehr mit der aktuellen und vergangenen Kultur des Landes zu beschäftigen.

Allerdings: Auch ein unabhängiges Kulturmagazin muss finanziert werden, denn viel Engagement und Themenvielfalt allein machen noch kein erfolgreiches Projekt aus und decken auch nicht die Produktionskosten. Es braucht die Unterstützung von Sponsoren einerseits und die der Kulturschaffenden andererseits.

Dennoch möchte ich gemeinsam mit meinem Team dem Projekt „Kulturmagazin" eine Chance geben und versuchen, eine neue Plattform für die Kulturberichterstattung im Lande zu schaffen. Damit die Kultur in Schleswig-Holstein zukünftig wieder mehr Raum hat und oben steht!

Andreas Eckel

Geschäftsführer der Sponsorengesellschaft Schleswig-Holstein Musik Festival mbH, Lübeck

Tomke Goette

Vertragsreferentin der Sponsorengesellschaft Schleswig-Holstein Musik Festival mbH

Sponsoring im Kulturbereich: Das Schleswig-Holstein Musik Festival

Bereits seit einigen Jahren ist Sponsoring nicht mehr allein im Sport, sondern auch zur Unterstützung sozialen Engagements und kultureller Institutionen sehr verbreitet und erlangt in diesen Bereichen als Finanzierungsinstrument zunehmende Bedeutung. Kultur und Wirtschaft haben damit ein exzellentes Mittel gefunden, das Interesse der Kulturinstitutionen an einer oftmals notwendigen finanziellen Unterstützung mit dem Interesse von Unternehmen an nachhaltigem Marketing und Imagegewinn zu einer Win-Win-Situation zu verbinden: In ganz Deutschland werden jährlich etwa 400 Millionen Euro von Unternehmen für Kultursponsoring ausgegeben.

Einer der Vorreiter des Sponsorings im Kulturbereich war das Schleswig-Holstein Musik Festival, das auch hinsichtlich seiner inhaltlichen Konzeption – nämlich „music at its best" (Leonard Bernstein) zu den Menschen in die Region zu bringen – als Wegbereiter einer ganzen Welle von Festivalgründungen gelten kann, das aber auch neue Wege hinsichtlich deren Finanzierung beschritt. Zum Zeitpunkt der Festivalgründung im Jahr 1986 zeigte sich die bundesdeutsche Tradition der nahezu vollständigen öffentlichen Finanzierung kultureller Institutionen und Initiativen – letztere zumindest ab einer gewissen Größenordnung – noch nahezu ungebrochen. Die schon damals aus dem Fehlen ausreichender öffentlicher Mittel resultierende Notwendigkeit einer privaten (Teil-) Finanzierung des Schleswig-Holstein Musik Festivals wurde anfangs eher mitleidig belächelt und dessen langfristige Perspektive unter diesen Voraussetzungen eher skeptisch beurteilt. In der Tat mussten auch die Festivalmacher selbst lernen, künstlerische Ambitionen und wirtschaftliches Handeln jenseits des scheinbar unerschöpflichen Quells öffentlicher Zuwendungen miteinander in Einklang zu bringen. Die dem kreativen Finanzierungsansatz inne wohnende Option zu einer größeren Dynamik der Festivalentwicklung, die sich allein auf der Basis öffentlicher Mittel in der Regel nicht einstellt, wurde erst im Lauf der Zeit als positiver Effekt wahr genommen.

So betreibt das Schleswig-Holstein Musik Festival, zunächst als Verein, später dann als Stiftung organisiert, zu seiner Finanzierung seit seiner Gründung im Jahre 1986 sehr erfolgreich ein Public Private Partnership-Modell, in dem neben Landeszuschüssen und den Kartenerlösen insbesondere Sponsorenbeiträge von Anfang an eine bedeutende Rolle gespielt haben. Geplant war zunächst eine Finanzierungsstruktur, die je zu einem Drittel aus öffentlichen Zuschüssen, Sponsoringbeiträgen und dem Erlös aus Kartenverkäufen gespeist werden sollte. Dieses Verhältnis hat sich im Laufe der Jahre jedoch wegen der erfolgreichen Ausweitung des Etats, die trotz nicht nur relativ gesunkener öffentlicher Zuschüsse möglich war, deutlich verschoben. Inzwischen wird das Schleswig-Holstein Musik Festival zu 20 Prozent aus öffentlichen Landesmitteln und

zu 80 Prozent aus Sponsoringbeiträgen, Kartenerlösen sowie Spenden und Zuschüssen finanziert. Knapp 140 Unternehmen stellen dabei – und dies zum großen Teil mit einem konstanten Sponsoring über viele Jahre hinweg – den Finanzierungsanteil aus der Wirtschaft zum Gelingen des Festivals sicher.

Seit 1996 wird das Festival-Sponsoring von der eigens gegründeten Sponsorengesellschaft Schleswig-Holstein Musik Festival mbH betreut, die sowohl für die Konzeption und Durchführung einzelner Kooperationsmodelle als auch für die Betreuung und natürlich die Akquisition der Sponsoren des Festivals verantwortlich ist. Die Sponsorengesellschaft vermarktet dabei exklusiv den Namen und das Logo des Schleswig-Holstein Musik Festivals sowie die Nutzungsmöglichkeiten der Festivalveranstaltungen und -publikationen für kommunikative Maßnahmen von Unternehmen, wobei sie viel Wert darauf legt, unter Berücksichtigung der grundsätzlichen Festival-Leitlinien auf die individuellen Interessen und Bedürfnisse jedes einzelnen Unternehmens einzugehen. Nur so kann sichergestellt werden, dass das Sponsoring auch wirklich eine Vereinbarung zwischen zwei Partnern darstellt, von der beide Seiten profitieren.

Das Prinzip des Austauschs gegenseitiger Leistungen wird insbesondere dadurch deutlich, dass die sich engagierenden Unternehmen nicht das Ziel einer programmatischen Einflussnahme verfolgen, sondern sich für ihre Firma bestimmte Marketingeffekte bzw. die Erreichung anderer unternehmerischer Ziele versprechen, die individuell definiert werden müssen.

Eine Einbindung der – insbesondere regionalen – Wirtschaft als Kooperationspartner des Festivals führt auf der einen Seite zu Gunsten des Festivals zu einem verstärkten „Wir-

Gefühl". Das SHMF ist dabei sowohl in Bezug auf die fördernden Unternehmen als auch im Hinblick auf das Publikum sehr breit aufgestellt und im ganzen Land sehr aktiv und präsent. Auf der anderen Seite profitieren gerade durch diesen Effekt aber auch die Unternehmen von dem Festival, das während des Sommers sieben Wochen lang von Flensburg bis einschließlich Hamburg stattfindet. Als hochkarätige, überaus bekannte Marke stellt das Festival eine ideale Plattform für den gewünschten Imagetransfer dar. Zudem eignen sich dessen Konzerte hervorragend für Kunden- oder Mitarbeitereinladungen, die eine besondere Nähe zwischen Geschäftspartnern oder Kollegen schaffen.

Auf die Vielfältigkeit in Größe und Struktur der in Schleswig-Holstein und Hamburg angesiedelten Unternehmen kann die Sponsorengesellschaft dabei mit Hilfe ihrer unterschiedlichen Kooperationsmodelle eingehen und gewährleistet so ein hohes Maß an individueller Wahrnehmung der von den einzelnen Unternehmen mit einem Sponsoring verfolgten Ziele und Interessen. Gerade diese Flexibilität trägt in hohem Maße zu einem erfolgreichen Sponsoring bei – und dies für beide Seiten.

www.shmf.de

Kai Kulschewski

Spendwerk, Kiel

Fundraising für Kunst und Kultur

Stärken von Kultureinrichtungen

Kultureinrichtungen haben viele unterschätzte Stärken, die im Fundraising einsetzbar sind: Viele Kultureinrichtungen sind vor Ort eingebunden, sie arbeiten regional. Die Direktoren kennen Menschen, die Künstler haben ihre Netzwerke und es gibt Zuschauer oder Besucher, denen die Einrichtung am Herzen liegt. Darüber hinaus ist oft ein „Blick hinter die Kulissen" möglich und die Einrichtung kann darstellen, warum sie gerade diese Form von Kunst und Kultur macht, was sie bewegt und was sie erreichen will. Außerdem können regionale Kultureinrichtungen von der Tendenz profitieren, dass viele Förderer explizit vor Ort fördern wollen. Sie wollen ihre Region stärken und sehen, wie ihre Spenden wirken.

Wann geben Menschen?

Damit Menschen auch für Kunst und Kultur geben, muss ihre Motivation berücksichtigt werden. Menschen geben, wenn ihre Gabe einen Unterschied für andere Menschen oder die Gesellschaft macht. Die nachfolgenden beispielhaften Projekte haben Spenden eingebracht, weil Sie diesen Unterschied herausgearbeitet haben:

- Kostenloser Museumsbesuch für Kinder: Dadurch wird Kindern die Möglichkeit gegeben, zu lernen und Kultur kennen zu lernen.
- Stühle für ein Theater: Dadurch zeigt jeder Förderer seine Verbundenheit mit dem Theater und auf den Stühlen kann jeder sehen, wer geholfen hat.
- Bau einer neuen Philharmonie: Dadurch kommt der Stolz und das Selbstvertrauen der Bürgerinnen und Bürger zum Ausdruck.
- Instrumente für Musikschüler: Dadurch können vielen Kindern, die musizieren wollen, Instrumente zur Verfügung gestellt werden.

In allen diesen Fällen gibt es klare Gebeanlässe: Entweder gibt es einen klaren Nutzen für die Gesellschaft, die Empfänger der Leistung können für sie nicht zahlen oder die Leistungen sind über die Eintrittspreise nicht zu finanzieren. Hinzu kommt bei großen Prestigeprojekten der Stolz, sich als Bürger Kultureinrichtungen leisten zu können.

Durch unterschiedliche Gebeanlässe werden auch unterschiedliche Menschen angesprochen: So wird es Förderer geben, denen musizierende Kinder wichtig sind und die deshalb für Musikinstrumente spenden. Andere dokumentieren lieber ihre ökonomische Potenz und finanzieren einen Neubau mit.

Förderer finden und binden

Damit Kultureinrichtungen ihre Förderer finden können, müssen sie sich strategisch richtig positionieren. Hierzu gehören vor allen Dingen:

Aufbau einer Kulturmarke

Nicht nur die Zuschauer oder Besucher müssen wissen, was sie von der Einrichtung erwarten können. Dies gilt für Förderer in einem noch größeren Ausmaß. Das kulturelle Selbstverständnis bildet den Kern der Marke, genauso wie das Bewusstsein, welche Effekte für die Gesellschaft durch die Einrichtung erzielt werden.

Von den richtigen Förderern gefunden werden

Fördern werden nur die Menschen, die mit der Organisation gemeinsam eine bestimmte Form von Kultur ermöglichen wollen. Entsprechend geht es im Fundraising immer darum, auf Basis der Kulturmarke für die „richtigen" Förderer interessant zu sein. Statt aktiv zu suchen, ist es vielfach sinnvoller, von den „richtigen" Förderern gefunden zu werden. In diesem Fall müssen die Einrichtungen Möglichkeiten schaffen, damit potenzielle Förderer mit ihnen in Kontakt kommen können.

Interessenten und Förderer langfristig binden

Gerade im Fundraising für die Kultur kommt der langfristigen Bindung eine besondere Bedeutung zu. Viele Förderer lernen über die Zeit die Produktion von Kunst und Kultur erst richtig schätzen. Hinzu kommt, dass viele Förderer zunächst mit geringeren Beträgen fördern, bevor sie sich entscheiden, in deutlich größerem Umfang in die Förderung einer kulturellen Einrichtung einzusteigen.

Die richtige Haltung einnehmen

Fundraising ist im Kern kein Geschäft, sondern der Aufbau langfristiger Beziehungen zwischen Menschen, um Kultur zu ermöglichen. Deshalb ist es auch wichtig, Förderer als Menschen und nicht nur als „Träger von Brieftaschen" wahrzunehmen. Wichtige Aspekte, die die Haltung ausmachen, ist das schnelle Danken genauso wie das Wertschätzen von Spenden und Spendern sowie das umfassende Informieren, wie die Spenden eingesetzt und was mit ihnen erreicht wurde.

Fazit

Obwohl Fundraising für die Kultur noch vielfach unterentwickelt ist und demgegenüber Sponsoring noch eine größere Rolle spielt, hat Fundraising für Kunst und Kultur eine zunehmende Bedeutung, wenn auch in Zukunft die Bandbreite kultureller Aktivitäten erhalten bleiben soll. Um dieses Potenzial ausschöpfen zu können, müssen sich kulturelle Einrichtungen für Förderer und ihre Bedürfnisse öffnen. Wo dies gelingt, können langfristige Beziehungen aufgebaut werden, die helfen, nachhaltig kulturelle Einrichtungen oder Projekte zu finanzieren. Dabei müssen die besonderen, regionalen Stärken von kulturellen Einrichtungen berücksichtigt werden.

www.kaikulschewski.de

Dieter Witasik

Geschäftsführer der ews group gmbh, Lübeck

Kultur und Beratung – wie geht das zusammen?

Um es gleich vorwegzunehmen: Kulturinstitutionen sind nicht beratungsresistent. Und dies hat eine Reihe von Gründen.

Waren Kulturinstitutionen in den vergangenen Jahrzehnten häufig noch ausschließlich dem Wahren, Schönen und Guten verpflichtet und schien Geld nur eine untergeordnete Rolle zu spielen, so hat sich dieses Verständnis vehement verändert. Eine zunehmende „Ökonomisierung" ist auch im Kulturbereich zu beobachten. Die wirtschaftlichen Zwänge und Anforderungen nahmen in dem Maße zu, wie Kulturträger von Förderern oder Geldgebern abhängig wurden (oder sind) und diese ökonomische Maßstäbe und Bedingungen an ihre finanzielle Unterstützung knüpften. Verstärkend kam hinzu: Wenn Kultur im touristischen Umfeld eine Rolle spielen sollte, war dies oft damit verbunden, dass staatliche Mittel für infrastrukturelle Veränderungen angefragt wurden. Dann lautete die notwendige vorgeschaltete Maßnahme: Machbarkeitsstudie.

Und immer dann kamen Begrifflichkeiten und Methoden aus der Management- und Marketingwelt ins Spiel: Zielgruppenkenntnis, Best-Practice-Analysen, Experten-Interviews, Besucherorientierung, Produkt- und Angebotskonzepte, Vision und Positionierung, Merchandising, Masterplan – zusammenfassen lassen sich diese Themenfelder unter dem Begriff der Marke.

Das, was ich hier beschreibe, ist nicht bloß Theorie. Eine ganze Reihe von Kulturträgern hat einen derartigen „Markenprozess" in den vergangenen Jahren durchlaufen und sich so fit(ter) gemacht für die Zukunft: Museen, Theater, Festspiele, Festivals.

Für die Auftraggeber kamen dabei durchaus neue und zum Teil umwälzende Einsichten heraus: Das so genannte Selbstbild und das Fremdbild – in diesem Fall die Sicht von Besuchern und Experten – mussten nicht unbedingt übereinstimmen und bargen großes Diskussions- und Veränderungspotenzial. Überhaupt ist es eine große Herausforderung für Institutionen, die bisher eher situativ und intuitiv agiert haben, auf einmal strategisch und mittelfristig orientiert zu planen und zu handeln.

Spätestens an dieser Stelle erhebt sich häufig Widerspruch: Kultur sei ein fragiles Gut und lebe vom Andersartigen, vom teilweise anarchischen Geist, von Widerborstigkeit – und dies sei gut so, gewollt und notwendig. Als Berater muss man hier erst einmal sehr genau zuhören und dann erst agieren. Die „reine Lehre" taugt im Kultursektor noch weniger als in anderen Branchen. Kenntnis der Materie, Offenheit, Transparenz, Partizipation, die Verständigung auf die eigentliche Aufgabe und gemeinsame Ziele sind wesentliche Grundlagen für einen erfolgreich verlaufenden Beratungsprozess.

Wir haben in unserer betrieblichen Praxis Kunden aus verschiedenen Kulturfeldern kennen gelernt. Und ich glaube, beide Seiten – Auftraggeber und Auftragnehmer – sind nach einer intensiven Kennenlern- und Verständigungsphase bereichert aus dem jeweiligen Arbeitsprozess herausgegangen. In Einzelfällen sind sogar persönliche Freundschaften entstanden. Einige der „kulturellen Leuchttürme", die wir beraten haben, sind in dieser Publikation vertreten, und die Ergebnisse der Zusammenarbeit im jeweiligen Beitrag nachzulesen.

Resümee: Schnelle Schrittfolge ist nahezu ausgeschlossen, Vertrauen bildet sich langsam, Referenzen und Empfehlungen bilden dazu einen guten Einstieg. Die Institution muss den Prozess wirklich wollen, vor allem Hausspitze und Führungsgremien müssen für Beratung offen sein und sich für eine Veränderung engagieren. Da dies nicht immer konfliktfrei geht, ist die Unterstützung umso mehr notwendig. Mit dem Erstellen eines

Konzeptes ist der Prozess natürlich nicht beendet, im eigentlichen Sinne startet er hier neu: mit dem Eintritt in die Umsetzung. Hier zeigt sich, wie qualitätvoll die Empfehlungen sind und ob sie auch verinnerlicht wurden. Empfehlenswert ist, diese Phase bereits beim Beginn des Veränderungsprozesses zu berücksichtigen und entsprechende Mittel und Ressourcen einzuplanen. Es nützt die beste (Marketing-)Empfehlung nichts, wenn ihre Inhalte und Botschaften später beim Besucher nicht ankommen.

Die ews group hat Machbarkeitsstudien erstellt und Beratungsprojekte durchgeführt für Kunden wie die Nolde Stiftung Seebüll, das NordseeMuseum Husum, das Schleswig-Holsteinische Freilichtmuseum Molfsee, sowie den Masterplan Worpswede. Der Verfasser ist zweiter Vorsitzender der Overbeck-Gesellschaft, Kunstverein Lübeck, und Mit-Initiator von o-ton KulturWirtschaft Schleswig-Holstein.

www.ews-group.de

Gerd Stolz

Kulturpublizist, Kiel

„Wir sind dann mal fort ..." – Gedanken zur Auswandererkultur im Norden

An jedem Tag des Jahres verliert die Bundesrepublik Deutschland ein ganzes Dorf, womit die Zahl der Auswanderer eine Größenordnung erreicht wie seit 1 ½ Jahrhunderten nicht mehr. Noch nie seit Gründung der Bundesrepublik Deutschland haben so viele Deutsche ihr Land verlassen wie in den letzten Jahren: im Jahre 2006 wanderten 155.000 Deutsche aus, im Jahre 2007 waren es 165.000, und im Jahre 2008 stieg die Zahl auf 175.000. Eines der Hauptzielländer war weiterhin die USA. Auswanderung ist auch heute ein nicht zu leugnendes Thema.

Kiel (Wisconsin), gegründet 1855
Willkommens-Tafel zur Innenstadt

Das Thema Auswanderung war in den vergangenen Jahren immer wieder in der öffentlichen Diskussion – auch aus historischer Sicht. Ab Mitte des 19. Jahrhunderts erreichte die Auswanderung eine bis dahin nie gekannte Größenordnung. Die Amerika-Auswanderung im 19. und 20. Jahrhundert veränderte das Leben in Deutschland, in Europa und den USA. In den Jahren 1820 – 1996 wanderten aus Europa, Kanada und Mexico ca. 36,5 Millionen Menschen in die USA ein, davon 7,1 Millionen Menschen aus Deutschland. Von 1871 bis 1914 wanderten ca. 142.000 Schleswig-Holsteiner aus, davon ca. 130.000 in die USA – über eine Achtelmillion Menschen verließ innerhalb von 40 Jahren das Land zwischen den Meeren. Die höchsten Werte lagen in Schleswig-Holstein in den Jahren 1881 und 1882 mit 11.913 und 12.384 Personen, d.h. die Provinz verlor in einem Jahr jeweils 11,17 bzw. 11,82 Prozent ihrer Bevölkerung – jeder Zehnte verließ das Land.

Die Auswanderer aus Schleswig-Holstein, aus den anderen deutschen Ländern und Landschaften wurden zu amerikanischen Staatsbürgern. Sie waren ein verloren gegangener Bestandteil ihrer deutschen Nation. In messbaren Größen oder Einheiten nicht zu fassen ist der kulturelle, geistige, intellektuelle Verlust durch die Auswanderer für die alte Heimat, er wurde zugleich zu einem unschätzbaren Gewinn für den neuen amerikanischen Heimatstaat.

In Schleswig-Holstein hat es in den vergangenen Jahren mannigfache Ansätze verschiedener Art von Institutionen, Organisationen, Vereinen und örtlichen Initiativen gegeben, den vielschichtigen Prozess der Auswanderung im 19. und 20. Jahrhundert regional systematisch zu erfassen und auszuwerten, nach verschiedenen Zielsetzungen darzustellen und Forschungsprojekte anzustoßen. Auch hat es nicht an Versuchen gefehlt, die hier im Lande wie in den USA erschienene Literatur zur Aus- bzw. Einwanderung zu erfassen, zu sammeln und der Forschung zugänglich zu machen. Nicht alle Ansätze waren erfolgreich und haben die Zeiten überdauert. Häufig verstaubt das einst mühsam und über einen längeren Zeitraum zusammengetragene Material, vielfach blieb es gänzlich unbeachtet.

Das mit Beginn der 1980er Jahre bei der Christian-Albrechts-Universität gestartete Forschungsprojekt „Schleswig-Holstein/Nordamerika – Versuche eines interdisziplinären Ansatzes" mit der eigenen Publikationsreihe „Kieler Beiträge zur Erweiterung der Englischen Philologie" stellte seine Aktivitäten nach dem plötzlichen Tod seines Initiators ein. Das einzigartige umfangreiche Material in Schrift und Bild konnte durch Übergang auf die Schleswig-Holsteinische Landesbibliothek vor dem Untergang bewahrt werden und wartet dort auf eine sachgerechte Archivierung und Aufbereitung.

Im Jahre 1994 gründete das Nordfriisk Instituut in Bredstedt das Nordfriesische Auswanderer-Archiv. Die dort bestehende Datenbank umfasst Angaben zu ca. 5.000 Personen. Das Institut ist bestrebt, die friesische Übersee-Auswanderung durch Publikationen und Vorträge bekannt und weiteren Forschungskreisen zugänglich zu machen.

Die „Amerika Gesellschaft" in Bad Segeberg mit der „Arbeitsgemeinschaft Genealogie in Schleswig-Holstein" ist um ein Auswandererarchiv bemüht, sie arbeitet an einer Auswanderer-Datenbank Schleswig-Holstein. Außerdem hat die Gesellschaft eine Zusammenstellung eines ihrer Mitglieder „der zur Auswanderung verfügbaren Literatur" online eingestellt.

Der Verein für Heimatgeschichte des Kirchspiels Lunden hat das „Startkapital" für eine Auswanderer-Datenbank für den Bereich Dithmarschen übernommen und zeigt in seinem Museum NatourCentrum Aspekte sowie Sonderausstellungen zu einzelnen Dithmarscher Auswanderern, die in den USA einen weiteren Bekanntheitsgrad erlangten. Das NordseeMuseum Husum im Ludwig-Nissen-Haus büßte mit der 2006/07 durchgeführten Neugestaltung seiner Daueraustellung die Inszenierung zur

Amerika-Auswanderung aus Nordfriesland und des erfolgreichen Lebensweges seines Stifters Ludwig Nissen ein.

Land of Peace and Plenty – NEW HOLSTEIN [Land des Friedens und des Überflüsses]

Die zu Jahresbeginn 1989 in den USA gegründete American Schleswig-Holstein Heritage Society (ASHHS) mit heute ca. 1000 Mitgliedern in 41 Bundesstaaten der USA und Deutschland ist nach eigener Aussage „der einzige deutsch-amerikanische Verein, der ein Land (der Bundesrepublik Deutschland) in den USA vertritt". Das besondere Anliegen von ASHHS ist, außer der Familienforschung, das Erbe und die Kultur der schleswig-holsteinischen Vorfahren zu bewahren und die plattdeutsche Sprache jenseits des Atlantischen Ozeans zu pflegen. Doch wie groß ist die Zahl derer, denen in Schleswig-Holstein die Aktivitäten von ASHHS wenn schon nicht vertraut, so doch wenigstens bekannt sind?

Das Thema Auswanderung ist in Schleswig-Holstein bis heute keineswegs umfassend behandelt, das Material nicht einmal abschließend erfasst worden. Eine Sicherung der Quellen ist kaum erfolgt, eine Verknüpfung der verschiedenen Vorhaben mag vereinzelt zwar beabsichtigt gewesen sein, wurde jedoch nicht einmal ansatzweise versucht. Eine „Auswandererkultur" gibt es in Schleswig-Holstein in einer übergeordneten Zusammenfassung nicht.

Erforderlich ist ein auf das ganze Land bezogenes, zentrales interdisziplinäres „Schleswig-Holsteinisches Dokumentationszentrum Auswanderung" mit Brückenfunktion in den Bereichen Forschung, Dokumentation, Publikationen, Veranstaltungen und Ausstellungen. Nur so kann auch das über den öffentlichen Archivbestand hinausgehende, bei privaten Personen, Institutionen, Sammlungen und Organisationen vorhandene Quellengut einschließlich Bildmaterial und Literatur unter Einsatz digitaler Medien erschlossen und zugänglich gemacht werden. Das Dokumentationszentrum, das zugleich die Initiativen und Forschung in den Nachbarregionen Schleswig-Holsteins wie auch die Immigrationsforschung in den USA aufgreift, ist in Hinblick auf seine Entwicklungsmöglichkeiten bei einem bestehenden Institut, das im Bereich Auswanderer-Forschung Erfahrung und einen Grundstock entsprechender Literatur hat, anzusiedeln.

Mit dem „Deutschen Auswandererhaus" in Bremerhaven und der „BallinStadt Auswandererwelt" in Hamburg sind vor wenigen Jahren zwei Erlebnismuseen auf den Plan getreten, die den Besucher an Originalplätzen der Auswanderung mit Nachbauten, detailgetreu gefertigten Kulissen und multimedialen Inszenierungen die Reise der Auswanderer vom Abschied in der alten Heimat bis zur Ankunft in Übersee nacherleben lassen.

Diese Museen mit großen genealogischen Datenbanken zeigen das Thema Auswanderung jedoch ohne direkten Bezug zu einer Herkunftslandschaft der Auswanderer. Der landeskundliche schleswig-holsteinische Aspekt ließe sich ergänzend und unabhängig von dem dortigen übergeordneten allgemeinen Blickwinkel mit einer Inszenierung hier im Lande selbst aufgreifen wie z.B. im Schleswig-Holsteinischen Freilichtmuseum in Molfsee.

Erinnerungsorte zu bekannten, erfolgreichen Auswanderern können mit Tafeln, Stelen o.ä. gekennzeichnet werden – Beispiele hierfür gibt es in Lunden (Gustav Dethlef Hinrichs, W.H.D. Koerner) oder in Kiel (Gebrüder-Olshausen-Stele der Sparkassenstiftung). In Verbindung mit anderen Stätten zur Landesgeschichte können sie in einer Kulturmeile verbunden, mit Dokumentationszentrum und musealer Inszenierung vernetzt werden.

Ilka E. Hillenstedt

Volkskundlerin, Kiel

Projektarbeit „Flüchtlinge" am Freilichtmuseum Molfsee

Flüchtlinge und Vertriebene in Schleswig-Holstein nach 1945

„Schleswig-Holstein – Flüchtlingsland" lautet der Titel eines Buches von Willy Diercks aus dem Jahr 1997 und meint damit die Flüchtlinge und Vertriebenen, die nach dem Zweiten Weltkrieg in das nördliche Bundesland kamen. Tatsächlich ist das Land ein Flüchtlingsland, denn mit Ende des Krieges und der Flucht und Vertreibung der Deutschen aus den ehemaligen ostdeutschen Gebieten und den deutschen Siedlungsgebieten aus dem östlichen Europa kam es in Schleswig-Holstein zu einer Bevölkerungszunahme von über 70 %.[1] Die Hauptlast der Flüchtlingsaufnahme mussten die ländlichen Gemeinden tragen, deren Gesamtbevölkerung sich bis 1950 fast verdoppelte. Gerade hier aber waren die Berührungen am engsten, das Gefühl der Verschiedenheit am deutlichsten und die Konfliktmöglichkeiten am ehesten gegeben.[2]

Die Diversität der einzelnen Flüchtlingsbiographien und -schicksale bringt es mit sich, dass von einer einheitlichen Flüchtlingskultur keine Rede sein kann. Dennoch förderte gerade auch das erlebte Anderssein nach der Ankunft in Schleswig-Holstein und die spezielle Lebenssituation der Vertriebenen eine besondere Identitätsbildung. Nachdem die britische Militärregierung 1950 das Zusammenkommen und die politische Bildung von Parteien wieder gestattete, entstanden die ersten Landsmannschaften, die Heimattreffen abhielten und versuchten, ihre regionale Kultur und Lebensweise zu bewahren. Diese Treffen geschahen vorerst in der Annahme, über kurz oder lang in die alte Heimat zurückkehren zu können. Während der Zusammenkünfte wurden Neuigkeiten über Verwandte und Bekannte ausgetauscht und mit der Zeit begannen die Menschen bei ihren Treffen Erinnerungsstücke zusammenzutragen.[3] Die bis heute in allen Regionen bekannten Heimatstuben entstanden.

Obgleich sie dazu beitrugen, den Schleswig-Holsteinern die Kultur der ehemaligen Heimat näher zu bringen, halfen sie vor allen den Menschen ihre eigene Identität und Kultur im Kontrast zu der einheimischen Kultur zu bewahren.

Mit dem Generationenwechsel ist heutzutage der Bestand des ostdeutschen Kulturgutes der Heimatstuben bedroht. Die Kinder und Enkel der Heimatvertriebenen sind „echte“ Schleswig-Holsteiner und beschäftigen sich in der Regel wenig mit dem kulturellen Erbe ihrer Eltern, auch wenn sie sich deren Heimat bewusst sind. In den vergangenen Jahren mussten viele Stuben schließen oder sie sind in größere Museen abgegeben worden, wie z. B. an das Dithmarscher Landesmuseum. Jahrelang stellten auch die (inzwischen nach Greifswald verlagerte) „Stiftung Pommern“, die „Landsmannschaft Ostpreußen e.V.“ und die „Stadtgemeinschaft Tilsit e.V.“ im Schleswig-Holsteinischen Freilichtmuseum Molfsee aus. Im Laufe der letzten Jahre entstand die Idee, diese Präsentation neu zu gestalten und nicht die Kultur im Hinblick auf die heimatliche Identität, sondern die Integration der Heimatvertriebenen zu zeigen. Die neue Ausstellung „Fremdes Zuhause“ möchte das Bewusstsein für die spezielle Nachkriegssituation wecken sowie an den Beitrag erinnern, den die Menschen in Schleswig-Holstein leisteten. Auch das Landesmuseum Schloss Gottorf präsentierte (auf dem Hesterberg) mit der Ausstellung „Erinnerungsorte“ zwölf herausragende Stationen der jüngeren Geschichte Schleswig-Holsteins. Es ist wohl kein Zufall, dass eine von ihnen sich mit dem Schicksal der Heimatvertriebenen befasst.

Lange wurde über die Flucht und Vertreibung der Deutschen wenig gesprochen. Mit dem Deutschen Wirtschaftswunder und der sinkenden Arbeitslosigkeit in den ersten beiden Jahrzehnten nach 1945 galten die Flüchtlinge schnell als „integriert“. Sie hatten wieder „ein eigenes Dach über dem Kopf“ und eine Arbeitsstelle. Allerdings beinhaltet eine wirtschaftliche Eingliederung nicht die Bewältigung mit dem Verlust der Heimat, wie Andreas Kossert es ausdrückt. Sein Buch „Kalte Heimat“ aus dem Jahr 2008 sorgte für großes Aufsehen. Darin brach er mit dem „Mythos der geglückten Integration“ und zeigte, dass sich die Flucht und Vertreibung bis in die dritte Generation hinein wirkte und im Leben der Familien alles veränderte.

Folgerichtig zeigt nun auch das Schleswig-Holsteinische Freilichtmuseum Molfsee mit der von der Sparkassenstiftung geförderten Ausstellung „Fremdes Zuhause – Flüchtlinge und Vertriebene in Schleswig-Holstein nach 1945“[4] nicht die Heimatkultur einzelner Regionen, sondern eine gemeinsame, übergeordnete Perspektive der Flüchtlinge.[5] Zu sehen ist nicht nur, wie sie ankamen und sich einlebten, sondern auch die Probleme der Integration sowie das Bedürfnis nach Heimat.

Erst in den letzten Jahren entstand ein immer größer werdendes gesamtgesellschaftliches Interesse für das Schicksal dieser Menschen, zumal sich durch die Auflösung der Ost-West-Konflikte und der Schaffung der neuen Bundesrepublik eine historische Distanz zum Problemfeld der Vertriebenen und Flüchtlinge entwickelte. Beim Publikum beliebte ARD-Produktionen wie „Die Flucht" aus dem Jahr 2007 unterstreichen diese Entwicklung.

In Schleswig-Holstein lebten sich die Heimatvertriebenen im Laufe der letzten 60 Jahre ein und viele bezeichnen es heute als ihre Heimat. Sie nahmen am Leben teil, veränderten das Land kulturell und demographisch. Viele der Fischereisiedlungen Schleswig-Holsteins, die sowohl Einheimische als auch Besucher als landestypische Orte bezeichnen, sind erst durch den Zuzug ostpreußischer Fischer entstanden. Letztendlich verhielt es sich im ganzen Land ähnlich wie in der Flüchtlingssiedlung Trappenkamp. Der Ort entstand 1946 als homogene Siedlung Sudetendeutscher. Nach und nach zogen andere Heimatvertriebene und schließlich Schleswig-Holsteiner zu, bis dort ein „normales" schleswig-holsteinisches Gemeinwesen entstanden war[6].

1. *Lesetipp: „Fremdes Zuhause" – Flüchtlinge und Vertriebene in Schleswig-Holstein nach 1945, Verlag Wachholtz 2009*
2. *Lesetipp: Marlen von Xylander, Flüchtlinge im Armenhaus, Reihe „Zeit+Geschichte" der Sparkassenstiftung Schleswig-Holstein, Band 16, Wachholtz Verlag 2010.*

Dr. Michael Eckstein

BürgerStiftung Region Ahrensburg, Ehrenamt Netzwerk Schleswig-Holstein

Koordinator der Initiative Bürgerstiftungen Schleswig-Holstein

Die Stärkung des bürgerschaftlichen Engagements

Der Befund in Schleswig-Holstein ist klar: „Ehrenamt ist nicht alles – aber ohne Ehrenamt läuft fast nichts". Dies gilt auch und gerade im Bereich der Kultur, wo ein großer Teil der kulturellen Angebote nur durch ehrenamtlichen Einsatz überhaupt möglich gemacht wird. Damit stellt sich die Frage: Wo steht das Ehrenamt bei uns, wie kann es weiter gestärkt werden? Was brauchen Ehrenamtler, um gut arbeiten zu können, was motiviert sie? Der wichtigste Ansatzpunkt ist nicht das Geld, auch wenn natürlich auch hier gilt: „ohne Geld ist alles nichts". Ausschlaggebend ist das Interesse der Menschen am Thema des Engagements. Der Engagement-Atlas 2009 von Prognos zeigt: Die Kultur nimmt einen guten Mittelplatz ein, rund 15% der Ehrenamtler sind hier aktiv. Die Kultur rangiert damit aber deutlich hinter Bereichen wie Sport, Kinder, Kirche und Soziales. Hier liegt also viel Potential.

Ehrenamt braucht Gestaltungsspielraum

Wer sich ehrenamtlich engagiert, will in aller Regel gestalten. Daher wird das Ehrenamt besonders gut dort gefördert, wo Gestaltungsspielräume bestehen bzw. eröffnet werden können. Häufig gilt dies im kulturellen Bereich ganz wörtlich für „Räume", nämlich für öffentliche Räume, die für Proben und Aufführen, Lesungen etc. bereitgestellt werden. Bürokratische Regelungen und kalkulatorisch ermittelte „Mieten" für sowieso vorhandene Räume werden schnell zum Hemmschuh. Die Gemeinden können viel für das Engagement tun, wenn sie hier ansetzen.

Aber auch steuerliche und versicherungsrechtliche Regelungen verderben Ehrenamtlern schnell die Freude. Hier ist in den letzten Jahren manches geschehen. Vor allem im Bereich von Haftung und Versicherung bleibt jedoch noch viel zu tun.

Ehrenamt braucht Anerkennung

Die Anerkennung ihrer Leistungen ist für die Ehrenamtler von hoher Bedeutung. Wer Kulturangebote schafft, findet eine Form der Anerkennung in jedem Falle: die Anerkennung durch die Rezipienten. Für die Motivation genauso wichtig ist aber die Anerkennung durch andere. Zunächst betrifft dies die Anerkennung innerhalb der eigenen Organisation. Hier haben viele Vereine Nachholbedarf. Aber auch über den eigenen Verein hinaus ist Anerkennung wichtig. Dies betrifft die Anerkennung durch Gleichgesinnte, z. B. aus anderen Institutionen mit ähnlichem Tätigkeitsschwerpunkt. Verbände können hier viel leisten, indem sie das Engagement in ihren Mitgliedsinstitutionen würdigen. Zum anderen ist die öffentliche Anerkennung wichtig. Gestützt werden kann dies sehr effektiv durch Preise für ehrenamtliches Engagement. So vergibt die BürgerStiftung Region Ahrensburg jährlich einen EhrenamtPreis – im Wechsel mit anderen Themenbereichen auch für das Ehrenamt im Bereich der Kultur.

Ehrenamt braucht Öffentlichkeit

Für das kulturelle Ehrenamt ist Öffentlichkeit oft ganz selbstverständlich, nämlich im Zusammenhang mit Veranstaltungen. Kulturanbieter sind also aufgerufen, durch attraktive Veranstaltungen Öffentlichkeit zu ermöglichen. Außerdem ist nicht zu unterschätzen, welche Bedeutung die professionelle Presse- und Öffentlichkeitsarbeit hat. Für die öffentliche Wahrnehmung ist schließlich die Beteiligung der Kulturträger an Veranstaltungen wichtig, mit denen sie auch neue Zielgruppen erreichen können: Messen und ähnliche

Veranstaltungen. Schleswig-Holstein hat mit den landesweiten EhrenamtMessen eine Plattform entwickelt, die es den Vereinen und Verbänden ermöglicht, sich und ihre Aktivitäten einem breiteren Publikum zu präsentieren – und dabei neue Aktive zu gewinnen.

Ehrenamt braucht Qualifikation

Ehrenamtliche Aktivitäten müssen professionellen Kriterien entsprechen, wenn sie erfolgreich sein wollen. Dies gilt auch in den administrativen, organisatorischen und kaufmännischen Aufgabenbereichen. Hier besteht ein kontinuierlicher Aus- und Fortbildungsbedarf. Für die Vielzahl der kleinen Vereine ist dies nur machbar, wenn es erschwingliche Angebote gibt, die sie nutzen können. Mit den landesweiten EhrenamtForen bietet das EhrenamtNetzwerk im Wechsel mit den EhrenamtMessen ein vielfältiges Angebot an Fachvorträgen und Workshops, die „ankommen". Dies muss durch intensive Seminare ergänzt werden. Der Landesverband der Volkshochschulen hat hier eine Seminarreihe eingeführt. Die Vereine sind aufgefordert, dies noch intensiver zu nutzen.

Fazit: Die Stärkung des Ehrenamtes ist in Schleswig-Holstein „auf dem Wege"

Mit EhrenamtMessen, EhrenamtForen, EhrenamtPreisen, Qualifikationsangeboten und dem dadurch angeregten Aufbau einer Struktur zur Förderung des Ehrenamtes – Ehrenamtsbüros, Freiwilligen-Agenturen – sind wir in Schleswig-Holstein auf gutem Wege. Dies fortzusetzen und auszubauen wird hier eine wichtige Aufgabe sein, für die auch weiterhin Förderer benötigt werden. Der Kulturbereich hat großes Potential, noch mehr ehrenamtliches Engagement anzuziehen – und damit auch den „Kulturstandort Schleswig-Holstein" weiter zu stärken.

www.ehrenamtnetzwerk.de

Katja Stark

Kulturmanagerin, London

Making innovation flourish – mit Selbstbewußtsein zur Innovationskultur

Visionen für die Kultur entwickeln, kreative Visionäre entdecken und Innovation fördern: Großbritanniens Hauptstadt London versteht sich mit großem Selbstverständnis als „Creative hub", als pulsierendes Herz der Kreativität und sogar als Kreativhauptstadt Europas. Hier wurde früh der Kreativsektor als Motor für Innovation und Transformation verstanden und als erstes der Wert der Kulturwirtschaftsbranche, der Creative Industries, als Zukunftsbranche erkannt und entsprechende Förderkonzepte entwickelt. Organisationen wie NESTA (National Endowment for Science, Technology and the Arts, www.nesta.org.uk) entstanden, die sich zum Ziel gesetzt haben, dem Vereinigten Königreich ganz grundsätzlich zu mehr Neuerungen und Erfindergeist zu verhelfen, indem sie die Entwicklung einer Innovationskultur als Nährboden für das Gedeihen von Innovation verstehen und stärken. Hinter jeder zukünftigen Entwicklung stehen jedoch am Anfang einzelne Menschen. Um diesen die Fähigkeiten zu verleihen, ihre Ideen auch umzusetzen, wurden sowohl vom Staat (www.culturalleadership.org.uk) als auch von der Clore-Duffield-Foundation (www.cloreleadership.org.uk) sogenannte Leadership-Programme entwickelt. Diese Ausbildungswege liefern ausgewählten Führungspersönlichkeiten das Rüstzeug, ihre Visionen zum Tragen zu bringen. Gleichzeitig entsteht hier eine Plattform für den Austausch von Wissen und den Aufbau von Netzwerken. In dem Zusammenhang stellt sich die Frage, welche Fähigkeiten konkret benötigt werden, um in Zukunft Kulturprojekte erfolgreich zu realisieren. Was versetzt Kulturorganisationen in die Lage, aus einer gesicherten Position nachhaltig zu arbeiten, ohne ihre Experimentierfreude oder ihr Innovationspotential zu verlieren? 2008 hat die renommierte Goldsmith University of London, zu deren Absolventen Künstler wie Tracey Emin und Damian Hirst gehören, diesem Gedanken ein eigenes Institut

gewidmet. Das Institute for Creative and Cultural Entrepreneurship (www.gold.ac.uk/icce) bietet Fortbildungsprogramme an, die Grundfähigkeiten des unternehmerischen Denkens und Handelns im Kultursektor vermitteln. Gleichzeitig will Goldsmith dazu beitragen, eine Infrastruktur für die schnell wachsende Kreativwirtschaft auszubauen. Vorher nicht dagewesene Strukturen können wiederum einen Aufbau von Netzwerken unterstützen. Immer auf der Suche nach Querverbindungen wird vor allem interdisziplinäres Arbeiten gefördert. Von vornherein sollen junge Unternehmer und Unternehmerinnen lernen, soziales, ästhetisches und wirtschaftliches Denken und Handeln miteinander zu verknüpfen. Der Studiengang selbst erscheint wie ein Laboratorium für zukünftige Arbeitsformen. Hier geht es mehr darum, ein auf die Bedürfnisse des Sektors zugeschnittenes Handwerk zu entwickeln als die Fertigkeiten aus anderen Bereichen zu übertragen. Ein eigenes Vokabular für den Kultursektor soll kreiert und ein gemeinsamer Handlungsrahmen definiert werden. Es ist kein Zufall, dass sich im Gebäude dieses neuen Studienganges das Büro von Clare Cooper, der Leiterin von Mission Models Money (www.missionmodelsmoney.org.uk), befindet. Als sie 2003 diese landesweit arbeitende Initiative mitbegründete, war sie noch bei der einflussreichen Organisation Arts and Business tätig (www.artsandbusiness.org.uk). Mission models money (MMM) versteht sich als eine Antwort auf die immer komplexer werdenden Ansprüche an den Kultursektor durch knapper werdende Ressourcen, demografischen Wandel sowie den beschleunigenden wissenschaftlichen und technischen Fortschritt, verändertes Konsumentenverhalten und zunehmende Heterogenität der Besucher und Besucherinnen. MMM reagiert auf die voranschreitende Auflösung traditioneller Arbeitsstrukturen und die Notwendigkeit der Verfestigung neuer Arbeitsformen. Von Anfang an hatte MMM sich die Aufgabe gestellt, Ideen zur nachhaltigen Erschließung alternativer Ressourcen zu entwickeln. Dazu können neue rechtliche und finanzielle Strukturen gehören sowie die Bildung von Allianzen. Entscheidend für den bisherigen Erfolg der Initiative waren erstens ihre Unabhängigkeit und zweitens ihr Handeln aus dem Sektor selbst heraus. Nach einer anfänglichen gemeinsamen Untersuchung von Bedürfnissen und Herausforderungen wurden im nächsten Schritt neue Ideen im offenen Dialog mit Kultureinrichtungen und Kulturschaffenden entwickelt. Arbeitspapiere entstanden, eine interaktive Plattform zur Debatte wurde erstellt, 30 Fallstudien formuliert, alles dokumentiert und in Form eines Wissenspools veröffentlicht. Ergebnisse blieben so nicht Einzelnen vorbehalten, sondern wurden als Gemeingut geteilt. Teil einer Kampagne für Wandel waren die 20 Veranstaltungen. Einer ersten Konferenz 2004 folgten bis heute vier Phasen, in denen sieben Kernfragen und Herausforderungen identifiziert wurden. Die aktuelle Phase DEFT (Designing for Transition) ist lösungsorientiert und will mit konkreten Fallstudien zur Eigeninitiative motivieren. „Making innovation flourish" bleibt das grundlegende Ziel. Die Stärkung einer gemeinsamen Innovationskultur benötigt dabei Räume und Strukturen, in denen erstens der Entwicklung neuer Ideen Wertschätzung entgegengebracht und zweitens das Selbstbewusstsein und die Vernetzung einzelner unternehmerisch handelnder Visionäre gefördert wird.

Arne Rautenberg
Schriftsteller und Künstler, Kiel

Licht, Weite, Luft, Meer.
Als Literat im Norden

Wer in Deutschlands größter Stadt am Meer lebt, Kunstwerke erzeugt und die Wahrnehmung dieser Werke in konzentrischen Kreisen sich vergrößern sehen will, der bekommt schneller als anderswo in dieser Republik die Grenzen seiner Lage zu spüren: Im Norden bildet Dänemark die Bundesgrenze, im Westen und Osten stößt er an salzige Wasserfronten, lediglich südwärts lässt sich weiter in die Republik hineinwirken –

doch dort thront der Moloch Hamburg, der einen ständig entweder fressen oder ausspucken will. Bleibt dem Schriftsteller für sein vordergründiges Wirken ein nicht allzu großes, flaches, zudem noch zwischen Ost- und Westküste aufgeteiltes Gebiet namens Schleswig-Holstein.

Natürlich gibt es hier eine gewisse Künstlerdichte, sogar einige Schriftsteller, und es werden auch Gelder für die Kultur locker gemacht, allerdings fallen die Kulturausgaben je Einwohner nirgends geringer in Deutschland aus als in Schleswig-Holstein, das ist bitter und das muss man wissen, wenn man hier künstlerisch umherspringt, bzw. strandet. Deswegen zieht es nicht sonderlich viele junge Literaten an die Küste und ins Binnenland, die Infrastruktur ist einfach nicht so, dass man irgendwo in Schleswig-Holstein ein Weimar des Nordens aufbauen könnte, was natürlich wunderbar wäre.

Doch bevor es um die Förderung literarischer Werke geht, sollte das Erschaffen der Werke selbst im Fokus stehen, denn den wichtigsten Impuls einer einmaligen Werkerschaffung gibt es nirgends zu lernen; entweder man ist von dem nötigen „Killerinstinkt" durchdrungen oder nicht. Jede Kunst kommt von innen heraus, beginnt zu drücken – und macht die Macher zu Sklaven ihres Sendungsbewusstseins. Das ist das eine, das ein Schriftsteller braucht. Das andere ist ein dickes Fell, mit dem ihm das Kunststück gelingen kann, über ein Meer aus Absagen zu wandeln, so sie denn anfallen. Es muss ihm klar sein: Die Metropole findet im Kopf statt und nirgendwo anders. Seine eigenen Schreib-Credos sollte jeder Schriftsteller selbst herausfinden; ich suchte mir meine damals im Straßenverkehr zusammen (und fahre noch heute gut damit):

3. Beschleunigen geht besser als bremsen
4. So wenig wie möglich rückwärts fahren
5. Nicht zu nah hinter zu großen Autos herfahren
6. Fährt dein Vordermann geradeaus, biege ab; biegt er ab, fahre geradeaus
7. Im Notfall einfach rechts ausscheren und überholen.

Hat man den Ernst der Situation für sich erkannt (also die Nötigung des eigenen Sendungsbewusstseins) und ist man nicht von vornherein der Supersiegertyp, dem alles gelingt und dem ein künstlerisches Überleben via Durchmarsch eh' gegeben ist, sondern mehr eine Kämpfernatur, dann sollte man sich mit den richtigen Ansprechpartnern im Land zwischen den Meeren vertraut machen. Es gibt sie in der Staatskanzlei, im Literaturhaus, in der Stadtverwaltung, in verschiedenen Stiftungen, Vereinen und Institutionen – Menschen, die bereit sind, qualitativ hochwertige, frische literarische Projekte zu unterstützen. Will sagen: Man darf sich nicht zu schade für den einen oder anderen Bettelgang sein. Daneben aber, und das halte ich für ganz wichtig, sollte man sich in seiner Arbeit so weit wie möglich von den landestypischen Abhängigkeiten zu lösen versuchen, in dem man sich von vornherein einem nationalen Wirkungsgrad verschreibt. Denn hier, am Meer, liegt für uns etwas Alltägliches ausgebreitet, das anderswo als das Besondere gilt.

Das muss man sich immer mal wieder bewusst machen. Doch es kann genauso gut funktionieren, sich der regionalen Vereinnahmung in jeder Hinsicht zu verweigern.

Und wenn man etwas in Schleswig-Holstein kann, dann dies: sich in der (kulturellen) Zurückgezogenheit auf sich selbst besinnen, sich damit seiner selbst bewusst, bewusster werden und daraus auch sein Selbstbewusstsein ziehen.

Wenn man, wie ich, seinen Frieden mit der Situation im Land gemacht und dem ollen Gezauder des Woandersistallesbesser abgeschworen hat, kann man dem Zauber des Nordens erliegen: Licht, Weite, Luft, Meer. In der Nähe des Meeres liegt dieser Zauber, man riecht ihn förmlich in der salzigen Luft, er ermöglicht eine Ahnung von der (auch in metaphysischer Hinsicht) weiten Landschaft im Kopf; viel Raum also, um die Gedanken schweifen, schwanken, taumeln zu lassen, im Schwunge bewegt zu werden, ohne festes Ziel (eben so, dass man sich schreibend noch selbst überraschen lassen kann!); Raum, um dahin zu treiben, sich schwingend, mit Schwingen zu bewegen, leicht wie eine Möwe, eine Welle zu sein und immer Ausschau nach etwas zu halten, an dem man sich festhalten kann. Denn irgendwann kommen sie, die neuen Ufer.

selbstportrait als welle

ein kommen und gehen
nicht von vorn
nicht von hinten
verstehen
ein drehen und wenden
verrauschen und enden

www.arnerautenberg.de

Günter Kunert
Schriftsteller, Kaisborstel

Landleben

Nach fünfzig Jahren in einer Großstadt, in Berlin, unter dem ständigen Geräusch des Straßenverkehrs, abends von Straßenlaterne zu Straßenlaterne, immer Menschen begegnet, sie kaum wahrnehmend, in der Dämmerung ohnehin nur als Schatten, von Autoscheinwerfern geblendet, vor dem Überqueren eines Dammes aufmerksam nach beiden Seiten Auslug haltend, nach Fahrten mit der S-Bahn, der U-Bahn, dem Auto, dem Fahrrad, Staub inhalierend, landete ich auf einem anderen Stern. So jedenfalls schien es mir, so jedenfalls konnte es einem vorkommen. Selbst unter der Folter konnte ich nicht erklären, warum ich, der geborene Berliner, Kind Berliner Eltern, aus der betonierten und gemauerten Baukastenwelt wegzog und noch dazu aufs flache Land. Ich habe versucht, mir selber die Motive für den radikalen Umzug klarzumachen, meinte, die Stadt habe sich vor meinen Augen derart verändert, daß sie nicht mehr „meine" Stadt sei; daß ich mir wortwörtlich die Stadt von der Seele geschrieben hätte. Rationale Gründe, jeder mag zutreffen. Und warum das Land? Noch dazu eines, dessen Erscheinungsweise weder enorm beeindruckend noch postkartenfähig ist. Ich sehe aus dem Fenster meines Arbeitszimmers (wie jetzt eben) und erblicke nichts als Grün, nichts als Natur pur, die sich im Verlauf der Jahreszeiten verfärbt, verwandelt, ihr Gesicht verändert, und dennoch (fast) dieselbe bleibt. Und just dieser Umstand, denke ich, fesselt mich an die Stelle, wo ich wohne. Mit den Jahreszeiten kehrt scheinbar das Immergleiche wieder, doch das ist, bei genauerem Hinsehen, ein Irrtum. Obwohl im Prinzip unverändert, wandelt sich, was blüht, wächst, gedeiht und abstirbt. Die Natur spiegelt den Beobachter wider. Er mißt seine Tage und Jahre an der Höhe jener Bäume, die er selber gepflanzt hat, voller Verwunderung, über diese Begleiter seines Daseins. Im Wachstum seines Umkreises ist er nie allein. Pflanzen, Büsche, Bäume, Hecken, Blumen, Gräser, Unkraut – all das lebt ja sein eigenes Leben und bezieht das Leben des Betrachters in seine stille Existenz mit ein. Ich bin kein Romantiker, zumindest ein äußerst gemäßigter, denn mein Verhältnis zum Land und was es aus seinem Boden hervorbringt, reißt mich nicht zu Begeisterungsstürmen oder meditativer Versunkenheit hin, es ist mir nur nahe, wie einem Kleidung oder Wohnraum nahe sind. Und so wie man sich in Kleidung oder Wohnraum schlecht oder wohl fühlen kann, so geht es mir mit meinem Umfeld. Es liefert mir die Ruhe, die ich zur Arbeit brauche, es gibt mir Luft zum Atmen, es bietet mir Platz, mich hinzulegen, mich zu entspannen und, beim Umhergehen, meinen Kopf für mich ungestört arbeiten zu lassen.

Die Menschen rundum, die ich seit langem kenne und die sich längst an mich gewöhnt haben, sind von der Art, wie sie der Natur ähnlich ist. Ihre innere Uhr geht langsamer als in den hektischen Metropolen; auf dem Lande hat man immer Zeit zu einem „Klönsnak", zu einem Gespräch, das meist um Alltägliches kreist und darum den Charakter langer Bekanntschaft hat. Das Wechseln weniger Worte genügt, es sagt dem anderen, ich kenne dich, ich weiß, wer du bist, wir sind uns nicht feindlich gesonnen. Manchmal gelingt es, einem anderen näher zu kommen, etwas von seinem Schicksal zu erfahren, denn diese gibt es auch auf dem Lande genug, nur fallen sie weniger auf als in Bezirken, wo die Leute dicht aufeinanderhocken. Zwischen den Menschen auf dem Lande herrscht Nähe und Distanz zugleich; man geht miteinander um, als sei man miteinander verwandt – was man zu einem großen Teil ja auch ist. Mich hat anfangs gewundert, daß sich hier nahezu alle duzen, bis ich die Selbstverständlichkeit dessen bemerkte. Die sozialen Unterschiede, obwohl vorhanden, werden nicht betont, nicht ausgespielt. Mit einem Wort, man kann als Gleicher unter Gleichem leben, sobald man sich nicht auf Kothurnen bewegt oder den großen Zampano markiert.

Die Uhren gehen langsamer, merkte ich schon an. Der Gewinn dabei ist, daß das eigene Dasein überschaubarer ist, keine Hektik, keine Ups and Downs, eine geruhsame Bewegung im allgemeinen Umgang, wie sie aus der Natur zu kommen scheint. Man lebt auf dem Lande sachter, maßvoller, mit einem kurzen Wort: unzeitgemäß.

Ulrich Behl
Künstler, Kiel

Als Künstler im Norden

Grundsätzlich ist ernsthafte künstlerische Arbeit überall möglich, es spricht also (zunächst einmal) nichts dagegen, „als Künstler im Norden" aktiv zu sein. Für einen wachen Geist, der sowohl auf Wahrnehmung (Eindrücke) und Aktion ausgerichtet, aber eben auch der Stille und Kontemplation zugewandt ist, besteht genügend Raum zu eigenständiger Entfaltung. Schöpferischer Einfall und kreativer Prozess des Einzelnen sind eben nirgendwo (auch nicht im Norden) per se ausgeschlossen oder an irgendeine Ferne gebunden. Schließlich bestand beispielsweise auch für den großen Stilllebenmaler Morandi (allerdings im Süden) ein Leben lang wenig Grund, sein Bologna für längere Zeit zu verlassen.

Nimmt man indessen Besonderheiten der Region, nun also Umfeld und Rahmenbedingungen Schleswig-Holsteins genauer in den Blick, dann erweist sich schnell, dass es woanders nicht nur anders, sondern nicht selten sogar besser ist. Unveränderliche Gegebenheiten wie das mediterrane Klima im Kontrast zu unseren nördlichen Breiten oder der barocke Süden gegenüber dem protestantisch (und damit bilderfeindlich) geprägten Norden sollen hier keineswegs aus alter Gewohnheit einmal mehr gegeneinander ausgespielt werden. Auch das immer wieder gern zitierte Verdikt „holsatia non contat" greift hier nicht. Es ist ja unbestritten, dass unser schönes Land mit seinem gesunden Klima, seinen geographischen Besonderheiten und seinen freundlichen und weltoffenen Menschen sich zunehmend als beliebtes Reiseziel für Urlauber und Touristen auszeichnet. Und dazu trägt gewiss auch eine beachtliche Anzahl von Kultureinrichtungen – insbesondere Ausstellungshäuser und Museen – erheblich bei, darunter natürlich auch die so gern angeführten „Leuchttürme".

Dergleichen wird selbstverständlich gerade auch von Künstlern im Lande wahrgenommen und geschätzt, aber stehen diese Stätten allein für lebendige Kunst und Kultur, die hier schließlich auch neu entstehen und sich weiterentwickeln möchten? Die Frage für einen „Künstler im Norden" ist doch, wie und wodurch (von wem) der kreative, Prozess wahrgenommen, wertgeschätzt und beflügelt werden kann, nachdem er sich – wie gesagt – zunächst einmal aus eigener Kraft und ohne Rückenwind eines „genius loci" zu entfalten sucht. Neben den bereits angesprochenen Kulturträgern (Kunstmuseen) sind es innerhalb der hier in Rede stehenden Bildenden Kunst vor allem Einzelne (Personen und Gruppen), die sich mit großem Engagement für einen lebendigen „Kunstbetrieb" (im besten Wortsinn) einsetzen. Hier darf auch die Rolle des BBK (Berufsverband Bildender Künstler) in ihrer Bedeutung für die Region nicht unterschätzt werden. Es muss schließlich einen Grund haben, dass Künstlerinnen und Künstler aus Hamburg seit langem bemüht sind, gerade in diesem Landesverband Mitglied zu sein. Natürlich gehen auch von der Muthesius Kunsthochschule, insbesondere seit sie nach Jahren in den Rang einer Akademie erhoben worden ist, spürbare Impulse und Anregungen aus. Zahlreiche andere Beispiele wären noch zu nennen.

Trotz alledem ist es leider noch immer so, dass viele junge Talente (wie übrigens auch im Sport am Beispiel Leichtathletik zu beobachten) das Land verlassen, um in geeigneteren und besser entwickelten Regionen ihren Weg zu gehen.

Es fehlen hierzulande (trotz des oben genannten Vorhandenen) entscheidende Grundlagen zur Existenzsicherung und für einen lebendigen Diskurs.

- Schleswig-Holstein (und allen voran die Landeshauptstadt Kiel) hat keine überregional beachtete Galerie.
- Künstler aus dem Norden sind selten (fast überhaupt nicht) durch veritable Galerien auf Messen wie Köln, Frankfurt, Karlsruhe oder Berlin vertreten.
- Es gibt (abgesehen von privaten Gelegenheitskäufern und Mitgliedern des Stifterkreises der Kunsthalle zu Kiel) keine ausgewiesenen Sammler, schon gar nicht in der jüngeren Generation, die – wie es anderorts durchaus Normalität ist – Galerien und Künstler begleiten und „tragen".
- Vor dem Hintergrund knapper Kassen schrumpfen die öffentlichen Ankaufsetats gegen Null.
- Aufträge zu „Kunst im öffentlichen Raum" und „Kunst am Bau" gehen ebenfalls deutlich zurück.
- Es gibt (auch hier von einer Minderheit einmal abgesehen) kein sonderlich ausgeprägtes Bewusstsein für Kunst als normale Begleitung des Lebens.
- Insbesondere bei den Parteien in Stadt und Land ist (abgesehen üblicher Lippenbekenntnisse) kein energischer Kulturwille (gepaart mit Sachverstand) auszumachen.
- Das Schulfach Kunst ist (trotz und wegen welcher Schulreform auch immer) ernsthaft bedroht, an vielen Gymnasien als Leistungskurs gar nicht im Angebot.

Die Liste ließe sich fortsetzen.

Was ist zu tun? Noch einmal: Sich entwickeln und fortbilden, arbeiten, produzieren, umtriebig sein, reisen, das eigene Schicksal selbst in die Hand nehmen…, das ist und bleibt Aufgabe jedes einzelnen Künstlers, jeder Künstlerin. Aber etwas ganz Wesentliches ist durch andere, und hier zuvörderst durch Staat und Politik zu leisten.

Um auch hier Missverständnissen gleich vorzubeugen, soll jetzt nicht vordergründig der Bereitstellung von Fördermitteln für dieses oder jenes Projekt das Wort geredet werden. Es geht auch nicht um die Erfüllung von Begehrlichkeiten berufsständischer Vereinigungen. Hier ist angemessen, durchaus auch materielle Förderung ja ohnehin bestehende Aufgabe der Politik, bzw. der öffentlichen Hand.

Aus gutem Grund soll hier jetzt ausdrücklich die Personalpolitik im Kulturbereich im Fokus stehen. Landes- und Kommunalpolitik sollten einmal ihre Kriterien bei der jeweiligen Stellenbesetzung im Bereich Kunst und Kultur kritisch überprüfen. Es kann ja wohl nicht sein, dass – wenn alle übrigen Ressorts angemessen besetzt sind – am Ende auch noch jemand für die Kultur (die Kunst) ausgeguckt wird, der bis dahin noch keine Verwendung hat finden können.

Im Interesse nachhaltig positiver Weichenstellung für die Kunst sollte in Stadt und Land (überall also) die dafür vorgesehene Stelle mit fachlich höchst qualifiziertem Personal (Spitzenkräften) optimal besetzt werden. Es darf hier auf der höchsten Ebene keinerlei KW-Vermerke geben, und falls „vor Ort" keine geeigneten Bewerber/Kandidaten aufzutreiben sind, müsste jemand von außen geholt werden. Derartige Umsicht sollte gerade in Sachen Kultur der Normalfall sein. Wo an der Spitze ein entsprechend qualifizierter Mensch (erinnert sei hier an den schmerzlich vermissten Dr. Andreas von Randow aus dem damaligen Kultusministerium) verantwortlich und kompetent agieren kann, da bewegt sich dann auch spürbar etwas. Da entstehen im Dialog mit der Künstlerschaft und interdisziplinär mit anderen neue Ideen und folgenreiche Projekte. Derart vorausschauende Planung verursacht nicht in erster Linie Kosten, sondern sie rechnet sich langfristig, beflügelt andere und trägt Früchte, die auch überregional wahrgenommen werden.

Das wäre neben dem, was Beteiligte und Private ohnehin leisten, wesentlicher und machbarer Part der Politik. Vor einem derartigen Hintergrund wären neben dem Verfasser gewiss auch viele andere gern „als Künstler im Norden".

www.ulrich-behl.de

Dagmar Rösner

Kunsthistorikerin, Windeby

Geistesleben auf den adeligen Gütern Schleswig-Holsteins

Im 16. Jahrhundert wandelte sich die Bedeutung der schleswig-holsteinischen Adeligen vom Fehderitter zum Leiter eines landwirtschaftlichen Betriebes. Eine lange Friedenszeit, der zunehmende Wohlstand der privilegierten Ritter und das Anwachsen ihres Grundbesitzes führten zu einer ersten Blütezeit der Adelskultur in Schleswig-Holstein.

Zur herausragenden Persönlichkeit der schleswig-holsteinischen Ritterschaft wurde Heinrich Rantzau (1526 – 1598). Als Gelehrter, Büchersammler, Schriftsteller, Bauherr und Auftraggeber von Künstlern und Literaten beeinflusste der Statthalter des dänischen Königs das kulturelle Leben Schleswig-Holsteins in großem Maße. Heinrich Rantzau besaß acht Güter, als Hauptwohnsitz ließ er sich ab 1580 die Breitenburg neu errichten und aufwendig ausstatten. Das Herrenhaus verfügte über einen Bildersaal mit einem erzieherischen Bildprogramm[1] sowie über eine bedeutende Bibliothek mit etwa 6300 Büchern.[2] Von seinen Zeitgenossen als „inter nobiles doctissimum, inter doctos nobilissimum"[3] bezeichnet, war Heinrich Rantzau der bedeutendste Repräsentant des Renaissance-Humanismus in der Kulturgeschichte Schleswig-Holsteins. Heinrich Rantzaus Sohn Gert (1558 – 1627) begab sich als einer der ersten schleswig-holsteinischen Adeligen auf eine „Grand Tour"[4]. Diese führte die Nachkommen der adeligen Familien auf ausgedehnte Reisen durch Frankreich, Österreich, die Niederlande und Italien, wo sie Anregungen für ihre spätere Bautätigkeit fanden. In weiten Kreisen des Adels war es üblich, die deutschen Universitäten in Leipzig, Göttingen, Halle oder Kiel zu besuchen und sich an ausländischen Universitäten in Utrecht, Siena oder Genf weiterzubilden[5]. So wuchs in den schleswig-holsteinischen Adelshäusern eine geistige Elite heran, die mit den kulturellen Strömungen aus ganz Deutschland und dem europäischen Ausland vertraut war.

Ende des 18. Jahrhunderts bildete sich auf den adeligen Gütern Schleswig-Holsteins ein humanistisch gesinnter Adel heraus, der immer weniger mit dem landwirtschaftlichen Gutsbetrieb verbunden war. Dem Dienstadel des dänischen Königs zugehörig, widmete er sich neben der Politik vor allem der Literatur und den schönen Künsten. Neben dem Eutiner Hof wurden die Herrenhäuser in Emkendorf und Knoop zu geistigen Zentren in Schleswig-Holstein, in denen bedeutende Dichter wie Friedrich Gottlieb Klopstock, Johann Caspar Lavater, Matthias Claudius, Johann Gottfried Herder und Johann Heinrich Voß verkehrten. Im Mittelpunkt standen die Töchter des dänischen Schatzmeisters Heinrich Graf Schimmelmann, Caroline Gräfin Baudissin (1759 – 1826) und Julia von Reventlow (1763 – 1816). Noch heute zeugt der von Louis Bobé[6] aufgeschriebene Briefwechsel des Reventlowschen Familienkreises von der Empfindsamkeit und der hohen Kultur auf den adeligen Gütern Schleswig-Holsteins um die Wende zum 19. Jahrhundert. Enge Beziehungen bestanden zu Graf Christian zu Stolberg (1748 – 1821), der sich nach seiner Zeit als Amtmann in Tremsbüttel auf das Herrenhaus Windeby zurück-

Salzau

zog. Er verfasste Dichtungen und übersetzte homerische Hymnen und die Tragödien des Sophokles, seine dichtende Ehefrau Luise geb. Reventlow (1746 – 1824) galt als herausragende Frauengestalt des geistigen Lebens in Schleswig-Holstein um 1800.[7] Zeitgleich begab sich Carl Friedrich von Rumohr (1785 – 1843) von seinem adeligen Gut Rothenhausen aus auf die Reise nach Italien.[8] Dort stand er in enger Verbindung zu Clemens Brentano, Ludwig Tieck, Joachim und Bettina von Arnim, Friedrich Overbeck, Peter Cornelius und August von Platen. Carl Friedrich von Rumohr löste sich ganz aus der Rolle eines Gutsbesitzers. Er lebte als Schriftsteller, verfasste bedeutende kunsthistorische Abhandlungen und verstand sich als Mäzen. Sein Gut in Schleswig-Holstein diente ihm lediglich als finanzielle Grundlage für diese Lebensweise. So unterstützte er Friedrich Nerly, der später als Maler italienischer Ansichten zu Ruhm gelangte.[9] Auch der sprachbegabte Wolf Graf Baudissin (1789 – 1878)[10], Erbe des Gutes Rantzau, stand in enger Beziehung zum Kreis um Clemens Brentano und zu den Emkendorfer Dichtern. Wolf Graf Baudissin machte eine glänzende Karriere im dänischen Gesamtstaat, zeitlebens fühlte er sich jedoch weit mehr der Literatur verbunden und quittierte im Jahre 1814 den Dienst. Er wurde ein bedeutender Übersetzer der Werke Shakespeares und Molières. Selbst ein begabter Pianist, verkehrte er mit Clara Wieck, Felix Mendelssohn-Bartholdy, Franz Liszt und Robert Schumann.

Die adeligen Familien sahen sich um die Wende des 19. Jahrhunderts jedoch nicht nur als Förderer der Literatur. Die Reform der Gutswirtschaft, ein florierender Überseehandel und der zunehmende Wohlstand des Beamtenadels führten in der zweiten Hälfe des 18. Jahrhunderts zu einer großen Bautätigkeit auf den adeligen Gütern[11]. So erhielten viele der schleswig-holsteinischen Herrenhäuser in dieser Zeit ihre heutige äußere Gestalt. Auf ihren Kavaliersreisen kauften die Adeligen Werke bedeutender zeitgenössischer Künstler wie Bertel Thorvaldsen, Angelika Kauffmann und Jakob Philipp Hackert. Julia und Fritz von Reventlow (1755 – 1828) kehrten aus Italien in Begleitung des Dekorationsmalers Guiseppe Anselmo Luigi Pellicia zurück,[12] der die

Innenräume mehrerer Herrenhäuser des Reventlowschen Familienkreises gestaltete.
Um die Wende des 20. Jahrhunderts vollzog sich ein letzter Wandel auf den schleswig-holsteinischen Gütern. Immer mehr adelige Familien veräußerten ihren Besitz an bürgerliche Käufer. Häufig erwarben wohlhabende Fabrikanten die adeligen Besitztümer und ließen von angesehenen Berliner Architekten neue Herrenhäuser auf dem Boden der adeligen Güter errichten. So sind in Schleswig-Holstein Gebäude der Architekten Hans Grisebach, Eberhardt von Ihne und Eduard Knoblauch entstanden, die den Stilpluralismus des ausgehenden 19. und beginnenden 20. Jahrhunderts widerspiegeln.[13]

Der überwiegende Teil der schleswig-holsteinischen Herrenhäuser verblieb jedoch im Besitz der adeligen Familien, die sich stets der Wahrung und Förderung der schleswig-holsteinischen Kultur verpflichtet fühlten. So wäre eine Gründung der Kieler Kunsthalle im Jahre 1854 ohne die Unterstützung der Angehörigen der schleswig-holsteinischen Ritterschaft kaum denkbar gewesen.[14] Die Kunstsammlungen auf den schleswig-holsteinischen Herrenhäusern vermitteln ein repräsentatives Bild von der europäischen Malerei vom Mittelalter bis in unsere heutige Zeit.[15]

Viele Jahre nur einem kleinen Kreis zugänglich, öffnen die Besitzer der Herrenhäuser heute mehr und mehr ihre Pforten und lassen ein breiteres Publikum teilhaben an ihren Kunstschätzen und an der langen Tradition der Adelskultur in Schleswig-Holstein.

Lesetipp: Heinrich Rantzau (1526-1598), Landesarchiv Schleswig-Holstein 1999

Professor Klaus Fußmann
Maler, Berlin und Düstnishy

Zwischen den Meeren, aber vor allem die Ostsee

Das Land Schleswig-Holstein hat zwei lange landschaftlich gegensätzliche Küsten. Der im Westen gelegenen ist ein weit sich in die Nordsee erstreckendes Watt vorgelagert und erst dann schützen hohe Dämme das dahinter liegende Tiefland. Die See selbst schimmert meist nur aus weiter Ferne aus dem grauen Nebel, das Wetter ist oft rau, die auftretenden Stürme knicken die Bäume und auf Dauer können nur Sträucher der Wucht des Windes widerstehen. Nirgendwo in Deutschland sieht man den Horizont in solch weiter Ferne, hier ist der Himmel hoch und die Landschaft so weit und vollkommen flach. – Die Östliche Seite nimmt sich dagegen fast wie ein Park und viel stiller aus: Wälder und Felder schieben sich hier bis an die Strände der Ostsee und sanft-hügelig entfaltet sich das Land. Das Vertrauen der Bewohner in die Friedlichkeit der See ist anscheinend grenzenlos, stehen doch manche Häuser nur einen Steinwurf vom Ufer entfernt. Die Gefahr einer Sturmflut scheint nicht vorhanden zu sein.

Seit langer Zeit schon wohnen Menschen an der Ostsee, das Land ist ein altes Kulturland. Auf einige tausend Jahre vor Christus lassen sich die immer wieder auf den Feldern gefundenen Artefakte datieren und die seltenen Hünengräber sind in etwa gleich alt. Sogar die Stadt Haithabu, von Plinius als im höchsten Norden liegend beschrieben, – am Ende der Welt und immer in Nebel und Regen gehüllt – ist mit ihren imponierenden Erdwällen noch heute bei Schleswig zu besichtigen. Die noch älteren Siedlungen sind bereits untergegangen, sie liegen draußen auf dem Grunde des Meeres, denn die Ostsee stieg in den lang vergangenen Zeiträumen um mehrere Meter und hat sie überflutet.

Die sehr lange Geschichte des Landes ist hier in Angeln, wo wir wohnen, auf Schritt und Tritt auszumachen. Die Arbeit der Bauern hat in den über fünftausend Jahren aus dem bewaldeten, mergeligen, zwar fruchtbaren aber mit Findlingen übersäten Hügelland eine Kulturlandschaft gemacht. Eine Landschaft wurde geschaffen aus vorhandener Natur, Zufall und Notwendigkeit. Den meist mittelalterlichen, bäuerlichen Bodengestaltungen folgend geht man abseits der modernen Hauptstraßen noch über schmale Wege, wandert den Kurven und Senken in den sanften Tälern nach und hat von da den Blick auf die leichte Schräge der Felder.

Oder aber der Besucher spaziert am Meer entlang, der absoluten Attraktion des Landes, dem immer wieder diskutierten, besegelten und von den Bewohnern betrachteten Vorzeigeobjekt Schleswig-Holsteins. Der Gegensatz zur Westküste wird wieder sofort sichtbar, es fehlen die hohen Wellen, das laute Rauschen der Brandung, der Eindruck von Gefahr, der von einem weitaus schwingenden Meeresspiegel ausgeht. Die Ostsee ist kleinteiliger, ruhiger, wirkt sogar älter, so als ob sie vom Menschen gebändigt sei. Die großen Seebilder eines William Turner hier zu malen, mit den gleißenden Weiten des Atlantiks oder der Irischen See, wäre, – wie es Nolde an der Westseite durchaus gelang – von den Küsten Sylts aus möglich, aber kaum an den Angeliter Stränden.

Die Bilder der Ostsee hat für uns Caspar David Friedrich gemalt. Auch wenn er seine Inspirationen von Rügener Klippen aus oder am Strand vor Greifswald erhielt, spürt man in seinen Bildern doch noch dasselbe Gewässer. Die Ostsee bei Nacht war ein bevorzugtes Thema: ein gescheitertes Schiff im Mondlicht, in dunkler See auf der Seite liegend. Oder: der steinige Strand vor Rügen im Vordergrund gut erkennbar, aber über dem Wasser die Luft dann in helle Nebel übergehend; eine Sepia, eine Zeichnung also, doch das Meer und die Atmosphäre wie bemalt, wie aus Glas, unfassbar doch sichtbar. Oder: der abgetakelte Schoner im Hafen von Stralsund, die Masten in winterlicher Abendsonne getaucht, von unten geht das Licht von Rot über zu Gelb, wechselt zu Gelbweiß, steigt auf zu Kobalt. Unnachahmlich gemacht, unglaublich sensibel und längst Geschichte: Geschichte der Malerei, der Kunst, und der Ostsee. Vor allem Caspar David Friedrichs Bilder haben unsere Vorstellung von der Ostsee geprägt. Wir sehen die Ostsee auch mit dem Gedächtnis an Bildern die von ihr gemalt wurden, Bilder haben unsere Wahrnehmung von ihr verändert. Wir sind voreingenommen, Bilder, Fotos, Beschreibungen und Geschichten haben das bewerkstelligt. Vor allem Kunstfreunde sehen die Ostsee mit den Augen der Maler. Viele Künstler haben in den letzten zwei Jahrhunderten dieses Meer gemalt und so ganz unterschiedliche Charaktere wie zum Beispiel der dänische Romantiker Köbke, der Impressionist Liebermann oder die Expressionisten der „Brücke", wie Heckel, Nolde, Schmidt-Rottluff, Pechstein und Kirchner auf Fehmarn.

Gegen Ende der Moderne wurden die Seestücke von der Ostsee dann spärlicher, um sich in den letzten drei Jahrzehnten wieder zu steigern. Etliche Maler Norddeutschlands malen heutzutage an der Ostsee. Die spektakulären Gezeiten und die gefährlichen Orkane der Westseite werden auf ihren Bildern nicht zu sehen sein, dafür aber die Tiefe der Zeit, die über Angeln liegt, die Struktur einer bäuerlich geformten Landschaft, sowie eine Ahnung von den Menschen, die mit dieser See leben, sie nicht fürchten, sondern so nahe wie möglich an sie heranrücken. Ansichten werden gemalt von der tiefblauen See, von dramatischen und verhangenen Himmeln, von goldenen Nachmittagen am Strand, von sanften Abendstimmungen, von weißen Wolken und Segelbooten im tosenden Wind. Und jeder Maler gibt mit seiner Malerei den Motiven eine andere Deutung.

Lesetipp: Schleswig-Holsteinisches Landesmuseum, Schloß Gottorf, „Klaus Fußmann auf Schloss Gottorf", Schleswig 1997

Jens Schliecker
Nils Rohwer
Piano meets Vibes (Jens Schliecker/Piano – Nils Rohwer/Vibraphon-Marimba)

Als Musiker im Norden

Jens Schliecker und Nils Rohwer sind zwei außergewöhnliche Musiker, deren musikalisches Herz auch neben der Bühne schlägt. Als Filmkomponisten, als Komponisten für kammermusikalische und orchestrale Werke, sowie als Dozenten und Musiklehrer, konnten sich die beiden Künstler in den 20 Jahren ihrer Zusammenarbeit einen hervorragenden Ruf weit über die Landesgrenzen hinaus erarbeiten. Kennengelernt haben sich die beiden Musiker bereits 1986 in der erfolgreichen Latin-Jazz-Band „Toccata" (Preisträger JLTA, Hörfest). 1989 wurde Nils Rohwer auf ein Preisträger-konzert für Bundespreisträger bei „Jugend musiziert" eingeladen, zu dem er spontan seinen Bandkollegen Jens Schliecker als Pianist einlud. Der unerwartet große Erfolg des erstmaligen gemeinsamen Auftritts als Duo ermutigte beide zum Weitermachen – „Piano meets Vibes" war geboren. Mit großem Einsatz entdeckten die beiden ihre Leidenschaft für die Besetzung Klavier – Vibraphon/Marimba. In der folgenden Zeit komponierten sie ihr erstes vollständiges Konzertprogramm und gingen damit auf die Bühne. Die ungezwungene Art zu komponieren, sich in keine Schublade einzuordnen und ganz auf die assoziative Kraft ihrer Musik zu vertrauen, ließ eine ganz eigenstän-dige und unverwechselbare Klangsprache entstehen. Durch die Begeisterung des Pu-blikums und mehrere erste Preise bei Musikwettbewerben von 1990-94 (Landesjazz-zwettbewerb/Jazz Podium S-H) ermutigt, wurde die erste CD geplant und realisiert und in den Folgejahren viele Konzerte und Festivals gespielt, u.a. SHMF, Jazz Baltica, Berlinale und Musik Biennale Berlin sowie „Jazz in den Ministergärten", Berlin.

Große Nachfrage erfährt seither auch das Notenmaterial zu ihren Duokompositionen: inzwischen weltweit verkauft, hat sich das Material nicht nur in deutschen Musikhoch-schulen etabliert. Parallel dazu brachte Nils Rohwer sein Musikstudium an der Musik-hochschule Detmold mit der künstlerischen Reifeprüfung zum Abschluss und gründete die Schlagzeugschule „Drums Unlimited". Jens Schliecker beendete seine Laufbahn als Zahntechniker und machte sich als Pianist, Komponist und Klavierlehrer mit eigenem Studio selbstständig. Gemeinsam realisieren die Musiker seitdem ihre Konzerte, CDs, Kinolive Konzerte, Filmmusiken und Auftragskompositionen verschiedener Genre.

2007 wurden die beiden mit dem 1. Preis für Komposition der Classical Marimba League (USA) ausgezeichnet. Im Mai 2009 erhielten sie den Norddeutschen Kultur-preis (Förderpreis) für ihr musikalisches Gesamtwerk. Nach der CD „Piano meets Vibes" (1994), „Duo Fantasie" (1996) und „Bilder einer Reise" (2000) erschien 2009 „Morning Clouds" – die 4. CD des Duos. Bei dieser neuen Produktion konnten die beiden Musiker ihre Erfahrungen aus der Filmmusik einbringen und das musikalische Spektrum der Kompositionen deutlich erweitern.

Vita Nils Rohwer (1965)

Der Schlagzeuger und Komponist Nils Rohwer hat ein Musikstudium für Orchester-schlagzeug an der Musikhochschule Detmold absolviert.

In mehreren Percussion-Ensembles und auch als Solist wurde er mehrfach Bundes-preisträger bei „Jugend musiziert". 1997 gründete Nils Rohwer seine Schlagzeugschule „Drums Unlimited", aus der bereits mehrere Bundespreisträger im Wettbewerb „Ju-gend musiziert" hervorgingen. Gemeinsam mit Jens Schliecker arbeitet Nils Rohwer erfolgreich als Co-Komponist im Bereich Filmmusik. Im Auftrag des Landesmusikrates Schleswig-Holstein ist Nils Rohwer als Dozent für Popularmusik tätig. Er ist Autor eines erfolgreichen Lehrbuchs für Schlagzeug. Seine Kompositionen für Schlagzeug-Kammermusik sind weltweit gefragt.

Vita Jens Schliecker (1959)

Der Pianist, Komponist und Produzent Jens Schliecker ist Autodidakt und arbeitet seit 28 Jahren als Musiker. Seit 15 Jahren betreibt er sein Kompositions- und Produktionsstudio in Schönkirchen, welches zu den bestausgestatteten in Norddeutschland gehört. Hier entstehen Filmmusik für TV und Kino, Musik für Hörbücher, orchestrale Musiken, Ethno- und Weltmusik, Werbemusik und Musiken der Genre Jazz, Pop und Chanson. Mit dem Schlagzeuger Nils Rohwer spielt er seit 20 Jahren im Duo „Piano meets Vibes" auch auf internationaler Ebene zusammen und ist gemeinsam mit ihm auch als Kompositionsteam erfolgreich. Jens Schliecker ist zudem auch Privatlehrer für Klavier und arbeitet im Auftrag des Landesmusikrates als freier Dozent für Popularmusik in den Bereichen Komposition, Arrangement, Rhythm and Groove und Produktion.

Unsere Meinung

Ein Meinung zu einem Thema ist immer eine subjektive. Abhängig vom partiellem und unvollständigem Wissen um die Gesamtzusammenhänge und des als Realität empfundenen künstlerischen Alltages mit seinen Eigenheiten, ergibt sich aber trotzdem eine Perspektive, eine Sicht der Dinge. So beschäftigen uns in unserem täglichen Künstlerdarsein doch immer wieder kulturell existenzielle Fragen, die uns sehr bewegen. Wir haben in den vielen Jahren der Zusammenarbeit und auch in den einzeln realisierten Bereichen immer wieder die Musik und ihre Bedeutung für, und ihre Wirkung auf den Menschen in den Vordergrund unserer Arbeit gestellt. Das äußert sich sowohl in dem großen Verantwortungsbewusstsein und der besonderen Leidenschaft, mit der wir unsere Schüler unterrichten, als auch im Respekt vor den Menschen, die unsere Musik hören. Immer wieder ist uns deutlich geworden, welchen beeindruckenden Einfluss Musik bzw. das aktive Musizieren auf das Befinden, die Sichtweise und die Entwicklung von Menschen nimmt. Wenn man als Musiker einmal die Erfahrung gemacht hat, das es nicht nur von einer fachlich guten Leistung, sondern im Besonderen von der inneren Haltung abhängig ist, in welchem Zustand man ein Publikum aus dem Konzert entlässt - oder seine Schüler aus dem Unterricht, dann kommt man zwangsläufig in Konflikt mit einem System, das sich überwiegend über Äußerlichkeiten und materielle Werte definiert. Das ist nun wirklich keine neue Einsicht sondern wohl das Problem eines jeden Künstlers bzw. Kunstverständigen. Doch leider bleibt das Wissen um diesen Konflikt zu oft nur für die Betroffenen selbst erfahrbar. Es ist wirklich an der Zeit, Kultur nicht ergebnisorientiert sondern prozessorientiert zu vermitteln. Sicherlich, Kunst entsteht ja auch erst aus einem gewissen

Spannungsfeld, aus dem sich Einsichten, Aussichten und kreative Neuigkeiten gebären. Nur ist, oder sollte Kultur etwas sein, das die Menschen nicht nur mit einem kreativen Ergebnis, sondern auch mit dem kreativen Prozess in Berührung bringt. Das ist aber nur möglich, wenn es als grundsätzlich wichtig erachtet wird, dass Musik- bzw. Kunstunterricht in der Schule ein Hauptfach sein sollte. Das das Erlernen eines Instrumentes und die besondere Erfahrung des gemeinsamen Musizierens nicht nur denen vorbehalten bleibt, die es sich leisten können. Das Musik etwas ist, mit dem man sich als große und vielschichtige Bereicherung des Lebens intensiv beschäftigen kann und sollte. Welches Signal wird gesetzt, wenn Musikunterricht teilweise aus dem Lehrplan genommen wird. Welches Signal wird gesetzt, wenn Musik in der Öffentlichkeit nur noch über Spitzenleistungen, großes Scheinwerferlicht oder die Popularität und den Ruhm verdienter (und unverdienter Stars) wahrgenommen wird. Nicht die Tiefe der Kunst steht im Vordergrund, sondern leider oft der vordergründige Effekt.

Kulturpolitische Entscheidungen, die strukturelle Dynamiken oder Vorgaben beeinflussen, werden immer öfter dem Finanzdiktat oder einem populärem Effekt unterworfen. Während auf dem Altar des wirtschaftlichen Wachstums kräftig geopfert wird, ist die Streichliste für die Kultur von Jahr zu Jahr eine längere. Der Teufelskreis setzt sich darin fort, Kultur dem eigenen Überlebenswillen zu überlassen und zu hoffen, dass Künstler und die vielen achtsamen und engagierten „Freiwilligen" es schon richten werden. Der Verlust an breiter kultureller Substanz in der Gesellschaft und der Verlust kultureller Persönlichkeiten an den Mainstream ist der Preis, der dafür zu zahlen ist. Wie hoch der Schaden für das „Bruttosozialglück" und die kulturelle Substanz ist, ist noch nicht abzusehen, aber mit Sorge zu erahnen.

Die großen Festivals in Schleswig-Holstein, JazzBaltica, SHMF und Folk Baltica, sind wichtige Institutionen in unserem Land geworden. Über die Landesgrenzen hinaus tragen sie den Kulturstandort Schleswig-Holstein in die Welt hinaus. Doch soviel Glanz und Ruhm auf höchstem Niveau kostet viel Geld. Die Ausrichtung der Festivals ist also nicht nur eine künstlerische sondern zwangsläufig auch eine betriebswirtschaftliche. Das sehr hohe Niveau dieser Festivals lässt sich aber allein über Eintritts- und Sponsorengelder nicht auf Dauer aufrecht erhalten. Deshalb unterstützt das Land diese Festivals mit entsprechenden Geldern. Da sich die Festivals zu einem gewichtigen Wirtschaftszweig mit großem Prestige entwickelt haben, darf man die Landesfördergelder ohne weiteres als Subventionen aus Steuergeldern betrachten. Es stellt sich die Frage, inwiefern die eigene Kulturszene effektiv von dieser Förderung profitieren kann – oder tut sie es teilweise bereits?

Im Fall der Jazz Baltica haben durchaus schon einige Künstler aus dem Norden ein Forum zur Präsentation bekommen und für sich positiv nutzen können. Ein positives Beispiel, welches in der Zukunft sicherlich noch weiteres Potenzial in sich trägt. Sucht man auf dem Spielplan des SHMF nach regionalen Künstlern, wird es dagegen eng. Es ist kein Geheimnis, dass man sich hier mehr auf die internationale Szene bzw. deutsche

Spitzenstars spezialisiert hat. Natürlich besteht hier auch ein Zusammenhang zwischen Künstlerauswahl und hohen Besucherzahlen. Aber die Besucherzahlen würden nicht wirklich leiden, wenn man der regionalen Musikerelite die Möglichkeit von Support Auftritten böte, oder ein eigenes S-H Konzertforum für den Nachwuchs ins Leben riefe. Noch sehr unangenehm in Erinnerung ist mir (Nils Rohwer) als Leiter einer Schlagzeugschule das Angebot seitens des SHMF, Schlagzeugschüler meiner Schule, die zuvor mit 1. Bundespreisen bei „Jugend musiziert" ausgezeichnet wurden, im Rahmen des Festivals (auf eigene Kosten) in der Einkaufstrasse in Flensburg „konzertieren" zu lassen.

Da das SHMF kein idealistischer „Verein der Musikfreunde" ist, sondern ein Wirtschaftsunternehmen, sollten zugeführte Steuergelder dazu verpflichten, auch das gute landeseigene Potential an Künstlern deutlicher zu berücksichtigen. Nicht nur, wie in selteneren Fällen im Festival auf dem Lande, sondern auch im Hauptprogramm.

Es stellt sich die Frage, ist Kultur als Wirtschaftsfaktor nur in Großprojekten praktizierbar? Sicher nicht. Besonders für S-H als Wirtschaftsstandort/Wohnort ist es wichtig, in der Breite ein interessantes kulturelles Angebot zu pflegen. Ob es hier einen messbaren Effekt der Nachhaltigkeit für die landeseigene Kulturszene im Zusammenhang mit den großen Festivals gibt, sollte kritisch und objektiv disskutiert werden. Ausbildungsstätten für Musik, Bildende Kunst und Theater dürfen in Anzahl, Ausstattung und Qualität in wirtschaftlich schwierigen Zeiten nicht abnehmen, während Kräfte mobilisiert werden, große Festivals auf gleichbleibend hohem Standart zu veranstalten. Unter diesen Aspekten stellt sich grundsätzlich die Frage: Was ist Kultur eigentlich wert? Da steht bei vielen natürlich der monetäre Wert als Begriff im Raum. Läßt sich das in irgend einer Form in Euro ausdrücken? Kurzfristig gesehen kann eine politisch institutionell oder auch finanziell unterstützte Kulturszene Einnahmen bzw. Gewinne für die Künstler generieren, was zu Steuereinnahmen, Investitionen, Konsum und möglicherweise sogar diversen Arbeitsplätzen führt. Hier sind z.B. Zulieferer wie Agenturen, Galeristen, Lieferanten für Materialien und Equipment, Veranstalter, Gastronomen gemeint. Eben alle, die an der jeweiligen Szene mittelbar oder unmittelbar partizipieren. Ein durchaus wünschenswerter und erfreulicher Effekt.

Mittel- und langfristig zeigt sich da aber noch ein ganz anderer Wert. Nicht erst seit der Bastian-Studie ist bekannt, dass Kinder und Jugendliche, die an einem Instrument ausgebildet werden und einen regelmäßigen Musikunterricht über einen längeren Zeitraum hinweg erhalten, im Durchschnitt eine signifikante Steigerung der Intelligenz zeigen, gesteigerte schulische Leistungen erbringen, disziplinierter in der Eigenorganisation sind und ein besseres Sozialverhalten zeigen als Kinder und Jugendliche ohne qualifizierten Musik- bzw. Instrumentalunterricht. Alle diese Eigenschaften werden beim Erlernen eines Instrumentes in hohem Maße gefördert und etabliert. Dazu verhilft ein qualitativ hochwertiger Musikunterricht durch das Vermitteln tieferen musikalischen Verständnisses zu einer toleranteren und differenzierten Sicht der

Welt. Die Förderung der Kultur ist eine Förderung dieser positiven Eigenschaften und damit eine sehr wertvolle Investition in die Zukunft der Gesellschaft. Junge Menschen mit hohem kreativen und sozialem Vermögen und breitem Bildungs- und Wahrnehmungshorizont sind das Kapital einer zukünftigen Gesellschaft, die sich noch als solche bezeichnen lassen möchte. Die enorme Bedeutung von kultureller Bildung und Ausbildung in der Breite ist leider noch nicht im Bewußtsein der Gesellschaft und denen für sie Verantwortlichen in dem Maße verankert, wie es nötig wäre. Wie anders kann man sich Kultur in der politischen Disposition als Streichposten Nr. 1 in Budgets, respektive Quotenführer bei Unterrichtsausfall an Schulen erklären!? Kultur wird immer noch als ein im Zweifel verzichtbarer Luxus wahrgenommen. Aber auch die Gesellschaft bäumt sich dagegen nicht wirklich auf. Aufgrund ungenügender kultureller Breitenbildung auf höherem Niveau wird die Notwendigkeit derselben nicht erkannt. Übersättigt von TV, Radio, Internet und einer gigantischen Flutwelle von Musik als mp3 Dateien gerät Musik zu einem ständig begleitenden Geräuschteppich und modischen Wegwerfartikel. Es wird schon der Erwerb einer Eintrittskarte für ein Konzert oder die Abstimmung bei einer Castingshow als Teilnahme an Kultur empfunden.

Alle gesellschaftlichen Werte und Selbstwerte über Geld und Status zu definieren hat uns in die Sackgasse geführt, in der wir stecken. Trotz aller Widrigkeiten lässt sich aber der kreative Impuls eines Künstlers nicht wirklich ersticken. Und so lebt die Kultur in Zeiten von astronomisch subventionierten Bankensystemen und anderen wirtschaftlichen Problemen: trotzdem. Sie hinkt, sie schleppt sich, aber sie lebt. Für diesen Idealismus, für das ehrliche Erkennen einer inneren Bestimmung und das konsequente Finden und Arbeiten an der eigenen Berufung sollte dem Erschaffen von Kunst und der Pflege der Kreativität als Lebensweise mehr Aufmerksamkeit entgegen gebracht werden. Besonders dann, wenn die, die sich dieser Lebensweise verschreiben bereit sind, ihr Wissen an nachfolgende Generationen weiterzugeben. Diese Bereitschaft geht oftmals weit über den Rahmen der bezahlten Unterrichtseinheit hinaus. Getragen vom Wissen um die Bedeutung und der bereichernden Kraft der Musik bzw. allgemein der Kultur. Aber auch die vielen ehrenamtlichen Menschen und Organisationen, die der Kultur Unterstützung zukommen lassen, Netzwerke bilden und im Sinne der Kultur ihr Bestes geben, verdienen mehr Anerkennung und Unterstützung. Möglicherweise haben ja die Künstler durch ihre Lebensweise und die beherzten „Freiwilligen" der Kultur durch ihre Erfahrungen und ihr Wissen um die Bedeutung der Kunst Antworten an die Gesellschaft, die den Politikern und der Wirtschaft im Moment ausgegangen sind.

Muss kulturelle Förderung teuer sein? Nein. Künstler sind sehr spezielle Menschen. Sie arbeiten an Dingen, die sich erst einmal in einer betriebswirtschaftlichen Auswertung nicht darstellen lassen. Trotzdem erwirtschaften sie irgendwie Geld. Trotzdem leisten sie ständig Wertvolles für die Menschen. Dazu sind sie eigenständig und tragen teilweise ohne Absicherung Verantwortung für sich und ihre Projekte. Wie viele können das von sich schon behaupten? Es gibt Menschen, die der Kunst und den Künstlern vertrauen. Es sind die schon erwähnten ehrenamtlichen Unterstützer. Aber auch Sponsoren, Stiftungen, Vereine und Mäzene vertrauen und stützen die Kultur, in dem sie Kapital, Knowhow oder persönlichen Einsatz zur Verfügung stellen. Doch diese Mittel sind begrenzt und erreichen deshalb nicht alle, die sie benötigen. Aber für Künstler, die in der eigenen Verantwortung stehen, ist schon ein Bankdarlehen eine Möglichkeit, Ziele zu realisieren. Und hier fangen die Probleme des selbstständigen und autonomen Künstlers an. Wie soll man einer Bank als Kreditgeber verständlich machen, dass das Erarbeiten eines künstlerischen Werkes als erstes Zeit und dann noch mehr Zeit braucht? Das Geld fließt dann oftmals erst viel später. Und betrachtet sich der Künstler wirklich als Künstler und nicht als Zulieferer des Mainstream, kann es sogar sein, dass das Geld länger nicht fließt. Aber mit einer Hilfe fließt es dann irgendwann. In den meisten Fällen nur eben unregelmäßig. Dieses Risiko haben die Künstler schon immer selbst getragen, ohne staatlichen Schutzschirm. Bis hin zur wirtschaftlichen Selbstaufgabe. Diese Bereitschaft zur Selbstkasteiung sollte aber kein Qualitätssiegel für ernstzunehmende Künstler sein, noch sollte man diese Bereitschaft als traditionelle Selbstverständlichkeit akzeptieren und noch weniger fordern.

Hier könnte ein wichtiges Signal von der Politik kommen, indem sie sich intensiv mit der Kulturlandschaft jenseits der hellen Scheinwerfer und großen Bühnen direkt auseinandersetzt. Wissen die Politiker wirklich genug von der Basis, um die richtigen Entscheidungen treffen zu können? Oder ist das Licht großer Events so hell, dass sie glauben, in diesem Schein die Kulturlandschaft noch erkennen zu können?

Wenn man sich nicht wirklich um die Pflege der Wurzel kümmert, bricht der Baum irgendwann ein. Es ist an der Zeit Rahmenbedingungen zu schaffen, Profimusiker bei angemessener Bezahlung in den Musikunterricht an Schulen zu integrieren, um kontinuierlichen und lebendigen Musikunterricht zu gewährleisten. Dasselbe gilt für alle anderen künstlerischen Fächer. Zuschüsse für privaten Musikunterricht an sozial Schwächere sollten ermöglicht werden, damit Talent für eine musikalische Ausbildung entscheidend ist, nicht die soziale Herkunft. Es ist an der Zeit, die Wichtigkeit von Institutionen wie LKV, LMR und vieler andere Vereine und Verbände im Dienst der Kultur durch angemessene Mittel und strukturelle Unterstützung anzuerkennen. Es ist an der Zeit, durch die Politik Rahmenbedingungen für Künstlerkredite und Projektfinanzierungen zu schaffen, die nicht der normalen betriebswirtschaftlichen Bewertung unterliegen. Bei den großzügigen Schutzschirmen für entgleiste Bankgeschäfte und einer langen Liste verschwendeter Steuergelder, wäre zumindest für ein latentes Gefühl der Gerechtigkeit ein Modell zu überlegen, das es auch Künstlern ermöglicht, angemessene Finanzierungen zu bekommen. Zu einer Bewertung der Geschäftsfähigkeit des Künstlers sollte aber auch seine künstlerische Vita in die Vergabekriterien einfliessen. Möglicherweise sollte das Gremium, das über die Vergabe entscheidet, sowohl aus kompetenten Bankern und ebenso kompetenten und erfahrenen Künstlern bestehen.

Das Entscheidende aber ist die Besicherung solcher Finanzierungen durch das Land. Wir sind uns sicher, das die relevanten und benötigten Beträge die Größenordnung einer subventionierten Bonuszahlung an Spekulanten bei weitem nicht erreichen wird. Das Bürgschaftsrisiko für das Land ist also sehr übersichtlich und als Langzeitinvestition in jedem Fall mit einer hohen inhaltlichen Rendite für die Gesellschaft des Landes. Die Bereitschaft, ein solches Risiko für die Kultur in Form von Landesbürgschaften einzugehen könnte ein sehr wichtiges Signal setzen und Modellcharakter haben. Ein ernstzunehmender und freier Künstler will keine Almosen. Er will Chancen.

Zumindest mit der Künstlersozialkasse existiert eine strukturelle Massnahme, die Künstlern hilft. Hier ist die Politik noch viel mehr gefragt, die Kultur in ihrer wirklichen Bedeutung für die Gesellschaft wahrzunehmen und zumindest durch maximale strukturelle und institutionelle Angebote in dem Maße aufmerksam zu begleiten und zu unterstützen, wie sie es verdient hat.

Wir – als engagierte Künstler in Schleswig-Holstein – bieten uns immer wieder für Gespräche an. Wir ermutigen zu einer engeren Zusammenarbeit von Künstlern und Politik. Wenn man nichts voneinander weiß, interpretiert und projiziert man. Wenn man auf einer ernst zu nehmenden Ebene auf Augenhöhe kommuniziert, kann man möglicherweise etwas bewegen.

www.piano-meets-vibes.de

Christoph Munk

Leiter der Kulturredaktion bei den Kieler Nachrichten, Kiel

Kultur im Norden im Spiegel der Medien: Die Kunst der Beurteilung

Kultur und Medien im Lande Schleswig-Holstein: Sie sind ein Paar wie die beiden Räder an einem Fahrrad. Kultur – worunter hier im engeren Sinne der Kunstbetrieb mit allen seinen Sparten verstanden wird – rollt ohne die Begleitung durch die Medien mühsamer. Und die Medien? Ohne die Farbe und Lebendigkeit kultureller Ereignisse kämen sie weniger reichhaltig beim Leser an. Nicht immer sind die Absichten der beiden Partner gleichgerichtet: Wer Kultur schafft, sähe sich gern von den Medien werbend unterstützt. Das Internet bietet dazu heute vielfältige Möglichkeiten. Wer seine Medienarbeit journalistisch versteht, möchte hingegen seine kritische Distanz wahren. Nicht immer scheinen also die Interessen leicht vereinbar. Und dennoch können, wenn sie ihre Aufgabe richtig verstehen, „Kulturschaffende" und ihre Beobachter in den Medien das gleiche Ziel verfolgen: Mehr Besucher in Ausstellungen, mehr Zuschauer im Theater, mehr Zuhörer in Konzerten, mehr Leser, mehr Interessenten für Künstler und ihre Arbeiten, sofern sie klar benannten Qualitätskriterien standhalten. „Medienpartnerschaft" heißt ein immer häufiger angewandtes Zaubermittel, das die vermutete Distanz zwischen Kultur und Medien verringern, die scheinbaren Gegensätze aufheben und den gegenseitigen Nutzen vermehren soll. Von Festivals oder anderen „Events" genannten Unternehmungen werden solche Angebote gern unterbreitet. Die Medienseite in dieser Partnerschaft soll sich verpflichten, dem Ereignis eine überhöhte Präsenz zu sichern und darf dafür damit rechnen, auf dessen Publikationen, auf Plakaten, Foldern, Programmheften, auffällig präsentiert zu werden. Medienpartnerschaft – nota bene nicht mit Sponsoring oder echtem Mäzenatentum zu verwechseln – ist mit Vorsicht zu genießen: Der Künstler oder sein Veranstalter bindet sich, möglicherweise durch Exklusiv-Abreden, an ein spezielles Medium und mindert die Chancen auf Berichterstattung in anderen Zeitungen, Sendern, Zeitschriften. Auf der medialen Seite werden die Regeln angemessener redaktioneller Auswahl ausgehebelt und durch Kriterien ersetzt, die dem Leser, dem Hörer oder Seher unklar bleiben. Beide Seiten verlieren ihre Unabhängigkeit und gefährden so ihre Glaubwürdigkeit.

Allerdings zeigt ein interessierter Blick auf die Kulturlandschaft des Landes und ihre Darstellung in den Medien, dass die Zusammenarbeit als gegenseitiges Geben und Nehmen funktioniert, auch wenn nur in Ausnahmefällen eine Partnerschaft verabredet wird. Die kulturellen Ereignisse in Schleswig-Holstein werden in den Redaktionen der Zeitungen, Hörfunk- und Fernsehsender beachtet – in angemessenem Umfang, auch wenn dies aus der Sicht der Künstler und Veranstalter nie genug sein kann. Allerdings lässt sich aus der Sicht des Ressortleiters Kultur einer Tageszeitung in der Landeshauptstadt – und an diesem Schreibtisch entsteht dieser Artikel nun einmal – ein gewisses Defizit nicht verhehlen: Allzu oft sehen sich die Zeitungsleute bei Pressekonferenzen allein einer ganzen Riege von Kulturmachern gegenüber. Die Konkurrenz, die das Geschäft beleben sollte, bleibt häufig aus.

Dennoch – zumindest die größeren Tageszeitungen im Lande halten an der Anstrengung fest, täglich einen redaktionell eigenständigen Kulturteil zu veröffentlichen. Personell unterschiedlich ausgestattet, jeder nach seiner Konzeption, wie an der Auswahl und Gewichtung der Themen deutlich abzulesen ist. Im Hörfunk-Programm des Landesfunkhauses in Kiel findet sich zwar keine eigene Kultursendung, aber über Internet teilt die Anstalt mit: „In der Sendung ‚Von Binnenland und Waterkant' informieren wir über jede Premiere der großen Bühnen – entweder als Vorschau oder als Premierenreportage". Und mit Ausdauer lassen sich auch in den TV-Beiträgen des Hauses, etwa im „Schleswig-Holstein-Magazin", kulturelle Häppchen finden, als berüchtigter Q-Tip, Länge einsdreißig. Besonderer Anstrengung bedarf es allerdings, in den schnellen Main-Stream-Sendungen der privaten Hörfunkanbieter einen Kulturbeitrag zu erhaschen, die grob gerasterten Programm-Schemata von RSH, Radio Nora oder Delta Radio bieten da keinerlei Orientierungshilfe.

In der Kulturredaktion der Kieler Nachrichten haben wir uns seit jeher vorgenommen, die Berichterstattung über das Kunstgeschehen etwas systematischer zu betreiben. Wir wollen tatsächlich so etwas wie einen Spiegel der Kultur in

www.anna-lena-straube.de
Die frühere „Muthesianerin" Anna Lena Straube in ihrem Atelier

den Medien herstellen. Dabei stellen wir uns die Kulturgeografie in konzentrischen Kreisen geordnet vor, deren Mittelpunkt die Stadt Kiel darstellt. Erweitert gilt unsere Aufmerksamkeit unserem Hauptverbreitungsgebiet, das ungefähr der KERN-Region entspricht, und dem ganzen Bundesland, einschließlich des unmittelbaren Nachbarn Hamburg. Den norddeutschen Kulturraum wollen wir im Blick behalten mit einer besonderen Aufmerksamkeit für die Bundeshauptstadt Berlin. Großereignisse des kulturellen Lebens interessieren uns aus dem gesamten deutschen Sprachraum und endlich auch aus der ganzen Welt.

Dank unserer engen Kontakte zu Künstlern und Kunstveranstaltern wissen wir, dass wir mit den Informationen, die wir an unsere Leser weitergeben, zum unverzichtbaren Informanten, manchmal sogar zum wichtigsten Werbeträger werden. Natürlich folgt daraus, dass die verlockende Ankündigung viel beliebter ist, als die reflektierende Nachberichterstattung. Doch auf unsere wichtigste Disziplin wollen wir nicht verzichten, auf die Kritik.

Das meint ganz im ursprünglichen, wörtlichen Sinn: die Kunst der Beurteilung.

www.KN-online.de

Gabriele Wachholtz

Verlegerin Wachholtz Verlag, Neumünster

Kulturgut Buch

Die Mainzer Erfindung der Gutenbergpresse Mitte des 15. Jahrhunderts produzierte ein neues Medium: das Buch. Seine Bedeutung kommt, dem kanadischen Philosophen Marshall McLuhan zufolge, der einer Glühbirne gleich. Eine Glühbirne ist für den Autor von *Das Medium ist die Botschaft* (1964) zunächst einmal ein Medium – ein Medium ohne Inhalt. Ihre Wichtigkeit besteht darin, Räume aus der Dunkelheit herauszuheben, d.h. einen sozialen Effekt zu bewirken. Eine Glühbirne schafft „allein durch ihre Anwesenheit eine Umgebung", schreibt McLuhan. Entsprechendes gilt für die Erfindung des Buchdrucks: Der Übergang vom Analphabetismus zum Druck brachte der westlichen Moderne den Individualismus, die Demokratie, den Kapitalismus und die Dominanz der visuellen Kultur über die Hör- und mündliche Kultur, die noch die Informationsübermittlung im Mittelalter prägte.

Die sozialen Effekte der Typographie reichen von den Aufregungen und Bedenken, die die wachsende Verbreitung von Büchern im späten 17. Jahrhundert hervorrief, bis hin zur gegenwärtigen Befürchtung vom Ende des Buchs. Was der Medientheoretiker McLuhan bereits dreißig Jahre vor Erfindung des Internets heraufbeschwor, ist im Zeitalter des E-Books längst Realität geworden. Die visuelle, individualistische Druckkultur ist durch elektronische Medien, die wieder Hör- und Sprechkulturen in den Vordergrund rücken, abgelöst worden. „Anstatt zu einer großen Alexandrinischen Bibliothek zu werden, ist die Welt zu einem Computer geworden".

Die Drucktechnologie hat aber nicht nur unsere Wahrnehmungsgewohnheiten geändert. Seit Freud wissen wir, dass das sag- und schreibbare Wort Bewusstheit schafft. In einer anthropologischen Wende deklariert die Literaturwissenschaft der 1980er Jahre, die sich bis dato ausschließlich Büchern gewidmet hatte, mit Clifford Geertz' *Bemerkungen zum balinesischen Hahnenkampf* (1983) Kultur als Text! Der Textbegriff ist fortan dem Buch enthoben und *Die Gutenberg-Galaxie* (1962) eines McLuhans wird vom Gegenstand medientheoretischer Reflexion zum kulturwissenschaftlichen Allgemeingut. So ist das Kulturgut Buch heute eines von mehreren konkurrierenden Kulturgütern. Und doch bewahrt es eine ganz eigene unverwechselbare, unnachahmliche Aura, eine eigene Benutzbarkeit, die das Nachschlagen eines Abschnitts nach Belieben ermöglicht und eine unendliche Reihung unterschiedlichster Lektüren ein und desselben Textes durch die Zeit hindurch gewährleistet. Der Leser wächst, entwickelt und verändert sich, der (kulturell anspruchsvolle) Text bleibt in seinem Wahrheitsgehalt, in seiner künstlerischen Aussage und seiner sozialen Wirksamkeit Zeit überdauernd bestehen. Die Postmoderne kennt keine eindeutige, keine endgültig abschließbare Interpretation eines Buches mehr. Die Dekonstruktion seines Inhalts ist ad infinitum denkbar.

Unübertroffen bleibt die Ästhetik aneinandergereihter Buchrücken, das sensorische Erleben eines Buches, das ich in den Händen halte, das Ritual des Durchblätterns, Beschriftens, Verzettelns oder von hinten nach vorne Lesens. Ob in den (deutschen) Bibliotheken dieser Welt oder Regionalbibliotheken Schleswig-Holsteins – besonders in den großen und kleinen historischen Bibliotheken, ob nun der Herzogin Anna Amalia in Weimar oder der Bibliothek der Hansestadt Lübeck im ehemaligen Katharinenkloster – verdichtet sich der atmosphärische oder ästhetische Wert des Buches. Man denke nur an die labyrinthischen Bibliotheken in der Umberto Eco-Verfilmung Jean-Jacques Annauds von *Der Name der Rose* (1986), an Jorge Luis Borges *Bibliothek von Babel* (1941) oder Michel Foucaults Begriff vom Bibliotheksphänomen als Vorstellungswelt zwischen den Zeichen, vom Werk Gustave Flauberts als Protokoll eines freigesetzten Traums oder „als Traum der anderen Bücher", als ein imaginäres und visionäres Heraufbeschwören von Bildern, die „völlig traumhaft zu sein scheinen" (1967). In den phantastischen Überhöhungen der Schriftsteller und Literaten wird über eine mögliche Welt spekuliert, die als eine Bibliothek aller möglichen Bücher dargestellt werden kann.

Was Eco, Borges oder Foucault derart an der Unendlichkeit der Geschichten, Ordnungssysteme und Zitate fasziniert, dass sie Bücherwelten und -galaxien mystifizieren, ohne je eine finale, sinnvolle Antwort zu finden, spiegelt sich in den Räumen, Sälen und Archiven wider, in denen neue und alte Büchersammlungen oder beständig sich vergrößernde Bibliotheken untergebracht sind. Unsichtbar, doch zum Greifen nah materialisiert sich im Buch das kulturelle Gedächtnis. Ideen, Angewohnheiten, Fähigkeiten, Verhaltensweisen, Erfindungen, Lieder und Geschichten bilden Einheiten, die sich verbreiten und vermehren. Bücher bilden die Identität und Diskurse der Menschheit aus, die in der Gesellschaft weiterwirken.

Heute verbinden sich neueste Befunde der neurowissenschaftlichen Hirn- und Gedächtnisforschung mit denen der Psychologie und Kulturwissenschaft in der Annahme, dass das Gedächtnis sozial und kommunikativ ausgerichtet sei. Ohne Austausch, ohne das vielfältige Wechselspiel mit anderen und ohne Emotionen wäre unsere Erinnerung leer – das glauben wir heute. Neben dem kollektiven Gedächtnis (Maurice Halbwachs) und Jan Assmanns Begriff des kulturellen Gedächtnisses verkörpern Bücher auch das kommunikative Gedächtnis (Harald Welzer). Die Erinnerung und die Zukunft als Potenzialität noch nie da gewesener Interaktionen und Strukturen schlummern in Büchern, die ein Licht werfen auf das Chaos des menschlichen Daseins und Fühlens, indem sie beleuchten und erhellen, was Zufall sein kann, aber in Wahrheit Orientierung, eine ordnende Archäologie und Zusammensetzung von geschichtlichen Begebenheiten und wissentlichen Formungen bietet: Bücher sind Produkte einer langen, ursprünglich deutschen Kulturtradition, die die kollektive Identität auf transkultureller, nationaler und regionaler Ebene entscheidend festigt und das kulturelle Selbstverständnis einer Gesellschaft sowohl auf dem Niveau ihrer Herstellung als auch ihrer Rezeption festschreibt.

www.wachholtz.de

Richard Wester

Musiker und Komponist, Steinbergkirche

„Wer Visionen hat, der sollte zum Arzt gehen"! – ...vom Bestandsdenken in der schleswig-holsteinischen Kultur

Wer sich in diesem Lande die Mühe macht, sich mit Kulturschaffenden und –verwaltern, mit Meinungsmachern und Politikern über Kultur zu unterhalten, der wird grundsätzlich zwei Dinge erfahren:

Die in der Rolle der Materie Gebenden unterstellen sofort eine neue Geldforderung und die Anderen, die sich also von den Ersteren abhängig fühlen, jammern und fordern. Dabei hat Kultur zunächst weder mit dem Einen noch mit dem Anderen zu tun.

Die schleswig-holsteinische Kultur zeichnet sich durch eine merkwürdige Starre aus:

Werden in Zeiten wirtschaftlicher Engpässe in anderen Bundesländern auch einmal Orchester zusammengelegt, Theaterstrukturen aufgebrochen, Festivalreihen modifiziert, schlicht: neue Dinge aus der Not geschaffen, so wird in Schleswig-Holstein gerne bewahrt. Nun ist das bewahrende Moment an sich wichtig, ohne Vergangenheit keine Zukunft, ohne Erinnerung keine Vision.

Wer aber kümmert sich eigentlich um den Blick über den Tellerrand, um die Aussicht über flächendeckende Wirkungen, um die Sicht über das Ganze?

Wer sich in diesem Lande mit Kultur beschäftigt, dem begegnet immer wieder ein ziemlich merkwürdiges und auch ziemlich einzigartiges Phänomen:

Da geht es um Wertigkeit des selbst Geschaffenen, immer wieder auch um fehlendes Selbstbewusstsein und manchmal gar um Minderwertigkeitskomplexe in einem wundersamen Gefälle, das sich in einer Achse entlang der Bahnlinie von Flensburg über Neumünster nach Hamburg zieht, dann natürlich flächendeckend auch in Richtung Kiel, von Kiel aus nach Hamburg und von Lübeck aus auch direkt nach Hamburg ohne den Umweg Kiel, auf einer Augenhöhe sozusagen zur großen Hanse-Schwester.

Ungewöhnlich daran ist nicht etwa der Glaube, dass Kultur in einer Großstadt wie Hamburg „besser", weil vielfältiger und größer, sprich: teurer ist, nein: einzigartig daran ist die Tatsache, dass die Landeshauptstadt wenig von diesem Gefälle, von der Wertschätzung des Landes und seiner Menschen abbekommt. Das mag geschichtlich bedingt sein, und/ oder der Tatsache zu verdanken sein, dass die Landesregierungen der Vergangenheit viel Wert auf das Flächendeckende legten, dem kulturellen Zentralismus also die Stirn boten. Ein diesbezüglicher Vergleich bietet sich bundesrepublikanisch allenfalls noch mit Brandenburg – Potsdam – Berlin an, aber doch auch nicht, weil der kulturelle Glanz der Metropole wirklich nicht annähernd mit dem bescheidenen Flair des Hamburger Kulturlebens zu vergleichen ist.

Wie das Kind auch genannt werden mag: es führt dazu, dass wir in Rendsburg zwar viel über das Lokale und auch das Hamburger Kulturleben lesen und hören können, ein wenig über Kiel, aber so gut wie nichts über Lübeck, Heide, Husum oder Pinneberg. Die Wertigkeits- und Minderwertigkeitsachse verläuft natürlich nicht nur in den Köpfen der Kulturschaffenden, sondern in besonderem Maße in denen der Medienvertreter, insbesondere der Kulturjournalisten, die natürlich beruflich lieber an der Alster zu tun haben, als über eine Ausstellung in Itzehoe berichten zu müssen. Das ist verständlich und nachvollziehbar, schafft aber nicht einmal die Idee einer wirklich florierenden Kulturlandschaft. Die heutige gesellschaftliche Wertigkeit Kölner Künstlerkollegen wie Zeltinger, BAP oder des Aktionskünstlers Schulte wären ohne das bedingungslose Dazutun von WDR und Kölner Express nicht denkbar.

Würden wir uns einmal die Mühe machen, sämtliche Kultur-Aktivitäten Schleswig-Holsteins, gesiebt und aufgearbeitet durch ein gezieltes Journalisten-„Ranking", in einem Monatsmagazin nach Vorbild des Hamburger „Prinz" oder des Berliner „Tip" zu veröffentlichen, so wären wir verblüfft über die Vielfältigkeit, die Hochwertigkeit und das Flächendeckende der schleswig-holsteinischen Kultur.

Ein neues Selbstbewusstsein des Kulturraumes Schleswig-Holstein könnte aktivieren, motivieren, auch stärker vernetzen, Visionen schaffen, künstlerische wie administrative Ideen schaffen, wie die wenigen verbliebenen Mittel aus dem Landesetat konstruktiv und innovativ einsetzbar sein könnten. Dieses neue Selbstwertgefühl könnte auch Blüten verfehlter Mittelvergabe der Vergangenheit korrigieren:

In den großen Festival-Reihen des Landes, von Jazz Baltica über Folk Baltica, Ars Baltica bis hin zum Schleswig-Holstein Musik Festival und dem KulturSommer dürfen wir die künstlerische Welt des Nordens oberhalb der Grenze in Flensburg, die der baltischen Staaten und die der ganzen Welt bestaunen – und missachten dabei unser eigenes Potential, unsere eigenen Künstler; schade eigentlich, weil wir damit die Chance verspielen, ein ureigenes Profil der Kulturlandschaft zwischen den Meeren zu festigen: Beethovens 9te klingt eben auch gut in Würzburg oder in Kassel, dürfte dort allerdings bezüglich der Aufführungskosten bescheidener daher kommen. Solange in der Politik des Landes der Grundsatz gilt, dass Kultur nur vermittelbar sei in Kombination mit Wirtschaft und Tourismus, also mit Schaffung eines ausdrücklichen Mehrwerts, solange wird es mühsam sein über Visionen zu reden, geschweige denn sie umzusetzen. Natürlich funktioniert eine anziehende Kulturlandschaft auch als Wirtschaftsfaktor, zuvorderst allerdings muss erlernt werden, dass Vermarktungsstrategien erst nach den Ideen gefragt sind, sonst passiert nämlich – Nichts (außer sinnlosem Aktionismus).

Warum getraut sich in diesem Land eigentlich niemand an eine anachronistisch monströs überbordende Kulturstätte wie das Landestheater Schleswig-Holstein heran? Warum schicken wir die Hamburger und uns selbst nicht in ein Balletthaus Rendsburg, in dem mit einem von wahnsinnigen Transportkosten und – logistik befreiten Etat und dadurch mehr Mitteln und Konzentration auf das Wesentliche, nämlich die Bühne, noch konkurrenzfähigeres und noch beachteteres Tanztheater stattfinden könnte? Warum trauen wir uns eigentlich nicht mehr zu? Erinnern und Bewahren bilden die Grundlage für eine weitere Entwicklung, bleibt es allerdings dabei, so kämpft jeder der Kulturmacher ausschließlich um seinen persönlichen Etat, sein kleines Eiland und bleibt damit beschäftigt, den eigenen Bestand zu inventarisieren.

Meine bescheidene Vision an dieser Stelle wäre ein Gespräch mit den Kulturschaffenden und – verwaltern, mit Meinungsmachern und Politikern in Schleswig-Holstein, bei dem ich mindestens zwei Seiten erleben dürfte:

Die in der Rolle der Materie Gebenden würden neue Netzwerke vorstellen und neue Projektideen einfordern, und die Anderen, die sich also einst von den Ersteren abhängig fühlten, würden Ideen vorstellen, interdisziplinäre wie auch puristische Planspiele, Spinnereien und kraftvolle Pläne. Die Umsetzung und viel später dann die Vermarktung wäre dann eine Gemeinschaftsaufgabe aller Beteiligten mit dem Ziel eines Kulturlandes Schleswig-Holstein.

www.richardwester.de

Indra Wussow

Literaturwissenschaftlerin und Stifterin, Rantum (Sylt) und Johannisburg (Südafrika)

Stiftung kunst:raum sylt quelle

„Rar geworden sind die Orte, an denen man sich so mühelos und ohne Ablenkung auf das Wesentliche, das Skelett der Dinge konzentrieren kann, wie hier im kunst:raum sylt quelle."
Max Marek (bildender Künstler, Berlin)

Hier ist alles anders. Jeder wird auf Sylt aus dem Vertrauten und dem Trott geholt. Jeder sieht, hört, riecht etwas, das er nicht kennt. Ein überschaubares Dorf statt der wirren Stadt. Das vom Wasser begrenzte Terrain statt des endlos wuchernden Ballungsgebietes. Der weite, verstörende Himmel statt des bergenden Mittelgebirgswaldes. Dazu Wind, Licht, Luft, deren wohltuende Besonderheiten Wissenschaftler seit Jahrzehnten mit nur mäßigem Erfolg zu erforschen versuchen.

Immer aber wirkt etwas in all den Schreibern, Musikern, Malern, Filmern, die von der Stiftung kunst:raum sylt quelle nach Rantum auf die nordfriesische Insel eingeladen werden. Einer diskutiert nächtelang mit den anderen über Gott, die Welt und alles weitere. Der zweite schließt sich wochenlang ein in seinem Appartement. Der dritte und die vierte tun sich zusammen zu einem Projekt, dessen Ergebnisse ein

paar Monate später in der Galerie im ersten Stockwerk des gläsernen Pavillons ausgestellt werden. Ein inspirierender Ort und ein freier, der 2002 von der Literaturwissenschaftlerin Indra Wussow gegründet wurde und seitdem stetig zu einem weltweiten Netzwerk wächst. Ende 2008 wurde die Stiftung um eine Dependance im südafrikanischen Johannesburg erweitert.

Seit etwa 130 Jahren gilt Sylt als Treffpunkt für Menschen des Wortes, der Bühne und des Bildes, also schon viel länger, als es die immerzu wiederholten und längst schiefen Klischees von der Schicki-Micki-Insel gibt. Die ersten Maler kamen allerdings als Badegäste und zeigten sich von provinzieller Unterbringung und karger Landschaft eher abgeschreckt als inspiriert. Das änderte sich mit der Mode der Freilichtmalerei in den 70er und 80er Jahren des 19. Jahrhunderts. In den darauf folgenden Jahren wurde besonders das Dorf Kampen zum beliebten Ziel ganzer künstlerischer Freundeskreise. Stark vertreten waren die Verleger: Ferdinand Avenarius, Siegfried Jacobsohn, Ernst Rowohlt kamen, sie zogen Dichter nach, Musiker – und alle anderen auch. In den 20ern traf man halb Berlin zum Beispiel bei Wirtin Clara Tiedemann in Haus Kliffende. Thomas Mann schrieb bedeutende Worte ins Gästebuch, der Dirigent Erich Kleiber saß am Klavier, Emil Nolde verbrachte einen Sommer in Kampen, während sein Haus in Seebüll renoviert wurde.

Einen oder mehrere Sommer lang war man auf Sylt, den dunklen und harten Winter verbrachte man lieber inmitten großstädtischer Annehmlichkeiten. Wer heute in der Tradition der Künstlerinsel Sylt zum Arbeitsaufenthalt nach Rantum eingeladen wird, weiß zuweilen die stille und dunkle Zeit mehr zu schätzen, da nichts von der Arbeit ablenkt. Zu Ostern aber setzt Sylt die Urlaubs-Sonnenbrille auf bis nach den Herbstferien. Der kunst:raum sylt quelle wird dann in stärkerem Maße zum öffentlichen Ort als außerhalb der Saison. Den Hof zwischen Halle, Stipendiatenhaus und dem Glaspavillon sowie den Skulpturenpark erobern sonnenhungrige und kaffeedurstige Gäste des Restaurants genuss:raum sylt quelle. Die Produktionshalle ist „Großes Haus" für Theatervorstellungen, Konzerte oder für Wissenschaftsvorträge.

Das Netzwerk wird weiter wachsen. Das Engagement in Südafrika hat neue Kooperationspartner erschlossen und soll dazu beitragen, dass die Insel Sylt Treffpunkt und Zuflucht für Künstler bleibt – mit internationalem Renommée und ganz neuen Sichtweisen auf diesen einzigartigen Ort. Und in diesem Sinne bewahrt die Stiftung heute die Künstlertradition der Insel und setzt einen Weg fort, der Insulanern und Besuchern aus aller Welt neue Insel- und Kulturperspektiven eröffnet. Die differenzierten Inselbilder in den Werken der eingeladenen Künstler führen in den nächsten Jahren sicherlich zu spannenden Diskursen.

Indra Wussow, geboren 1968 in Herford, ist Literaturwissenschaftlerin und lebt heute in Johannesburg, Südafrika, und auf Sylt. 2002 gründete sie die gemeinnützige Kulturstiftung „kunst:raum sylt quelle" in Rantum auf der Insel Sylt. Als Kuratorin der Stiftung verantwortet sie das gesamte künstlerische Programm, das die Vergabe von Stipendien, Ausstellungen, Aufführungen und Veröffentlichungen umfasst. 2008 wurde die südafrikanische Dependance „jozi art:lab" in Johannesburg gegründet. Indra Wussow ist außerdem Hörspielautorin und arbeitet als freie Kuratorin für unterschiedliche Institutionen im In- und Ausland. Seit 2009 ist sie Herausgeberin einer Reihe afrikanischer Literatur für den Wunderhorn-Verlag. Antrieb für die zahlreichen künstlerischen und verlegerischen Projekte ist für Indra Wussow die Vision, Künstler unterschiedlicher Nationen und Sparten miteinander in Verbindung zu bringen und den Dialog zwischen Kultur und Wissenschaft fortzuführen.

www.Kunstraum-Syltquelle.de

Dr. Joachim Reppmann

American Schleswig-Holstein Society, Flensburg und Minnesota (U.S.A.)

Öffentliche Erinnerungskultur

Wer waren Theodor und Justus Olshausen, Gabriel Riesser oder Henry Christian Finnern? Es sind Namen, die für Demokratie stehen. Ihren Kampf für Menschenwürde

und Freiheit hatten diese demokratischen Revolutionäre in ihrer schleswig-holsteinischen Heimat allerdings verloren. Daraufhin wanderten sie aus und beeinflussten in
den USA die politische wie auch soziale Entwicklung. Während sich bislang in erster
Linie lediglich wenige Historiker mit diesem Personenkreis beschäftigen, macht sich
inzwischen langsam auf beiden Seiten des Atlantiks eine öffentliche Erinnerungskultur
breit, mit der diese Männer geehrt werden. Hier einige Beispiele:

- Am 25. März 2008 wurde auf dem Washingtonplatz in der Mississippistadt
  Davenport, Iowa, ein Denkmal eingeweiht, das an die berühmten 1848er aus
  Schleswig-Holstein erinnert. Der Stein hatte einen Vorläufer. Bereits am 25. März
  1898 wurde in Davenport ein Gedenkstein für die „Forty-eighters" gelegt, um
  die ewige Verbindung mit Schleswig-Holstein zu symbolisieren. Die „Ewigkeit"
  endete mit Amerikas Eintritt in den 1. Weltkrieg, als sich in den USA eine anti-
  deutsche Hysterie mit dem Ziel breit machte, alle deutschen Wurzeln zu vernich-
  ten. Der Stein verschwand auf Nimmerwiedersehen – wahrscheinlich liegt er auf
  dem Grund des Mississippi. Mit der erneuten Denkmalseinweihung im Jahre
  2008 wird ein neues Kapitel aufgeschlagen.

- Seit dem 5. Juni 2009 wird an der Kieler Christian-Albrechts-Universität den
  Brüdern Olshausen mit einer Gedenkstele gedacht. „Ich freue mich, dass der
  Name der Landesuniversität mit dem Be-
  ginn der Demokratie verbunden wird",
  betonte damals Gerhard Fouquet, Präsident der Kieler Uni. Theodor und Justus
  Olshausen waren Vorkämpfer der Demokratie während der 1848er Revolution in
  Schleswig-Holstein. Nach dem Scheitern
  des Aufstands verlor Justus sein Kurato-
  ren- und Lehramt, während sein Bruder
  Theodor ins amerikanische Exil ging.

- Auch Amerika will Theodor Olshausen
  ehren. 2011/12 soll in St. Louis eine Pulitzer-Olshausen-Stele entstehen. Die Familie Olshausen, Herausgeber der weit verbreiteten „Westlichen Post", St. Louis,
  ebnete dem berühmten US-Reporter Joseph Pulitzer die berufliche Karriere.

- In der „Street of Democracy" planen Hamburger für ihren ehemaligen Bürger
  Gabriel Riesser eine Stele. Der jüdische Jurist war vom Herzogtum Lauenburg als
  Vertreter in die Frankfurter Paulskirche geschickt worden. Sein Freund Theodor
  Olshausen publizierte in Kiel und in Davenport seine Artikel über die Emanzi-
  pation der Juden.

- Am 30. und 31. Oktober 2009 fand in Denison, Iowa, unter dem Titel „The Legacy of
  1848 – Conference" statt. Die Konferenz erinnerte an jene Männer, die zwischen 1847
  und 1856 das politisch unruhige Europa verließen und in den USA für Gerechtigkeit

und Freiheit eintraten. In Denison lebte und wirkte Henry Christian Finnern als erfolgreicher Journalist und Zeitungsmacher. Während der Konferenz stellten die Historiker Stuart Gorman und Dr. Joachim Reppmann die Biografie des unerschrockenen Mannes mit schleswig-holsteinischen Wurzeln vor: *„Triumph of Will – Printer's boy to publisher: The remarkable story of German immigrant Henry Finnern."*

- US-Historiker Scott C. Christiansen präsentierte im festlichen Konferenzrahmen einen eindrucksvollen Bildband. *The Soul of Schleswig- Holstein – An Iowan's insight into his ancestral homeland.* (Up Ewig Ungedeelt Press, Iowa City - <http://www.lulu.com>). Jürgen Peter Ankerson, 1848er aus Rantrum bei Husum, ist sein Ur-Urgrossvater.

www.moin-moin.us

Frank Trende

Publizist, Groß Vollstedt

Der schleswig-holsteinische Blick auf die Welt: Plädoyer für ein Humboldt-Forum im Land zwischen den Meeren

Die Debatte über die Inhalte stand lange Zeit hinter der Debatte über die Verpackung zurück: In der Mitte Berlins wird, so hat es der Deutsche Bundestag beschlossen, das Berliner Schloss wieder aufgebaut. In die Saalfluchten einziehen soll das Humboldt-Forum, eine völlig neue kulturell-wissenschaftliche Institution mit dem Ziel, so schreiben es Thomas Flierl und Hermann Parzinger, „die Idee, die der Schaffung der Museumsinsel im 19. Jahrhundert zugrunde lag, nun zu einer greifbaren Vision von der Gleichberechtigung aller Kulturen in der globalisierten Welt des 21. Jahrhunderts" weiterzuentwickeln. Zentraler dinglicher Bestandteil des Humboldt-Forums, das mindestens Museum, Bildungs- und Erlebnisstätte, Diskussionsforum und Ideenwerkstatt in einem sein soll, werden die Bestände der außereuropäischen Sammlungen zur Kunst und Kultur Afrikas, Amerikas, Asiens, Australiens und Ozeaniens sein. Der geistige Kontext und die museale Präsentation der ehrwürdigen ethnologischen Bestände stehen, so scheint es, vor einer neuen Qualität. Das wirft auch für Schleswig-Holstein Fragen auf. Etwa die Frage der Bedeutung, der wir heute und zukünftig den ethnologischen Beständen in den Museen etwa in Schleswig und Kiel, in Lübeck und Husum beimessen. Welche Bestände gibt es? Wie gut sind sie erhalten? Wie können sie erschlossen werden? Wie und wann sind sie in das Land zwischen den Meeren gekommen? Was können sie uns heute und zukünftig über die Vielfalt der Kulturen auf der Welt erzählen?

Auf diese Fragen, auf diese Diskussion über Nähe und Ferne, über *wir und die anderen*, will ich mit einer kultur-, bildungs- und wissenschaftspolitischen Vision antworten, der ich den Arbeitstitel „Carsten-Niebuhr-Forum" gegeben habe. Ich bin sicher, dass hier ein verborgener Schatz zu heben ist.

Die Begegnung mit außereuropäischen Kulturen hat auch eine regionale Dimension, die ihre Spuren in der kulturellen Überlieferung Schleswig-Holsteins hinterlassen hat. Die Versuche schleswig-holsteinischer Welterkundung und Weltaneignung sind vielfältig: Die Moskovitische und Persianische Reise von Adam Olearius, der 1633 aufbrach. Carsten Niebuhrs Expedition in den Orient ab 1761 im Auftrag des dänischen Königs. Heinrich Carl von Schimmelmanns Atlantischer Dreieckshandel im 18. Jahrhundert. Der in Meldorf als Sohn des literarischen Landvogts Heinrich Christian Boie geborene Naturforscher Heinrich Boie starb 1827 im heutigen Indonesien. Die Galathea-Expedition 1845/ 1847 zur indischen Inselgruppe der Nikobaren, deren Material im Zoologischen Museum der Christian-Albrechts-Universität erhalten ist. Diese Reihe ließe sich fortsetzen.

Auch der imperialistische Wettlauf um den „Platz an der Sonne", den Reichskanzler Bernhard von Bülow für das Wilhelminische Kaiserreich reklamierte, hat im Land zwischen den Meeren seine Spuren hinterlassen: Die wirkungsmächtige Erzählung des schleswig-holsteinischen Schriftstellers Gustav Frenssen „Peter Moors Fahrt nach Südwest" wurde zum Prototyp des Kolonialromans. Emil Nolde reiste im Rahmen einer demographisch-medizinischen Forschungsexpedition des Reichskolonialamtes von Oktober 1913 bis September 1914 in die Südsee. Gemälde, Aquarelle und Zeichnungen künden davon. Warum liegen die Kolonial-Akteure Waldersee und Paul von Lettow-Vorbeck, der Trauzeuge von Karen und Bror von Blixen, in schleswig-holsteinischem Boden begraben? Warum gibt es ein Hotel „Insel Fehmarn" auf Samoa? Warum wurde der schleswig-holsteinische Ministerpräsident Kai-Uwe von Hassel im heutigen Tansania geboren?

Auch die Entstehung der ethnologischen Sammlungen in Schleswig-Holstein ist eng mit dem kolonialistischen Engagement Deutschlands verbunden: Seesoldaten, Kaufleute und Wissenschaftler brachten Vieles mit ins Land als repräsentative Beweise des Fortgewesenseins. Die großartige Sammlung der Samurai-Rüstungen auf Gottorf geht auf die Ostasien-Besuche des Prinzen Heinrich, im Kieler Schloss residierender Bruder Kaiser Wilhelms II., zurück.

Wie gehen wir heute mit diesem Erbe um? Bis in unsere Tage wurde der Besucher im Kieler Gropius-Bau irritiert, wenn er die wunderbare Ausstellung des Zoologischen Museums „Vom Einzeller bis zum Wal" besuchte und, eine falsche Tür benutzend, beim Zulu Propheten und Blitzzauberer Laduma Madela landete: Hier sind Mensch und Tier so eng beieinander, wie in Hagenbecks Völkerschauen. Der Versuch aus den 1990er Jahren, die ethnologischen Bestände der Christian-Albrechts-Universität auf Schloss Gottorf zusammenzuführen, ist noch nicht vollendet. Die Lübecker Völkerkundesammlung, teils auf Forschungsreisen erworben, teils aus Schenkungen stammend, ist derzeit gänzlich geschlossen.

Dem Humboldt-Forum liegt, so Parzinger, die Vorstellung zugrunde, dass Erfahrungen und Begegnungen mit außereuropäischer Kunst und Kultur Wissen über die Welt vermitteln und globale Zusammenhänge verständlich machen kann und interkulturelle Begegnungen zukünftig ermöglicht, weil die Menschen fasziniert sind von anderen Welten. All dies gilt es, so meine ich, nicht nur von gesamtstaatlicher Ebene aus zu betrachten, von Berlin aus in die Welt gesehen, sondern auch aus den deutschen Ländern und also auch von Schleswig-Holstein aus gesehen. Vielleicht ist die ganzheitliche Sicht auf eine fremde Kultur, wie sie die Guldager-Stiftung auf Gottorf auffasst, ein wegweisender Zugang: Im Mittelpunkt der Präsentation stehen die afrikanischen Kult- und Kunstgegenstände, die von den Stiftern während langjähriger Aufenthalte in Afrika zusammengetragen wurden. Ausgewählte Kostbarkeiten gewähren dem Betrachter Einblicke in die ferne Kultur und fremden Lebensformen. Daneben stehen künstlerische Arbeiten von Reinhardt Guldager und die entwicklungsplanerischen Arbeiten des Architektenpaares als Spiegel eines facettenreichen und engagierten gemeinsamen Lebensweges, der aus Dithmarschen bis nach Afrika reicht.

Deshalb also: Wenn wir in Zeiten lebten, in denen das Wünschen noch helfen würde, dann würde ich ein neues, interdisziplinär arbeitendes Kulturinstitut wünschen, das sich auf die dinglichen Zeugnisse schleswig-holsteinischer Weltaneignung stützt und konzeptionell parallel zum Berliner Humboldt-Forum wächst. Es wäre geboren und würde genährt aus einem Netzwerk berufener Institutionen – die Christian-Albrechts-Universität allen voran. Es würde nicht aus dem Nichts entstehen, sondern Stück für Stück, Thema für Thema wachsen, würde seine Formen und seine Möglichkeiten in Sonderausstellungen erproben. Es hätte seinen Sitz in Kiel, Schleswig-Holsteins Tor zur weiten Welt. Dabei müsste sein Standort – ich will die Analogie zu Berlin nicht auf die Spitze treiben – noch nicht einmal ein rekonstruiertes Kieler Schloss sein. Ein Ravensberger Wasserturm täte es auch.

Georg Wawerla

Unternehmer, Kiel

Ein Museum für den Segelsport

Bewahrung braucht Entwicklung!

Kiel gilt als "erste Adresse" im internationalen Segelsport. Die Prädikate "Mekka des Segelns" und "Welthauptstadt des Segelns" sind dafür bezeichnend. Kiel ist somit auch der authentische Ort, um der Historie der olympischen Segelwettbewerbe und darüber hinaus der Geschichte des Segelsports in Deutschland ein Zuhause zu geben und eine „Hall of Fame" zu widmen.

Die Grundlage für den Kieler Museumsgedanken soll die Sammlung „Christmann" bilden – europaweit die größte Sammlung an Yachtbüchern und Nautiquitäten. Diese berühmte Sammlung sucht jetzt eine dauerhafte, vertrauensvolle und konzeptionell schlüssige Bleibe, die in Form des „Deutschen Yachtsportmuseums" in Kiel entwickelt werden soll.

Die bestehenden Schifffahrtsmuseen in Deutschland bieten bislang der 200jährigen Yachtsportgeschichte wenig Raum, sie wird nirgendwo umfassend dokumentiert, obwohl sie wichtige maritime und gesellschaftliche Entwicklungen und Ereignisse eindrucksvoll spiegelt. Höchste Zeit, die übrig gebliebenen Schätze zu sichten, zu sichern und zugänglich zu machen – so wie es ja auch in anderen Nationen mit einer bedeutenden Yachtsporttradition – England, den Vereinigten Staaten oder den skandinavischen Ländern – geschieht.

Zielsetzung

Ziel ist die Errichtung eines umfassenden Museums für die Yachtsportgeschichte Deutschlands, die Sammlung Christmann bildet die Startgrundlage des „Deutschen Yachtsportmuseums". Allein durch diese Sammlung dürfte Kiel aus dem Stand unter die Top 5 der internationalen Sammlungen aufrücken.

Gespräche mit weiteren Sammlern haben gezeigt, dass es gelingen kann, das „Startpaket" schnell weiter auszubauen. Die Generation der großen Nachkriegssegler tritt ab, Sammlungen suchen einen neuen würdigen Ort.

Gesammelt werden sporthistorisch relevante Objekte und Dokumente von der originalen alten Jolle, der Konstrukteurszeichnung über historische Instrumente bis hin zu Logbüchern, Modellen, Pokalen. Sie können zusammen ein lebendiges Zeugnis maritimer Geschichte und ihrer Menschen ergeben und bilden die Basis, um als modernes Museum durch Interaktivität, Atmosphäre und Erlebnismöglichkeiten für den Segelsport zu werben.

An die Öffentlichkeit tritt das Museum durch die Inszenierung von saisonal wechselnden, themenzentrierten Ausstellungen, durch Regatten und Veranstaltungen. Im Internet lässt sich die virtuelle Version des Museums erleben.

In (hoffentlich) enger Zusammenarbeit mit der Universität Kiel soll das Museum auch ein "Institut für Yachtsportgeschichte" beherbergen. Dieses Institut wird zum Thema Geschichte des Yachtsports und des Yachtbaus wissenschaftlich arbeiten, die Sammlungen betreuen und ergänzen, als Leihgeber für verschiedene Museen und Ausstellungsprojekte auftreten, den Medien, Konstrukteuren, Werften, Restauratoren und anderen Interessierten als Auskunftsstelle dienen sowie als Ansprech- und Sammelstelle für segelsportbezogene Nachlässe fungieren.

Wer also Yachtsportgeschichte erleben und nachvollziehen will, sich mit Yachtbau, Konstruktionen, Klassen, Yachten befasst, wer die Geschichte der Vereine und Verbände, der sie tragenden Persönlichkeiten und herausragenden Segelsportler nacherleben will, wer nach Törn- oder Regattaberichten sucht oder wen die Darstellung des Segelsports in der Kunst, im Film, in der Literatur oder der popular culture interessiert, wer die direkte Beziehung des Segelns zu Klima, Wetter, Wasser, Umwelt erkunden will – der wird zukünftig Kiel als seine Landmarke anpeilen und einen würdigen Ort der Inspiration finden!

Finanzierung und Betrieb

Gegründet werden soll eine rechtsfähige Stiftung bürgerlichen Rechts mit Sitz in Kiel. Zweck der Stiftung ist die Förderung maritimer Kultur, von Wissenschaft und Forschung, insbesondere die Errichtung eines Instituts für Yachtsportgeschichte und eines Yachtsportmuseums.

Die Rechtsform der Stiftung garantiert Nachhaltigkeit, durch Zustiftungen wird der Bestand und die Wirkung der musealen Einrichtungen erweitert.

Sammlungserweiterung, Immobilienerwerb und den laufenden Betrieb werden Institut und Museum aus eigener Kraft bestehen können, aber auch alle öffentlichen Förderungsmöglichkeiten nutzen müssen.

In Anlehnung an US-amerikanische Vorbilder wird der Museums- und Institutsbetrieb wesentlich von „volunteers" getragen. In einem Förderkreis kann zudem jeder seine Verbundenheit mit der Segelsportgeschichte bekunden und die Tätigkeit und Forschung der musealen Einrichtungen auf diesem Gebiet unterstützen und fördern.

Standortwahl

Zur Realisierung des projektierten Instituts und Museums wird im ersten Schritt ein kleineres Gebäude erworben, das für den „Startschuss" geeignet ist. Gedacht wird dabei an Holtenau als Ort, der besonders dazu einlädt, Segelsportgeschichte von ihren Anfängen bis heute zu erleben.

Mit der weiteren Entwicklung des Projekts könnte die Einrichtung auf das Gelände des „Tonnenhofs" in Holtenau umziehen. Dort ist die Einbindung des Museums in ein Gesamtkonzept geplant, das einen Hafen für yachthistorisch wertvolle Yachten, eine „gläserne Werft" und weitere maritime Einrichtungen rund um den „Tonnenhof" umfassen soll.

Partner

Partner der Initiatorengruppe ist vor allem der „Freundeskreis Klassische Yachten e.V.". Der Freundeskreis entfaltet seit Jahren eine breite Palette von Aktivitäten rund um den klassischen Yachtsport, zählt bundesweit 1500 Mitglieder und verschafft dem Museum schon zum Start einen großen Förderkreis.

Fachliche Unterstützung wird das Museum vom Deutschen Seglerverband, vom Deutschen Schifffahrtsmuseum in Bremerhaven und Persönlichkeiten des Segelsports, der Wissenschaft und aus dem Freundeskreis erhalten können, der bereits seit Jahren das weltweit beispielgebende Projekt www.yachtsportarchiv.de entwickelt.

Der Initiatorenkreis vertritt die Auffassung, dass der richtige Zeitpunkt für die Errichtung eines Yachtsportmuseums nicht verpasst werden darf und sich jetzt die Gelegenheit bietet, diese Idee am Standort Kiel zu realisieren und hofft, nicht nur in Segelsportkreisen, unter den Seglerpersönlichkeiten und den großen Clubs, sondern auch in Politik, Wirtschaft und Verwaltung möglichst viele Unterstützer für seine Initiative gewinnen zu können: für ein Haus des Segelsports, das für jeden maritim Interessierten zu einem Zuhause wird.

www.fky.org

Guido Froese
Geschäftsführer Nordkolleg GmbH

Nordkolleg Rendsburg – Akademie für kulturelle Bildung

Wenn man in Schleswig-Holstein von kultureller Bildung und Weiterbildung spricht, kommt man am Nordkolleg in Rendsburg nicht vorbei. Die Tradition dieser Bildungseinrichtung reicht zurück bis in das 19. Jahrhundert. 1842 als höhere Volkshochschule für die bäuerliche Landbevölkerung ins Leben gerufen, erfolgte 1921 die Gründung der Heimvolkshochschule Rendsburg nahe dem heutigen Standort. Damit gilt das Nordkolleg Dank seiner Wurzeln als eine der ältesten Volkshochschulen in der Bundesrepublik. Die Einrichtung konnte sich selbst über den Zweiten Weltkrieg hinaus als traditionsreiche Bildungsanstalt behaupten, denn 1945 verordnete die britische Militärverwaltung die Wiederaufnahme des Kulturbetriebes. Von nun an richtete sich der Fokus auf bis dahin wenig beachtete oder während des Nationalsozialismus sogar verfemte Themenfelder: Neue Kunst- und Literaturformen, Betrachtungen zur Sinngebung der Gesellschaft und das Erlernen von Fremdsprachen als Beitrag zur interkulturellen Kommunikation. Diese Internationalisierung des Angebots mit der bis heute gültigen Ausrichtung auf den Ostseeraum und Nordeuropa erfolgte bereits ab 1959. 1992 trat die Nordkolleg Rendsburg GmbH die Nachfolge der Heimvolkshochschule Rendsburg e.V. an.

Das heutige Nordkolleg fungiert als Landesakademie für kulturelle Bildung, als Tagungshaus und vereint als Haus der Kultur zahlreiche Kulturverbände, Kulturinstitutionen und auch Dienstleister unter einem Dach.

In seiner Eigenschaft als Akademie für kulturelle Bildung bietet das Nordkolleg Rendsburg heute Seminare, Weiterbildungen, Tagungen und Konferenzen in den Bereichen Literatur & Medien, Musik, Sprachen & Kommunikation sowie KulturWirtschaft an. Viele der Veranstaltungen haben einen starken inhaltlichen Bezug zu Skandinavien und dem Ostseeraum.

Während sich das Engagement des Fachbereichs Literatur & Medien auf die Vermittlung von Literatur, auf die Förderung und den Austausch von Autoren sowie auf das Angebot von Weiterbildungen für Medienschaffende richtet, nimmt der Fachbereich Musik Funktionen einer Landesmusikakademie für Schleswig-Holstein wahr. Es werden Seminare in den Gebieten musikalische Praxis, Musikpädagogik, Musikvermittlung und des Musikmanagements konzipiert. Das Spektrum des Programms reicht von Laien- bis hin zu Meisterkursen und von der Alten Musik bis zur Sound Art. Das Nordkolleg ist zudem Heimat der Musikakademie für Senioren, des Landesjugendchors Schleswig-Holstein und des Landesjugendjazzorchesters. Zahlreiche Chöre und Orchester nutzen darüber hinaus seit vielen Jahren die hervorragenden Probe- und Arbeitsmöglichkeiten im Nordkolleg.

Im Austausch zwischen Nord(ost)europa und dem deutschsprachigen Raum agiert der Fachbereich Sprachen & Kommunikation mit Kursen in den nordeuropäischen Sprachen und denen des Ostseeraums, Deutsch und Englisch sowie einem variationsreichen Programm im Bereich Interkulturelle Kommunikation. Zahlreiche Kooperationspartner in den skandinavischen Ländern nutzen die interkulturellen Kompetenzen des Nordkollegs und machen es zu einem Zentrum nordeuropäischer Begegnung.

Der Fachbereich KulturWirtschaft stellt als jüngster inhaltlicher Schwerpunkt eine zentrale Stelle für kulturwirtschaftliche Beratung und Weiterbildung dar. Als Kompetenz- und Servicezentrum bietet der Fachbereich Tagungen und Seminare zu allen Teilsegmenten der Kultur- und Kreativwirtschaft an. Beratung, Service und Weiterbildung dienen der Verbesserung der wirtschaftlichen Orientierung im Kulturbereich, der Professionalisierung des Kulturbetriebs und dessen Management.

Die konsequente Vernetzung der Fachbereiche am Nordkolleg sowie ein flexibler und hochqualifizierter Expertenpool ermöglichen sowohl interdisziplinäres Arbeiten wie auch die Möglichkeit der Spezialisierung.

Lernen lässt sich am besten an geeigneten und attraktiven Lernorten. Hier hat das Nordkolleg eine Menge zu bieten. Im „Land zwischen den Meeren" liegt der Campus idyllisch zwischen Nord-Ostsee-Kanal und Eider im Zentrum Schleswig-Holsteins. Die Akademie bietet ideale Rahmenbedingungen für ihre Gäste. Sie ist dafür weit über die Landesgrenzen hinaus bekannt. Der Nordkolleg-Garten ist ein ganz besonderer Anziehungspunkt für die Gäste und Besucher der Akademie. Das ganze Jahr über sind hier auf 8.000 m² ganz nach Saison blühende Besonderheiten anzuschauen. Die ausgezeichnete und vielgelobte Nordkolleg-Küche trägt zu einem insgesamt runden Bildungsaufenthalt bei.

Davon, dass es sich am Nordkolleg gut und synergetisch arbeiten lässt, zeugt auch die Liste der Kulturverbände und kulturellen Institutionen Schleswig-Holsteins, die sich am Rendsburger Gerhardshain mit Ihren Geschäftsstellen angesiedelt haben. Neben einigen Verbänden (Landeskulturverband, Landesverband der Musikschulen und Landesvereinigung kultureller Kinder- und Jugendbildung) firmieren auch Stiftungen (Deutsche Stiftung Musiktherapie, Bürgerstiftung Schleswig-Holsteinische Gedenkstätten, Kulturstiftung des Kreises), Vereine und Dienstleister unter dem Dach des Nordkollegs. Als jüngste Einrichtung in Schleswig-Holstein nimmt das „Kontaktbüro KulturWirtschaft SH" hier seinen Sitz. Diese zentrale Beratungsstelle für Kultur und Wirtschaft übernimmt zukünftig Aufgaben wie die Projektvermittlung, Sponsoringberatung für Kultur und Wirtschaft sowie das Fundraising im Auftrag für Kulturein-richtungen. Gleichzeitig dient das Büro als ein Servicezentrum für die Betreuung, Ge-schäftsführung und organisatorische Abwicklung landesweiter oder regionaler kultur-wirtschaftlicher oder professionalisierender Projekte und Maßnahmen.

Das Nordkolleg ist damit heute ein Ort der Vernetzungskompetenz, ein Ort der Ent-wicklung und Verwirklichung. Es greift kulturelle Impulse auf und beteiligt sich am aktuellen Diskurs zur kulturellen Bildung in Schleswig-Holstein – einem der Zukunfts-themen unseres Landes.

Prof. Dr. Willy Diercks
Ehemaliger Geschäftsführer des Heimatbundes (SHHB), Schleswig/Molfsee

Der Schleswig-Holsteinische Heimatbund

Mit der Heimat ist es wie mit der Sprache. Man hat sie, gebraucht sie selbstverständlich und denkt normalerweise nicht darüber nach.

Der bedeutendste Anlass zum Nachdenken, zur Auseinandersetzung mit dem Begriff Heimat ist der Verlust von Heimat. Ebenso gilt aber auch, dass Strömungen, die das Heimatliche in Frage stellen, als Gegenpol Heimatbewusstsein hervorrufen (Europa der Regionen). Aber auch Störungen des Heimatlichen – des Gewohnten – wie z.B. Eingriffe in die Landschaft, Veränderungen des Stadtbildes, Verluste von historischer Substanz, ja, überhaupt das Empfinden oder die Beobachtung des Verschwindens von kulturellen Elementen (wie Sprachen) bilden Anlässe für das Nachdenken, für ein Bewusstwerden dessen, was zu einem erlebten und gestalteten Umfeld gehört. Das 19. Jahrhundert mit seinen vielen Migrationen erlebt einen Höhepunkt von Abschieds- und Heimatlyrik (vgl. Greverus). Die Gründung von unzähligen Heimat-/Sprachvereinen in den USA lässt erkennen, mit welchen Verlustempfindungen die Auswanderung erfolgt.

Es ist nicht von der Hand zu weisen, das ein Aspekt des Heimatbewusstseins damit ein rückwärts gewendeter und konservierender ist. Aber dieses ist nur ein Aspekt. Ein anderer liegt in dem Gestaltenwollen und -müssen des Menschen, d.h. in seiner Notwendigkeit, sich eine Umgebung zu schaffen, die ihn wirtschaftlich, kulturell und sozial überleben lässt, und in der Planung dieser Umwelt nach seinen Vorstellungen. Heimatbewusstsein betrifft also den gesamten Umgang von Menschen mit dem Gebiet ihres Handelns.

Der SHHB und seine Geschichte

Der SHHB ist ein landesweit kulturell, kulturpolitisch und im Naturschutz tätiger Ver-band. Diese Aspekte sind nach Auffassung des SHHB insbesondere dazu angetan, „das

Landesbewusstsein zu stärken", bzw. tragen zur Entstehung und Entwicklung einer Landesidentität bei, um auch diesen heute öffentlich kaum hinterfragten, positiv wertenden Begriff zu verwenden.

1947 versammelten sich Heimatvereine aus Schleswig-Holstein, Mitglieder der Landesregierung, Oberkreisdirektoren und Landräte, Parteien, Presse, Mitglieder der Universität, des Adels, Vertreter von Speeldelen, dazu eine Reihe von Einzelpersönlichkeiten in Schleswig, um den Schleswig-Holsteinischen Heimatbund (SHHB) zu gründen. Die Versammlung beschloss einen Appell an die Bevölkerung, in dem einerseits gegen eine Trennung der Landesteile Schleswig und Holstein aufgerufen wurde, andererseits bereits kulturelle Ziele des SHHB festgehalten wurden. Es hieß dort:

„Wir wollen in Verantwortung gegen Vergangenheit und Zukunft unseres Volkes zusammenstehen und in dieser schwierigen Zeit die Ohren steif halten und an der alten Kultur und Geschichte unseres Landes mit dem Wort 'up ewig ungedeelt' und an der plattdeutschen und friesischen Sprache festhalten."

Die Gründung des SHHB sowie dieser Appell hatten in Zeiten allgemeiner Not und Hoffnungslosigkeit eine für viele Schleswig-Holsteiner motivierende Signalwirkung, sich einer Trennung der Landesteile Schleswig und Holstein entgegenzustellen, ohne dabei antidänische Tendenzen im Heimatbund zuzulassen.

In der Folgezeit ging es um die Entwicklung der Kulturarbeit in Schleswig-Holstein und um die Unterstützung der deutschen Minderheit in Nordschleswig.

Festzuhalten bleibt, dass der SHHB in den zurückliegenden Jahrzehnten seine Aufgaben den historischen und gesellschaftlichen Anforderungen angepasst und dabei das Ziel verfolgt hat, Schleswig-Holstein als historische, politische, landschaftliche, wirtschaftliche und kulturelle Einheit zu unterstützen, zu pflegen und zu fördern. Hierüber geben etwa das 1953 in Rendsburg verkündete Landespolitische Programm des Schleswig-Holsteinischen Heimatbundes oder das Heimatpolitische Programm Auskunft, das 1987 in Schleswig verabschiedet wurde und an die Stelle des Landespolitischen Programms trat.

Die Funktion als Grenzverband stand zunächst im Vordergrund und damit auch die Unterstützung der deutschen Minderheit in Nordschleswig. Ein wesentlicher Faktor für die friedliche Form des Nebeneinanders der Staaten ist in der Minderheitenpolitik Deutschlands und Dänemarks zu erkennen. Mit der Förderung nördlich und südlich der Grenze entstand ein vorbildliches Kindergarten- und Schulsystem der Minderheiten. Der SHHB entwickelte zusammen mit der deutschen Minderheit einen vielfältigen Patenschaftsbezug zwischen der Bundesrepublik und deutschen Institutionen nördlich der Grenze.

Mit den Bonn-Kopenhagener Erklärungen war der Weg in die gleichberechtigte Behandlung von Minderheiten in Deutschland und Dänemark geöffnet. Die Beziehungen besserten sich, nachdem beide Seiten erklärt hatten, keine Grenzänderungen mehr zu beabsichtigen. Nach wie vor galt die kulturelle, soziale und politische Konkurrenz im Landesteil Schleswig.

Der SHHB hatte – ganz im Sinne eines seiner Gründer, Dr. Muuß, daran gearbeitet, die gesamte kulturelle, natürlich-landschaftliche und soziale Eigenart des Landes Schleswig-Holstein zu sichern – lange bevor das Wort vom „Europa der Regionen" in aller Munde war. Eine bedeutende Vertiefung dieser Absichten des SHHB wurde durch das Heimatpolitische Programm von 1987 erreicht, das unter seinem Präsidenten Dr. Werner Schmidt von vielen vom SHHB eingerichteten Fachausschüssen erarbeitet wurde. Dieses Programm bot im Hinblick auf die kulturelle Bindung des Menschen einen Katalog der Schleswig-Holstein auszeichnenden bzw. charakterisierenden Spezifika, die erhaltenswürdig bzw. zu entwickeln sind – von den landeseigenen Sprachen, Denkmälern, Landschaften, Trachten bis zu der komplizierten und spannenden Geschichte des Landes.

Aus dem Heimatpolitischen Programm von 1987: „Zielsetzungen und Formen der Heimatarbeit
*   Natur und Umwelt: Heimatpflege bedeutet immer auch Sicherung von Natur und Umwelt.
*   Kultur: Schleswig-Holstein hat eigene Beiträge zur Entwicklung der deutschen Kultur geleistet.
*   Landeseigene Sprachen: Niederdeutsch und Friesisch sind Zeugnisse der kulturellen Eigenart und Vielfalt Schleswig-Holsteins.
*   Baugestaltung und Denkmalpflege: Heimat offenbart sich auch in den Werken der Baukunst.
*   Ländlicher Raum und Dorfgestaltung: Der ländliche Raum prägt das Gesicht des Landes, aber er ist bedroht.
*   Stadtgestaltung und Stadtentwicklung: Die meisten Schleswig-Holsteiner erleben Heimat in kleineren und größeren Städten.
*   Landesgeschichte: Wesentliche Voraussetzung der geistigen Verbindung mit einem Raum ist lebendiges Geschichtsbewusstsein.
*   Jugendarbeit: Auch Jugend ist durch Heimat gebunden.
*   Massenmedien: Die Wirkung der Massenmedien (Presse, Rundfunk, Fernsehen, Film) auf das Bewusstsein der Menschen ist unübersehbar.
*   Landeskunde: Landeskunde fördert das Wissen um Heimat.
*   Grenzland und Nordschleswig: Schleswig-Holstein ist deutsches Grenzland.
*   Buten-Schleswig-Holstein: Schleswig-Holsteiner und ihre Nachfahren leben in aller Welt."

Die heutigen Arbeitsgebiete des SHHB
Zur Erfüllung seiner Aufgaben verstärkte der SHHB sich durch die Einstellung von hauptamtlichen Referenten für die Fachgebiete. Die Gründung eines Jugend-SHHB führte zur Verbesserung der Chancen, für die Ziele des SHHB auch jüngere Menschen

zu gewinnen. Hier gilt, dass der JSHHB in selbstbestimmter Entscheidung, Planung und Durchführung von Aufgaben das gesamte Bündel von Themen des SHHB wahrnimmt.

Die Liste der Arbeitsschwerpunkte des SHHB sind hier zusammengefasst:

Bereich Niederdeutsch:
1. Durchführung landesweiter Wettbewerbe (Vorlesewettbewerb)
2. Beratungen über den Erlass für die Schule
3. Erarbeitung von Veränderungen der Lehrplanrichtlinien und ebenso der Prüfungsordnungen für die Universität
4. Mitwirkung im Beirat Niederdeutsch beim Landtag
5. Erarbeitung von Vorlagen für die Verfassungsänderung
6. Seminare für Kinder, Jugendliche und Erwachsene
7. Koordination niederdeutscher Arbeit im Lande (Vereine, Institutionen)

Bereich Landesgeschichte:
1. Durchführung von Seminaren für Kinder, Jugendliche und Erwachsene
2. Beratung und Erarbeitung von Lehrplanrichtlinien
3. Erarbeitung landesgeschichtlicher Programme
4. Vorbereitung von Landesfesten und entsprechenden Symposien

5. Landesgeschichtliche Publikationen
6. Handbuch für Ortschronisten und Landeshistoriker

Bereich Trachten und Volkstanz:
1. Durchführung von Festen
2. Seminartätigkeit, Fortbildung für Kinder, Jugendliche und Erwachsene
3. internationale Begegnungen
4. Unterstützung regionaler Gruppen
5. Analyse und Information zum Trachten- und Volkstanzbereich

Bereich Denkmalschutz:
1. Kontrolle und Schutz örtlicher Denkmäler
2. Beschilderung der Denkmäler (landesweit)
3. Erhaltung und Pflege historischer Kriegsdenkmäler und -gräber
4. Schutz des ländlichen Raums

Bereich Grenzverbandstätigkeit:
1. Patenschaften
2. Kontakte zum Bund Deutscher Nordschleswiger und zu den Minderheiten nördlich und südlich der Grenze sowie in den osteuropäischen Staaten

Bereich Natur- und Umweltschutz:
1. Durchführung des Wettbewerbs „Umweltfreundliche Gemeinde"
2. Gutachtertätigkeit § 29
3. Durchführung des Wettbewerbs „Unser Dorf soll schöner werden- unser Dorf hat Zukunft"
4. Durchführung von Seminaren für Kinder und Jugendliche und Erwachsene
5. Fortbildungsveranstaltungen für Naturschützer
6. Betreuung von Naturschutzgebieten
7. Knickwettbewerb
8. Alleenförderung

Aus Platzgründen sind nicht alle Themen, die wir umsetzen, aufgeführt, sondern nur die zur Zeit vordringlichen und unbedingt erforderlichen Aufgaben genannt.

Organisation des SHHB

Der Schleswig-Holsteinische Heimatbund ist ein Mitgliederverband. Ca. 55.000 Mitglieder in Orts-, Kreis- und Landschaftsvereinen gehören ihm an. Der SHHB ist der Dachverband für einen Großteil der schleswig-holsteinischen Fachvereine, die sich unter unterschiedlichen Aspekten (vom archäologischen bis zum zoologischen) mit

Schleswig-Holstein beschäftigen. Dem SHHB gehören heute 86 Orts-, Kreis- und Land-
schaftsverbände an, 76 Trachtengruppen, 113 korporative Mitglieder, 26 plattdeutsche
Vereine, Buten-Schleswig-Holsteiner, 5 Dichter- und Schriftstellergesellschaften und
weitere 15 Vereine, die den SHHB in seiner Arbeit unterstützen.

Der Vorstand des SHHB verfolgt das Ziel, die Eigenständigkeit und selbstständige Arbeit seiner Mitgliedsverbände zu fördern und zu unterstützen – z.B. durch Werkstätten
und Seminare. Der Schleswig-Holsteinische Heimatbund – und hier besonders auch
auf der Ebene des Dachverbandes – vermittelt als Fortbildungsinstitution sowie als
Verband für komplementäre Bildung Kentnisse zur Landesgeschichte und zur Landeskunde und zum Naturschutz für Schülerinnen und Schüler und für Erwachsene.

Der SHHB hat in seinem Heimatpolitischen Programm Themen von allgemeinem Interesse für Schleswig-Holstein definiert und unterhält Ausschüsse, die die Bildungsarbeit
des SHHB aktualisieren und unterstützen. Er beauftragt 12 ständige Ausschüsse (vgl.
die oben genannten Arbeitgebiete), die aus Fachleuten aus unterschiedlichen Institutionen zusammengesetzt sind, um landesweite Entwicklungen zu beobachten und neue
Ziele einzugeben. Hier geht es natürlich nicht nur um das Bewahren des Überkomme-
nen, sondern auch um die Beeinflussung von positiven Zukunftsentwicklungen (es ist
absurd, allein ein klassisches Niederdeutsch zu pflegen, sondern es ist notwendig, die
Verknüpfung des Niederdeutschen mit gegenwärtigen Themen zu finden und damit
die Funktionalität der Sprache zu entwickeln). Für neue Aufgaben kann der SHHB

sowohl neue ständige wie auch Ad-hoc-Ausschüsse einsetzen. Der Verband wird durch einen Vorstand geführt, der die Geschäftsführung in Molfsee mit der Durchführung seiner Beschlüsse beauftragt. Dem Vorstand zugeordnet sind die Fachausschüsse, die den Vorstand beraten, Aufträge des Vorstandes ausführen bzw. eigene Projekte verfolgen. Die Mitglieder der Ausschüsse sind nicht notwendig Mitglieder des SHHB, sondern werden aufgrund ihrer Kompetenz in die Ausschüsse gebeten.

Fortbildungsveranstaltungen des SHHB und des JSHHB

Der Schleswig-Holsteinische Heimatbund sieht eine wesentliche Aufgabe darin, landeskundliche und landespolitische Zielsetzungen an Mitglieder seiner Organisationen wie auch an Nichtmitglieder zu vermitteln. Aufgrund seiner Fachausschüsse vermag er in großer Breite in folgende Gebiete einzuführen:

- Landessprachen Niederdeutsch und Friesisch
- Trachtenwesen und Volkstanz
- Minderheitenarbeit
- Grenzüberschreitende Projekte
- Landesgeschichte
- Medienkunde und -politik
- Volkskunde
- Natur- und Umweltschutz
- Chronikarbeit
- Literaturwerkstätten
- Patenschaftsarbeit
- Denkmalschutz
- Siedlungsentwicklung

Der Jugendverband im SHHB veranstaltet eine Reihe von Seminaren und Projekten. Dort werden Seminare durchgeführt, die zum Teil das Lehrangebot von Schulen ergänzen sollen, aber auch Jugendliche zum Mitarbeiten in einer Reihe von Gebieten anregen, die für die Förderung des Landes und die zukünftige Entwicklung von Bedeutung sind, ob sie sich nun auf den Umweltschutz, das Niederdeutsche oder geschichtliche Voraussetzungen beziehen.

Projekte des SHHB und des JSHHB

In allen ihren Gebieten unterhalten der SHHB und der JSHHB auch Langzeitprojekte, so u.a. mit dem Schleswig-Holstein-Tag, dem Fest der Vereine, das alle zwei Jahre in wechselnden Orten in Schleswig-Holstein veranstaltet wird, mit dem Wettbewerb „Umweltfreundliche Gemeinde", der in zweijährigem Rhythmus stattfindet. Er organisiert den Wettbewerb „Unser Dorf hat Zukunft", veranstaltet den Wettbewerb „Schüler lesen Platt" zusammen mit dem Sparkassen- und Giroverband und der Sparkassenstiftung, organisiert einen Medienpreis, ein niederdeutsches Theaterprojekt, ein niederdeutsches Übersetzungsprojekt von Jugendlichen, eine Literaturwerkstatt, Naturschutzbausteine für Kinder und Jugendliche, Errichtung von Naturschutzlehrpfaden, u.a. ein Fledermauspfad an der Schwentine. Dazu kommen noch die vielen Projekte der Mitgliedsverbände wie etwa die Beschilderung von Denkmälern im Kreis Steinburg, die Betreuung von Naturschutzgebieten in Pinneberg und im Landesteil Schleswig an mehreren Stellen usw. Das jüngste Großprojekt des SHHB ist die „Topographie Schleswig-Holstein" in Zusammenarbeit mit dem Schleswig-Holsteinischen Zeitungsverlag, dem NDR, der Provinzial und schleswig-holstein.de, in dem alle 1127 Gemeinden Schlewig-Holsteins, in Form eines Beitrags in den Zeitungen des sh:z und der Welle Nord, sowie in Buchform und im Internet vorgestellt werden.

www.heimatbund.de

Prof. Dr. Karl Heinrich Pohl

Vorsitzender des Beirates der Bürgerstiftung Gedenkstätten

Bürgerstiftung schleswig-holsteinische Gedenkstätten

Die Gedenkstättenlandschaft in Schleswig-Holstein: Ein Blick in die Zukunft

Ralph Giordano im Jüdischen Museum in Rendsburg

Die schleswig-holsteinischen Gedenkstätten stehen gegenwärtig und zukünftig in starker Konkurrenz zu populären Medien der Geschichtskultur. Der Trend wächst, Geschichte der nationalsozialistischen Verbrechen zu „medialisieren" und zu „fiktionalisieren", sei es in Dokumentationen, historischen Spielfilmen und Romanen oder auch Videospielen. Sollen Gedenkstätten auch weiterhin in der Lage sein, ihre wichtige Funktion – über die kein Zweifel bestehen dürfte – auszuüben, muss der Gedenkstättenlandschaft ein gemeinsamer Rahmen gegeben werden. Nur so kann die weitere Arbeit von Gudendorf, Schwesing, Kaltenkirchen, Ladelund und Ahrensbök nachhaltig gesichert werden. Die einzelnen Gedenkstätten blicken allerdings auf eine je eigene, individuelle und besondere Entstehungsgeschichte zurück. Sie werden etwa von verschiedenen Gruppen getragen, haben differierende ideologische Grundlagen und unterschiedliche finanzielle Möglichkeiten. Diese und andere Eigenarten gilt es zu beachten und möglichst positiv zu nutzen. Dabei darf jedoch der systematische Zusammenhang zum Gesamt-komplex Nationalsozialismus nicht aus den Augen verloren werden.

Potentiale verstärkter zukünftiger Zusammenarbeit:

1. **Selbstverständnis als Gedenkstätte**

   Alle Gedenkstätten sind Überreste der nationalsozialistischen Vergangenheit, sind Zeugnisse des späteren Umgangs mit dieser Vergangenheit, rühren den Besucher emotional an und sind doch zugleich auch Orte der rationalen Aneignung von Ge-schichte. Darauf kann auch in Zukunft gebaut werden. Hier kann nach Gemein-samkeiten gesucht und Unterschiedliches betont werden.

2. **Inhaltliche Zielsetzungen**

   Alle Gedenkstätten klären über das vergangene Geschehen im Nationalsozialis-mus auf, stellen Bezüge zum jeweils konkreten Ort her, erzählen seine spezielle Geschichte. In diesem Sinne sollten in Zukunft mehr gemeinsame inhaltliche Ele-mente entwickelt werden, auf die alle fünf Gedenkstätten in Schleswig-Holstein zurückgreifen könnten. Alle Gedenkstätten sollten sich zudem jeweils dem Thema Umgang der Region mit „ihrem" Lager widmen.

3. **Didaktische Konzeption**

   Alle Gedenkstätten versuchen, fachwissenschaftliche, didaktische und pädago-gische Forschungsergebnisse in ihre Arbeit zu integrieren. Diese Vielfalt ist ein großes Plus. Eine besondere Aufgabe besteht ebenfalls für alle darin, auf die Re-zeptionsbedingungen bei Jugendlichen einzugehen. Diese Anstrengungen sollten gebündelt und professionalisiert werden.

   Die Gedenkstätten wollen mahnen („Das darf nie wieder geschehen"); sie wollen „erklären", zugleich „Geschichtsunterricht" erteilen und das Bewusstsein für die Vergangenheit schärfen. Sie zielen auf ein reflektiertes Geschichtsbewusstsein. Ob die Zielsetzung noch legitim ist, die Wiederholung von vergangenem Geschehen verhindern zu wollen, wäre gemeinsam zu erörtern.

   Durch ihre Authentizität entfalten alle Gedenkstätten eine „Aura". Die Atmo-sphäre von Gewalt, Entwürdigung und Menschenverachtung, aber auch von Wi-derstehen und Bewahren der Würde wird unmittelbar emotional erfahrbar. Da-bei stellt sich die große Herausforderung, historisches Lernen und Emotionalität als ein integratives Konzept umzusetzen. Hierbei hat sich in den letzten Jahren das Prinzip der Individualisierung als sinnvoll und zentral herausgestellt. Persön-lich-politische Stellungnahme wird dadurch verstärkt abgefordert. Es kann von den Besuchern nach der eigenen Verantwortung und Handlungsspielräumen ge-fragt werden (Wie hätte ich mich gefühlt? Wie hätte ich mich in einer ähnlichen Situation verhalten?).

Für die zukünftige Gedenkstättenlandschaft in Schleswig-Holstein wäre daher von Wichtigkeit, dass (überall) didaktische Professionalität einkehrte und das Prinzip der Individualisierung und Personifizierung eine wichtige Rolle spielte. Auf diese Weise könnte dem emotionalen Bereich der notwendige Raum gewährt und dieser zugleich als Ausgangspunkt für eine weitere Reflexion genutzt werden, wodurch auch eine Überwältigung vermieden würde.

4. Gestaltung des Raumes, Inszenierung

Alle Gedenkstätten dokumentieren unvorstellbares Grauen am konkreten Ort des Geschehens. Der vorhandene Raum soll es ermöglichen, zu reflektieren, den Emotionen nachzugehen und sich zugleich auf die Vergangenheit einzulassen, wobei unter „Raum" sowohl das Gesamtensemble der Gedenkstätte und der Ausstellungsraum, als auch

Die Gedenkstätte Springhirsch bei Kaltenkirchen

der Raum im Sinne eines Ortes, in dem etwas denk- und sagbar wird, verstanden werden kann.

Eine auf Vermittlung zielende historische Rekonstruktion ist immer auf eine Inszenierung angewiesen. Es geht daher in allen Gedenkstätten um die sinnvolle räumliche „Inszenierung", die den jeweiligen – meist nur rudimentären – historischen Überresten „angemessen" ist. Dabei stellt sich die Frage, inwieweit auf neuen Wegen, mit neuen Gestaltungsmöglichkeiten und neuen, ungewohnten Inszenierungen auf eine jüngere Generation zugegangen werden kann. Es ist zu diskutieren, wie weit die bewusste Inszenierung heute gehen und welcher Mittel sie sich bedienen darf.

5. Design, gemeinsame Öffentlichkeitsarbeit

Design meint hier das Bild, das die Gedenkstätten nach außen vermitteln. Auch hier gibt es überall ähnliche Probleme: Wie stellen wir uns nach außen dar? Wie präsentieren wir uns im Internet? Heute stehen die Gedenkstätten meist noch ohne Kontakt zueinander da. Sinnvoll wäre daher eine auch nach außen wirkende Vereinheitlichung, allerdings nicht im Sinne einer „Gleichmacherei". Dies gilt auch für eine gemeinsame schriftliche Präsentation oder für die Darstellung im Internet.

Fazit

Es besteht eine dringende Notwendigkeit, die Gedenkstätten in Schleswig-Holstein zur Kooperation zu bewegen, wollen sie auch in Zukunft ein breites Publikum ansprechen, für ihre Anliegen interessieren und „aufklären". Für eine intensive Zusammenarbeit gibt es einen breiten Spielraum, ohne dass dabei die regionalen Eigenarten einge-schränkt werden müssten. Denn: Gerade die Kombination von Gemeinsamkeit und speziellen Eigenarten macht den Reiz der hiesigen Gedenkstättenlandschaft aus.

www.gedenkstaetten-sh.de

Prof. Dr. Gerhard Fouquet
Präsident der Christian-Albrechts-Universität zu Kiel

Kultur und Sammlungen an der Christian-Albrechts-Universität zu Kiel

Die Christian-Albrechts-Universität zu Kiel (CAU) fördert den Dialog in der Gesell-schaft über Forschung und Lehre hinaus: Sie verfügt über zahlreiche regionale Museen und bietet eine Fülle an öffentlichen Veranstaltungen, wie zum Beispiel Ringvorlesun-gen oder eine lange Vorlesungsnacht. Mit knapp 1800 m² Ausstellungsfläche ist die Kunsthalle der Universität das größte Museum der Landeshauptstadt. Positionen zeit-genössischer Kunst treten hier in Dialog mit einer Sammlung, die im regen Austausch mit den Ländern Skandinaviens und Osteuropa entstanden ist. Neben der vielseitigen Beziehung zwischen Wissenschaft und Kunst findet sich das kulturelle Leben der CAU auch in Bereichen außerhalb der Museen. Studentische Theatergruppen führen unter der Leitung des Studentenwerks klassische oder zeitgenössische Stücke auf, und die Konzerte der universitären Musikensembles erfreuen sich großer Beliebtheit.

Darüber hinaus ist die Kieler Universität eine der Hochschulen in Deutschland, die ei-nen Großteil ihrer kultur- und wissenschaftshistorischen Schätze bis heute bewahrt hat und dabei ist, diese Schätze in einer breiten Museumslandschaft neu zu präsentieren.

Die umfangreichen Sammlungen sind dabei nicht nur ein Spiegel der langen und be-deutenden Wissenschaftsgeschichte der CAU, sie stellen vielmehr auch ein einmali-ges Archiv der Landesgeschichte Schleswig-Holsteins dar. Hier reflektieren sich his-torische, kulturelle aber auch naturwissenschaftliche Ereignisse Schleswig-Holsteins seit dem 18. Jahrhundert. Viele Sammlungen sind von internationaler Bedeutung. Die begonnene digitale Erfassung und Publikation der Sammlungen ermöglicht es der Universität und dem Land Schleswig-Holstein, ihre kulturhistorische Vergangenheit weltweit abzubilden.

Einzigartig im norddeutschen Raum ist zum Beispiel die Antikensammlung der CAU, die 1843 von dem Archäologen Peter Wilhelm Forchhammer als öffentlich zugängli-ches Universitätsmuseum gegründet wurde. Die große Sammlung von originalgetreuen Abgüssen griechischer und römischer Skulpturen und der reiche Schatz an Werken der griechischen und unteritalischen Keramik des 6. bis 4. Jahrhunderts v. Chr. ermöglichen einen Überblick über die Entwicklung der antiken Kunstgeschichte.

Die beiden ältesten heute an der CAU vorhandenen Sammlungen sind das Herbarium des Botanischen Gartens und die Sammlungen des Zoologischen Museums. Das Herbarium ist ein natur- und kulturhistorischer Schatz von Weltgeltung. Hervorzuheben sind

hier Belegexemplare von Alexander von Humboldt, Simon Pallas, Carl Peter Thunberg sowie Sammlungen bedeutender Expeditionen des 18. und 19. Jahrhunderts, wie etwa die botanischen Aufsammlungen der zweiten Weltumseglung von James Cook oder Pflanzenmaterial der dänischen Arabienexpedition von Peter Forskal und Carsten Niebuhr.

Im Zoologischen Museum werden die Anfänge der deutschen Meeresforschung ar-chiviert. Wesentliche Begriffe der Ökologie wie Biozönose, Biotop oder auch Plankton wurden in Kiel geprägt. Ein großer Schatz sind die Typen-Insektensammlungen von Johann Christian Fabricius sowie Belegsammlungen großer internationaler Expeditionen des 19. Jahrhunderts wie die Deutsch-Dänische Galathea-Expedition (1845-47), die Mauritius-Expedition von Karl-August Möbius (1874-75), die Deutsche Tiefsee-Expedition (1898/99) oder die Deutsche Südpolar-Expedition. Die sog. Terminfahrten-Sammlungen von 1872 bis heute ermöglichen im Zeitalter des Klimawandels einen analytischen Einblick in die Fauna der Nord- und Ostsee über 130 Jahre hinweg.

Die geologischen Sammlungen sind zwar nicht so alt, weisen aber dennoch außergewöhnliche Objekte auf, wie Saurierfossilien aus Süddeutschland, umfangreiche fossile Korallensammlungen aus Gotland oder Sammlungsmaterial der bedeutenden englischen Challenger-Expedition zur Erforschung der Tiefsee.

Ein besonders interessanter Bereich sind Tiefseekorallen der Nordmeere, die sowohl rezent als auch fossil vorliegen.

Diese drei naturwissenschaftlichen Kernsammlungen werden ergänzt durch eine medizin- und pharmaziehistorische Sammlung, in der sich vor allem Zeugnisse aus privilegierten Apotheken Schleswig-Holsteins finden. Apothekengefäße, Waagen, Geräte der vorindustriellen Arzneimittelherstellung sowie Drogen werden in historischen Apothekeneinrichtungen präsentiert. Zu den besonderen Schätzen zählt ein niederländisches Heilpflanzen-Herbarium von 1684. Eine detailreiche Inszenierung bildet die Material- und Giftkammer der St. Jakobi Apotheke aus Lübeck mit zugehöriger Stoßkammer und Labor.

Die Völkerkundesammlung der CAU umfasst etwa 1600 Objekte aus der Südsee, die im engen Zusammenhang mit der Kieler Schifffahrtsgeschichte stehen. Als Souvenirs der Kolonialzeit repräsentieren viele Objekte ein Weltbild der damaligen Zeit und sind einmalige Schätze inzwischen ausgestorbener Kulturen.

Eine kulturhistorische Kostbarkeit stellt die theaterwissenschaftliche Sammlung dar. Hervorzuheben sind hier vor allem zahlreiche Handschriften von Goethe, dem Goethe-Kreis oder Johannes Brahms. Außerdem die Hebbelsammlung, Stichfolgen von der Renaissance bis ins 19. Jahrhundert, Bühnenbild- und Kostümentwürfe u.a. des berühmten Berliner Baumeisters Schinkel, darüber hinaus Bühnenbildmodelle sowie Fotographien aus der Theaterwelt. Programmhefte und -zettel, Tonträger und Fotographien dokumentieren mehrere Generationen des regionalen und überregionalen Theaterlebens in Schleswig-Holstein.

Welche Aufgaben haben solche Sammlungen in einer modernen Universität? Zum einen sind sie nach wie vor Archive, die bis heute wissenschaftlich international bedeutend sind. Zum anderen sind sie durch ihr Alter, ihren Schauwert und ihre historische Bedeutung einmalige Informationsträger, mit deren Hilfe die Universität ihre historische Bedeutung, aber auch moderne universitäre Inhalte einer breiten Öffentlichkeit vermittelt. Insgesamt steigt das historische Bewusstsein an deutschen Universitäten. Museen werden neu gegründet oder reaktiviert. Aber nur wenige Universitäten haben einen derartigen Reichtum an bedeutenden Schätzen wie die CAU.

http://www.uni-kiel.de/aktuell/veranstaltungen.shtml
http://www.uni-kiel.de/campus/museen.shtml

Prof. Dr. Robert Bohn
Prof. Dr. Uwe Danker
Dr. Sebastian Lehmann

Das Institut für schleswig-holsteinische Zeit- und Regionalgeschichte

Eine Schülergruppe, die ein Projekt zur Integration von Flüchtlingen nach dem Zweiten Weltkrieg im Dänischen Wohld plant, hochkarätige Wissenschaftler, die neueste Forschungsergebnisse zur deutschen Herrschaft im Baltikum auf einer Tagung austauschen, Heimatforscher, die sich mit der Geschichte der Zwangsarbeit in ihrem Dorf auseinandersetzen, eine Lehrkraft, die das Thema Industrialisierung mit ihren Schülern nicht am Beispiel von Manchester, sondern am eigenen Schulort, sagen wir Neumünster, behandeln will. Sie alle sind beliebig erweiterbare Beispiele für eine sehr lebendige (regionalhistorische) Geschichtskultur in Schleswig-Holstein – und für alle ist das Institut für schleswig-holsteinische Zeit- und Regionalgeschichte (IZRG) der erste Ansprechpartner im Land.

Etwas anders machen in der Bearbeitung der schleswig-holsteinischen Zeitgeschichte – mit dieser geschichtspolitischen Antwort auf den im Vergleich zu anderen Regionen defizitären zeithistorischen Forschungsstand ist die Gründung und die Frühphase des IZRG untrennbar verknüpft. Die seit 1985 im Schleswig-Holsteinischen Landtag geführte Debatte über die Erforschung und Aufarbeitung der Geschichte des Nationalsozialismus und seiner Verbrechen in Schleswig-Holstein, ein einheiliger Parlamentsbeschluss und die gemeinsamen Überlegungen von drei Geschichtsvereinen (‚Arbeitskreis zur Erforschung des Nationalsozialismus in Schleswig-Holstein‘, ‚Arbeitskreis für Wirtschafts- und Sozialgeschichte Schleswig-Holsteins‘ und ‚Beirat für Geschichte der Arbeiterbewegung und Demokratie in Schleswig-Holstein‘) bildeten im Jahre 1991 die Grundlage für die Entscheidung der Landesregierung, ein „Institut für schleswig-holsteinische Zeit- und Regionalgeschichte" zu gründen. Bis Januar 2009 war es zunächst ein so genanntes ‚An-Institut‘, also eine nicht rechtsfähige, der Universität Flensburg angegliederte wissenschaftliche Einrichtung. Seit Beginn dieses Jahres ist das IZRG nunmehr ein In-Institut der Universität Flensburg.

Anders als vergleichbare Institutionen war das IZRG von Anfang an nicht als reines Forschungsinstitut ausgerichtet und hat sich auch nie ausschließlich als solches begriffen. Gleichrangig zu den wissenschaftlichen Forschungsaufgaben hat das Institut auch zeit- und regionalhistorische Vermittlung und Öffentlichkeitsarbeit wahrzunehmen. Das bedeutet, dass das IZRG die Ergebnisse seiner Forschung nicht allein in Aufsätzen, Sammelbänden und Monografien oder auf wissenschaftlichen Tagungen und Konferenzen einem wissenschaftlichen Fachpublikum nahe bringt. Vielmehr sind die Mitarbeiterinnen und Mitarbeiter durch Beiträge in Zeitungen und Broschüren in der Öffentlichkeit stark präsent und leisten durch die allein in den letzten drei Jahren über hundert Vorträge, Seminare und Workshops einen wichtigen Beitrag für das breite Angebot der politischen und kulturellen Bildung im Land. Der Vermittlungsauftrag – so wie er im IZRG verstanden wird – beschränkt sich jedoch nicht allein darauf. Durch seine besondere Geschichte und Struktur bietet das IZRG ein sehr niedrigschwelliges Beratungs- und Unterstützungsangebot. Anders als in vergleichbaren wissenschaftlichen oder gar akademischen Einrichtungen sind die Mitarbeiterinnen und Mitarbeiter durchgängig auch für Heimatforscher, Lokal- und „Barfuß"-Historiker, aber auch für Lehrkräfte mit ihren Schülergruppen ansprechbar und bereit, bei Projekten zu kooperieren oder unterstützend tätig zu werden.

Das Tätigkeitsfeld beschränkt sich längst nicht mehr auf die regionalgeschichtliche Erforschung und Vermittlung der Geschichte des Nationalsozialismus. Zu den aktuellen Projekten gehört unter anderem die Erforschung des gesellschaftlichen und wirtschaftlichen Strukturwandels im Land Schleswig-Holstein der Nachkriegszeit. Neben wirtschafts- und sozialgeschichtlichen Fragestellungen geht es dabei vor allem um die Wahrnehmung und die Verarbeitung der tief greifenden Wandlungsprozesse durch die Betroffenen. Zur Leistungsbilanz des IZRG gehören unter anderem kleinere Projekte wie beispielsweise eine Ausstellung zu den Auseinandersetzungen über das Atomkraftwerk Brokdorf oder mehrere umfassende und in ihrem Ansatz zum Teil weit über die Region hinausweisende Projekte zum Thema „NS-Zwangsarbeit". Daneben beschäftigt sich das Institut auch mit Themen, die auf den ersten Blick nicht viel mit Schleswig-Holstein zu tun haben – beispielsweise der Geschichte des von der Wehrmacht im Zweiten Weltkrieg besetzten Baltikums, des „Reichskommissariat Ostland". Die Ausbeutung dieser Region und die Organisation des dort (auch) stattfindenden Holocausts vollzog sich unter maßgeblicher Beteiligung schleswig-holsteinischen Personals, so dass zu Recht von dem Ostland als einem „Stück schleswig-holsteinischer Regionalgeschichte gesprochen werden kann". Ein wesentlicher Teil des Aufgabenkanons des IZRG leitet sich allerdings aus den näher liegenden geografischen Gegebenheiten ab: Im Mittelpunkt zahlreicher Projekte stand und steht die Grenzregion und die historisch besondere Situation des Landesteils Schleswig. Oftmals in Kooperation mit dänischen Kolleginnen und Kollegen ist in den vergangenen Jahren eine Reihe von Publikationen entstanden, die unter anderem das „Europäische Modell" der nationalen Minderheiten im deutsch-dänischen Grenzraum in den Blick nahm. In diesem grenzüberschreitenden Zusammenhang ist auch das Projekt des „Virtuellen Museums – www.vimu.info" angesiedelt, bei dem in Kooperation mit deutschen und dänischen Partnern die Geschichte der Grenzregion von 1830 bis 2000 modern und multiperspektivisch online im Internet präsentiert wird. (Vgl. dazu den Beitrag von Uwe Danker/Astrid Schwabe in diesem Band). Das dem Virtuellen Museum zugrunde liegende komplexe didaktische Konzept verweist auf einen weiteren Arbeitsschwerpunkt des IZRG, der theoretischen Auseinandersetzung mit und der praktischen Umsetzung von moderner Geschichtsvermittlung in regionalhistorischer Perspektive. Das Virtuelle Museum ist nur ein Beispiel für dieses Arbeitsfeld, ein weiteres ist das Projekt „Filme erzählen Geschichte", in dem begründet ausgewählte und ausdrücklich kurze – drei bis fünfminütige – auf Schleswig-Holstein bezogene Filmquellen zu 40 kleinen Filmen aufbereitet werden, auf der Basis eines am IZRG entwickelten und wissenschaftlich publizierten fachlichen, fachdidaktischen und filmanalytischen Konzepts. Die Filme sollen zugleich schul(stunden)gerecht und marktorientiert einen neuartigen Zugang zur schleswig-holsteinischen Regionalgeschichte des 20. Jahrhunderts ermöglichen. Neben diesen Fragestellungen unterstützt das IZRG die zeithistorische Vermittlungsarbeit konkret durch die Entwicklung von sofort umsetzbaren Unterrichtsmaterialien, sei es durch didaktische Handreichungen zu unterschiedlichen Themenbereichen, sei es durch Publikationen wie dem Band „Schleswig-Holstein und der Nationalsozialismus", der im Dezember 2005 dank der Unterstützung der Sparkassen und der Sparkassenstiftung in 12.000 Exemplaren an über 360 schleswig-holsteinischen Schulen verteilt wurde und dort nicht nur als regionalgeschichtlicher „Material-Steinbruch" für

Lehrkräfte dient, sondern vielfach auch komplett als Unterrichtswerk eingesetzt wird. Präsent ist das IZRG auch in der Lehrerausbildung und –fortbildung durch zahlreiche Seminare und Workshops in Zusammenarbeit mit dem Institut für Qualitätssicherung an Schulen Schleswig-Holstein (IQSH).

www.izrg.de

Antje Peters-Hirt, Lübeck

Direktorin der GEMEINNÜTZIGEN in Lübeck

Kultur und Bildung in Lübeck

Dass Lübeck die Kulturhauptstadt des Nordens ist, zieht niemand mehr ernsthaft in Zweifel – im Gegenteil. Bei jeder zweiten Sonntagsrede gibt der Redner solches dem – schon lange nicht mehr staunenden – Publikum kund.

Wie ist dieser Ruf entstanden? Um das zu beantworten, muss der Blick weit zurück gehen. Den Anfang macht Heinrich der Löwe, der Ostseehandel und die „Reichsfreiheit" und der damit einhergehende Reichtum, der Bürger, Stadt, unterschiedliche Gemeinschaften sowie Stiftungen in die Lage versetzte, sozial und kulturell tätig zu werden. An dieser Stelle sei nur auf die fünf großen Altstadtkirchen hingewiesen, auf das Heiligen-Geist-Hospital und andere Versorgungseinrichtungen für Alte, Witwen und Waisen. Seit es die Hanse gibt, gibt es bürgerschaftliches Engagement, gibt es Stiftungen; deren Einfluss und Tätigkeit wurde in den Jahrhunderten um so wichtiger, in denen der wirtschaftliche Einfluss Lübecks zurückging.

Besondere Bedeutung hat aufgrund ihres weitreichenden Engagements und ihrer Größe die Gesellschaft zur Beförderung gemeinnütziger Tätigkeit, kurz: DIE GEMEIN-NÜTZIGE. Diese Gesellschaft wurde vor mehr als 220 Jahren, 1789, am Vorabend der Französischen Revolution gegründet, zunächst als reine Lesegesellschaft, in der der Bildungsgedanke der Gründer ganz vorne stand: 25 reifere Herren interessierten sich für die Philosophie, die Literatur und die Politik der Zeit – ein durchaus fortschrittlicher Gedanke! Drei Jahre später entwickelte sich daraus die bis heute bestehende Gesellschaft. Die Stadt Lübeck vergab ein Patent an die Gründerväter, das die Gesellschaft in die Lage versetzte, in jeder Beziehung in Lübeck sozial tätig zu werden. Die Gesellschaft widmete sich, neben der Unterstützung von bedürftigen Mitbürgern und straffällig gewordenen Frauen und Männern, vor allem der Bildung von Kindern und Jugendlichen. Die GEMEINNÜTZIGE gründete die unterschiedlichsten Kindergärten, Schulen und Berufsschulen. Sie organisierte den Schwimmunterricht in der Stadt, die

Lebensrettung an Flüssen, Speisungen in Zeiten der Not und jede Art von Hilfe für Benachteiligte. Außerdem waren es Mitglieder der GEMEINNÜTZIGEN, die die großen Lübecker Sammlungen zusammentrugen, die heute das Museum für Natur und Umwelt, das Behnhaus und die Völkerkundesammlung bestücken. Sämtliche Objekte wurden in den 20er Jahren des 20. Jahrhunderts dem Stadtstaat Lübeck überlassen.

Um all das zu leisten, musste die Gesellschaft wachsen und viel dafür tun, dass sie neben Mitgliedsbeiträgen für Spenden, Legate und Erbschaften sorgte sowie um Stiftungsgründer warb. Im Gesellschaftshaus ist bis heute die ganz am Anfang gegründete Bücherei zu finden; die legendären Dienstagsvorträge, eine der ältesten Vortragsreihen Deutschlands, finden dort statt; die Lübeckischen Blätter, die Zeitschrift der GEMEINNÜTZIGEN, hat dort ihre Redaktion und erscheint zweiwöchentlich; auch sie ist eine der ältesten Gründungen Deutschlands. Damit nicht genug, die GEMEINNÜTZIGE hat eine Haus- und Familienhilfe, diverse Wohnungen für Senioren und Studenten, einen Konzertsaal; heute betreibt sie außerdem eine Musik-, eine Kunst- und eine Schauspielschule, zu der ein kleines Theaterhaus gehört. Für die aktuelle Bildungsdiskussion in Lübeck ist die mittwochsBILDUNG zuständig, eine Einrichtung, die vor ca. fünf Jahren gegründet wurde, und sich mit hochkarätigen Veranstaltungen in Sachen Bildungsdiskurs an alle Bürger Lübecks richtet.

Finanziell schlecht dastehend, ist Lübeck heute gleichwohl nach wie vor oder mehr denn je Kulturhauptstadt des Nordens. Im Fokus von Besuchern sind, neben der mittelalterlichen Stadtkulisse, immer die drei Nobelpreisträger. Lübeck ist nun einmal die Stadt Thomas Manns und seiner Familie, wie das Buddenbrookhaus es vorführt; durch den Wahllübecker Günter Grass, dessen geniales erstes Buch „Die Blechtrommel" gerade 50 Jahre alt geworden ist, wird Lübeck mit dem interessanten Günter-Grass-Haus bereichert; der Friedensnobelpreisträger Willy Brandt, der vor 40 Jahren Bundeskanzler geworden ist, hat mit dem Lübecker Willy-Brandt-Haus endlich ein Refugium in seiner Geburtsstadt.

Das ist aber nicht alles! Lübeck verfügt über vier kleine, aber feine Hochschulen, die zum Teil großen Ruhm erlangt haben. Dazu gehört die international bekannte Musikhochschule, die man am besten in dem jährlich – jeweils im Mai – stattfindenden „Brahms Festival", in dem Professoren und Meisterstudenten ihre Künste in über zehn Konzerten zeigen, kennenlernen kann.

Die 1988 wiedergeweihte St. Petri Kirche, von der Kirche freigestellt für besondere Aufgaben, ist nicht nur Universitätskirche, sondern gestaltet seit 20 Jahren das Kulturleben der Stadt entscheidend mit, und zwar mit Ausstellungen zeitgenössischer Kunst, literarischen Veranstaltungen, musikalischen Aufführungen (z. B. von großen Oratorien bis zu Uraufführungen moderner Kompositionen) und politischer Rede.

Lübeck hat sich aufgemacht, das Thema „Wissenschaft" in der Stadt stärker zu verankern, dafür macht sich eine Wissenschaftsmanagerin stark. Was wäre Lübeck ohne das Schleswig-Holstein Musik Festival, dessen Heimat sie ist? Daneben sind die Nordischen Filmtage Lübeck als kulturelles Glanzlicht zu nennen; ein mit fast 24.000 Besuchern – 2008 war der 50. Geburtstag – unerreichtes Großereignis, das sich durch seine Themen und Filmauswahl, die ausschließlich auf Skandinavien und das Baltikum begrenzt ist, aus der Masse der Festivals heraushebt und nachhaltig den Zusammenhalt mit dem Norden stärkt.

Auffällig ist für eine Stadt der Größe Lübecks die hohe Qualität und der große Erfolg des Stadttheaters, nicht erst unter der Ägide von Theaterdirektor Christian Schwandt; auch seine Vorgänger haben zu dem Renommé der Lübeckischen Oper, des Schauspiels und der Studioproduktionen, zu dem jetzt noch eine fulminante Jugendarbeit dazugekommen ist, beigetragen. Außerdem gibt es diverse Privattheater wie das Theater Combinale und das Theater Partout, die zu der Vielfalt in Lübeck beitragen. Momentan strahlt das mit der „Siegfried-Premiere" ins dritte Jahr gegangene „WagnerMannProjekt" in alle Richtungen aus und ist ein großer Erfolg. Die letzte Premiere war eine Dramatisierung von „Felix Krull". Da die Sparte „Ballett" vor einigen Jahren dem Rotstift zum Opfer fiel, ist der Tanz zu einer Privataktivität geworden. Die Gruppe „TanzOrtNord" füllt diese Lücke in Lübeck seit zehn Jahren eindrucksvoll aus.

Was die Jugendkultur betrifft, so ist der „Werkhof " zu nennen, ein auf ein breites Publikum zielendes Zentrum aus Kultur und Kommerz, in dem u.a. Geschäfte und Lokale betrieben werden. Ausschließlich privat und ehrenamtlich wird die vielgeschmähte „Walli", wie die sogenannte „Alternative" von Insidern genannt wird, seit Jahren als Ort des Wohnens, der Kommunikation und der alternativen Kulturangebote betrieben. Nicht weniger unkonventionell ist das Programm des Lübecker CVJM, das neben Bildungsangeboten hochkarätigen Jazz bereit hält.

Das lübeckische Vortragswesen weist – wie oben erwähnt – durch die GEMEINNÜTZIGE und ihre Dienstagsvorträge eine große Kontinuität auf; dazu kommen die Aktivitäten der Stadtbibliothek, des Archivs sowie neben der Volkshochschule die Academia Baltica. Das Vortragswesen ist universitär vernetzt: Drei Vortragsreihen – u. a. das Studium Generale – wenden sich an alle Bürger der Stadt.

Was die Literatur betrifft, so finden nicht nur im Buddenbrookhaus und im Grass-Haus hochkarätige Lesungen statt, sondern die Buchhandlung Weiland ist mit der „LiteraTour Nord" ebenso präsent wie die GEMEINNÜTZIGE und die Petri Kirche. Die interessanteste Veranstaltung ist vielleicht die „Literarische Nacht" in St. Petri, zu der einmal im Jahr sechs Autoren zu einem Thema eingeladen werden. Werkstattcharakter hat das Treffen, das Günter Grass, anschließend an die Gruppe 47, jährlich mit diversen – jungen – deutschen Autoren durchführt.

Viele Aktivitäten sind in Lübeck traditionell in der Hand von Vereinen. An dieser Stelle ist z. B. der „Lübecker Autorenkreis", der 2010 dreißig Jahre alt wird, mit seinem Vorsitzenden Klaus Rainer Goll zu erwähnen. Der Autorenkreis unterstützt und verbindet Lübecker Autoren, lädt zu Lesungen ein und trifft sich zu literarischen Fahrten und Werkstattgesprächen.

Nicht nur Lesungen, sondern auch Tagungen unterschiedlichster Provenienz finden in Lübeck unter großem Interesse der Bürger statt. Es sind die „Internationalen Thomas-MannKolloquien" zu nennen, die einmal jährlich zur wissenschaftlichen Erforschung Thomas Manns beitragen. Bis jetzt wird der „Thomas-Mann-Preis" alle drei Jahre in Lübeck verliehen. Im Jahr 2009 fand z. B. eine Ausstellung mit einem Vortragstag zum 100. Geburtstag von Golo Mann statt, der seine Bedeutung und Wirkungsgeschichte einer Revision unterzog. Den tiefen Brunnen der lübschen Geschichte stellte die Tagung „Hansische Renaissance? Kunst und humanistische Kultur in Lübeck und im Hanseraum" vor. Die Basler Universität führte diese hochkarätige Tagung im Scharbausaal, einem der schönsten Räume Lübecks, durch. Die Beschäftigung mit der Vergangenheit hat in Lübeck einen Schwerpunkt. So werden neben der praktischen Denkmalpflege und Archäologie regelmäßig umfangreiche Schriften zur „Archäologie und Kulturgeschichte" vom Fachbereich Archäologie und Denkmalpflege herausgegeben; die Ausstellungen zur Archäologie in Lübeck sind in neun Bänden von Manfred Gläser publiziert worden, ebenso das Lübecker Kolloquium zur „Stadtarchäologie im Hanseraum"; die umfangreichen Jahrbücher der „Gesellschaft für Lübeckische Geschichte und Altertumskunde" sind bekannt. Dazu gehört auch der „WAGEN", eine Publikation der GEMEINNÜTZIGEN, in der jedes zweite Jahr Artikel – in der Regel wissenschaftlicher Art – aus den unterschiedlichsten Wissensgebieten über Lübeck publiziert werden. Der zweite Band der „Lübecker Lebensläufe", er stand im Zusammenhang mit dem „Biographischen Lexikon Schleswig-Holstein", hrsg. von Alken Bruns, erschien jüngst.

Besonderer Erwähnung wert ist das „Investitionsprogramm Nationale UNESCO-Welterbestätten" des Bundesbauministeriums. Dem Fachbereich Archäologie und Denkmalpflege steht ein außerordentliches Fördervolumen für Grabungen im Grün-derviertel, dem Kranenkonvent sowie der Düvekenstraße zur Verfügung.

Das St. Annen-Museum nennt mit seinen Altären und Plastiken die bedeutendsten mittelalterlichen Werke Lübecks sein eigen. Damit verbunden ist die Kunsthalle St. Annen, die eine Sammlung von Kunst nach 1945 besitzt. Ausstellungen zeitgenössischer Kunst werden in St. Annen, in der Overbeck-Gesellschaft und in der St. Petri Kirche, deren Schiff wohl den schönsten Ausstellungsraum der Stadt darstellt, gezeigt. Das Kulturzentrum Burgkloster widmet sich traditionell den Lübecker Künstlern und der jüngeren deutschen Geschichte mit einem jüdisch-deutschen Schwerpunkt. Auch die Synagoge trägt mit Festen, Veranstaltungen, Festgottesdiensten sowie Führungen zum urbanen Charakter der Stadt bei.

Eigentlich ist Lübeck die Stadt der Musik, und zwar der Kirchenmusik. Schon Franz Tunder und Dieterich Buxtehude waren bedeutende Organisten und Komponisten. In ihrer Tradition finden noch heute – nahezu täglich – Kirchenkonzerte statt; große Ora-torien-Aufführungen und andere Chor-Veranstaltungen finden erhebliche Beachtung in der breiten Bevölkerung. Eines der Aushängeschilder ist die „Knabenkantorei an St. Marien", auch sie ist eine Einrichtung der GEMEINNÜTZIGEN.

Die Musikhochschule bietet häufig Konzerte ihrer Studenten und Meisterschüler an – ob als Prüfungskonzert oder „Musizierstunde". Einmal im Jahr bringt sie eine Oper auf die Bühne. Das Lübecker Sinfonieorchester ist unter der Ägide von Roman Brogli-Sacher mindestens so geschätzt wie das NDR-Orchester unter Christoph von Dohná-nyi, das einmal im Monat in der Musik- und Kongresshalle – ihr 15. Geburtstag wurde gerade gefeiert – zu Gast ist. Aus den diversen Musikschulen der Stadt erwächst der musikalische Nachwuchs; auch er kann sich – in den vielfältig stattfindenden Konzer-ten – hören lassen.

Und die Bildung? Hier ist manches im Umbruch. Die Kultursenatorin Annette Borns hatte zunächst mit „Aufwachsen in Lübeck" die Initiativen gebündelt. Jetzt ist Lübeck als Standort im Rahmen der Bildungsinitiative „Lernen vor Ort" als eine von 40 Modellkommunen in Deutschland ausgewählt worden, um sämtliche Bildungsinitiativen Lübecks zu vernetzen. Das Projekt „Bildungskultur Lübeck" will ein Bildungssystem entwickeln, in dem alle Institutionen und Mitarbeiter so eng miteinander kooperieren, dass alle Bürger optimal informiert sind. Sämtliche Lernangebote – auch im Bereich der Nachwuchsförderung, Aufstiegsqualifizierung und Hochschulbildung – sollen transparent für alle werden. Dafür werden bald Bildungsberatung und Begleitung an den Bildungsübergängen ein „Lernen ohne Brüche" ermöglichen.

Im Moment wird noch viel Kraft gebraucht, um die „Frühen Hilfen" weiter zu finanzieren, den Spagat zwischen Gemeinschaftsschule und Regionalschule auszuhalten, die ständigen Umwälzungen im gymnasialen Bereich zu verkraften, die Ganztagsschule auf den Weg zu bringen und den Kindergartenbereich auszubauen. Es stellen sich viele Fragen, so z. B. nach der Zukunft der Horte und anderer Einrichtungen für die Jugend. Die oben bereits erwähnte mittwochsBILDUNG der GEMEINNÜTZIGEN versteht sich als Unterstützung und theoretische Fundierung all dieser Bemühungen.

Dass all diese Aktivitäten in Zeiten leerer Kassen überhaupt möglich sind, hat zwei Gründe, nämlich das enorme bürgerschaftliche Engagement in Lübeck und die segensreiche Tätigkeit der Stiftungen. Allein die GEMEINNÜTZIGE verwaltet 30 – z. T. kleine – unselbständige Stiftungen für die unterschiedlichsten Zwecke. Dazu gesellen sich die große Possehl-Stiftung (seit kurzem ist Renate Menken die Vorstandsvorsit-zende), die relativ junge Gemeinnützige Sparkassenstiftung zu Lübeck, die Dräger-Stiftung, die Jürgen-Wessel-Stiftung, die Michael-Haukohl-Stiftung, die Edith-Fröhnert-Stiftung und die Reinhold-Jarchow-Stiftung. Auch der „Verband Frau und Kultur", der viele Jahre erfolgreich von Gundel Granow geleitet wurde, unterstützt diverse Projekte der Stadt mit seinen Einnahmen.

Im „Erinnern" ist Lübeck ganz vorne; beim „Bewahren" gibt es ob der Fülle des zu Bewahrenden noch viel zu tun (die Stadtbibliothek und das Stadtarchiv wissen davon zu berichten). Das „Entwickeln" hat begonnen. Im Bereich der Bildung wird eine Vernetzung aller bereits vorhandenen Aktivitäten mit der Vergabe von „Lernen vor Ort" an Lübeck als einzige Stadt im Norden, wie bereits angesprochen, angestrebt. In der Kultur sind die Kulturarbeiter immer besser vernetzt. Es gibt viele gemeinsame Aktivi-täten. Ideen, Kontakte und Unkonventionelles helfen auch bei kleinen Budgets weiter.

Das Gesamtbild Lübecks als Kulturhauptstadt des Nordens sollte dadurch vervollständigt werden, dass die Völkerkundesammlung mit ihrem z. T. weltberühmten Bestand wieder in angemessener Form der Öffentlichkeit zugänglich gemacht wird – ähnliches gilt für eine adäquate Präsentation des TheaterFigurenMuseums – und das Kommunale Kino KOKI die städtische Unterstützung erhält, die dem privaten Trägerverein, der die seinerzeit drohende Schließung zunächst abwenden konnte, die Fortführung ermöglicht. Die inhaltliche Verbindung zu den Nordischen Filmtagen Lübeck lässt dies eigentlich als selbstverständlich erscheinen.

www.die-gemeinnuetzige.de

Torsten Albig
Oberbürgermeister der Stadt Kiel

Kultur und Bildung in Kiel

Kiel ist in der Welt vor allem als KIEL.SAILING CITY bekannt. Kiel und Segelsport – das gehört zusammen wie Topf und Deckel. Kultur und Bildung sind weitere Zutaten für eine erfolgversprechende und zukunftweisende Entwicklung unserer Stadt. Auch wenn es Menschen gibt, die behaupten, die Landeshauptstadt wäre kulturelles Niemandsland, und es würde hier nur einmal im Jahr – während der Kieler Woche – ein riesiges kulturelles Angebot geben. Das ist Unsinn! Denn unsere Stadt hat auch außerhalb der Kieler Woche sehr viel zu bieten: Vom Internationalen Archäologie-Film-Kunst-Festival CINARCHEA über das Festival des Europäischen Debütromans bis zu „chiffren – Forum für zeitgenössische Musik", um nur einige Highlights der Kieler Kulturszene zu nennen. Neben vielen alljährlich stattfindenden Veranstaltungsreihen wie dem Kieler Kultursommer bieten kulturelle Einrichtungen, Oper und Schauspielhaus ein beachtliches Angebot und tolle Veranstaltungen.

Hegel sagte einmal: „Der Mensch ist, was er als Mensch sein soll, erst durch Bildung." Das ist wahr. Und deshalb schreiben wir neben der Kultur die Bildung in Kiel groß. Aktuell investiert die Landeshauptstadt zusätzlich zu ihren sonstigen Anstrengungen rund 9,3 Millionen Euro aus dem Konjunkturpaket II für Sanierungs-, Erweiterungs-

und Umbauarbeiten an insgesamt 18 Kieler Schulen und einer Sportstätte. An den Kieler Hochschulen studieren über 27.000 junge Menschen. Das sind fast 60 Prozent der in Schleswig-Holstein Immatrikulierten! Weitere Bildungseinrichtungen wie die Volkshochschule bieten Kurse zur beruflichen Fort- und Weiterbildung.

Die Verknüpfung von Kultur und Bildung, das heißt die Bildung mit Mitteln der Kunst bietet dabei immer ganzheitliches Lernen mit allen Sinnen. Kulturelle Bildung ermöglicht und fördert die Wahrnehmung, reflektiert das eigene Verhalten und die Persönlichkeit. Sie stärkt kognitive, emotionale und gestalterische Fähigkeiten und interkulturell geprägtes Verantwortungsgefühl. Kultur erlernt man, indem man sie erlebt. In vielen Museen, Opernhäusern und Theatern findet in Kiel täglich kulturelle Bildung statt. Auch in der Schule spielt sie eine bedeutsame Rolle. Hier können junge Menschen in Arbeitsgemeinschaften und Projektgruppen beispielsweise in Chören, Theater-, Tanz-, Musik- und Filmgruppen oder in Schreibwerkstätten aktiv sein. Ganzheitliches Lernen in den musisch-künstlerischen Fächern kann auch das Lernen in den Bereichen der Naturwissenschaften positiv beeinflussen und inspirieren.

Erinnern, Bewahren, Entwickeln – wie kommt man in Kiel diesen Aufgaben im Bereich der Kultur und Bildung nach? In den Jahren 2000 bis 2003 lief beispielsweise das Projekt „ArtDeCom" des Instituts für Multimediale und Interaktive Systeme der Universität zu Lübeck in Zusammenarbeit mit der Muthesius Kunsthochschule und der Christian-Albrechts-Universität zu Kiel. An allgemeinbildenden Schulen testete man die methodische und praktische Verflechtung von Kunst, Design und Informatik. Lehrerinnen und Lehrer erprobten und

Werftparktheater, Kiel

evaluierten an sieben Schulen in Schleswig-Holstein den interdisziplinären Unterricht mit neuen digitalen Medien. Durch den fächerübergreifenden Einsatz herkömmlicher Lehrmaterialien sowie neuer digitaler Medien förderte man sowohl musisch-künstlerische als auch mathematisch-kognitive Fähigkeiten. Kulturelle Bildung ist auch das Ziel des im Jahr 2005 gegründeten Kieler Kinderkulturbüros. In interdisziplinärer Zusammenarbeit entstehen hier Ausstellungen und Projekte, die Kunst und Kultur für Kinder erlebbar machen und die Freude am eigenen künstlerischen und kulturellen Handeln und Schaffen wecken. Ein permanentes Projekt ist weiter die Aktion „Stolpersteine" des Kölner Künstlers Gunter Demnig. Am 11. Oktober 2006 wurden die ersten 15 Gedenksteine für jüdische Opfer des Naziregimes in Kiel verlegt. Schülerinnen und Schüler begeben sich dafür auf Spurensuche nach den Lebensgeschichten von Opfern. Dabei lernen sie etwas über die Geschichte ihrer Stadt und die politischen Umstände in dieser Zeit. Mit ihrem persönlichen Einsatz setzen sie sich gegen das Vergessen ein. All das sind wunderbare Beispiele dafür, wie Kultur bildet und uns täglich dabei hilft, unser Leben, unsere Gemeinschaft und unsere Vergangenheit zu reflektieren. Alles wichtige Voraussetzungen für ein funktionierendes demokratisches Miteinander – gegenwärtig und zukünftig.

Gert Meyer
Stadtrat, Landeshaupstadt Kiel

Kieler Forum – Netzwerk Kultur und Wissenschaft Ein Modell für institutionalisierte Vernetzung

In allen Kulturwirtschaftberichten und auch in den vielfältigen Publikationen zur Weiterentwicklung der Kulturlandschaft spielt die Aufgabe, die Kultureinrichtungen und die Bildungseinrichtungen besser zu vernetzen, eine herausragende Rolle. Zunächst scheint es verwunderlich, dass die Einrichtungen, die in der Struktur ähnliche Zielsetzungen verfolgen, einer Förderung der Kontaktpflege untereinander bedürfen, zumal wir in den Leitungspositionen Menschen mit ausgeprägten kommunikativen Fähigkeiten vermuten können. Im Rahmen der täglichen Arbeit wird eine geregelte Kommunikation zwischen den Einrichtungen durch zwei Faktoren entscheidend behindert. Einerseits sind die Personaldecken in den Kultureinrichtungen in den vergangenen Jahren sehr dünn geworden. Die Organisatorische Kraft, eine weite Vernetzung auszubauen, ist von dort aus nicht aufzubringen. Das gilt insbesondere für die ehrenamtlich geführten Einrichtungen. Der Zustand der öffentlichen Kassen hat hier sehr deutliche Spuren hinterlassen. Hinzu kommt als zweiter Gesichtspunkt, dass viele der Einrichtungen in direkter Konkurrenz bei der Verteilung der knappen finanziellen Mittel der Kulturförderung stehen.

An dieser Stelle kann jedoch eine kommunale Kulturverwaltung mit vergleichsweise geringem Aufwand sehr wirksame Effekte erzielen. Die Organisation von Gesprächsrunden, der Versand von Einladungen, Raumorganisation und Protokollführung gehören zum Tagesgeschäft einer Kommunalverwaltung.

Im Jahr 2005 sind einige der Museen in der Landeshauptstadt Kiel an die Kulturverwaltung mit der Bitte herangetreten, regelmäßige Treffen zu organisieren, um die Kooperationsmöglichkeiten zwischen den Museen zu verbessern. Die Verwaltung hat diese Aufgabe angenommen und gemeinsam mit den Einrichtungen weiterentwickelt. Um die Achse „Kultur und Bildung" zu stärken, wurde der Teilnehmerkreis schnell erweitert. Mittlerweile treffen sich auf Einladung der Verwaltung über 30 Einrichtungen aus den Bereichen Kultur, Bildung und Wissenschaft regelmäßig etwa alle zwei Monate in Tagungsräumen der Stadt. Die Ergebnisse können sich sehen lassen:

Es entstand ein Kinder-Kulturführer für die Stadt Kiel, der als Broschüre in allen Einrichtungen verbreitet wird. Mit der gemeinsamen Veranstaltungsreihe „Sterne über Kiel" läuft zurzeit der bundesweit größte Beitrag einer Stadt zum internationalen Jahr der Astronomie. Mit diesem Projekt gelang es, eine Kooperation der drei Kieler Hochschulen, der Landeshauptstadt und zahlreicher Kultur-, Wissenschafts- und Bildungseinrichtungen zu realisieren. Es hat sich herausgestellt, dass es neben dem formellen Ablauf der Sitzungen, in denen die Einrichtungen z. B. an der Konzeption von Wegeleitsystemen und Internet-Kulturführern beteiligt werden, genauso wichtige Nebeneffekte gibt. Scheinbar banale Dinge, wie das Kennenlernen von Funktionsträgern anderer Einrichtungen, führen immer wieder zu neuen Ideen und Kooperationsprojekten. Das bislang prominenteste Projekt, das auf diese Art entstand, ist die Multimedia-Produktion „Orchideen – Wunder der Evolution", eine Kooperation zwischen dem Mediendom der Fachhochschule Kiel und dem Botanischen Garten der Christian-Albrechts-Universität. Diese Idee, am Rande einer Sitzung des Kieler Forums geboren, wurde von der Volkswagenstiftung mit erheblichen Mitteln gefördert zu einem sehr erfolgreichen Beitrag zum Darwin-Jahr 2009.

Die erfolgreiche Arbeit dieser Vernetzungsstruktur führt immer noch zu weiterem Wachstum der Anzahl der teilnehmenden Einrichtungen und zu einer Erweiterung des Spektrums der Projekte, besonders im Bereich des gemeinsamen Kulturmarketings und zur Teilhabe von Kindern aus Haushalten mit geringen finanziellen Mitteln an kultureller Bildung.

Dieses Modell institutionalisierter Vernetzung hat sich sehr gut bewährt und ist noch lange nicht am Ende seiner Möglichkeiten angekommen.

www.kiel.de

Klaus Tscheuschner
Oberbürgermeister der Stadt Flensburg

Kultur und Bildung in Flensburg

Das Verständnis und Interesse für Kultur wird jungen Menschen nicht automatisch in die Wiege gelegt, sondern im Laufe des Lebens durch (möglichst positive) Kulturerfahrungen gewonnen. Bislang war vor allem das Elternhaus der Ort kulturellen Lernens, an dem unsere kulturelle Tradition weitergegeben wurde, und die Elternhäuser fühlten sich für die kulturelle Bildung ihres Nachwuchses zuständig. Wir leben heute allerdings in einer Zeit, in der – aus den unterschiedlichsten Gründen – diese Art der Weitergabe von kulturellem Wissen und Wertschätzung immer weniger funktioniert. Umso stärker sind also die Bildungseinrichtungen wie Kindertagesstätten und Schulen aufgefordert, noch stärker als bisher zu Orten des kulturellen Lernens zu werden, denn diese sind die Orte, an denen junge Menschen unabhängig von familiärem und sozialem Hintergrund erreicht werden können. Die Stadt Flensburg hat einige Initiativen gestartet, die erste Schritte in Richtung von mehr Kultur in Bildungseinrichtungen bedeuten:

Die Stadt Flensburg engagiert sich beispielsweise überdurchschnittlich im Bereich Museumspädagogik: Bereits seit Anfang 2005 steht eine über Mittel des Schulamtes finanzierte Museumspädagogin den Schulen in Flensburg mit zehn Stunden pro Woche für museumspädagogische Projekte zur Verfügung. Durch die Arbeit der Museumspädagogin wird erreicht, dass den Schülerinnen und Schülern das umfassende und interessante Angebot des Museumsbergs nähergebracht wird.

Das Schifffahrtsmuseum in Flensburg finanziert aus Mitteln des Fördervereines eine Museumspädagogenstelle, so dass es auch in diesem städtischen Museum ein Vermittlungsangebot für Schulklassen gibt.

Die Anfang 2009 begonnene Aktion *Jedem Kind ein Theaterbesuch* ermöglicht allen Kindern in den 4. Klassen der städtischen Flensburger Grundschulen einen Theaterbesuch. Dieses Projekt wird in Kooperation mit der Theaterwerkstatt Pilkentafel durchgeführt, die sich flexibel auf die Bedürfnisse der Schulen einstellen kann und Schulvorführungen im Rahmen des Unterrichts organisiert. Damit ist ein erster wichtiger Schritt in Richtung Verständnis für darstellende Kunst getan. In einer Welt, die durch die audiovisuellen Medien dominiert wird, gerät ansonsten zu leicht in Vergessenheit, dass Theater etwas anderes als Kino oder Fernsehen ist.

Im März 2009 wurde erstmals die Veranstaltung *schule.macht.kultur* durchgeführt. Die Flensburger Schulen waren aufgefordert, ihre kulturellen Projekte wie Theaterstücke, Musicals, Schülerbands etc. einem breiten Publikum vorzustellen. *schule.macht.kultur* fand im Deutschen Haus in Flensburg statt, in einer zentralen Veranstaltungsstätte, in der ansonsten auch deutschlandweit bekannte Bands und Comedians auftreten. Es erwies sich, dass die Wahl des Veranstaltungsortes für die Schulen äußerst attraktiv war und ein Interesse für die Veranstaltung weit über die jeweilige Schule hinaus entstehen ließ. Insgesamt 17 Schulensembles aller Schularten inklusive der dänischen Schulen zeigten Produktionen aus dem Bereich Klassik, Pop, Tanz und Theater. Die beteiligten Schülerinnen und Schüler konnten die Wertschätzung eines breiten Publikums für ihr kulturelles Engagement erfahren; kulturell bislang weniger aktive Schulen wurden durch *schule.macht.kultur* zu eigenen Kulturprojekten angeregt. Somit bietet die Veranstaltung den Schulen eine motivierende Plattform für die Präsentation eigener Ergebnisse und regt an, selber kulturell aktiv zu werden.

Im Rahmen von *schule.macht.kultur* wurde zudem der von der Stadt Flensburg initiierte Preis *kulturaktive Schule* der Stadt Flensburg an die Waldschule sowie das Alte Gymnasium in Flensburg überreicht. Der Preis ist mit insgesamt 3.000,- € dotiert und zeichnet Schulen für ihr nachhaltiges Engagement im Bereich Kultur in der Schule aus. Wir versprechen uns von dem Preis eine Signalwirkung und einen Anreiz für die Flensburger Schulen, ihr kulturelles Engagement zu verstärken. Bei der Sichtung der eingegangenen Bewerbungen zeigte sich, dass bereits für viele Flensburger Schulen Kultur zu den selbstverständlichen Bausteinen der eigenen Arbeit zählt.

Die zum Schuljahr 2009/2010 erfolgte flächendeckende Einführung von Ganztagsschulen in Flensburg bietet eine große Chance für die kulturelle Bildung, da über den Lernort Schule auch eher kulturferne Menschen erreicht werden können, die die traditionellen Orte kultureller Bildung nicht besuchen würden. Wichtig ist jedoch, dass die kulturelle Bildung in die jeweiligen Schulen und deren Unterrichtsalltag integriert wird. Auf keinen Fall dürfen kulturelle Angebote an Schulen zu einem Appendix verkommen, der ohne Zusammenhang zum regulären Unterricht steht. Hier liegen noch schwierige aber besonders reizvolle Herausforderungen für die Zukunft.

www.flensburg.de

Reinhard Sager

Landrat Kreis Ostholstein, Eutin

Kultur und Bildung in Ostholstein

Ostholstein ist ein ländlich und kleinstädtisch geprägter Kreis, der über ein dichtes, gut ausgebautes Kultur- und Bildungsangebot verfügt.

Dies betrifft zum einen die lebendige dörfliche Kultur – hier vor allem die Freiwilligen Feuerwehren mit ihren vielschichtigen Aktionen von Mitmachtagen über Dorf- und Kinderfesten bis hin zu Laternenumzügen. Dies betrifft ebenso die Tätigkeit der vielen Dorf- und Verschönerungsvereine mit Ihren Festen und Veranstaltungen oder die großen alten Gilden, die seit teilweise Jahrhunderten mit für die kulturelle Identität und kulturelle Kontinuität in Schleswig-Holstein stehen. Nicht zu vergessen auch die Turn- und Sportvereine, die Laienspielbühnen, die wie keine anderen die niederdeutsche Sprache erhalten, Kleinkünstler, Kunsthandwerker und viele mehr. In den größeren Orten und den Städten treten die Bildungseinrichtungen der Schulen und Volkshochschulen sowie die öffentlichen Bibliotheken hinzu, die auf dem Land durch den flächendeckenden Service der Fahrbüchereien ergänzt werden. Über ganz Ostholstein verteilt sich zudem die Arbeit der Kreismusikschule, die – zunehmend nicht nur Kindern und Jugendlichen – das qualifizierte Erlernen eines Musikinstruments ermöglicht. Nicht zu vergessen ist auch die in Ostholstein zwar kleine, aber lebendige Kunstszene, zumal nicht wenige bildende Künstler sich gerade durch die Ruhe und Inspiration der ländlichen Kulturlandschaften anregen lassen.

Auf der anderen Seite ist Ostholstein auch stark touristisch geprägt, und es weist im Vergleich zu den anderen Kreisen Schleswig-Holsteins einige kulturelle Besonderheiten auf, die vor allem den traditionell, aber immer auch etwas irreführend als „Hochkultur" bezeichneten Bereich charakterisieren. Sicherlich kann und soll ein Landkreis etwa im Hinblick auf das Theater nicht mit den größeren Städten konkurrieren – aber es gibt etwa die Eutiner Festspiele, die trotz aller finanzieller Schwierigkeiten bislang Jahr für Jahr große Oper in den Eutiner Schlossgarten bringen und Besucher nach Ostholstein locken. Für einen Landkreis recht gut aufgestellt und über die Kreisgrenzen hinaus wirkend ist insbesondere der Museumsbereich – vom Ostholstein-Museum und dem Schloss in Eutin über das Wallmuseum Oldenburg, das Kloster Cismar bis hin zur KZ-Gedenkstätte Ahrensbök, um nur einige zu nennen, ist ein dichtes Museumsangebot über das Kreisgebiet verteilt.

Blickt man auf die konkrete Kulturarbeit des Kreises Ostholstein, so gibt es insbesondere drei Einrichtungen, die ungewöhnlich sind und die Attraktivität unseres Kreises für Einheimische wie Kulturtouristen steigern.

Dies ist zum einen das Ostholstein-Museum in Eutin, dessen Profil sich im Laufe der Jahre von dem eines Heimatmuseums immer mehr in die Richtung eines modernen Kunstmuseums entwickelt hat. Zahlreiche Ausstellungen zeitgenössischer Kunst sowie die beiden höchst erfolgreichen Ausstellungen zum Werk Friedensreich Hundertwassers 2007 und 2009 belegen dies eindrucksvoll. Gleichzeitig wird der regionale Bezug dieses Museums durch eine attraktive Dauerausstellung zur kulturellen Blütezeit Eutins im 18. und 19. Jh. gewahrt.

Als zweites möchte ich die Kreisbibliothek Eutin nennen. Für einen Kreis durchaus ungewöhnlich, betreibt der Kreis Ostholstein mit der Kreisbibliothek Eutin eine sehr attraktive und mustergültig funktionierende Leihbücherei, deren Bestand und Angebot – gerade auch im kulturellen Veranstaltungsangebot – über das in Stadtbüchereien normalerweise Übliche deutlich hinausgeht.

Noch ungewöhnlicher ist die Tatsache, dass der Kreis Ostholstein mit der Eutiner Landesbibliothek auch eine wissenschaftliche Bibliothek betreibt. Sie baut auf den Beständen der seit dem Spätmittelalter gewachsenen historischen Bibliothek der Eutiner

Fürstbischöfe auf und bietet in den Bereichen der historischen Reiseliteratur, der Regionalgeschichte Ostholsteins sowie der Literaturgeschichte aus Eutins „großer Zeit" Ende des 18. Jahrhunderts einzigartige Informations- und Arbeitsmöglichkeiten. Insbesondere die Serviceleistungen der in der Bibliothek angesiedelten „Forschungsstelle zur historischen Reisekultur" wirken über die Kreisgrenzen hinaus und ziehen Forscherinnen und Forscher aus ganz Deutschland und auch dem Ausland nach Eutin.

Nun ist es im Hinblick auf die finanzielle Situation insbesondere der Kreise heute keineswegs selbstverständlich, so viel in die Kultur zu investieren wie der Kreis Ostholstein. In einer Zeit, in der sich die ersten Kreise auch in Schleswig-Holstein aus der Finanzierung der kulturellen Grundbedürfnisse zurückziehen, haben wir uns erfolgreich bemüht, nicht nur die kulturelle Grundversorgung, sondern auch zusätzliche freiwillige Leistungen wie den Betrieb der Eutiner Landesbibliothek aufrecht zu erhalten.

Die Eutiner Landesbibliothek gehört mit ihren reichen Bücherschätzen zu den herausragenden alten Bibliotheken Norddeutschlands und prägt als solche die historische Identität unserer Region entscheidend mit. Gleichwohl stand sie aufgrund der großen finanziellen Engpässe lange Zeit politisch zur Diskussion, der Weiterbetrieb war zunehmend gefährdet. Hier kam es im Jahre 2007 zu einer zukunftsträchtigen Lösung, als der Kreis Ostholstein die Bibliothek aus der Trägerschaft der Kulturstiftung des Kreises herauslöste und eine eigene Objektstiftung, die „Stiftung Eutiner Landesbibliothek" gründete, in die die Bibliothek mit Inventar und Liegenschaft gegeben wurde. Parallel wurde eine Förderstiftung gleichen Namens von der Sparkasse Holstein gegründet, die seither die finanzielle Ausstattung der Stiftung Eutiner Landesbibliothek deutlich verbessert. Durch diese Lösung konnte die Einrichtung nicht nur erhalten werden, sondern wird zukünftig voraussichtlich auch weiter ausgebaut werden können.

Als weiteres Beispiel für derartige zukunftsträchtige Stiftungslösungen kann das Oldenburger Wall-Museum dienen. Es führte trotz seiner historischen Bedeutung in der Vergangenheit ein relativ genügsames Nischendasein. Die Darstellung der wichtigen Epoche der Slawenbesiedlung in Schleswig-Holstein mit dem Hauptort Oldenburg i. H. verdient mehr öffentliche Aufmerksamkeit. Mit der Gründung einer GmbH durch die Stadt Oldenburg i. H., der Tätigkeit der „Stiftung Oldenburger Wall", der massiven Unterstützung der Entwicklungsgesellschaft Ostholstein und des Kreises sowie dem finanziellen Engagement der Sparkasse Holstein in einer Förderstiftung für das Oldenburger Wall-Museum auf der anderen Seite zeigen jetzt eine hervorragende Perspektive für diese Einrichtung.

Vor diesem Hintergrund sind wir zuversichtlich, das besondere kulturelle Angebot unseres Kreises – als historische Verpflichtung, als touristischer Standortfaktor, nicht zuletzt aber auch als unverzichtbares Element unserer Lebensqualität auch in Zukunft weiter aufrecht erhalten zu können.

www.Kreis-oh.de

Dr. Martin Lätzel

Leiter VHS Landesverband Schleswig-Holstein, Kiel

Zum Kulturauftrag der Volkshochschulen

Kultur ist mehr als Literatur und Musik, bildende und darstellende Kunst. Kultur ist die Art und Weise, wie eine Gesellschaft zusammenlebt, wie sich Menschen innerhalb der Gesellschaft bewegen und mit welchem Blick andere Menschen, Gegenstände und die Umwelt betrachtet werden. Kultur ist die Ästhetik des Zusammenlebens.

Kultur ist aber auch ein Pfeiler der Tradition und der Zukunft. Gesellschaften definieren sich über kulturelle Entwicklungen und identifizieren die Gegenwart. Die Pflege der Kultur ist eine Investition in die Zukunft, die Erfahrenes tradiert und für die Zukunfts-gestaltung transformiert. Wer sich über die eigene Kultur vergewissert, vermag selbstbewusst und ohne Scheu den interkulturellen Dialog zu üben. Nicht zuletzt begleitet Kultur als persönlichkeitsprägendes Merkmal die gesamte Biographie des Menschen. Lebenslanges Lernen bedeutet, sich in jeder Phase des Lebens schöpferisch und kognitiv mit Kultur auseinander zu setzen. Kulturelle Bildung ist dem-

nach die aktive Beschäftigung mit der Kultur und gleichzeitig die kreative und ganzheitliche Anwendung von Kulturtechniken.

Schon 1984 prognostizierte der ehemalige Leiter der Heimvolkshochschule Rendsburg und Direktor der VHS Hamburg, Kurt Meissner, die zukünftige Bedeutung der kulturellen Bildung an der Volkshochschule als eine Form der „schöpferischen Kommunikation": „Der Mensch muss lernen, mit sich und seiner Zeit umzugehen, mit anderen Menschen umzugehen, mit dem, was geschichtlich geworden ist, damit es für ihn fruchtbar ist." Diesem Diktum ist sowohl eine chronologische wie auch eine synchrone Dimension inhärent, nämlich das Kennenlernen der kulturellen Basis wie die zu erwerbende kreative Kompetenz, die Zukunft des Zusammenlebens und damit die Weiterentwicklung der Gesellschaft zu gestalten.

Die Volkshochschulen als öffentliche Träger der Erwachsenenbildung sind der wichtigste Pfeiler der kulturellen Bildung im Land. Nicht nur, dass sie die Kultur als wesentlichen Bereich der eigenen Programmgestaltung ansehen. Auch wird ihnen von Seiten der Teilnehmenden und der Politik die Pflege der kulturellen Bildung zugeschrieben. Sie sind für alle Bürgerinnen und Bürger offen und erreichbar. Ihre Angebote richten sich über den breiten Rezipientenkreis hinaus auch an Menschen mit Migrationshintergrund oder an Kinder und Jugendliche (wie zum Beispiel im Kunstspeicher in Bad Segeberg oder der VHS-Kunstschule in Kiel).

Kulturelle Bildung ist Bildung von Kreativitätskompetenz und Kulturkompetenz, die sowohl das Wissen über etwas beinhaltet, wie die Fähigkeit, Gelerntes anzuwenden und unter Umständen auch zu vergessen. Das heißt, das eigene Wissen aktiv einzusetzen und zu aktualisieren und natürlich auch die eigene Ästhetik kreativ weiter zu entwickeln. Wer sich kulturell bildet, wird selbst zum Kulturschaffenden. Die Aufgabe der kulturellen Bildung an den Volkshochschulen ist, diesem Anspruch proaktiv zu begegnen, wissend um den gesellschaftlichen Beitrag, der von einer öffentlichen Weiterbildungseinrichtung erwartet wird. Konstruktive Weiterentwicklungen von Methode, Vermittlung und Marketing sind dabei unerlässlich, wie auch Christoph Köck vom Bayerischen Volkshochschulverband prononciert einfordert: „Kulturelle Bildung in der Volkshochschule muss (wieder) sexy werden. Dies impliziert vor allem eine Auseinandersetzung der vhs-Pädagogik mit Jugendkulturen und ihren vielfältigen Ausdrucksformen, die Einbeziehung von jugendkulturellen Themen in programmplanerische Aktivitäten. Daneben gilt es verstärkt, die Potenziale speziell der älteren Generation(en) zu berücksichtigen."

Eine neue Herausforderung stellt das digitale Zeitalter dar. Dass das Internet als Medium für die Bewerbung von Veranstaltungen genutzt wird, ist in diesem Zusammenhang trivial. Vielmehr wird sich ein Teil der öffentlichen Kommunikation auf das Web übertragen, und das nicht nur in der jungen Generation. Im Rahmen von Social Media werden sich Formen des Networkings entwickeln, die wesentlichen Einfluss auf das Zusammenleben und den Austausch der Menschen haben werden und die damit eine zivilisatorische Komponente darstellen. Die kulturelle Bildung trägt dem Rechnung über E-Learning und Vermittlung der Techniken des Web 2.0., um auch hier gesellschaftliche Teilhabe zu ermöglichen. Das Internet als Kulturbeitrag? Wenn man Kultur definiert als die Ästhetik des Zusammenlebens, dann ist das Internet mit dem Aufkommen der Interaktion Teil der gesellschaftlichen Ästhetik geworden.

Die Volkshochschulen in Schleswig-Holstein verwirklichen öffentlich zu verantwortende Weiterbildung als zentralen Bestandteil der vierten Säule des Bildungswesens. Die VHS prägt mit ihrer auf Integration und Ganzheitlichkeit ausgerichteten kommunalen und regionalen Arbeit für die Bürgerinnen und Bürger das geistige, kulturelle und politische Klima im Kulturland Schleswig-Holstein wesentlich mit. Es muss im öffentlichen Interesse sein, im Sinne des Public Value die kulturelle Bildungsarbeit der Volkshochschulen auch weiterhin zu unterstützen.

www.vhs-sh.de

Prof. Rainer W. Ernst

Präsident Muthesiushochschule, Kiel

Die Muthesius Kunsthochschule in Kiel - ein kreativer Treibriemen für die kulturelle Entwicklung Schleswig-Holsteins

Künstlerische Hochschulen sind allerorten wesentliche Quellen des nachwachsenden künstlerischen Potentials. Auch in Schleswig-Holstein wäre ohne die Absolventen der zwei künstlerischen Hochschulen (Musikhochschule in Lübeck, Muthesius Kunsthochschule in Kiel) die Entwicklung des künstlerisch-kulturellen Lebens nicht denkbar. Wobei es nicht nur die statistisch definierbare Zahl der Absolventinnen und Absolventen sind, durch die diese Wirkungen erzielt werden. Gerade in Schleswig-Holstein wird über einen international und interkulturell vernetzten „Humus" eine besondere Lebendigkeit und kulturelle Atmosphäre erzielt, an der diese Hochschulen in vielfältiger Weise beteiligt sind.

Die Muthesius Kunsthochschule in Kiel, seit 100 Jahren kurz „die Mu" genannt, ist nicht nur in diesem Sinn ein Ort der Ermöglichung kulturell relevant werdender Biografien, sondern mit ihrem Projektstudium auch ein Ort der Ermöglichung besonderer Experimente und Realisierungen. Dies wird im Folgenden an Hand typischer Projekte der Kieler Kunsthochschule deutlich werden. Zunächst sei die Besonderheit der Studienstruktur der Muthesius Kunsthochschule in Erinnerung gerufen: Die Muthesius Kunsthochschule ist die nördlichste und jüngste Kunsthochschule in Deutschland. Sie geht zurück auf die Gründung einer Vorgängerinstitution 1907, damals eine „Handwerker- und Kunstgewerbeschule" in Werkbundtradition. Den Quantensprung in ihrer Entwicklung nach langen Jahren als Fachhochschule machte sie am 1.1.2005: Sie gründete sich als Kunsthochschule neu. Damit einher ging eine Serie von Neu-Entwicklungen: u.a. eine Studienstruktur in Netzwerkform, die Einführung studienübergreifender Studien- und Lehrbereiche, der Aufbau von Bachelor- und Master-Studiengängen, die Implementation des Promotionsstudienganges. Die Struktur erzwingt und ermöglicht große Flexibilität, fördert experimentelles und interdisziplinäres Arbeiten und erleichtert das unmittelbare Reagieren auf gesellschaftliche Anforderungen. Dies ist in dieser Form an keiner anderen deutschen Kunsthochschule so stringent verwirklicht worden. Dies ermöglicht Studierenden, ihre Kreativität in der Auseinandersetzung mit den realen Bedingungen unserer Gesellschaft zu trainieren. Gruppenarbeit und die Präsentation der Ergebnisse auch außerhalb der Hochschule haben dabei eine besondere Bedeutung. Damit wird auch eine direkte Wirkung durch das Studium auf das kulturelle Leben des Landes erzielt. Einige wichtige Kooperationen mit gesellschaftlichen, kulturellen Institutionen des Landes und der Stadt sind die Folge.

Einzigartig, wertvoll und beispielhaft in der deutschen Hochschullandschaft ist in diesem Sinne die Zusammenarbeit von drei Kieler Hochschulen in den Forschungs-Clustern.

Die Kooperation mit dem Cluster „Future Ocean"

Das Meer mit seiner Komplexität und Funktion ist ein hochaktueller Raum der Erforschung, Betrachtung und Bestimmung. Trotz vieler Entdeckungen und Feststellungen ist es Geheimnis und Neuland für Wissenschaft und Kunst, Impulsgeber einer permanenten Recherche. In dem offiziell vereinbarten Kooperationsprojekt „Future Ocean" prägen Lehrende und Studierende der Raumstrategien, des Kommunikationsdesign und der Freien Kunst seit Beginn des Clusters das Erscheinungsbild und die öffentlichen Auftritte der maritimen Forschung in Kiel. Für Furore sorgten die Ausstellungs-Szenografien in Kiel, Hamburg (Maritimes Museum) und München, und der Ocean Explorer (ein Multi-Touch Media Wall). Highlight war im Mai 2009 die Performative Lecture „Ozean, mobilis in mobili", die Kunst, Film und naturwissenschaftliche Aspekte dramaturgisch zusammenbrachte. Dieses Projekt ist ohne ein genaues Studium der Bedingungen und der möglichen Intentionen der Beteiligten nicht erfolgreich möglich. In dieser besonderen Integration, aber auch gleichzeitigen eigenständigen Konzeption und kreativen Realisation jeder einzelnen Arbeit, ist die Ursache für die nach wie vor von allen Cluster- Beteiligten uneingeschränkte Akzeptanz der Arbeiten zu sehen.

Projekt im Cluster „Inflammation at Surfaces":

Weit über die konventionellen Grenzen des Kommunikationsdesigns hinaus müssen sich Studierende bewegen, die Konzepte für ein medizinisches aber auch menschlich sehr berührendes Thema entwerfen. „Kunst für die Clusterforschung", titelte die Presse über das großformatig angelegte Comic von Tim Eckhorst an, das über zwei Hauswänden weithin am Rondeel in Kiel sichtbar ist. „Krieg im Körper", auch Teil der Ausstellung „Entzündet" 2010 in Berlin, erreicht über diese Form Aufmerksamkeit für ein wenig bekanntes Forschungsthema, die chronische Krankheit Morbus Crohn. Auch hier ist festzustellen, dass neben dem gestalterisch-kommunikativen Anspruch diese Arbeit ohne ausführliche Recherche, Zusammenarbeit mit den Fachdisziplinen der Medizin und gesellschaftlicher Reflexion nicht diese Wirkung erzielen könnte.

Der Möglichkeitsraum: Lessingbad Kiel

Die Aufgabe, für vorhandene Räume die richtige Funktion zu finden, ist eine wichtige Studienaufgabe geworden. Zwischennutzung, Umnutzung, Nachnutzung oder auch Restnutzung sind wichtige strategische Begriffe geworden. Aus der Sicht der Kunsthochschule interessiert besonders der mit diesen Strategien verbundene ‚Möglichkeitsraum' als experimentell zu erforschendes Thema. Im Lessingbad in Kiel kam es 2009 zu einem inszenierten Dialog zwischen Vergangenheit und Gegenwart, zwischen Schwimmbad und Ausstellung studentischer Arbeiten. Mit dieser Ausstellung konnten die Studierenden nicht nur im konkreten Fall diesen Möglichkeitsraum studieren, die Hochschule konnte sich dabei auch temporär der Öffentlichkeit anders als gewohnt zeigen und die Begrenztheit der ihr aktuell zur Verfügung stehenden Räumlichkeiten offenbaren. Die zu berücksichtigende Denkmalpflege mit dem Respekt vor allen Spuren des einst so wichtigen Bades, die schon gelaufene Partynutzung mit ihren unsäglichen Hinterlassenschaften, aber auch die notwendige Umstellung des administrativen Umgangs mit dem Gebäude waren Herausforderungen und neue potentielle Erfahrungen. Muthesianerinnen und Muthesianer werden diesen Möglichkeitsraum weiterhin mit Phantasie füllen und Möglichkeitsräume in Kiel entdecken. Diese Liste von Projektbeispielen aus jüngerer Zeit könnte ohne Schwierigkeiten erweitert werden, um Projekte wie Entwürfe für die Bibliothek der Zukunft, die Szenografie eines Papiertheaters, der Entwurf eines Fluggerätes zur Ortung Verschütteter, das Schaffen einer Skulptur für die Kunst am Bau …

Alles Projekte, die neben vielen anderen zur konkreten Realisierung geführt haben. Zusammenfassend ist festzustellen, dass in der Muthesius Kunsthochschule weder eine Unterordnung unter die Realität noch die Abstraktion als Entfernung von der Wirklichkeit gesucht wird. Stattdessen wird mit Wegen zur Entschlüsselung von Wirklichkeiten experimentiert, die Hinterfragung der Realität betrieben und entsprechende Gestaltungskonzepte konkret entwickelt und veröffentlicht. Dies ist eine wesentliche Voraussetzung für Innovation. Damit kann die Kunsthochschule auch einen signifikanten Beitrag für die kulturelle Entwicklung Schleswig-Holsteins leisten. Solche Beiträge benötigt ein Land gerade in einer Situation, in der es darauf ankommt, strategisch wichtige Zukunftspotentiale zu erkennen. Die ständig steigenden Bewerberzahlen und Anfragen aus dem Ausland nach Kooperation bestätigen, dass die Muthesius Kunsthochschule darüber hinaus eine internationale Ausstrahlung erzielt, die mit 24 Partnerhochschulen in Europa fixiert wurde.

1988 sprach sich der Landeskulturverband für „den Ausbau der Fachhochschule für Gestaltung zur Kunsthochschule aus. Dies war erfolgreich. Dennoch bleiben noch Wünsche, für die wir weitere Unterstützung dringend brauchen: Die Verbesserung der Kunstlehrerausbildung in Schleswig-Holstein, die Finanzierung eines Förderpreises für Absolventinnen und Absolventen oder auch die Verbesserung der Gebäude- und Raumsituation, der wir mit dem erwarteten Umzug des Neuen Campus im Jahr 2011 näher kommen. Die Muthesius Kunsthochschule hat noch so Einiges in der Pipeline, man wird weiter von uns hören.

www.muthesius.de

Prof. Inge-Susann Römhild
Präsidentin der Musikhochschule Lübeck

Die Musikhochschule Lübeck

Die Musikhochschule Lübeck (MHL) ist als einzige Musikhochschule des Landes mindestens so facettenreich wie das nördlichste Bundesland Schleswig-Holstein: Erinnernd – bewahrend – entwickelnd.

Blickt man auf die Entstehungsgeschichte der MHL zurück, so haben sich ihre Überzeugungen immer an anerkannten Meisterwerken orientiert, von bedeutenden Musikern geschaffen und von geschätzten Pädagogen an den Nachwuchs weitergegeben: Das Bedürfnis und der Wille, das entstandene Kulturgut zu bewahren, verstehen sich von selbst. Auf der Basis dieser entstandenen Werte richtet sich der Blick vom Heute in die Zukunft. Wir wollen entwickeln, schöpfen, identifizieren. Wir wollen bilden.

Dazu ist es notwendig, darüber nachzudenken, welche Identität und welche Aufgabe Kultur in der Gesellschaft hat. Kultur ist kein anonymes, äußerliches Phänomen, das über die Gesellschaft gleichsam aus dem Füllhorn ausgebreitet wird. Kultur und vor allem ihre tragenden bzw. prägenden Säulen der Künste und der Bildung und damit auch Musik entstehen in der Gesellschaft und durch ihre Mitglieder. Gesellschaft lässt Kultur auf der Grundlage ihrer geistigen, emotionalen und sozialen Möglichkeiten entstehen, hinterfragt sie kritisch und erneuert sie immer weiter differenzierend als Spiegel ihrer eigenen Existenz und Identität. Kultur ist folglich unter anderem Ausdruck eines fundamentalen Bedürfnisses nach Äußerung und Darstellung von Erfahrung, Überzeugung, Not und Schönheit, aller Dinge, die das Wesen des Menschen und das Wesen einer pluralen und kritisch-verantwortungsvollen Gesellschaft ausmachen.

Die Musikhochschule Lübeck lehrt somit Werte anhand traditioneller und zugleich zeitgenössischer Ideen und Werke, anhand pädagogischer und wissenschaftlicher Methoden, durch die wiederum erinnert, bewahrt und entwickelt werden soll, um dem Ausdruck und dem Bedürfnis der Gesellschaft nach Kunst gerecht werden zu können. Sie ist institutionalisierter Ausdruck des Begehrens der Gesellschaft.

Wer hat die elementare Aufgabe, Kunst und Wissenschaft zu schützen und zu fördern? Laut Landesverfassung schützt und fördert das Land Kunst, Wissenschaft, Forschung und Lehre. Dazu gehört die Sicherstellung der Finanzen durch die Entscheidungsträger ebenso wie ein fruchtbares Miteinan-

der zwischen Politik, Ministerien und den entsprechenden Institutionen wie der Musikhochschule (MHL).

Das Recht auf Kultur und Bildung und damit auf Kunst und Musik, das sich aus dem Bedürfnis der Gesellschaft ergibt, kann von einer Hochschule nur dann umgesetzt werden, wenn sie dazu fachlich, personell und finanziell in die Lage versetzt wird. Eine Minimalausstattung orientiert sich an Erfahrungswerten, die Vergleichszahlen aus der Bundesrepublik Deutschland belegen können.

Die MHL hat trotz ständigen Personalmangels insbesondere in der Lehre in den vergangenen Jahrzehnten eine national wie international anerkannte Arbeit geleistet. Dies war und ist nur möglich, indem das hauptamtliche Personal in Lehre und Verwaltung eine Arbeitsbelastung auf sich nimmt, die jedoch über einen großen Zeitraum nicht aufrechterhalten werden kann. Ein lange bekanntes und drohendes strukturelles Defizit der MHL wurde im Jahr 2008 durch das Land dankenswerterweise nahezu ausgeglichen. Dennoch konnte das personelle Defizit im Vergleich zu anderen entsprechenden Musikhochschulen, das von der Hochschule seit über dreißig Jahren angeprangert wird, nicht beseitigt werden.

Davon betroffen sind nicht allein Qualität und Quantität des Studienangebots. Insbesondere die gewünschten und gewollten Kooperationen im Rahmen musikalischer Bildung (innerhalb des Landes), aber auch der internationale Austausch, ohne den die neue Studienstruktur sinnlos wäre, leiden an dem Personalmangel, den man derzeit mit weiteren sechzehn ausfinanzierten Professuren und vier zusätzlichen Stellen in der Verwaltung beziffern kann. Im Bereich Kooperation und in der akademischen Selbstverwaltung arbeiten die Kollegen an der MHL bis weit in ihre freien Stunden hinein, um den Kontakt und die Zusammenarbeit mit allgemein bildenden Schulen, Theatern und Veranstaltern sowie ausländischen Hochschulen konstruktiv aufrecht zu erhalten. Hinzu kommt die nicht allein in Deutschland falsch verstandene Qualitätssicherung. Jeder tut es, weil es verlangt wird, ohne zu hinterfragen, welche Verbesserungen durch die Zusammenstellung von endlosen Zahlenreihen und Beurteilungen tatsächlich erreicht werden können, zumal diese einen beträchtlichen zusätzlichen Arbeitsaufwand auf Verwaltungsseite erfordern. Selbstverständlich ist nicht jede Maßnahme hier gleich zu beurteilen. Dennoch könnte man durch den Einsatz der finanziell und personell notwendigen Mittel, die insbesondere für die Akkreditierung, die Dokumentation der neuen Studiengänge und die Qualitätssicherungsmaßnahmen bereitgestellt werden müssen, für die Lehre wesentlich ausgeglichenere Mitarbeiter erhalten. Nur dann kann man sich auf das eigentliche Kerngeschäft konzentrieren.

Meines Erachtens muss die Frage erlaubt sein, wer eigentlich als erster die Meinung verbreitet hat, die Lehre an Hochschulen würde sich durch mehr Bürokratie und Dokumentation verbessern und vor allem, aufgrund welcher Beweise oder Belege, welcher Qualitätsmessung man zu dieser Annahme gelangt ist. Wer hat wann die Lehre mit Produktion gleichgesetzt und festgelegt, dass die Lehre mehr „Output", mehr Qualität, besseres „Ranking" und damit letztlich mehr Profit erbringen müsse? Diese Frage stellt sich insbesondere im Rahmen einer künstlerischen Ausbildung, die sich tagtäglich durch öffentliche Konzerte der qualitativen Beurteilung durch die Gesellschaft stellt.

Kunst lässt sich nicht messen, Kunst ist nicht zu bestimmen. Kunst kann allein in einem Raum entstehen, der freies Denken, freie Gestaltung und freie Zeit erlaubt, der Entwicklung zulässt, der Zeit und Leistung nicht allein in Euro misst und dies während der Ausbildung, wenn es um die Bildung und Ausbildung des Nachwuchses geht.

Die MHL ist glücklich über ihre Mitarbeiter, die mitgewirkt haben, dass das Land Schleswig-Holstein stolz auf seine MHL ist und sich entsprechend mit ihr schmücken kann. Die Hochschule ist stolz auf ihre Studierenden, die sich jährlich in einem Verhältnis von etwa 1 zu 15 um die verfügbaren Studienplätze bewerben. Sie ist stolz darauf, der größte Konzertveranstalter im Land zu sein. Die MHL ist stolz auf die Anerkennung durch ihre Partner in der Rektorenkonferenz der deutschen Musikhochschulen (RKM), der Association of Baltic Academies of Music (ABAM), der Association of Européenne des Conservatoires, Académies de Musique et Musikhochschulen (AEC) und ihrer Partner in Amerika und Asien.

Damit dies so bleiben kann, ist die MHL verpflichtet im Gespräch zu bleiben. Sie muss und wird um ihre personelle Entwicklung kämpfen, um ihr Lehrangebot zu verbessern, die Kunst lebendig zu halten und zu einem leistbaren Arbeitsaufkommen zu finden. Das Land ist in der Pflicht, für die Gesellschaft die Rahmenbedingungen zu gewährleisten, die ein aktives und kreatives kulturelles Leben ermöglichen. Nur so wird die MHL in dieser Gesellschaft Meisterwerke in Erinnerung halten, die Leistungen der Studierenden garantieren und Kunst entwickeln können. Nur so wird sich die Gesellschaft auch in allen Bereichen verantwortungsvoll und auf gleicher Augenhöhe mit anderen Gesellschaften verhalten können.

www.mh-luebeck.de

Prof. Dr. Hans Wisskirchen

Leiter der Kulturstiftung Hansestadt Lübeck

Die Kulturstiftung Hansestadt Lübeck

Die Kulturstiftung Hansestadt Lübeck ist eine rechtsfähige kommunale Stiftung des bürgerlichen Rechts. Ihre Aufgabe ist es, kulturelle und wissenschaftliche Einrichtungen der Hansestadt zu betreiben, zu pflegen und weiterzuentwickeln. Ihr Zweck ist die Förderung der Kultur und der Wissenschaft. Sie wurde von der Hansestadt Lübeck im Jahr 1995 gegründet, um die Trägerschaft für das zwei Jahre zuvor eröffnete Heinrich- und-Thomas-Mann-Zentrum im Buddenbrookhaus zu übernehmen.

Als weltweit einziges Literaturprojekt der Weltausstellung wurde das Buddenbrook- haus zur Expo 2000 aufwändig umgestaltet. Seitdem präsentiert es sich mit den beiden ständigen Ausstellungen »Die Manns – eine Schriftstellerfamilie« und »Die ›Budden- brooks‹ – ein Jahrhundertroman«. Letztere ist in der Belétage des Hauses als begehbarer Roman konzipiert: Im »Speisezimmer mit den Götterfiguren« und im »Landschafts- zimmer«, die nach Thomas Manns Beschreibungen in den »Buddenbrooks« inszeniert sind, können die Besucher mit dem Buch in der Hand in die Szenerie des Romans eintauchen. Für diesen neuen Weg der musealen Vermittlung von Literatur wurde das Buddenbrookhaus 2002 mit dem Museumspreis des Europarates ausgezeichnet. Doch das Haus ist nicht »nur« Literaturmuseum und Ort des Gedenkens an eine Schrift- stellerfamilie – es ist auch Forschungsstätte. Die Bibliothek des Hauses ist ebenso wie dessen Sammlung – vornehmlich Briefkonvolute, aber auch Gemälde, Möbel und eine Reihe anderer Erinnerungsgegenstände – in den vergangenen Jahren durch Ankäufe und Schenkungen stetig gewachsen. Das Archiv gewinnt somit zunehmend an Bedeu- tung und soll perspektivisch mit dem Archiv des Günter Grass-Hauses als »Literatur- nobelpreisträger-Archiv« zusammengeführt und weiter ausgebaut werden.

Das im Oktober 2002 eröffnete Günter Grass-Haus befindet sich ebenfalls in der Trä- gerschaft der Kulturstiftung. Es zeigt die wechselseitige Beziehung von Literatur und bildender Kunst im Werk des Literaturnobelpreisträgers, Grafikers und Bildhauers, versteht sich jedoch nicht als ein dem Künstler gewidmetes Museum, sondern als ein Forum für Literatur und bildende Kunst, das der Grenzüberschreitung zwischen den unterschiedlichen künstlerischen Ausdrucksformen nachspürt.

Die Sammlung des Hauses gliedert sich in einen literarischen und einen bildkünstleri- schen Teil. Sie beherbergt alle literarischen Arbeiten ab 1995; aus dem umfangreichen bildkünstlerischen Teil des Vorlasses von Günter Grass ging ein repräsentativer Be- standteil in den Besitz des Günter Grass-Hauses über (ca. 1.100 Blätter).

Bereits im Jahr der Eröffnung des Günter Grass-Hauses hat die Stadt Lübeck Über- legungen angestellt, alle städtischen Museen zu einer organisatorischen Einheit zu- sammen zu fassen. Als Ergebnis der darauffolgenden umfassenden Museumsentwick-

lungsplanung wurden alle Häuser im Januar 2006 unter dem Dach der Kulturstiftung Hansestadt Lübeck zu einem Verbund zusammengeführt. Der Zweck der Stiftung wird seitdem nicht mehr nur durch den Betrieb des Buddenbrookhauses und des Günter Grass-Hauses verwirklicht, sondern auch durch die Geschäftsführung für die folgenden Museen, die sich weiterhin in der Trägerschaft der Hansestadt Lübeck befinden: Kunsthalle St. Annen, St. Annen Museum, Museum Behnhaus Drägerhaus, Katharinenkirche, Industriemuseum Geschichtswerkstatt Herrenwyk, Kulturforum Burgkloster mit Museum für Archäologie, Museum Holstentor, Museum für Natur und Umwelt und die Völkerkundesammlung.

Durch den Zusammenschluss der Häuser in dem Verbund »die LÜBECKER MUSEEN« ist ein Kulturkomplex entstanden, der im qualitativen und im quantitativen Sinne unter den deutschen Museen einen besonderen Rang einnimmt. Nur wenige deutsche Großstädte vergleichbarer Größe haben ein so reichhaltiges Museumsangebot wie Lübeck. Mit seiner thematischen Bandbreite von der Archäologie und der Geschichte über die Bildende Kunst und die Naturkunde bis hin zur Literatur deckt der Verbund eine große Bandbreite der musealen Vermittlung ab. Die Sammlungsgeschichte der LÜBECKER MUSEEN reicht von den archäologischen Funden aus dem 9. Jahrhundert über das späte Mittelalter, das 19. Jahrhundert und die Klassische Moderne bis hin zur Kunst des 20. und 21. Jahrhunderts. Viele der Sammlungen, z.B. die umfangreiche Völkerkundesammlung mit ihren hochrangigen Kunstwerken fremder Kulturen aus allen Teilen der Welt, sind von internationaler Bedeutung. Zudem zeichnet sich die Lübecker Museumslandschaft durch ein besonderes Alleinstellungsmerkmal aus: Sie bietet größte Abwechslung und Information in geringster Entfernung. Denn bis auf eine Ausnahme befinden sich alle Museen in der zum UNESCO-Weltkulturerbe erklärten historischen Altstadt – und zwar fast ausnahmslos in denkmalgeschützten Bürgerhäusern oder Klöstern.

Mit dem Zusammenschluss aller Häuser in einem Verbund wurden die Voraussetzungen für ein noch besseres Miteinander geschaffen: Die Bereiche Finanzen, Personal, Marketing, Öffentlichkeitsarbeit und Museumspädagogik wurden zentralisiert, so dass Synergien geschaffen und Ressourcen besser genutzt werden konnten.

Neben diesen strukturellen Optimierungsprozessen wurden unter der Geschäftsführung der Kulturstiftung seit 2006 unterschiedlichste Maßnahmen zur inhaltlichen Profilierung der LÜBECKER MUSEEN umgesetzt. Die Neukonzipierung von Dauerausstellungen (Museum Behnhaus Drägerhaus, Museum für Natur und Umwelt, Günter Grass-Haus) spielte dabei eine ebenso wichtige Rolle wie bauliche Erweiterungen bzw. Modernisierungsmaßnahmen, die eine angemessene Präsentation der neuen Ausstellungen häufig erst ermöglichten (Eingangs- und Shopbereich des Holstentors, Ausstellungsräume Museum Behnhaus Drägerhaus, Garten Günter Grass-Haus, 1. OG St. Annen Museum).

Darüber hinaus werden auch die Sonderausstellungen der Häuser ebenso wie die Veranstaltungen seit 2006 abgestimmt, d.h. es finden regelmäßige Treffen der Museumsleitungen statt, bei denen gemeinsame Schwerpunktthemen in der Ausstellungsplanung oder Kooperationen besprochen werden. Über die zentralen Bereiche »Veranstaltungen« und »Museumspädagogik« werden zum einen häuserübergreifende Veranstaltungsreihen und pädagogische Angebote entwickelt und durchgeführt, zum anderen die Kooperationen mit touristischen und kulturellen Institutionen koordiniert und verstärkt.

Zusammenfassend kann man sagen, dass die LÜBECKER MUSEEN seit fünf Jahren durch ihren einheitlichen Auftritt entscheidend dazu beigetragen haben, den Ruf Lübecks als Kulturstadt zu festigen und auszubauen.

www.die-luebecker-museen.de

Birgit Rapior

Leitung Kommunikation / Marketing / Kultur

Investitionsbank Schleswig-Holstein, Kiel

Das Kulturengagement der Investitionsbank Schleswig-Holstein (IB)

Kulturförderung ist Wirtschaftsförderung
Kultur prägt den Raum und die Menschen und ist damit ein wichtiger Faktor für die Attraktivität einer Region. Als zentrales Förderinstitut des Landes übernimmt die Investitionsbank Schleswig-Holstein daher auch Verantwortung für regionale Kunst und Kultur, obwohl uns hierfür keine Kulturförderprogramme zur Verfügung stehen. Das Kulturengagement der IB beruht auf drei Säulen:

1. Wir unterstützen kulturelle Belange im Rahmen unserer originären Arbeit, wo immer dies in die Rahmenbedingungen passt. So z.B. mit Fördermitteln aus dem Kommunalen Investitionsfonds und der Städtebaulichen Denkmalpflege. Außerdem erhalten Existenzgründungen in der Kulturwirtschaft kostenlose Beratung und maßgeschneiderte Finanzierungen. Ein wichtiger Beitrag, damit Künstlerinnen und Künstler von ihrer Arbeit leben können, denn nicht selten mangelt es an Erfahrungen mit unternehmerischem Denken und Handeln.

2. An zweiter Stelle folgt das Sponsoring. Fest etabliert ist inzwischen die langjährige Zusammenarbeit mit JazzBaltica und dem Literaturhaus Schleswig-Holstein. Im Vorfeld des JazzBaltica-Festivals erleben Gäste der Bank und Freunde des Jazz ein Preview-Konzert in der IB. Konzerte mit Tim Rodig und Ulita Knaus, dem Martin Wind Quartet oder der Sängerin Sinne Eeg sorgen bei Partnern und Kunden für ein völlig neues „Bankerleben". Seit 2008 stiftet die IB außerdem den JazzBaltica-Förderpreis, mit dem die Arbeit und das künstlerische Potential junger, norddeutscher Jazzmusiker gewürdigt werden.
   Durch die Partnerschaft mit dem Literaturhaus Schleswig-Holstein unterstützen wir Projekte der landesweiten Literaturvermittlung. Darüber hinaus werden in Zusammenarbeit mit dem Literaturhaus jährlich zwei Lesungen für Gäste und Mitarbeiter angeboten. Damit wird die Bank neben den Konzertveranstaltungen

auch durch Lesungen u.a. mit Lars Brandt, Karen Duve oder Robert Menasse zum Treffpunkt für Kulturinteressierte.

Durch das Sponsoring des Bundesverbandes Bildender Künstler (BBK) hält die dritte Kultursparte Einzug in die Bank. Als Antwort auf unsere Unterstützung organisiert der BBK jährlich vier Ausstellungen schleswig-holsteinischer Künstlerinnen und Künstler in den Räumen der IB. Für die Künstler eine gute Möglichkeit, ihre Arbeit öffentlich zu präsentieren – für Kunden, Partner und Mitarbeiter der Bank die Chance, immer wieder neue regionale Künstler kennen zu lernen und zu entdecken.

Diesen Ansatz verfolgt auch die Ausstellungsreihe „Paare", die wir seit 2006 zweimal jährlich gemeinsam mit dem Schleswig-Holsteinischen Landtag organisieren. Mehrere Tausend Besucher kamen bisher in diese Ausstellungen und erlebten Kultur in einem besonderen Umfeld, in diesem Fall nicht in einer Bank sondern im Schleswig-Holsteinischen Landtag.

Neben diesen langfristigen Sponsoringvereinbarungen unterstützt die IB jedes Jahr eine Vielzahl kleinerer regionaler Kulturinitiativen.

Eine feste Größe des Kulturengagements bleibt der IB.Kunstkalender, der seit 1987 in einer Auflage von 2.500 Exemplaren erscheint und jährlich vier regionalen Künstlern eine landesweite Verbreitung ermöglicht.

In Zusammenarbeit mit JazzBaltica und dem SHMF setzen wir seit einigen Jahren außerdem schleswig-holsteinische Kulturakzente über die Grenzen Deutschlands hinaus. So konnten wir gemeinsam mit dem Hanse-Office mit einem JazzBaltica-Konzert und einem Sonderkonzert des SHMF-Chors den Norden Deutschlands musikalisch in Brüssel präsentieren und im Sommer 2009 in Kooperation mit der Deutschen Botschaft erstmalig ein Preopening des SHMF in Kopenhagen organisieren.

3. Kulturförderung innerhalb des Unternehmens. Eine Bank befasst sich von Amts wegen nur sehr wenig (oder gar nicht) mit Kultur. Mitarbeiterinnen und Mitarbeiter einer Bank sind täglich mit Zahlen, Bilanzen, Daten und Fakten befasst. Inspirierende und belebende Eindrücke kommen meistens zu kurz oder fehlen ganz.

Vor diesem Hintergrund haben wir neben dem beschriebenen Angebot, Konzerte und Lesungen zu besuchen, verschiedene Ansätze entwickelt, Kunst und Kultur in die IB zu tragen. Über einen „Kulturkreis der IB", der allen Mitarbeiterinnen und Mitarbeitern offen steht, bieten wir die Möglichkeit, sich mit Kunst und Kultur auseinanderzusetzen, die künstlerischen Belange der IB mitzugestalten und an Kulturevents teilzunehmen. Die Bandbreite der Angebote erstreckt sich vom Besuch von Ausstellungseröffnungen über Theaterpremieren bis zur jährlichen Präsentation der interessantesten Neuerscheinungen im Bücherherbst.

Wir engagieren uns auf diesem Gebiet auch intern, weil wir überzeugt sind, dass Kunst und Kultur einen großartigen und geeigneten Hintergrund für Begegnungen, Gespräche und Erfahrungsaustausche geben und Horizonte erweitern.

Nach einigen Jahren des Kulturengagements in der beschriebenen Form bleibt festzustellen, dass die Beschäftigung mit Kunst und Kultur natürlich etwas kostet, unseren wirtschaftlichen Erfolg aber nicht beschränkt, sondern ihn im Gegenteil ausweitet. Langfristiges Engagement für Kultur bewirkt eine positive Wahrnehmung bei Mitarbeitern, Kunden, Partnern und in der Öffentlichkeit und hilft beim Aufbau von Verständigung, Glaubwürdigkeit und Sympathie. Eigenschaften einer Reputation nach innen und nach außen, die als knapp, wertvoll und nachhaltig bezeichnet werden können und allemal „ihr Geld Wert sind".

www.ib-sh.de

Dr. Doris Tillmann
Leiterin der Städtischen Museen, Kiel

Maritime Kulturgeschichte – Forschungsfelder und Präsentationen am Beispiel Kiels

Die maritime Kultur ist imageprägend für das „Land zwischen den Meeren", auch wenn Traditionen der Seefahrt, des Schiffbaus oder der Fischerei nur zeitweilig und regional sehr begrenzt eine Bedeutung für die historische Entwicklung Schleswig-Holsteins hatten. Diese singulären Erscheinungen maritimen Lebens finden heute umso mehr das Interesse von Gästen und Einheimischen der Küstenregion; ihre Darstellung in Museen, Ausstellungen, Publikationen und Veranstaltungen – gern verbunden mit publikumswirksamen folkloristischen Darbietungen – gelten dem Tourismus als wichtige Attraktion und Einnahmequelle.

Vor diesem Hintergrund überrascht es, dass die wissenschaftliche Aufarbeitung der Seefahrtsgeschichte hierzulande noch große Lücken aufweist. Selbst in der Landeshauptstadt Kiel, die sich ein maritimes Profil gibt und seit Jahren auf die Imagekampagne „Sailing City" setzt, stehen etwa die kulturhistorische Erforschung des Phänomens Segelsport oder die denkmalpflegerische bzw. museale Erhaltung letzter

Sachzeugnisse wie historischer Yachten eher am Rand des Interesses. Das Potential an maritimer Geschichte und an Quellen in der Fördestadt ist erstaunlich groß, ebenso wie das maritime Themenspektrum, das sich mit Hilfe dieser Sachzeugnisse im Museum abbilden ließe: Die Flottenrüstung im späten 19. und 20. Jahrhundert und die Industriearbeit auf den Werften, die Entwicklung der Marinetechnologie im Bereich des U-Boot-Baus oder des modernen Navigationsgerätes, die Geschichte des Segelsports einschließlich der Olympischen Wettbewerbe oder der Fischerei und der Fischverarbeitung, die Hafen- und Handelsgeschichte mit der Entwicklung des Fährverkehrs nach Skandinavien und nicht zuletzt die charmante Geschichte des Kieler Knabenanzugs, der der Matrosenuniform nachempfunden war und über mehrere Generationen die Kindermode in ganz Deutschland bestimmte.

Das besondere maritime Profil der Kieler Geschichte ergibt sich aus der Rolle der Stadt als Reichskriegshafen und Werftenstandort von nationaler Bedeutung. Hieraus lässt sich die gesamte jüngere Stadtgeschichte ableiten; die Marine und der Schiffbau waren seit über 150 Jahren der Motor einer einzigartigen großstädtischen Entwicklung. Kiel ist der authentische Schauplatz deutscher Marinegeschichte, die Bühne des Matrosenaufstandes von 1918, der als eine der wichtigsten Wegmarken zur deutschen Demokratie gilt. Die Kieler Marinegeschichte ist ein Lehrstück nationaler Geschichte: kaiserlicher Glanz und Flottenbegeisterung, Krieg und Revolution, NS-Aufrüstung und Stadtzerstörung, der mühsame Wiederaufbau und die Entstehung eines neuen zivilen Image als Stadt des Segelsports und Fährhafen nach Skandinavien.

Lovis Corinth, Matrose der Kaiserlichen Marine, Aquarell, 1916, Sammlung Kieler Stadt- und Schiffahrtsmuseum.

Doch die Marinegeschichte gehört bis heute zu den größten Desideraten der historischen Forschung im Land: Die Erarbeitung eines Grundlagenwerkes zur Entwicklung des Marinestandortes Kiel von den 1860er Jahren bis zur Gegenwart ist eines der wichtigsten Zukunftsprojekte für die stadt- und schifffahrtsgeschichtlichen Institute an der Förde. Bei der Werftengeschichte dagegen konnte mit dem Werk von Christian Ostersehlte über die Entwicklung der Howaldtswerft bereits eine Forschungslücke geschlossen werden. Viele maritime Einzelthemen werden inzwischen außerdem durch die Publikationen des Kieler Schifffahrtsmuseums sowie der Gesellschaft für Stadtgeschichte abgedeckt, etwa die Geschichte des Fischerdorfes Ellerbek oder die der Kieler Wochen. Diese Untersuchungen widmen sich nicht nur der Geschichte selbst, sondern auch den Sachzeugnissen die sich in der Museumssammlung finden, wie etwa der maritimen Malerei oder den historischen Schiffsmodellen. Im nächsten Jahr folgt eine Bestandspublikation der Sammlung nautischen Geräts vom 18. bis ins 20. Jahrhundert. Wissenschaftlich aufzuarbeiten gilt u.a. auch der umfangreiche Bildnachlass des Marinefotografen Wilhelm Schäfer, dessen Glasplattennegative die Schiffe der deutschen Flotten von 1900 bis 1948 in großer Vollständigkeit dokumentieren. Auch die angemessene Präsentation all dieser Themen im Museum ist ein aktuelles Aufgabenfeld. An einer neuen Dauerausstellung für das Kieler Schifffahrtsmuseum wird derzeit gearbeitet, damit nicht nur die Forschungsergebnisse angemessen abgebildet, sondern auch die herausragenden Sammlungsbestände der Öffentlichkeit besser zugänglich gemacht werden können. Der Mangel an Ausstellungsraum in der historischen Fischhalle soll dabei durch den Einsatz moderner Medien kompensiert werden, die den Besuchern eine Fülle von ergänzendem audiovisuellem Informationsmaterial bieten können. Die Forderung, die Geschichte auch für den Fremdenverkehr in Wert zu setzen, sollen neue Serviceeinrichtungen wie Museumsshop und Gastronomie erfüllen.

Grundlage für die attraktive Präsentation bleibt neben der Forschung die professionelle Sammlungstätigkeit zur Sicherung maritimen Kulturguts. Hier ist mit Hilfe eines neuen Zentraldepots und einer digitalen Sammlungsverwaltung beim Kieler Stadt- und Schifffahrtsmuseum ein hohes Qualitätsniveau erreicht worden.

Unerlässlich bleibt auch die Vernetzung von Sammlungen, Forschungen, Ausstellungen und Marketing verschiedener musealer sowie tourismuswirtschaftlicher Einrichtungen in Stadt und Land, und natürlich auch über Schleswig-Holstein hinaus. Das internationale Sonderausstellungsprojekt „Nordlandreise" des Kieler Stadt- und Schifffahrtsmuseums, das sich mit der Geschichte des Kreuzfahrttourismus nach Norwegen befasst, ist ein Paradebeispiel dafür, dass die Forschungen zur maritimen Kulturgeschichte auch immer den Blick über die Grenzen hinaus öffnet.

Klaus-Michael Heinze

Kanzler der Fachhochschule Kiel

Kiel Dietrichsdorf – zwischen Geschichte, Industriebrache, Hochschule und Kultur

In keinem anderen Stadtteil ist die jüngere Geschichte Kiels unmittelbarer erlebbar. Mehrfache Aufstiege und Niedergänge haben deutliche Spuren hinterlassen.

Mitte des 19. Jahrhunderts lebten rund 400 Menschen in Neumühlen, die vom Handel und der dort ansässigen Mühle lebten. Im Jahr 1876 verlagerte Georg Howaldt seine Werft auf das Nordufer der Schwentinemündung und erwarb später 60.000 qm Land, um in „Neu-Dietrichsdorf" eine vorbildliche Arbeiterkolonie zu schaffen. Um die Jahrhundertwende lebten in Neumühlen und Dietrichsdorf zusammen über 5.000

Einwohner. Die Werft prosperierte, wuchs durch den Kriegsschiffbau. Bis zum Jahr 1900 hatten 390 Dampfer die Werft verlassen, für die Kaiserliche Kriegsmarine wurden hier die U-Boote gebaut. Im zweiten Weltkrieg hatte die Kriegsmarinewerft eine Belegschaft von 17.730 Personen. Bei Kriegsende waren 80 % der Werftgebäude und über die Hälfte aller Gebäude im Stadtteil zerstört. Viele Anwohner, Zwangsarbeiter und Kriegsgefangene fanden den Tod.

Nach Kriegsende blieb die Werft weitgehend von Demontage verschont, da sie als Reparaturwerft am „Kiel-Kanal" erhalten blieb. Ab 1953 begann mit dem zivilen Schiffbau der erneute Aufwärtstrend der Werft, der in den Wirtschaftswunderjahren die Belegschaft auf über 13.000 Personen anwachsen ließ. Weitere große Werke prägten den aufstrebenden Industriestandort. So waren die Unternehmen Anschütz und Dr. Rudolf Hell in Dietrichsdorf ansässig, bis sie Anfang der 1980er Jahre Dietrichsdorf verließen. Im Ortsteil entstand Industriebrache. 1989 beschloss die Landesregierung, hier die Fachhochschule Kiel anzusiedeln. Mit einem städtebaulichen Wettbewerb wurden Konzepte für einen Hochschulcampus entwickelt, die sich nach zwei Jahrzehnten weitgehend verwirklicht haben. Erhaltenswerte Bausubstanz wurde modernisiert und Neubauten für Hörsäle, Labore und studentisches Wohnen errichtet. Die erhoffte Belebung hat sich nur langsam entwickelt, krankt immer noch an der Erschließung mit öffentlichen Verkehrsmitteln für Studierende. Die Stadt Kiel hat den Ortsteil um den Uferbereich der Schwentine ansprechend hergerichtet. Damit hat die Entwicklung dieses Quartiers einen positiven Verlauf genommen. Heute studieren auf dem Campus der Fachhochschule Kiel rund 5.000 Studierende, und 400 Menschen sind im weiteren Hochschulbereich beschäftigt. Nur wenige sind sich der geschichtlichen Bedeutung des Ortsteils bewusst.

Aufmerksames Hinsehen weist auf Zeitzeugen: Granitpflaster, von Arbeiterschuhen und Werkverkehr abgeschliffen, markiert den Werfteingang. Mehrere Bunker bezeugen das verdrängte Geschichtskapitel des Dritten Reiches.

Dazwischen ist Kunst zu entdecken. Auf dem Max-Reichpietsch-Platz markieren zwölf Granitkugeln um eine runde Vertiefung im Rasen den „Kontemplativen Ort" von Ludger Gerdes. Auf dem Sokratesplatz erinnern metallische Hammerschläge aus dem „Eisenklotz" von Ulrich Eller an die Klänge der Werft. Renate Angers Installation „Der Süden im Norden" an der Mensa an der Schwentine. Diese drei Werke sind Reminiszenzen des „Kunstlaboratoriums" aus dem Jahr 1985, die als künstlerische Auseinandersetzungen mit diesem Standort geschaffen wurden. Neue Impulse kommen mit der Fachhochschule an das Ostufer. Im „Mediendom" entstehen einzigartige multimediale Projekte, die in über 30 Spielorten in Deutschland und im Ausland aufgeführt werden. Die Produktionen des Mediendoms Kiel stehen für besondere Qualität und zählen weltweit zu den viel beachteten Medienprodukten. Seit dem Jahr 2006 trägt eine

Initiative engagierter Enthusiasten das Projekt „Bunker-D", als sie die Chance ergriff, in einer Bunkerruine einen Ort für freie Gedanken in festen Wänden zu schaffen. Heute werden im Kultur- und Kommunikationszentrum auf vier Etagen Café, Kino, Bühnenraum und Casino in Selbstverwaltung betrieben. In der Galerie werden Ausstellungen gezeigt, die den eingeladenen Künstlerinnen und Künstlern eigenwillige Konzepte im Spannungsfeld dieses besonderen Ortes ermöglichen.

In den zweiten Hochbunker auf dem Campus wird die Computerschausammlung ziehen. Schon im Jahr 2002 wurde der Kernbestand der insgesamt über 1.400 Exponate unter Denkmalschutz gestellt. Nun werden die Relikte der Computerentwicklung im Jahr 2011 in den Bunker am Eichenbergskamp einziehen. In guter Nachbarschaft zum Industriemuseum Howaldtsche Metallgießerei, dem Bunker-D und dem Mediendom, wird mit der neuen Computerschausammlung eine weitere Attraktion für kultur- und technikhistorisch interessierte Gäste auf dem Campus realisiert werden. Nach und nach ist in Dietrichsdorf ein Quartier entstanden, das für Kulturschaffende und Kulturinteressierte attraktiv geworden ist. Die Initiativen der letzten beiden Jahrzehnte sind gereift, neue Projekte sind hinzugekommen und kulturelles Leben entfaltet sich. Das lässt die Hoffnung wachsen, dass aus der Symbiose zwischen Gestern und Morgen wieder pulsierendes Leben im Ortsteil und auf dem Campus entsteht.

www.fh-Kiel.de

Prof. Dr. Claus v. Carnap-Bornheim
Ltd. Direktor der Stiftung Landesmuseen, Schleswig

Was ist eigentlich Archäologie im Land Schleswig-Holstein?

Drei Säulen tragen die Archäologie im Lande Schleswig-Holstein. Sie sind unterschiedlich aufgestellt und eingebunden, aber sie sind – selbst wenn der Verfasser dieser Zeilen pro domo sprechen muss – stark und tragen ein umfassendes Gerüst aus Denkmalpflege, musealer Präsentation und Wissenschaft sowie universitärer Forschung und Lehre.

Mit dem Institut für Ur- und Frühgeschichte der Christian-

Albrechts-Universität zu Kiel kann Schleswig-Holstein auf ein traditions- und erfolgreiches Institut verweisen. Insbesondere mit der durch den Kollegen Prof. Johannes Müller initiierten und nun geleitetet Graduierten-Schule „Human Developments in Landscapes" ist ein entscheidender Erfolg in der Exzellenz-Initiative der Deutschen Forschungsgemeinschaft gelungen, der weit über die Landesgrenzen hinausstrahlt. Ein besonderes Merkmal der universitären Forschung in Kiel ist die Interdisziplinarität, die das zunächst geisteswissenschaftliche Ur- und Frühgeschichte als Brückenfach auch Teil der Mathematisch-Naturwissenschaftlichen Fakultät werden lässt.

Das Archäologische Landesamt Schleswig-Holstein ist als Obere Landesbehörde dem Denkmalschutzgesetz des Landes verpflichtet und nimmt so entscheidende Aufgaben in der Bewahrung unseres kulturellen Erbes wahr. Von der Notgrabung bis hin zur Begleitung von Großunternehmungen wie etwa die Umsetzung der EU-Wasserrahmenrichtlinie oder der Fehmarn-Beltquerung, über die Genehmigung von Bebauungsplänen bis hin zur Inventarisation archäologischer Denkmale erfüllt das Amt mit einem im Bundesvergleich viel zu kleinen Mitarbeiterstab grundlegende Aufgaben. Wenn auch die Novellierung des Denkmalschutzgesetzes in der letzten Legislaturperiode gescheitert ist, so gilt es dennoch, nationale und internationale Standards zu etablieren und im prak-

tischen Verwaltungshandeln umzusetzen, was – naturgemäß – nicht immer ganz einfach ist. Grundlegend und von überregionaler und internationaler Bedeutung ist die Initiative, zusammen mit Partnern in Norwegen, Dänemark, Schweden und Island, das Danewerk und Haithabu auf die Liste der UNESCO-Welterbestätten zu bringen. In enger Verzahnung mit den Akteuren in der Region wird ein Projekt erfolgreich umgesetzt, das von weit reichender Bedeutung auch für die Akzeptanz der Belange unseres archäologischen Erbes hier im Lande ist.

Die tragende dritte Säule ist zweifellos das Archäologische Landesmuseum in Schleswig, dem auch das Wikinger Museum in Haithabu zugeordnet ist. In 28 Magazinen werden auf mehreren Kilometern Regalbrettern archäologische Funde aus mehr als 120.000 Jahren archäologisch nachvollziehbarer Landesgeschichte verwahrt. In der Archäologischen Zentralwerkstatt werden sowohl Altfunde als auch jene Materialien nachhaltig konserviert, die aus den Grabungen des Landesamtes oder der Universität stammen. Das Schaufenster der Landesarchäologie ist die Dauerausstellung, die mit den Moorleichen, dem Nydam-Schiff und dem Komplex Haithabu über einen auch international bekannten Bestand verfügt. Im Rahmen der Stiftung Schleswig-Holsteinische Landesmuseen nimmt das Archäologische Landesmuseum somit Aufgaben für ganz Schleswig-Holstein wahr und unterstützt so auch kleinere Häuser im Lande.

Neben den Ausstellungen auf Schloß Gottorf und in Haithabu stehen mit dem Oldenburger Wallmuseum, dem Museum in Neustadt i. H. sowie mit dem Archäologisch-Ökologischen Zentrum in Albersdorf drei weitere Institutionen, die – zumeist in kommunaler Trägerschaft – wertvolle Bestände präsentieren oder besondere Vermittlungsstrategien verfolgen.

Eine ganz neue Komponente in dieser Struktur ist das Zentrum für Baltische und Skandinavische Archäologie (ZBSA) im Archäologischen Landesmuseum in Schleswig, das sich ganz der archäologischen Forschung im Kommunikationsraum Nord- und Ostsee widmet. Als außeruniversitäre Forschungseinrichtung sind die Wissenschaftler und Wissenschaftlerinnen des Zentrums auf einem auch geographisch weit gefächerten Forschungsfeld tätig, wobei die besonderen Kompetenzen der Schleswiger mit jenen im nordwest- und osteuropäischen Ausland kombiniert werden. So ist das ZBSA beispielsweise im Bereich der archäo-zoologischen Forschung positioniert oder aber gräbt im Kaliningrader Gebiet.

Insgesamt ergibt sich so ein weit gefächertes Bild von Institutionen, die in der Archäologie des Landes tätig sind. Dabei überrascht immer wieder die öffentliche Aufmerksamkeit, die dieses Feld erfährt, wobei jedoch oftmals übersehen wird, dass spektakuläre Erfolge oftmals auf langjähriger Forschung geduldiger Wissenschaftler und Wissenschaftlerinnen beruht. Eine Stärke unserer Landesarchäologie – sei es nun von Universität, dem Landesamt oder dem Landesmuseum mit seinem neuen Zentrum für Baltische und Skandinavische Archäologie getragen – ist und bleibt die internationale Ausrichtung ihrer Projekte und Netzwerke, die einerseits in der speziellen Geschichte unseres Landes verwurzelt ist, andererseits aber auch in der interdisziplinären Kompetenz der jeweiligen Akteure. Es bleibt zu hoffen, dass dieses Segment unseres kulturellen Erbes, unserer musealen Grundversorgung und unseres wissenschaftlichen Profils auch in schwierigen Zeiten gestützt und weiterentwickelt wird.

Die Stiftung Schleswig-Holsteinische Landesmuseen Schloß Gottorf – Aufgaben, Problemfelder, Perspektiven

Die Stiftung Schleswig-Holsteinische Landesmuseen Schloß Gottorf gehört zweifellos zu den herausragenden Leuchttürmen der schleswig-holsteinischen Kulturszene. Mit insgesamt sieben Häusern – dem Landesmuseum für Kunst und Kulturgeschichte, dem Archäologischen Landesmuseum, dem Wikinger Museum Haithabu, dem Volkskunde Museum, dem Eisenkunstgussmuseum Büdelsdorf, dem Jüdischen Museum Rendsburg und Kloster Cismar – ist die Stiftung als Mehrspartenhaus mit einem überregionalen kulturpolitischen Auftrag aufgestellt. Grundlage sind zunächst jene Sammlungen, die ihre Wurzeln in der schleswig-holsteinischen Landesgeschichte finden. Dazu kommen aber auch Bestände, die insbesondere in den Sammlungen des Landesmuseums für Kunst und Kulturgeschichte weit über den regionalen Bereich hinausreichen. Damit ergeben sich sehr unterschiedliche Schwerpunkte und Akzente in den Dauerausstellungen der Stiftung, die in Konzept, Inhalt und Gestaltung variantenreich ausgerichtet und bewusst heterogen konzipiert sind: Für eine Mehrspartenhaus eine durchaus typische Erscheinung. Werden allerdings die Lage Schleswigs und das Potenzial der Umfeldes betrachtet, so darf die Stiftung wohl zurecht auf die mehr als 600.000 Besucherinnen und Besucher stolz sein, die im Jahr der Landesgartenschau 2008 in Schleswig die unterschiedlichen Angebote der Stiftung wahrgenommen haben.

Profilfindung und Profilbildung sind Gegenstand eines internen Diskussionsprozesses, der nach den personellen Veränderungen an der Spitze der Stiftung nun mit neuer Energie geführt werden muss. Dabei erscheint es notwendig, nun die Dauerausstellungen der Stiftung in den Fokus zu nehmen. Mit der grundlegenden Neugestaltung des Wikinger Museums Haithabu, die im Februar 2010 eröffnet werden wird, gehen wir den Weg hin zu einer Ausstellung, die modernen Ansprüchen, Seh- und Vermittlungsgewohnheiten gerecht werden will. Dabei zeigen aber auch die neuen Ausstellungen, etwa im Volkskunde Museum auf dem Hesterberg mit den „Erinnerungsorten", dass Barrieren übersprungen und konzentrierte Ausstellungsformen gefunden werden müssen. Und dies vor dem Hintergrund einer finanziellen Situation, die gerade in den letzten Jahren die Etats für Dauerausstellungen auf ein kaum erträgliches Minimum reduziert hat.

Die Stiftung Gottorf und ihr Umfeld versteht sich heute als Akteur auch in jener Wertschöpfungskette, die Kultur und Tourismus zusammenführt. Die Stadt, die Region und das Land werden in der Stiftung jederzeit einen verlässlichen und flexiblen Partner für innovative Konzepte finden, als Beispiel sei hier nur die Museums-Card der Sparkassen genannt. Nicht möglich sein werden allerdings Angebote, die das Profil unserer Häuser beschädigen könnten. Immer wieder werden wir mit Ideen konfrontiert, die aus dem Barock eine mehr oder weniger beliebige Modeerscheinung ohne Bezug zur großen europäischen Kulturgeschichte oder aus den Wikingern in Haithabu eine hörnerbehelmte Horde marodierender Seeleute werden lassen wollen. Gerade die Diskussionen um die Initiative Welterbe Danewerk und Haithabu haben gezeigt, dass diese Potenziale nur dann ausgeschöpft werden können, wenn sie in ihrem kulturellen Wert respektiert werden.

Hinter den Ausstellungen der Stiftung steht eine komplexe Organisation, die sich um die historische Liegenschaft, um Marketing, PR und Verwaltung, die Pflege der Bestände, um innovative Vermittlungskonzepte und nicht zuletzt um Wissenschaft kümmert. Gerade ihre Arbeit verschwindet gelegentlich hinter einer Sichtweise, die die Besucherzahlen, deren Steigerung oder deren Rückgang, zur alleinigen Meßlatte von Erfolg oder Misserfolg werden lässt. Es muss wohl vielmehr in das öffentliche und politische Bewusstsein gerückt werden, dass die Stiftung einen allgemeinen, auf kulturelle Vielfalt und Verantwortung ausgerichteten Auftrag hat, der sich auch in optimalen Magazinsituationen, in nachhaltigen Sammlungskonzepten und in hinreichender konservatorischer Infrastruktur äußert. Eine ausreichende finanzielle Ausstattung ist die Grundvoraussetzung dafür, die im Falle der Stiftung einen gravierenden Fehler aufweist: Die Zuwendung des Landes vermag diese Kosten kaum zu decken, so dass wir auf die Eintrittsentgelte unserer Besucherinnen und Besucher angewiesen sind, um dieses strukturelle Defizit auszugleichen. Doch Eintrittsentgelte sind eine instabile Variable, die mittelfristige Planungen in Ausstellungen und Magazinen, in Vermittlung und Sammlung, bei Investitionen und Bauunterhaltung auf unsichere Basis stellen. Hier gilt es in den nächsten Jahren trotz verschärfter finanzieller Rahmenbedingungen, nach Lösungen zu suchen, die den Leuchtturm Gottorf auch in Zukunft strahlen lassen werden oder anders herum: die verhindern, dass hier die Lichter ausgehen.

www.alsh.de
www.schloss-gottorf.de
www.uni-kiel.de/ufg

Hartmut Schröder
Dr. Klaus Mader
Landesmusikrat Schleswig-Holstein, Kiel

Der Landesmusikrat Schleswig-Holstein

Der Landesmusikrat Schleswig-Holstein entstand 1978 aus der Arbeitsgemeinschaft Musikpädagogik und Musikpflege. Bereits 25 Jahre zuvor war der deutsche Musikrat gegründet worden und das Projekt "Jugend musiziert" schrieb schon seit 15 Jahren bundesweit Erfolgsgeschichte. Gründungsvater des schleswig-holsteinischen Landesmusikrates war der Musikwissenschaftler Prof. Dr. Wilhelm Pfannkuch.
Ende der achtziger Jahre begann eine neue Ära: Unter dem Präsidenten Gerhard Engel wurde eine hauptamtliche Geschäftsstelle in Flensburg aufgebaut. Dadurch ergab sich die Möglichkeit, den Aufgabenbereich zu erweitern. Es wurden erste Unternehmungen im Jazz-, Pop- und Rockbereich gestartet und die Landesjugendensembles entstanden. 1991 wurde ein Landesmusikplan erarbeitet, der entscheidende Forderungen des Landesmusikrates benennt. So wurde u.a. schon damals die Ausstattung der allgemeinbildenden Schulen mit ausreichend Musikfachlehrern angemahnt. Der

Instrument des Jahres 2010: der Kontrabass – hier die Bassgruppe des Landesjugendorchesters.
Foto: Olaf Bathke

Landesmusikrat baute das Festival JazzBaltica federführend auf und war an der Gründung des Festivals folkBALTICA beteiligt. Dessen Arbeit begleitet er weiterhin in der Rolle eines Gesellschafters. Außerdem führt er den Landeschor- und den Landesorchesterwettbewerb durch, ebenso wie den durch die Sparkassenstiftung geförderten Landeswettbewerb „Jugend musiziert" und engagiert sich auf diese Weise für die Förderung des musikalischen Nachwuchses. Eine Reihe weiterer Projekte sind im Laufe der Jahre entstanden. Zu erwähnen sind hier der Nordland Kammermusikkurs und die internationalen Kurse SommerJazz und Deutsch-Dänische Blechbläserakademie.

Im Laufe der Jahre hat sich der Landesmusikrat zu einem kompetenten Partner für die Mitglieder, sowie für Landes- und Kommunalpolitik entwickelt. Er vertritt die schleswig-holsteinische Musikszene national im Deutschen Musikrat und in der Konferenz der Landesmusikräte. Auf internationaler Ebene pflegt er intensive Kontakte nach Dänemark und in andere Partnerregionen.

In letzter Zeit haben diverse wissenschaftliche Untersuchungen ergeben, wie wichtig musikalische Bildung gerade für die Entwicklung junger Menschen ist. Leider gibt es in diesem Bereich auch bei uns im Lande große Defizite. Vor diesem Hintergrund hat der Landesmusikrat aktuell zwei neue Projekte entwickelt.

Ausgehend von der Erkenntnis, dass in Kindertagesstätten Singen als Kommunikationsform nicht mehr gelebt wird, hat der Landesmusikrat ein Projekt mit dem Arbeitstitel „Singen mit Kindern" ins Leben gerufen. Ziel ist es, Kindern wieder einen frühen, natürlichen und unbeschwerten Zugang zu Ihrer Stimme zu geben. Die Erzieherinnen und Erzieher müssen dabei zunehmend die Rolle derjenigen einnehmen, die mit den Kindern das Singen entdecken. Um sie hierfür zu qualifizieren, soll ein Fortbildungssystem aufgebaut werden. Der Landesmusikrat engagiert sich bei der Ausbildung von geeigneten Multiplikatoren und bemüht sich um die Einbindung der Fachschulen für Erzieherinnen und Erzieher.

Das zweite Projekt, „Instrument des Jahres", vernetzt die musikalischen Institutionen Schleswig-Holsteins: Konzertveranstalter, Musikhochschule, Musikvereine, Aus- und Fortbildungsinstitutionen, Schulen und Musikschulen. Ziel des Projektes ist es, die Aufmerksamkeit auf die umfassenden musikalischen Aktivitäten in Schleswig-Holstein zu erhöhen. Wichtige Schwerpunkte sind die Nachwuchsförderung junger Musiker und das Heranführen Jugendlicher an vielfältige musikalische Genres. Für ein Kalenderjahr wird ein Instrument als Schwerpunktthema der Reihe gewählt, das sich dann als roter Faden durch die ganze Bandbreite des musikalischen Lebens in Schleswig-Holstein zieht.

Für seine zukünftige Arbeit gelten für den Landesmusikrat folgende Maxime:

- Unterstützung der Mitgliedsverbände in ihren Aktivitäten zur musikalischen Bildung, insbesondere der Musikschulen und der Schulmusik
- Vernetzung der Musiker aller Genres,
- Förderung der Zusammenarbeit von Profis und Laien
- Pflege der musikalischen Traditionen in Land und Kommunen
- Bewusstseinsbildung für die Belange der Musik bei den Entscheidungsträgern der Gesellschaft.

www.landesmusikrat-sh.de

Nathalie Heinrich

Leiterin des Landeskulturzentrum, Salzau

Salzau – Leidenschaft für Kultur!

Das Landeskulturzentrum Salzau

Am 17. Februar 1986 erwarb das Land Schleswig-Holstein die Gutsanlage Salzau mit dem vornehmen Herrenhaus und umliegenden Gebäuden inklusive der heutigen Konzertscheune sowie dem dazugehörigen Park. Die Pläne der Landesregierung waren klar: Aus Salzau sollte ein Landeskulturzentrum werden! Schnell wurde das Anwesen umgebaut und renoviert. Nach und nach füllten sich die Gebäude mit kulturellem Leben, wurden zu einem lebendigen Ort des künstlerischen Austausches. Inzwischen ist

das Landeskulturzentrum Salzau aus der kulturellen Landschaft Schleswig-Holsteins nicht mehr wegzudenken. Musik, Tanz, Bildende Kunst, Theater und Literatur treffen hier aufeinander. Dabei sind alle Akteure und Besucher auf Salzau immer wieder durch eines verbunden: Ihre Leidenschaft für Kultur.

Der Ausbau des Torhauses im Jahr 2005 führte schließlich zu einer weiteren Belebung der Gutsanlage. Im ersten Stock des Westflügels entstanden14 Gästezimmern mit 28 Betten. Das Erdgeschoss beherbergt heute das Café/Restaurant „Torhaus Salzau" sowie die „Galerie Torhaus Salzau".

Das Tanz-Intermezzo

Während des ersten Bauabschnitts ab dem Jahr 1986 wurde ein Teil des Herrenhauses als „Schleswig-Holsteinisches Ballettinternat" genutzt, welches bis dato in den Räumlichkeiten des ehemaligen Amtsgerichts Kellinghusen untergebracht war. Die Lehr- und Probentätigkeit auf Salzau begann mit 23 Schülerinnen und Schülern. Im zweiten Jahr waren es bereits 30 Eleven zwischen sechs und 19 Jahren. Zu dieser Zeit prägten erste Gala-Abende mit international bekannten Ballett-Künstlern das Programm auf Salzau. Allein im Jahr 1987 kamen 15.000 Besucher zu diesen Veranstaltungen. 1989 jedoch wurde das Internat geschlossen.

Einzug mit Musik: Orchesterakademie des SHMF

1987 war auch in anderer Hinsicht ein besonderes Jahr für Salzau. Unter der künstlerischen Schirmherrschaft des amerikanischen Komponisten und Dirigenten Leonard

Bernstein fand erstmals die internationale Orchesterakademie des Schleswig-Holstein Musik Festivals (SHMF) im noch jungen Landeskulturzentrum statt. Bernsteins Philosophie war so klar wie überzeugend: Für ihn war Musik ein wichtiger Zugang zum Leben, der für alle Menschen geöffnet sein muss. Die Nachwuchsarbeit war ihm dabei besonders wichtig. Seit dieser Premiere versammelt die Orchesterakademie jedes Jahr neun Wochen lang rund 120 bis 130 junge Musiker aus aller Welt auf Salzau und bestimmt so das kulturelle Leben des Landeskulturzentrums.

Das Schleswig-Holstein Musik Festival selbst wurde 1986 gegründet. Initiator war der Pianist und Dirigent Justus Frantz. Er hatte die Idee, in Schlössern und Herrenhäusern, Scheunen und Ställen sowie den schönsten Kirchen Schleswig-Holsteins Konzerte auszurichten. Frantz schwebte ein Festival vor, das mit klassischer Musik eine breite Öffentlichkeit erreicht. Gemeinsam mit seinem Freund Leonard Bernstein gelang es ihm vom ersten Jahr an, viele international bekannte Musiker und Dirigenten nach Schleswig-Holstein zu holen.

Bernstein in Neumünster, Solti in Norderstedt, Celibidache in Salzau – derartige Meldungen wären zuvor schwer vorstellbar gewesen. „Ich bin immer wieder beeindruckt davon, dass sich beim Schleswig-Holstein Musik Festival auch die kleinsten Dörfer dieser Region fühlen, als hätten sie eine eigene Carnegie Hall. Die Menschen hier sind stolz, Teil dieses außergewöhnlichen Ereignisses zu sein", sagte der russische Dirigent Valery Gergiev, als er 2004 mit dem Festivalorchester Mendelssohn Bartholdys Schauspielmusik zu Shakespeares „Ein Sommernachtstraum" auf Salzau probte.

Salzau swingt: JazzBaltica

Seit 1991 wird auf Salzau jeden Sommer gejazzt. In der Konzertscheune finden jeweils Ende Juni/Anfang Juli Konzerte der JazzBaltica statt und locken eine große Fangemeinde an. Vom damaligen Chairman der Ostsee-Initiative Ars Baltica und Musikpublizisten Rainer Haarmann gegründet, gilt das Festival mit seinen wechselnden thematischen Schwerpunkten bei Kennern mittlerweile als „Kleinod unter den Jazzfestivals" (Magazin „Jazz thing"). Seit 2002 ist die JazzBaltica Teil des SHMF. Mitreißende Konzerte und Musiker hautnah zu sehen und zu hören, ist eines der Erfolgsrezepte des Festivals auf Salzau. Mit den Worten der Gitarristen-Legende Pat Metheny: „JazzBaltica zählt vielleicht nicht zu den größten Festivals der Welt, aber es ist sicherlich eines der besten. Das Format des Festivals schafft eine größere Nähe, nicht nur zu den Zuhörern, sondern auch unter den Musikern selbst."

Kulturerlebnis Salzau: Das neue Landeskulturzentrum

Kultur zu erleben – das kann in Schleswig-Holstein heute als Synonym für Salzau gelten. Viele Beispiele sprechen dafür. Weitere werden in Zukunft hinzukommen.

Was 1987 mit der Gründung des Landeskulturzentrums begann, wird seit Februar 2005 mit einem neuen programmatischen Format gefüllt. Das Land Schleswig-Holstein und die Kulturstiftung des Landes gründeten die gemeinnützige Landeskulturzentrum Salzau Betriebsgesellschaft. Sie ist einerseits für die Prosperität der gesamten Gutsanlage und andererseits für die Ausweitung des kulturellen Angebots zuständig.

Ab 2010 wird darüber hinaus das Thema Ars Baltica wieder verstärkt Impulse auf Salzau setzen: Das Ars Baltica Sekretariat – Keimzelle und Schaltzentrale länderübergreifender Kulturkooperationen im gesamten Ostseeraum – ist für die kommenden Jahre auf Salzau beheimatet und wird wieder internationale Künstler verstärkt nach Salzau bringen. Die Initiative Ars Baltica hatte sich bereits in den 90er Jahren als inspirierende Kulturwerkstatt mit überregionaler Bedeutung erwiesen. Schon damals waren in Salzau Künstler aus den baltischen Ländern, Polen, Russland, Finnland und Skandinavien zu Gast.

Kulturzentrum als Kunstbühne

Malerei, Grafik und Fotografie von Künstlern sowohl aus Schleswig-Holstein als auch aus ganz Deutschland haben seit 2005 Einzug ins Herrenhaus gehalten. In den herrschaftlichen Räumlichkeiten im Erdgeschoss können großformatige Kunstwerke eine besondere expressive Kraft entfalten. Im September 2009 startete die Reihe „neun" mit Ausstellungen von Künstlerinnen und Künstlern, die in den 90er Jahren gemeinsam an der Muthesius Kunsthochschule in Kiel studiert und dort die Basis ihrer künstlerischen Arbeit gelegt haben. Mit zwei Einzelausstellungen pro Jahr kehren die Künstler nach Schleswig-Holstein zurück und präsentieren sich mit zum Teil speziell für das Herrenhaus entwickelten Kunstwerken.

Mit dem Ausbau des Torhauses im Jahr 2005 konnten die Aktivitäten in den Druck-werkstätten im Mittelteil des Gebäudekomplexes ausgeweitet werden. Sie stellen mit der in Schleswig-Holstein einmaligen Radierpresse einen großen Anziehungspunkt für Künstler dar – und das nicht nur im Rahmen von Künstler-Stipendien oder Work-shops. Jedes Jahr werden maximal sechs Künstler von einer Jury ausgewählt, die sich für circa sechs bis acht Wochen in den Druckwerkstätten konzentriert ihrer kreativen Arbeit widmen können. Neben der Arbeit selbst kann das interessierte Publikum in der „Galerie Torhaus Salzau" Einblicke ins Oeuvre der Künstler erhalten. „Offene Werk-stätten", bei denen man den Künstlern über die Schulter schauen kann, runden das Angebot ab.

Bühne für die Kunst ist aber auch die Gartenanlage von Salzau. Für die zunächst zeit-lich nicht begrenzte Ausstellung „Fuhrpark" werden die im Park abgestellten Bauwa-gen, die zuletzt als Probenräume dienten, als Ausstellungsräume genutzt. Acht Künstler haben eigens für dieses Projekt Bilder und Zeichnungen, skulpturale Objekte und Ins-tallationen entworfen. Zusammen betrachtet, reflektieren sie die künstlerische Vielfalt, die auf Salzau gefordert und gefördert wird.

Literatur und mehr

Neben der Musik und der Bildenden Kunst als Programmschwerpunkte ist seit 2005 auch die Literatur in Salzau zuhause. So ist das Landeskulturzentrum inzwischen fester Schauplatz des jährlich stattfindenden Festivals des Debütromans, das bereits seit 2003 vom Literaturhaus Schleswig-Holstein organisiert wird. Jedes Jahr nehmen Autoren aus zehn europäischen Ländern gemeinsam mit ihrem Lektoren an der Veranstaltung teil. Das Festival ist Fachtagung und Lesefest zugleich – und ein schönes Beispiel für den kooperativen Ansatz Salzaus.

Jedes Jahr im Sommer sind weiterhin Autoren anlässlich des Literatursommers zu Gast im Landeskulturzentrum, und der Salzauer Literatursalon bietet mit szenischen Lesun-gen mehrmals im Jahr einen Überblick über wechselnde Schwerpunktthemen der Li-teratur. In Kooperation mit den Kieler Nachrichten wird auf Salzau einmal im Jahr ein ganz besonderer Kulturschmaus geboten: das KlassikDinner. In der noblen Atmosphäre des Herrenhauses besteht der Abend aus einem 3-Gänge-Menü mit korrespondieren-den Weinen und dem Konzert eines Kammermusik-Ensembles. Ein Hochgenuss für die Sinne! Musik und kulinarischer Genuss verbinden sich ebenfalls in der Reihe „junge ta-lente – Brunch und Musik auf Salzau", in der sich Preisträger des Wettbewerbes „Jugend Musiziert" und „Jugend jazzt" auf hohem Niveau präsentieren.

Kultur für die Kleinen

Für die kleinen Kulturbegeisterten hält die Reihe „Klaus Kunterbunt" ein vielfältiges Pro-gramm bereit: Kindertheater, Mitmach-Aktivitäten wie Outdoortage, Kochkurse und

Malaktionen zaubern zufriedene Mienen in Kindergesichter. Ein Vergnügen für Groß und Klein sind die Kindermusikfeste auf Salzau, die seit 2003 im Rahmen des SHMF stattfinden. Während dieser Familientage wird Musik in Theorie und Praxis, zum Mitmachen und Zuhören angeboten. Für die Sieben- bis 13-Jährigen, die auf dem Weg zum Teenager mitten im Auf- und Umbruch sind, hält das „Theater für Youngsters" viel Musik, coolen Rap und tolle Bühnenbilder bereit und lockt „Youngsters" in eine neue Dimension der Fantasie – fernab von Gameboy und Computerspielen.

Tagen und Heiraten auf Salzau

Kultur ist und bleibt der Mittelpunkt des Landeskulturzentrums Schleswig-Holstein. Doch wer heute Kultur ermöglichen und präsentieren will, ist auf Förderung angewiesen – auch in finanzieller Hinsicht. Zur Ergänzung des eigenen Haushalts bietet sich Salzau als nahezu idealer Ort für Tagungen, Workshops und Kongresse oder auch Betriebsveranstaltungen an. Die Entfernung zur Landeshauptstadt beträgt lediglich 25 Kilometer, und auch für größere Gruppen ist das Übernachten auf Salzau kein Problem: 180 Betten gibt es auf dem Anwesen!

Für die Veranstaltungen stehen allein im Herrenhaus und im Probensaal insgesamt zehn Räume zwischen 30 und 220 Quadratmetern zur Verfügung. Dazu gehören u.a. der Gelbe, Grüne und Rote Salon, das Kaminzimmer mit Clubmöbeln und die exklusive Bibliothek. Bei schönem Wetter kann die Terrasse ebenso mitgenutzt werden wie die großzügige Gartenanlage mit dem See – ein gleichermaßen idyllisches wie herrschaftliches Ambiente.

In Salzau sind also beste Voraussetzungen dafür geschaffen, dass sich die Tagungsteilnehmer, Firmenjubiläums-Gäste oder Partygänger wohl fühlen. Und wenn es stimmt, dass die Hochzeit der schönste Tag im Leben ist: Warum sollte sie dann nicht in der prachtvollen Atmosphäre eines Herrenhauses gefeiert werden?

Mehr Literatur und Theater, mehr Tanz, Kunst und Musik, mehr Kinowochen und Kamingespräche mit Teilnehmern aus Politik und Wirtschaft, mehr Tagungen und Kongresse: Das Programm des Landeskulturzentrums setzt in der Zukunft auf eine noch größere Vielfalt. Den künstlerischen Schaffensprozess und die Kreativität zu fördern, ist eines der Ziele. Ein weiteres: ein möglichst großes, kulturell interessiertes Publikum zu erreichen. Nicht zuletzt hat das ambitionierte Programm des Landeskulturzentrums noch ein zentrales Anliegen: Künstler und ihre Zuschauer sollen in einen kreativen Dialog treten und die ihnen gemeinsame Begeisterung für Kultur im gegenseitigen Austausch erleben. Auf dass das Landeskulturzentrum auch in Zukunft seinem Leitsatz gerecht werden kann: Salzau – Leidenschaft für Kultur!

www.Kulturzentrum-Salzau.de

Dr. Martin Henatsch

Künstlerischer Leiter, Gerisch-Stiftung, Neumünster

Kunst hinter'm Knick
Visionen des Gerisch-Skulpturenparks – Plädoyer
für ein zeitgenössisches Verständnis von Kunst und
Natur in Schleswig-Holstein

Im Windschatten der Wallhecke

„Dazu hat er (Harald Duwe) viel beigetragen, dass Kunst und Künstler in der Region lebendig und diskussionsbereit blieben und nicht „hinter den norddeutschen Knicks" in einem Schonraum, landesweit gepäppelt, zu anspruchsloser Zufriedenheit verkommen sind..."[1]

Auch nahezu zwei Jahrzehnte später scheint das Diktum noch zu gelten, mit dem der ehemalige Kieler Kunsthallendirektor Jens Christian Jensen scharfzüngig den landestypischen Blick auf

Eingang zum Gerisch-Park

die Kultur, besonders die bildende Kunst in Schleswig-Holstein analysierte: „Kunst hinter'm Knick". Steht die Kunst hierzulande nicht nach wie vor im symbolischen Windschatten jener Wallhecke, die doch andererseits das prägende und ökologisch überaus wertvolle Element der hiesigen Kulturlandschaft ausmacht? Mit prophetischer Kraft stemmte Jensen sich – wie auch alle seine Nachfolger in der Kunsthalle zu Kiel – mit einem Programm internationaler künstlerischer Zeitgenossenschaft gegen falsch verstandenen Regionalismus und ein damit einhergehendes rückwärtsgewandtes Kulturverständnis, als dessen vornehmlicher Referenzpunkt nach wie vor eine zum Idyll stilisierte Naturlandschaft herhalten muss.

Die in gewisser Weise für das kulturelle Leitbild des Landes Schleswig-Holstein schicksalhafte Verknüpfung von Kunst an die auch in der touristischen Bewerbung weitgehend vorherrschende Natur ermöglicht anscheinend bis heute den naturverwöhnten Blick auf „Kultur in Schleswig-Holstein" nur „ganz nebenbei", nämlich als eingängiges Angebot – so formuliert es die Webseite der Schleswig-Holsteinischen Tourismusagentur –„sich in vergangene Zeiten zurückzuversetzen"[2]. Die in der touristischen Bewerbung dieses Landes zum Ausdruck kommende Ausklammerung des Zeitgenössischen sowie die einseitige Fokussierung auf die Reize der Landschaft soll den Ausgangspunkt meiner Überlegungen für einen zukunftsorientierten Umgang mit der Kunst in diesem Bundesland und insbesondere in der 2007 eröffneten Gerisch-Stiftung in Neumünster bilden.

Natur als Landschaftsbild

Was bedeutet heute Natur? Wie haben sich in den letzten Jahrzehnten unsere Landschaftsbilder verändert, nicht zuletzt unter dem Einfluss von Umweltverschmutzung und Klimawandel einerseits und einer zunehmenden Überformung unseres Welt- und damit auch Landschaftsbildes durch Medialisierung und Virtualisierung? Dies sind einige der wichtigsten zentralen programmatischen Fragen der inhaltlich künstlerischen Arbeit der Gerisch-Stiftung.

Die große, das Stiftungswerk bestimmende Vision des Stifters Herbert Gerisch besteht in der Realisierung eines über den jetzigen Bestand des museal eingezäunten drei Hektar großen Skulpturenparks hinausgehenden, öffentlich zugängigen Landschaftsparks. Immer entlang des Flüsschens Schwale soll der Besucher die Möglichkeit erhalten, sich die charakteristischen Entwicklungszonen dieser mit 80.000 Einwohnern mittelgroßen norddeutschen Stadt zu erschließen und im Spiegel zahlreicher ortsspezifischer künstlerischer Arbeiten reflektiert zu sehen: eine einmalige Möglichkeit der Zusammensicht urbaner Strukturen und naturnaher Flächen, von Kunst und Landschaft im Spannungsfeld städtischer Öffentlichkeit. Im Mittelpunkt dieses öffentlichen Landschaftsparks würde auch zukünftig der bisherige Gerisch-Skulpturenpark stehen, der weiterhin museales Kernstück, Informationszentrum und Ausgangspunkt für den erweiterten Park bleibt.

Doch was macht eigentlich einen zeitgenössischen Skulpturenpark aus? Wie sieht Kunst heute die sie umgebende Landschaft, die nur scheinbar von menschlicher Kultur unabhängige „Natur"? Das landläufig vorherrschende Bild eines Skulpturenparks ist geprägt vom romantisierenden Dualismus aus Künstlichem und Natürlichem, Skulptur und Natur. So sieht das Handbuch "Skulpturen-Parks in Europa. Ein Kunst- und Landschaftsführer"[3] die Tradition der Skulpturenparks in dem ihm eigenen „regen Dialog zwischen dem Künstlichen und dem Natürlichen, zwischen dem Schöpfer und der Phantasie; in einer ständigen Suche nach dem Zusammenhang zwischen Landschaft und künstlerischer Kreation"[4]; In dieser historischen Auffassung von Landschaft wird Natur als autonome unabhängig von menschlicher Wahrnehmung existierende Folie gesehen – und somit zum autonomen Gegenpart künstlerischer Gestaltung erklärt. Bedarf diese weitgehend aus den 50er Jahren stammende Vorstellung eines Skulpturenparks nicht dringend einer Aktualisierung?

Es war sicherlich eine der folgenschwersten Neuerungen der Präsentation von Kunst in den 1950er Jahren, das plastische Werk frei von funktionellen oder repräsentativen Ansprüchen in die Landschaft zu setzen. Die moderne Bildhauerei war – wie Werner Haftmann 1953 als Organisator der Hamburger Ausstellung „Plastik im Freien" feststellte – von einer „latenten Auseinandersetzung mit dem großen Raum der Natur" geprägt.[5] Die berühmt gewordene Inszenierung von Kunst unter freiem Himmel auf der documenta 2 im Jahr 1959 in Kassel war dafür beispielgebend. Nur in der Natur sei die Versöhnung einer musealisierten und entsprechend elitär vermittelten Kunst mit der Gesellschaft möglich. Kunst stand hier für das dialogische Prinzip im Zusammenklang mit seinem Umfeld, an der Nahtstelle zwischen Architektur und Natur, zwischen menschlicher Tragödie und natürlicher Harmonie. Unveränderlichkeit und Ursprünglichkeit suggerierende Park-Natur gab den idyllischen Rahmen für eine wohlige Selbstvergewisserung des durch die Katastrophen des 20. Jahrhunderts gebeutelten Betrachters.[6] In dem fiktiven Gegensatz von Natur und Kultur gründet sich das für das bisher typische Bild des Skulpturenparks charakteristische Moment der Idylle. Über ein halbes Jahrhundert hat dieses Erfolgsmodell der Kunstpräsentation die Konzeption von Skulpturenparks als harmonisierendes Gegenbild zum alltäglichen Raum der Stadt bestimmt.

Diese bis heute gepflegte Illusion einer mit Ursprünglichkeit gleichgesetzten Naturvorstellung kann jedoch zu Beginn des 21. Jahrhunderts nicht mehr gleichermaßen Grundlage für das Verständnis zeitgenössischer Skulpturenparks sein. „Landschaften sind Kultur, bevor sie Natur sind, Konstrukte der Fantasie, die auf Wald und Wasser und Fels projiziert werden"[7], führt der Historiker Simon Schama in seiner Kulturgeschichte der Wildnis aus. Ist „Natur" somit nicht auch als kulturell abhängiges Konstrukt zu verstehen? Als Ergebnis eines selektiven und interessengeleiteten Blicks des Menschen auf bestimmte Aspekte seiner Umgebung, die er mit seiner Sicht zur „Landschaft" erklärt – zu einem Landschaftsbild? Landschaft lässt sich „nicht allein als natürlicher Raum, als Merkmal einer (vorgeblich; d. Verf.) natürlichen Umwelt verstehen. Sie ist stets künstlich, stets synthetisch. (...).“[8] Sie ist somit „räumlicher Ausdruck einer gegebenen sozialen Ordnung"[9].

In einem Landschaftspark präsentierte Kunst sollte demnach nicht als Gegenpol zu einer unabhängigen, quasi autonomen, Natur gelesen werden, sondern als Spiegel unseres kulturell geprägten Blicks auf Natur, als gesellschaftlich abhängiges und historisch veränderbares Bild unserer Vorstellungen von Natur. Die Gerisch-Stiftung wird sich diesen grundsätzlichen Fragen stellen und sie sowohl in ihren Ausstellungen als auch in ihren Überlegungen für einen sich durch Neumünster ziehenden öffentlichen Skulpturenpark künstlerisch thematisieren. Hierbei mag das Konzept des amerikanischen Künstlers Mark Dion, dessen programmatische Einzelausstellung „Über die Jagd / Concerning Hunting" sich im Sommer 2009 über das gesamte Stiftungsgelände erstreckte, zur inhaltlichen Orientierung im Umgang mit der Fiktion einer als für sich stehend und kulturell unabhängig angenommenen Natur dienen: „Mein Interesse, meine Leidenschaft war und ist die Kultur der Natur. (...) Meine Arbeit handelt nicht von der Natur, sondern von den Ideen, die über die Natur existieren.“[10]

Park als utopischer Ort?

„Jeder Park", so sagt Dominique Gonzalez Foerster in einem Kommentar zu ihrer Arbeit „Park – A Plan for Escape" auf der documenta 11, „sei es der Rosengarten in Chandigarh, der Pariser Park in Rio de Janeiro, der Parc de la Villette in Paris, der chinesische Garten in Zürich, der japanische Garten in São Paulo, spielt mit dieser Möglichkeit der

Flucht – der Stadt durch eine organische Umwelt, aber auch durch andere kulturelle Bezüge zu entfliehen."[11] Abseits des Hauptgeschehens der documenta hatte die französische Künstlerin 2002 in den Kasseler Auewiesen mit heterogenen Versatzstücken aus Parks in aller Welt ein außergewöhnliches skulpturales Ensemble realisiert. Mit ihm beschreibt sie zugleich eine mögliche konzeptuelle Grundlage heutiger Skulpturenparks. Ihr geht es dabei um das zeitgenössische Benennen der Sehnsucht nach Entkommen und Flucht, nach der Formulierung einer Gegenwelt – jedoch nicht in jener naiven Sentimentalität, mit der für Deutschland typische Kurparkensemble zur Fluchtburg des Alltagstrubels erklärt werden, sondern als reflektierende Kehrseite des All-

tags. Ein Skulpturenpark in diesem Sinne beschreibt nicht eine dem Gesellschaftlichen enthobene Gegenwelt, sondern bleibt mit ihr immanent verbunden. Hier wird Öffentlichkeit nicht negiert, sondern neu formuliert. Hier ist Natur nicht eindimensionale Projektionsfläche paradiesischer Wunsch- oder Werbeträume, sondern wird im Zusammenspiel mit der ausgestellten Kunst zum brisanten Spiegel gesellschaftlicher Entwicklungen. Entsprechend kontert Gonzalez-Foerster die

Im Gerisch-Park

Spezifität des Ortes mit der Hybridität und Brüchigkeit eines globalen Puzzles, die konkrete Parkrealität mit der Imagination utopischer Bildhaftigkeit. Auch dieser „inneren Bildhaftigkeit" sollte ein künftiger Gerisch-Landschaftspark gewidmet sein; Einer Bildhaftigkeit, die zwar den Ortsbesonderheiten heutiger urbaner Landschaften verpflichtet ist, zugleich aber ihre Brüchigkeit und Austauschbarkeit als Bild global kursierender Konzepte von Öffentlichkeit anerkennt.

Vom Makel zum Aushängeschild

Warum eigentlich könnte der ehemals als spöttische Geißel dienende Ausruf „Kunst hinter'm Knick" nicht auch zum Kampfruf für ein neues kulturelles Selbstverständnis Schleswig-Holsteins umdefiniert werden? Ohne kulturelle Reflexion, ohne identifikationsstiftende Definition des Standortes gerade in der Sprache zeitgenössischer Kultur wird auch der anstehende Wettbewerb um Wirtschaftstandorte, Fachkräfte, Zukunftstechnologien nicht erfolgreich sein. Ohne die ‚weiche Macht' künstlerischer Identitätsbildung wird eine Region im internationalen, ja selbst im nationalen Vergleich künftig nicht bestehen können. Wo stünde etwa das Ruhrgebiet heute, hätte man dort nicht Ende der 80er Jahre begonnen, mit der Kraft kultureller Neubestimmung und Reflexion des Vorhandenen einen beispiellosen Strukturwandel anzustoßen? Bergehalden, Fördertürme, Gasometer, Hochöfen oder Wassertürme – noch vor wenigen Jahrzehnten Symbole für den Niedergang einer ehemaligen Industrieregion – bilden nun als Landmarken weithin sichtbare Orientierungspunkte und künden als künstlerisch gestaltete Identifikationspunkte selbstbewusst von ihrer Geschichte. War es nicht die Kunst, die den Vorreiter eines neuen Stolzes auf eine verloren geglaubte Region bildete, die nun 2010 zur Kulturhauptstadt erklärt wird – und zwar gerade auf Grundlage dieser mutigen kulturellen Befragung eigener Identität? Heute sind die nordrhein-westfälischen Industriebauten des späten 19. und beginnenden 20. Jahrhunderts nicht mehr Makel, sondern international beachtetes Aushängeschild eines Landes, das wie kein zweites Bundesland Kunst fördert, präsentiert und zur Grundlage des eigenen Selbstverständnisses erklärt. Dies allerdings setzt den Mut und die Souveränität voraus, sich durch die Kunst nicht nur kritisch in Frage stellen zu lassen, sondern dafür auch entsprechende Mittel bereitzustellen. Gerade in diesem Bereich besteht für das Land Schleswig-Holstein, das im deutschlandweiten Vergleich bezogen auf die Pro-Kopfausgaben für Kultur in nahezu allen Disziplinen zur unrühmlichen Gruppe der Schlusslichter gehört,[12] noch erheblicher Nachholbedarf: damit aus dem Makel „Kunst hinter'm Knick" einst ein Aushängeschild für die Kulturlandschaft Schleswig-Holstein werden könnte! Ein neues kulturelles Selbstverständnis und damit einhergehend eine entschiedene Förderung Schleswig-Holsteins auch als internationaler Standort zeitgenössischer Kunst wäre hierfür ein unabdingbarer Beitrag.

www.Herbert-Gerisch-Stiftung.de

Prof. Dr. Manfred Reuther
Leiter der Nolde Stiftung Seebüll

Emil Nolde und Seebüll

Das Museum des Malers und seine Stiftung

Fernab der großen Städte liegt nahe der Nordsee und an der Grenze zu Dänemark in der weiten, flachen Marsch auf einer hohen Warft Seebüll, das Wohn- und Atelierhaus Emil Noldes, das sich der Maler nach eigenen Entwürfen in zehnjähriger Bauzeit hat errichten lassen. Gleichsam zu seinem 70. Geburtstag wurde im Sommer 1937 über dem Atelier als „die Erfüllung eines Lebenswunsches" der Bildersaal aufgestockt, in dem der Maler dicht gedrängt in zwei Reihen – wie noch heute – sich selbst und Freunden seine Gemälde zeigen konnte. Mit dem Bauabschluss erhielt er aus München die bittere Nachricht von der Ausstellung der „Entarteten Kunst", in der er von allen Künstlern am stärksten vertreten war. Der Wunsch, für sein Werk eine bleibende Heimstatt zu finden, bewegte Noldes Phantasie schon in frühen Jahren; mit dem Bau des Hauses Seebüll konnten alte Träume verwirklicht werden. Das Konzept der Stiftung erhielt 1934 eine erste Fassung, in der bereits Aufgaben und Organisation in einem pragmatisch großzügigen Rahmen umrissen sind. Die endgültige Niederschrift der Urkunde erfolgte 1946 im Testament des Künstlerpaars Ada und Emil Nolde. Nach dem Tod des Malers wurde das eigenwillige, burgartige Gebäude mit dem reichen künstlerischen Nachlass entsprechend seiner Verfügung als Museum der Allgemeinheit geöffnet, „für die Menschen unserer eigenen Heimat einerseits, und andererseits – bildlich gesprochen – für suchende geistige Wanderer aus allen Landen", wie es einleitend in der Stiftungsurkunde heißt. „Dankbar der Heimat, die uns eine sonnige Kindheit erleben ließ, und dankbar den Landen, die uns in schweren Zeiten Schutz und Förderung gaben, Dänemark und Deutschland, errichten wir eine selbständige, freie Stiftung", um die „Liebe der Allgemeinheit zur Kunst" zu fördern und „zum allgemeinen Nutzen", auch als „Brücke der Verständigung zwischen Skandinavien und Deutschland". Die jährlich wechselnden Ausstellungen mit weit über 150 Gemälden, darunter das neunteilige Werk „Das Leben Christi" von 1911/1912 als meist festem Bestand, Aquarellen, „Ungemalten Bildern" aus der Zeit des Malverbots während der Nazi-Herrschaft, Zeichnungen, graphischen und kunsthandwerklichen Arbeiten geben jeweils einen Überblick über das künstlerische Schaffen dieses führenden Expressionisten; Kabinettausstellungen widmen sich einzelnen Werkgruppen und Themenbereichen. Für die Einrichtung als Museum wurde die innere Organisation des Hauses nur geringfügig verändert, ein Gang durch die Ausstellung gleicht daher mehr einem privaten Atelierbesuch. Ende 1919 schrieb der Dresdner Galerist Rudolf Probst überraschend ahnungsvoll dem Maler: „Ich könnte mir nichts Schöneres für das moderne Zeitbewußtsein denken als ein Museum, in dem ausschließlich und vollständig nur Ihr Werk vereinigt wäre. Dann könnte ich mir auch moderne Wallfahrer denken. Was für eine Kraftquelle müsste von solchem Ort ausgehen!" Annähernd 80.000 Besucher kommen von März bis November jeden Jahres nach Seebüll, darunter etwa 30 Prozent aus dem benachbarten Dänemark. Der außergewöhnliche Reichtum der Sammlung, die Nolde hinterlassen hat, der durchgehend hohe künstlerische Rang sowie die außergewöhnliche Vielfalt seines Werks ermöglichen immer wieder – selbst für Kenner – neue, oft überraschende Einsichten.

Das geschlossene Areal der Nolde Stiftung umfasst mehr als 100 Hektar mit den ehemaligen Hofgebäuden Seebüllhof, Hülltoft und Seehof. Es ist auf drei Seiten von Wasserflächen umgrenzt, der Schmale und dem Hülltofter Tief, und in Teilen durch Wander- und Radwege erschlossen. Die Landschaft um Seebüll und die Eigenart des Ortes, das reizvolle Ambiente von Architektur und dem prächtigen Blumengarten, der ebenso von Nolde entworfen und eingerichtet wurde, bleiben nicht bloße Zutat zu seiner Malerei; vielmehr bilden sie in diesem Gesamtgefüge von Natur und Kunst eine harmonische, sensible und zugleich spannungsvolle Einheit. Die Außenwelt wird zur Innenwelt, sie erläutert das künstlerische Werk und umgekehrt.

Auf dieser Grundlage gilt es, den ausgeprägten Charakter von Seebüll lebendig zu halten und zugleich den zunehmenden Erfordernissen mit Bedacht gerecht zu werden. Seitdem Noldes Haus 1957 als Museum geöffnet wurde, kamen bis auf den heutigen Tag mehr als 3,6 Millionen gezählte Besucher. Um den anfallenden Aufgaben entsprechen zu können, wurde Seebüll in den letzten Jahren grundlegend, doch behutsam fortentwickelt und das Angebot für die Besucher erweitert. Außerhalb der Gartenanlage, die zur eigenständigen

Pflege und Erhaltung alter Pflanzenbestände ein Botanicum erhalten hat, wurden zwei neue Bauwerke errichtet, die sich organisch in das Gesamtensemble einfügen und dem Nolde-Haus weiterhin den gebührenden Vorrang einräumen: Das Forum als transparentes, offenes Eingangsgebäude, das das Erlebnis der weiten Landschaft und des hohen Himmels einbezieht, und als Ort der Kommunikation mit öffentlichen Räumen für Vorträge und Konzerte, mit einer biographischen Ausstellung, mit Malschule, Museumsshop und einem hochrangigen Restaurant, das vom Thedor-Schäfer-Berufsbildungswerk Husum betrieben wird und junge Menschen mit Handicap in Küche und Service ausbildet. Darüber hinaus das Kontor als geschlossener Baukörper für die interne Stiftungsarbeit, als Verwaltungssitz und modern ausgestattetes Schatzhaus für die umfangreiche Kunstsammlung. Seebüll ist zugleich der Ort der Forschung über das Leben und Werk Emil Noldes sowie über den deutschen Expressionismus mit einer Spezialbibliothek, einem wissenschaftlichen Archiv, in dem der Nachlass des Malers, persönliche Gegenstände, seine Aufzeichnungen und Manuskripte, zahlreiche Dokumente und viele tausend Briefe aufbewahrt werden. Darüber hinaus verwaltet die Stiftung das Urheberrecht an allen Werken des Malers. Von Seebüll aus werden Jahr für Jahr Nolde-Ausstellungen im In- und Ausland organisiert oder maßgeblich unterstützt, wie etwa 2008 im Grand Palais in Paris mit fast 250.000 Besuchern, oder Leihgaben für Ausstellungsvorhaben in allen Teilen der Welt zur Verfügung gestellt. Die Winter verbrachte der Maler zumeist in Berlin und besaß dort über Jahrzehnte eine eigene Atelierwohnung, in der viele Werke, auch mit Themen aus dem Leben der Metropole entstanden sind. Im Herbst 2007 hat die Nolde Stiftung am Berliner Gendarmenmarkt in zentraler Lage als kulturelle Bereicherung der Stadt eine Dependance eröffnet, in der in halbjährlichem Wechsel besondere Ausstellungen gezeigt werden.

www.nolde-stiftung.de

Dr. Ulrike Boskamp

Kunsthistorikerin, Berlin und Hohenlockstedt

Die Arthur Boskamp-Stiftung im M.1, Hohenlockstedt – Ort für Erinnern, Bewahren, vor allem aber: Entwickeln

Erinnern

Mit ihrem Namen erinnert die Stiftung an Arthur Boskamp (1919-2000), den es 1945 als Flüchtling aus Danzig nach Hohenlockstedt verschlagen hatte. Als junger Mann

Das Team der Arthur Boskamp-Stiftung, 2007, Fotografie von Martin Kunze für die Eröffnungs-
ausstellung „Schöne Grüße aus Hohenlockstedt" (2007), kuratiert von Filomeno Fusco.

baute er dort nach dem Krieg die pharmazeutische Firma der Familie wieder auf, die
noch heute in Hohenlockstedt arbeitet. Als privilegierter Absolvent des Danziger Con-
radinums war er ein humanistisch gebildeter Staatsbürger alter Schule, der sich Zeit
seines Lebens mit größter Selbstverständlichkeit mit Literatur, Philosophie, Religion
auseinandersetzte und sich andererseits aktiv politisch engagierte. Daneben hat er seit
den 1950er Jahren gemalt und geschrieben. Es waren Freizeitbeschäftigungen eines
vielfach Begabten, der vielleicht im falschen Beruf gelandet war: Er malte zunächst
Werbetafeln für seine Firma mit abstrahierten Pillenessern, dann Landschaftsaqua-
relle, später auch in Öl. Er schrieb Gedichte und Theaterstücke, ernst und satirisch,
verlegte diese selber, immer auf der Suche nach Anerkennung seiner Kunst.
Die Stiftung erinnert darüber hinaus an deutsche Geschichte: Ihr Gebäude, die 1914
erbaute Massivbaracke 1 (M.1) war bis 1919 eingebunden in das Lockstedter Lager
als Ausbildungsstätte des preußischen Militärs, dann Weltkriegslazarett, Auffanglager
für Baltikumflüchtlinge, unter den Nazis SA-Schule, im 2. Weltkrieg Wohngebäude für
ZwangsarbeiterInnen der örtlichen Munitionsfabrik, dann Wohnort für Flüchtlings-
familien. Seit 1946 nutzte Arthur Boskamp es als Produktionsstätte, 1985 wurde es zu
einem der pharmazeutischen Fabrik angeschlossenen Ausstellungshaus, und seit 2003
ist das M.1 Sitz der Arthur Boskamp-Stiftung, die sich in erster Linie der Förderung
zeitgenössischer Kunst widmet.

Arbeiten von Henriette Grahnert (Sportsfreundin und BlaBlaBlasenBlaBla, 2008) und Thomas Rentmeister (Ohne Titel, 2004), Ausstellungsansicht 6 x 2 (2009), kuratiert von Petra Reichensperger. Foto: Daniel Bergwanger.

Bewahren

Aufbewahrt wird im Depot der Stiftung der künstlerische Nachlaß Arthur Boskamps: Ölgemälde, Aquarelle, Skizzenbücher, schriftliche Aufzeichnungen. Bewahrt wird auch das Gebäude, das außen, so gut es ging, in den Originalzustand zurückversetzt wurde: Fenster und Türen wurden rekonstruiert, die Fassadenbemalung entfernt, der Spritzputz erneuert. Innen wurden Einbauten, Wandverkleidungen und Parkett entfernt, der Holzfußboden freigelegt. Ein Raum wurde in der ursprünglichen Farbigkeit der Erbauungszeit wiederhergestellt. So selbstverständlich das Bewahren des Überlieferten für die Stiftung ist und auch sein soll, so eindeutig ist anderseits ihre inhaltliche Ausrichtung auf Gegenwart und Zukunft.

Entwickeln

Die Arthur Boskamp-Stiftung wurde im September 2003 aus dem Nachlaß von Arthur Boskamp gegründet und am 3.6.2007 eröffnet. Zunächst wurde das Gebäude mit Hilfe des Architekturbüros Sunder-Plassmann aus Kappeln um- und rückgebaut und enthält nun neben drei Wohnungen, einem Atelier, einem Büro und einem Café vor allem 750 qm Ausstellungsfläche. Ein zweistöckiger, vorgesetzter Neubau von 1972 wurde zu einer Halle umfunktioniert, in der eine Leinwand auch Kinoveranstaltungen ermöglicht.

Das Konzept der Stiftung ist mehrgleisig. Vor allem arbeitet sie mit jährlich wechselnder Künstlerischer Leitung. Einerseits werden so nicht nur Künstler, sondern es wird auch die immer wichtiger werdende Position der Kuratoren gefördert. Jüngeren KuratorInnen wird dadurch die Möglichkeit gegeben, ein Jahr lang ein Haus eigenverantwortlich zu bespielen. Im Bereich des Kunstprogramms haben die KuratorInnen bei der Konzeption von Ausstellungen, Veranstaltungen, überhaupt der Nutzung des Hauses im Rahmen des – leider knappen – Budgets völlige Freiheit, mit einer Ausnahme: Die Stiftung vergibt jährlich einen Förderpreis an zwei Künstler, die mit Norddeutschland in irgendeiner Form (Studium, Geburt, Wohnort) verbunden sein müssen, der mit je 2000 Euro dotiert ist und die Nutzung einer Wohnung und eines Ateliers im M.1 für drei Monate sowie eine Einzelausstellung und eine kleine Veröffentlichung einschließt. Die künstlerische Leitung muß diesen Preis – inhaltlich entsprechend eigener Vorliebe oder Spezialisierung – ausschreiben, eine

M.1, Foto: Daniel Bergwanger

Jury zusammenstellen, ihn vergeben, und die Veröffentlichung in Zusammenarbeit mit den PreisträgerInnen entwickeln und herausgeben.

Die ersten zwei KuratorInnen der Stiftung, Filomeno Fusco und Dr. Petra Reichensperger, haben die Stelle für 1½ Jahre erhalten, da sie neben der kuratorischen Arbeit auch am Aufbau von Organisation und Verwaltung der Stiftung beteiligt waren. Sie haben mit großer Energie, mit Einsatz und Enthusiasmus für die Sache gearbeitet, ihre Verbindungen eingesetzt und das Haus bespielt: In den ersten zwei Jahren der Stiftung haben bei acht Ausstellungen 57 Künstler in Hohenlockstedt ausgestellt.

Obgleich die Arthur Boskamp-Stiftung noch immer am Anfang einer hoffentlich langen Entwicklung steht, sind unterdessen die Abläufe eingeübt, und ein kleines, hochmotiviertes und sehr effizientes Team steht kommenden KuratorInnen (in 2010: Katja Schroeder; in 2011: Dr. Brigitte Kölle) und KünstlerInnen in Hohenlockstedt zur Verfügung. Der Standortnachteil Hohenlockstedt hat sich schon jetzt als Standortvorteil erwiesen. Die Stiftung bietet schlicht viel Platz, auch viel Freiraum, und sie ist ein gastfreundlicher Ort. Die Unterstützung der künstlerischen und kuratorischen Arbeit einerseits durch das Stiftungsteam, insbesondere aber auch durch die Hohenlockstedter Bevölkerung hat es KünstlerInnen und KuratorInnen jetzt schon ermöglicht, Projekte zu verwirklichen, die andernorts deutlich schwieriger oder gar nicht zu bewältigen gewesen wären. Und genau in dieser Richtung hoffen wir, die Stiftung weiter ausbauen zu können, als einen Raum, der so frei wie möglich von kommerziellem Druck ein Laboratorium zur Verfügung stellt, in dem KünstlerInnen und KuratorInnen Ideen und Projekte entwickeln und umsetzen können.

www.arthurboskamp-stiftung.de

Gabriele Bremer, M.A.

Referentin der Sparkassenstiftung Schleswig-Holstein, Kiel

Sparkassenstiftungen in Schleswig-Holstein

Der Landeskulturverband Schleswig-Holstein setzt sich seit sechs Jahrzehnten für die Förderung der Kultur ein und bedarf vieler engagierter „Mitstreiter", um das nördlichste Bundesland als lebendige Kulturregion zu profilieren. Die mehr als 50 regionalen Sparkassenstiftungen und die landesweit tätige Sparkassenstiftung Schleswig-Holstein leisten hierzu ihren Beitrag.

Stiftungen haben für die Institute der Sparkassen-Finanzgruppe eine lange Tradition. Wie schon die Sparkassen seit jeher aufgrund ihres öffentlichen Auftrags in besonderem Maße mit den Menschen vor Ort verbunden sind, so gilt dies ebenso für ihre Stiftungen. Sie sind auf die Prosperierung der Lebens- und Arbeitsstandorte ausgerichtet und stiften regionale Identität.

Die Sparkassenstiftungen sind eigenständige juristische Personen, wirtschaftlich autark und ausschließlich gemeinnützig tätig. Förderungen können unabhängig von der wirtschaftlichen Situation der jeweiligen Sparkasse, die die Gründung vornahm, erfolgen. Die Finanzierung der eigenen Vorhaben oder Projekte Dritter sind durch die Zinsen des Stiftungskapitals gewährleistet, so dass eine nachhaltige, d.h. dauerhafte, regelmäßige und zuverlässige Förderung möglich ist. Insgesamt bietet die Stiftung den Rahmen, um dauerhaft Gutes zu tun und ein Zeichen zu setzen für die Übernahme von Verantwortung vor Ort.

Die Sparkassen, die regionalen Sparkassen- und Giroverbände und die Unternehmen der Sparkassen-Finanzgruppe haben bundesweit 671 Stiftungen errichtet (Stand: 31.12.2008). Damit ist die Sparkassen-Finanzgruppe die Unternehmensgruppe mit dem stifterisch größten Engagement in Deutschland und steht an der Spitze nichtstaatlicher Förderer. Zusammen halten ihre Stiftungen ein Kapital von fast 1,6 Milliarden Euro.

Allein im Jahr 2008 haben diese Stiftungen 71,3 Millionen Euro für gemeinnützige Zwecke in fast allen Bereichen des öffentlichen Lebens ausgeschüttet: Denkmalschutz, Wissenschaft und Forschung, Jugend, Kunst und Kultur, Sozialwesen, Sport und Umweltschutz. Gerade in Zeiten knapper Kassen hat sich die Förderung als segensreich erwiesen. Die Sparkassenstiftungen sind fördernd und/oder operativ tätig, auch gibt es Beispiele für Trägerstiftungen, z.B. von Altenheimen, Sport- und Kulturstätten.

Diese Investitionen bedeuten zugleich eine Strukturförderung, denn Unternehmen siedeln sich eher an und die kulturtouristische Anziehungskraft einer Region wird gestärkt.

Einige wenige Beispiele:

Die Sparkasse Holstein allein unterhält in ihren Regionen – den Kreisen Stormarn und Ostholstein – 19 Stiftungen, davon drei Bürger-Stiftungen, die sie mitinitiierte und finanziell förderte.

Die Stiftungen der Sparkasse Holstein stehen insgesamt sinnbildlich für nachhaltiges und zuverlässiges Wirken – aus den Erträgen des jeweiligen Kapitalstockes werden vielfältige Projekte unterstützt.

Neben den großen Stiftungen mit ihren breit angelegten Förderzwecken (Kultur, Soziales, Naturschutz, Sport und Wissenschaft) hat die Sparkasse Holstein zahlreiche Sparkassen-Stiftungen zum Erhalt kulturhistorisch bedeutsamer Gebäude und Einrichtungen gegründet:

Jagdschlößchen am Ukleisee (1994), Eutiner Landesbibliothek (2006), Schloss Ahrensburg (2007), Matthias-Claudius-Kirche Reinfeld (2008), Feldsteinkirche Ratekau (2007), Herrenhaus Stockelsdorf (2008) und Oldenburger Wallmuseum (2008).

Hervorzuheben ist die Sparkassenstiftung Jagdschlößchen am Ukleisee, da sich hier unterschiedliche Stifterinnen und Stifter eingebracht haben (außer der Sparkasse der Sparkassen- und Giroverband für Schleswig-Holstein, die Stadt Eutin und der Kreis Ostholstein). Das spätbarocke Gebäude konnte nach der aufwändigen, denkmalgerechten Grundsanierung (1994 – 1997) und der Wiederherstellung nach einem Dachstuhlbrand (2007/2008) erneut touristische Strahlkraft entfalten. Das 1776 vom Hofbaumeister Georg Greggenhofer errichtete „Lusthaus zu Sielbeck" kann regelmäßig besichtigt und für Trauungen sowie für eine Vielzahl kultureller Veranstaltungen (z.B. „Eutiner Konzertsommer") genutzt werden.

Seine exponierte Lage auf einer erhöhten, bewaldeten Landzunge zwischen dem Uklei- und dem Kellersee ermöglicht eine vortreffliche Verbindung von Natur und Kultur.

Das Gebäude entstand im Auftrag von Friedrich August, Fürstbischof von Lübeck und Herzog von Oldenburg, als eingeschossiger, stuckierter Saalbau mit Mansarddach und Seitenflügeln – hauptsächlich genutzt für Jagdgesellschaften, als Teepavillon oder für kleinere Feste des Eutiner Hofes.

Die Förde Sparkasse verfügt über sieben Stiftungen, darunter die Alexej von Assaulenko-Kulturstiftung. Sie erhält den Nachlass dieses aus Russland stammenden, lange in Plön tätigen Malers und macht ihn der Öffentlichkeit zugänglich. Ferner ist als weitere Kunststiftung die „Henseleit-Stiftung" zu nennen: die hochrangige Kunstsammlung des ehemaligen Redakteurs der „Kieler Nachrichten" wird im Sockelgeschoss des Hauptgebäudes der Förde Sparkasse in Kiel in einer „Bürgergalerie" präsentiert.

Die Gemeinnützige Sparkassenstiftung zu Lübeck – eine der größten Sparkassenstiftungen Deutschlands – fördert satzungsgemäß eine Vielzahl kultureller und sozialer Zwecke nach dem Motto „Gut für Lübeck". Sie möchte nicht zuletzt Initialzündungen geben, damit neue Projekte Chancen auf eine Komplementärförderung durch den Bund oder die Europäische Union erhalten. Zu den größeren Förderungen der insgesamt 187 Maßnahmen im Vorjahr gehörten die Renovierung des „Kolosseums", die Sanierungen des St. Jakobi-Turmes sowie das 50jährige Jubiläum der Nordischen Filmtage.

Die Sparkassenstiftung Schleswig-Holstein wurde Ende 1995 ins Leben gerufen und trägt seit 1996 insbesondere der gesellschaftspolitischen Verantwortung der Sparkassen Rechnung. Landesweit unterstützt sie Projekte von gesellschaftlicher Relevanz und Notwendigkeit – in den Kerngebieten „Kunst und Kultur".

Die Stiftung ist – im Rahmen ihrer Profilbereiche – fördernd und operativ tätig. Neben finanzieller Unterstützung ist es ihr aufgrund ihres umfangreichen Netzwerkes möglich, zahlreiche Vorhaben durch Vermittlung, Gespräche und Kooperationen („cross-over-Projekte") voranzubringen.

Die erste von ihr initiierte Wanderausstellung trug den Titel „Werte erhalten – Werte erleben": eine Zielsetzung, die die Stiftungsarbeit bis heute kennzeichnet. Es folgten Wanderausstellungen zu „Theodor Mommsen" und „Die Norddeutschen Realisten – Hommage an Theodor Storm" (in Kiel, Rendsburg, Molfsee, Husum, Heiligenstadt/Thüringen, Niebüll und Keitum auf Sylt). Ab Mai 2010 startet die neue Wanderausstellung „Für.Sorge.Erziehung".

Sechsmal im Jahr finden Wechselausstellungen im Verbandsgebäude und in der Sparkassenakademie in Kiel statt, und aus den hieraus erfolgenden Werkankäufen ist im Laufe der Zeit eine ansehnliche eigene Kunstsammlung entstanden. Die eigene Reihe der BOREALIS-Kataloge widmet sich monographisch Künstlern, Literaten, Fotografen und Keramikern im nördlichsten Bundesland. Kulturgeschichtliche Manuskripte werden in der Reihe „zeit + geschichte" und ausgewählte kunsthistorische Dissertationen der Christian-Albrechts-Universität in „Bau + Kunst" publiziert.

Die landesweiten Veranstaltungsreihen wie „KulturSommer Schleswig-Holstein", „Schoelers leest Platt", „Jugend musiziert", „chiffren" wie auch der „Internationale Museumstag" werden regelmäßig gefördert. Dies kommt sowohl Einheimischen wie auch Kulturtouristen zugute.

Im Jahr 2009 konnten mit Stiftungsmitteln die Ausstellungsprojekte „Fremdes Zuhause" im Schleswig-Holsteinischen Freilichtmuseum und „Privatissimo" in der Kunsthalle zu Kiel sowie einige hochkarätige Sonderausstellungen wie „Sehnsucht nach Arkadien" oder „Max Liebermann" auf dem Museumsberg in Flensburg realisiert werden. Ferner wurde die Errichtung der „Olshausen-Stele" in Kiel und die Sanierung der Gedenkstätte Ahrensbök unterstützt.

Ein Novum ist die Verwaltung und Aufarbeitung von Künstlernachlässen am Beispiel Ernst von Domarus. Beim „Domarus-Archiv – Schenkung Irmingard und Edwin Theune" hat sich die Stiftung know-how erworben, das auf weitere Vorhaben dieser Art prinzipiell übertragbar ist. Künstlernachlässe werden sicher ein Problemthema der nahen Zukunft.

Ausblick

Die Zukunftsfähigkeit jeder Sparkassenstiftung in Schleswig-Holstein liegt im Grad ihrer Autonomie und ihrer Anerkennung als eigenständiges Rechtssubjekt. Ihre Unabhängigkeit kann durch mehr Klarheit und Transparenz gefördert werden, insbesondere in Bezug auf die Besetzung der Gremien. Hier ist eine gute Möglichkeit gegeben, sach- und fachkundige Experten einzubeziehen. Sofern eine Sparkassenstiftung mit ausreichendem Stiftungskapital und entsprechenden Erträgen ausgestattet ist, kann sie ihr Personal selbst finanzieren und als „profit-Center" geführt werden. Dieses ist bisher erst bei einigen wenigen größeren Stiftungen bundesweit der Fall.

Der Stiftungsmarkt hat sich in den letzten Jahren als attraktiver Wachstumsmarkt herauskristallisiert. Die Sparkassen in Schleswig-Holstein sind daran interessiert, sich dem auch aufgrund der demografischen Entwicklung wachsenden Stiftungssektor noch weiter zu öffnen, Stiftungsberater auszubilden und ganzheitliche Leistungen rund um die Stiftungserrichtung, -betreuung und das Vermögensmanagement anzubieten. Gerade für die Regelung der Unternehmensnachfolge und der Vermögensübertragung ist die Stiftungslösung oft positiv.

Tendenziell ist der Aufbau eines eigenen Stiftungsmanagements nur bei größeren Volumina sinnvoll. Kleineren und mittleren Stiftungen ist eher Kooperationslösungen anzuraten, beispielsweise die Gründung eines zentralen Stiftungscenters zur Beratung von Stiftern und zur Verwaltung von Kundenstiftungen (Treuhandmodell).

www.sparkassenstiftung-sh.de
www.sparkassenstiftungen.de

Dr. Thorsten Sadowsky

Leiter Museum Kunst der Westküste, Alkersum auf Föhr

Das neue MUSEUM KUNST DER WESTKÜSTE auf der Insel Föhr

Am 31. Juli 2009 wurde nach knapp dreijähriger Bauzeit das MUSEUM KUNST DER WESTKÜSTE in Alkersum auf Föhr eröffnet. Der im Zentrum der Nordseeinsel gelegene Ort kann seither mit einer kulturellen Attraktion von internationalem Rang aufwarten, die einen wesentlichen Beitrag zur kulturtouristischen Entwicklung des Landes Schleswig-Holstein und zur Positionierung Nordfrieslands in der internationalen Museumslandschaft darstellt.

Das MUSEUM KUNST DER WESTKÜSTE ist ein gemeinnütziges Stiftermuseum. Es sammelt, erforscht und vermittelt Kunst, die sich mit den Themen Meer und Küste auseinandersetzt. Den Ausgangspunkt bildet die historisch orientierte Gemäldesammlung des Museumsstifters Prof. h.c. Frederik Paulsen, dessen Vorfahren von der Insel Föhr stammen. Mit der Gründung des Museums drückt er seine Verbundenheit zur Insel aus und macht zugleich seine umfangreiche Sammlung Kunst der Westküste in einem anspruchsvollen architektonischen Rahmen öffentlich zugänglich.

Die Sammlung Kunst der Westküste umfasst dänische, deutsche, niederländische und norwegische Kunst aus der Zeit zwischen 1830 und 1930. Sie dokumentiert facettenreich die Lebenswelten an der Küste und die Faszination des Meeres in einem von Bergen in Holland bis Bergen in Südnorwegen reichenden Motivpanorama. Mit Anna Ancher, Michael Ancher, Max Beckmann, Johan Christian Dahl, Peder Severin Krøyer, Christian Krog, Max Liebermann, Emil Nolde und Edvard Munch sind wichtige skandinavische und deutsche Künstler des 19. und 20. Jahrhunderts in der Sammlung vertreten. Die niederländische Malerei ist unter anderem durch den Romantiker Andreas Schelfhout und durch bedeutende Vertreter der Haager Schule, wie etwa Jozef Israels und Hendrik Willem Mesdag, hochkarätig repräsentiert. Zum Bestand zählen weiterhin Werke von Johan Barthold Jongkind und Eugène Boudin, die als Wegbereiter des Impressionismus gelten und von zentraler Bedeutung für die Entwicklung der europäischen Landschaftsmalerei im 19. Jahrhundert gewesen sind. Einen Schwerpunkt der Sammlung stellt schließlich die nordfriesische Malerei dar, die mit den Exponenten Otto Heinrich Engel und Hans Peter Feddersen umfassend vertreten ist.

Viele europäische Künstler suchten im 19. und beginnenden 20. Jahrhundert die Abgeschiedenheit der an der kontinentalen Nordseeküste gelegenen Orte auf, um sich verstärkt der Landschaftsmalerei unter freiem Himmel zu widmen. In den ungewohnten maritimen Motivwelten fanden sie den Gegensatz zum traditionellen Idealismus der städtischen Malschulen. Ihre Bilder kennzeichnen die für das 19. Jahrhundert charak-

teristische Fülle an romantischen, realistischen und impressionistischen Malweisen. Dabei reichte das Spektrum der künstlerischen Haltungen und Positionen von früher moderner Experimentierfreude bis hin zu agrarromantischen Verklärungen des Lebens in der Provinz und an der Küste. Dramatische Seestücke, erhabene nordische Fjordpanoramen, flache Landschaften, weitläufige Horizonte sowie Momentaufnahmen des mondänen touristischen Strandlebens wurden ebenso porträtiert wie die Küstenbewohner und ihre Lebensbedingungen.

Das MUSEUM KUNST DER WESTKÜSTE ist nach den Entwürfen des renommierten Architekten Gregor Sunder-Plassmann als mehrgliedriges Gebäudeensemble konzipiert, das Tradition und Moderne zu einem harmonischen Ganzen zusammenfügt. In sechs Saalbauten steht ein Ausstellungsareal von insgesamt 900 m² zur Verfügung. Das anspruchsvoll gestaltete Tageslichtmuseum inszeniert einen abwechslungsreichen Dialog mit seiner ländlichen Umgebung und vermag durch ein elegantes Zusammenspiel von historischen Stilelementen und architektonischer Moderne zu überzeugen. Weitere Bestandteile der Gesamtanlage sind ein Museumsgarten und der im Stil eines skandinavischen Herrenhauses aus der Zeit um 1900 neu erbaute Grethjens Gasthof. Das europäisch orientierte Sammlungskonzept wird in Zukunft weiterentwickelt und ergänzt. Eine ausbalancierte Verknüpfung der für die Museumsarbeit zentralen Kulturpraktiken des Erinnerns, Bewahrens und Entwickelns ist durch das Leitbild des Museums gewährleistet:

Wir…

- erweitern kontinuierlich unsere europäisch orientierte Sammlung und bewahren, erforschen und dokumentieren sie.
- vermitteln unsere Sammlung im Rahmen von Sonderausstellungen und lassen klassische und zeitgenössische Kunst in einen fruchtbaren Dialog treten.
- fördern wissenschaftliche Arbeit und stehen in engem Kontakt zu Künstlern, Sammlern und Museen.
- leisten einen Beitrag zur kulturellen Identität der nordfriesischen Küstenregion und zum interkulturellen Dialog zwischen Dänemark, Deutschland, den Niederlanden und Norwegen.
- setzen uns dafür ein, dass Kunst und ästhetische Erziehung einen hohen Stellenwert im gesellschaftlichen Bewusstsein erhalten.
- sind ein weltoffenes, serviceorientiertes und familienfreundliches Museum, das sich an alle Altersstufen und gesellschaftlichen Gruppen wendet.

Weitere Infos unter: www.mkdw.de

Prof. Dr. Carl Ingwer Johannsen

Kommissarischer Leiter Freilichtmuseum Molfsee

Das Schleswig-Holsteinische Freilichtmuseum

Das Schleswig-Holsteinische Freilichtmuseum vor den Toren Kiels ist eines der bedeutendsten und beliebtesten Museen im Lande. Und bundesweit zählt es mit zu den größten Museen seiner Art. Auf dem 60 ha umfassenden Museumsgelände mit seinen Grünflächen, Gärten und Teichen werden historische Wohnhäuser, Scheunen, Hofanlagen, Werkstätten und Mühlen aus ganz Schleswig-Holstein gezeigt. Die Gebäude, die entsprechend ihrer regionalen Herkunft in mehreren Baugruppen präsentiert werden, sind eingerichtet mit wertvollem historischem Mobiliar, Hausrat und Arbeitsgerät.

Eine kurze Geschichte des Freilichtmuseums

Vor mehr als 100 Jahren verwirklichten zuerst Skandinavier die Idee, bäuerliche Hausformen mit ihrer Wohn- und Wirtschaftsweise in einem Freilichtmuseum darzustellen. Mit der zunehmenden Technisierung des ländlichen Raums und den damit verbundenen Veränderungen einerseits wuchs anderseits aber auch das Bewusstsein für alles sich Wandelnde und Abgängige. Es ist somit nur verständlich, dass bereits in der ersten Hälfte des 19. Jahrhunderts die zeichnerische Erfassung unterschiedlicher Bauernhäuser mit ihrer regionalen Zuordnung begann.

Bereits in den Jahren 1934/35 entstanden Pläne zur Errichtung eines norddeutschen Freilichtmuseums, die jedoch im Sande verliefen. Erst mit dem Verkauf eines bedeutsamen historischen Gebäudes, des Haubargs „Rotelau" von der Halbinsel Eiderstedt im Jahr 1955 an das Freilichtmuseum in Lyngby/Kopenhagen wurde hierzulande die Diskussion um eine Freilichtmuseumsgründung neu entfacht.

1958 erfolgte schließlich die Gründung des Vereins „Schleswig-Holsteinisches Freilichtmuseum" als ein Tochterverein des Schleswig-Holsteinischen Heimatbundes. 1960 begannen auf dem Museumsgelände die Bauarbeiten. 1965 wurde das Museum mit 13 Objekten feierlich eröffnet. Laut Vereinssatzung sammelt und bewahrt das Museum Wohn- und Wirtschaftsbauten des ländlichen Schleswig-Holsteins mit der dazugehörigen Ausstattung als beispielhafte Zeugnisse landschaftsgebundener Lebensformen und überkommener bäuerlicher und handwerklicher Tradition. Eine weitere satzungsgemäße Aufgabe des Museums ist die wissenschaftliche Bearbeitung dieses Kulturgutes und seine Vermittlung an alle Bevölkerungskreise.

Diesem Auftrag entsprechend gelangten zwischenzeitlich über 70 Gebäude vom 16. bis zum 20. Jahrhundert in das Museum. Sie stammen aus den Landschaften Nordfriesland und Eiderstedt, Stapelholm, Dithmarschen und den Elbmarschen, Angeln, Holstein, der Probstei, Fehmarn und Lauenburg. Für Häuser aus jüngerer Zeit stehen zusätzlich 20 ha Erweiterungsfläche zur Verfügung, so dass der Aufbau fortgeführt werden kann.

Die Häuser im Schleswig-Holsteinischen Freilichtmuseum

Das ländliche Schleswig-Holstein zeichnete sich in der vorindustriellen Zeit durch viele unterschiedliche Bauernhausarten aus. Es gab mehr als 18 verschiedene Grundformen. Im Wesentlichen sind sie jedoch auf drei Typen zurückzuführen, die auch in den Gebäuden des Freilichtmuseums dargestellt werden. Nach den ursprünglichen Verbreitungsgebieten ist zu unterscheiden zwischen dem Niederdeutschen Fachhallenhaus, dem Jütischen quergeteilten Geesthardenhaus sowie dem Haubarg und Barghaus.

Niederdeutsche Fachhallenhäuser

Der Eingang (Groot Dör) dieses Haustyps befindet sich an der Giebelseite. Typisch ist die aus Flett und Diele bestehende Halle mit den niedrigen Seitenteilen. Die Diele ist ein langgestreckter, mit Lehmfußboden versehener Platz inmitten des Hauses. Von hier aus entluden die Erntewagen Heu und Getreide, das auf dem Boden eingelagert wurde. Die Diele diente auch als Dreschplatz für Getreide. In den niedrigen Seitenteilen, den Kübbungen, befinden sich Viehställe und Kammern. Der Eingangstür gegenüber liegt quer zur Diele das Flett, ein gepflasterter Platz mit einem Herd und zwei angrenzenden nischenförmigen Räumen, den Luchten. Hier wurde die häusliche Arbeit verrichtet und gegessen. Abgetrennt durch Wände, liegen hinter Diele und Flett die Wohn- und Schlafräume.

Jütische quergeteilte Geesthardenhäuser

Dieser Haustyp ist durch den jütischen Raum beeinflusst. Bei diesem quergeteilten Langhaus liegen die Türen und Stalleingänge an der Langseite zum Weg hin. Quer durch das Haus verläuft eine Diele, die Wohn- und Wirtschaftsbereich voneinander trennt. Zum Wohnbereich gehören beheizte und unbeheizte Räume, eine Küche und Kellerstuben. Der Wirtschaftsbereich auf der anderen Seite des Gebäudes ist in Dreschdiele, Stall und Scheunenraum aufgeteilt. Alle sind von der Langseite her durch Türen oder Tore zu erreichen.

Gulfhäuser

Gulfhäuser haben einen fast quadratischen Grundriss. Das Zentrum des Hauses ist keine Diele, sondern der „Gulf" oder „Barg", ein nahezu quadratischer/rechteckiger Speicherraum für Getreide und Heu. Die gesamte Ernte wurde hier vom Fußboden her bis unter das Dach gestapelt. Um diesen zentralen Raum herum gruppieren sich unmittelbar anschließend Dreschdiele, Ställe, und getrennt davon, die Wohnräume.

Zahlreiche Angebote für unsere Museumsbesucher

Neben der Bewahrung und Dokumentation unserer historischen Häuser hat das Museum die vorrangige Aufgabe, dieses wertvolle kulturelle Erbe den Menschen, unseren Besuchern, zu vermitteln. So bieten neben den beeindruckenden Gebäuden zusätzliche

Sonderausstellungen unseren Gästen weitere interessante Informationen zu verschiedenen kulturhistorisch interessanten Themen. In mehreren Werkstätten demonstrieren Handwerker traditionelle Arbeitsweisen. Daneben finden sich im Veranstaltungsprogramm des Museums in jeder Saison verschiedene Kunstausstellungen, Theater- und Musikvorführungen, „Gelebte Geschichte"-Aktionen, abwechslungsreiche Sonderführungen, Workshops, verschiedene Märkte, Vorträge und zahlreiche andere Veranstaltungen. Für all unsere Gäste gibt es ein umfangreiches museumspädagogisches Angebot.

In der Meierei und in der Bäckerei wird für das leibliche Wohl unserer Besucher gesorgt, ebenso wie am Kiosk auf dem historischen Jahrmarkt mit den beiden Karussells und der Schiffsschaukel sowie in der Museumsgaststätte Drathenhof gleich neben dem Eingang.

Bewahrung der baulichen Tradition

Das Schleswig-Holsteinische Freilichtmuseum bewahrt und dokumentiert mit seinen wertvollen historischen Bauern- und Fischerhäusern, Katen, Scheunen und Mühlen, Werkstätten und Windrädern aus ganz Schleswig-Holstein auf einmalige Weise das bauliche und kulturelle Erbe unseres Landes. Die Bauten als einzigartige Schätze, die sonst längst unwiederbringlich verloren wären, gilt es auch in Zukunft zu bewahren, zu pflegen und zu erforschen und durch viele – für das Museum geeignete – Veranstaltungen und Aktionen mit Leben zu erfüllen.

www.freilichtmuseum-sh.de

Renate Menken

Leiterin der Possehl-Stiftung, Lübeck

Die Possehl-Stiftung in Lübeck

Erinnern – Der Stifter Emil Possehl (1850-1919)

1850 wird Emil Possehl als erster Sohn des Lübecker Kaufmanns Ludwig Possehl in der Beckergrube geboren. In seinem Elternhaus werden auch die Geschäfte der Firma L. Possehl & Co., einer Eisen-, Blech- und Kohlenhandlung, abgewickelt. Bis heute befindet sich hier der Sitz der Unternehmensgruppe. 1873 tritt Emil Possehl in den väterlichen Betrieb ein und ist wenige Jahre später größter Erzhändler Europas. Durch den Zukauf von Unternehmen aus dem produzierenden und verarbeitenden Gewerbe in Russland, Schweden und Norwegen wird aus dem Lübecker Kaufmann ein Industrieller, dessen

Verbindungen von Europa bis nach Übersee reichen. Von Zeitgenossen wird Emil Possehl als schroff und abweisend geschildert. Als Unternehmer zeichnet er sich durch Disziplin und Weitblick aus. 1901 wird er in den Lübecker Senat gewählt. Im Rahmen seines politischen Engagements setzt er sich für den Ausbau der Verkehrsinfrastruktur ein und zählt zu den Initiatoren des Elbe-Lübeck-Kanals. Durch Expansion nach Norden und Osten möchte er Lübeck, der ehemaligen Königin der Hanse, wieder Glanz verleihen. Es entspricht Emil Possehls hanseatischem Selbstverständnis, bereits zu Lebzeiten an die reiche Tradition des Stiftungswesens in Lübeck anzuknüpfen, die in die Blütezeit der Stadt im Mittelalter zurückreicht. Ohne seine Förderung wäre das Theater an der Beckergrube geschlossen und die Löwenapotheke, das älteste gotische Bürgerhaus der Stadt, abgebrochen worden.

Da seine Ehe kinderlos bleibt, setzt er in seinem Testament die Possehl-Stiftung zur Erbin seines gesamten Firmenvermögens ein. Sie soll der „Förderung alles Guten und Schönen in Lübeck" dienen. Die Possehl-Stiftung ist auch in einer von Stiftungen reich gesegneten Stadt wie Lübeck von einer bis dahin unbekannten Größenordnung. Dem Testament entsprechend trägt der Stiftungsvorstand Sorge für die Vermögenserhaltung und Vermögensverwaltung des Unternehmens. So hat der Stifter weitsichtig die Voraussetzung dafür geschaffen, dass der Fortbestand seiner Unternehmensgruppe gesichert und die Unternehmenserträge seiner Heimatstadt zu Gute kommen können.

Bewahren und Entwickeln – Die Aufgaben der Possehl-Stiftung heute

Emil Possehl hat in einer Stiftungsatzung die Stiftungszwecke vorgegeben. Nach § 2 dieser Satzung ist es Zweck der Stiftung:

- Das schöne Bild und die öffentlichen Anlagen der Stadt zu erhalten
- Gemeinnützige Einrichtungen in Lübeck zu unterstützen
- Kunst und Wissenschaft zu pflegen
- Die Jugend zu fördern
- Die Not der Bedürftigen zu lindern

Nach dem Willen Emil Possehls dürfen Stiftungsleistungen nur Lübeckern oder Vorhaben zu Gute kommen, die einen unmittelbaren Bezug zur Hansestadt Lübeck haben. Eine Stiftung von der Größe der Possehl-Stiftung agiert nicht in luftleerem Raum. Vor dem Hintergrund der angespannten Haushaltslage der Stadt übernimmt sie zunehmend

Verantwortung im sozialen Bereich und setzt sich aktiv für eine bessere Vernetzung der gesellschaftlichen Verantwortungsträger in der Hansestadt ein.

Ein Meilenstein in der Stiftungskultur der Hansestadt Lübeck ist der Bildungsfonds, der 2008 ins Leben gerufen wurde. In einer gemeinsamen Initiative des Gremiums „Zukunft Lübeck", der Possehl-Stiftung, der Gemeinnützigen Sparkassenstiftung zu Lübeck, der Michael-Haukohl-Stiftung, der Jürgen-Wessel-Stiftung und der Hansestadt Lübeck ist es gelungen, einen Bildungs Fonds für zusätzlichen Förderbedarf an Schulen und Kindertagesstätten zur Bekämpfung der Kinder- und Bildungsarmut in Lübeck aufzulegen. Mit Beginn des zweiten Schulhalbjahres 2008/2009 stehen jährlich rund 2,5 Millionen Euro für die Versorgung und Bezuschussung von Mittagessen an Schulen und Kitas sowie für die Ausweitung der Sprachförderung und weitere Bildungsangebote zur Verfügung. Ergänzt werden diese Maßnahmen durch die Bundesinitiative „Schulbedarfspaket", wonach bedürftige Kinder eine zusätzliche Leistung zum Erwerb der persönlichen Schulausstattung erhalten.

Der Bildungsfonds hat das Stiftungswesen in Lübeck verändert: Berührungsängste der Stiftungen untereinander wurden abgebaut. Kräfte und Kompetenzen können unter dem Dach des Bildungsfonds gebündelt werden und kommen den Kindern und Jugendlichen in der Hansestadt Lübeck zu Gute.

Um eine Weiterentwicklung im Bereich Bildung zu befördern, ist die Possehl-Stiftung Patenstiftung des Förderprogramms „Lernen vor Ort" und geht – gemeinsam mit einem lokalen Stiftungsverbund – eine bislang einzigartige öffentlich-private Partnerschaft ein. Im bundesweiten Austausch zwischen Stiftungen, Kommunen und dem Bundesministerium für Bildung und Forschung entstehen Bildungsinnovationen für eine verbesserte Bildung und Weiterbildung in allen Lebensphasen zum praktischen und spürbaren Nutzen der Bürgerinnen und Bürger vor Ort.

Darüber hinaus fördert die Possehl-Stiftung im Bereich Bildung und Wissenschaft die Arbeit der Lübecker Hochschulen: An der Universität zu Lübeck, der Fachhochschule Lübeck und der Musikhochschule Lübeck leistet die Stiftung durch die Einrichtung von

Stiftungsprofessuren und Unterstützung für die technische Ausstattung einen Beitrag zur Stärkung des Hochschulstandortes Lübeck. Eng mit dem Thema Bildung verknüpft ist die Kulturförderung. Sie ist so vielfältig wie das kulturelle Leben in der Hansestadt und erstreckt sich über die Unterstützung der Lübecker Museen und Theaterlandschaft, von Konzerten und Orgelsanierungen bis hin zu den Nordischen Filmtagen und dem Schleswig-Holstein Musik Festival. Das bislang größte Engagement der Stiftung in diesem Bereich war die Unterstützung des Baus der Kunsthalle St. Annen, in der die zeitgenössische Kunst in Lübeck ihren Platz gefunden hat.

www.possehl-stiftung.de

Maren Fehling
Vorsitzende GEDOK, Lübeck

GEDOK – Schleswig-Holstein
Was war – Was ist – Was wird sein

Ida Dehmel gründete 1926 die Gemeinschaft deutscher und österreichischer Künstlerinnenvereine aller Kunstgattungen.

Wer war Ida Dehmel? 1870 in eine jüdische Familie des Großbürgertums geboren, begann sie bereits 1901 mit schriftstellerischen Tätigkeiten. Im gleichen Jahr heiratete sie in zweiter Ehe Richard Dehmel in London. Nach dem frühen Tod des einzigen Sohnes und ihres Ehemannes im ersten Weltkrieg widmete sich Ida Dehmel mit ihrer ganzen Kraft der Förderung von künstlerisch arbeitenden Frauen; u.a. um ihnen eine geeignete Plattform zum Erfahrungsaustausch zu bieten.

Mit diesen Zielen kommt es 1926 zur Gründung der GEDOK. Seitdem setzt sich der Verein für die Weiterentwicklung des Gründungsgedankens, insbesondere aber für die gleichberechtigte Anerkennung der Künstlerinnen in der Gesellschaft ein.

Die politischen Wirren führten dann 1933 leider zum Ausschluss von Ida Dehmel aus der GEDOK; sie weigerte sich jedoch zu emigrieren und nahm sich 1942 im Glauben unheilbar krank zu sein das Leben.

Doch ihr ehrendes Gedenken, ihre Anliegen und ihre Aufgaben leben unverändert in ihrer GEDOK weiter. Bis 2009 entstanden aus dieser Keimzelle 24 Gruppen, die als eigenständige Vereine unter dem gemeinsamen Dach des Bundesverbandes der Gemeinschaften der Künstlerinnen und Kunstförderinnen e.V., mit Sitz in Bonn, ca. 3600 engagierte Mitglieder zusammenführen. Mit ihren Kernaktivitäten engagiert sich die GEDOK in nationalen und internationalen Kultureinrichtungen, politischen

Gremien, Medien, Verbänden und ist somit Multiplikator für die vielfältigen Belange ihrer Mitglieder.

Für hervorragende Leistungen vergibt die GEDOK derzeit folgende Preise:

- GEDOK FormArt „Klaus Oschmann Preis"   - Angewandte Kunst
- GEDOK Kunstpreis „Dr. Theobald Simon Preis" - Bildende Kunst
- Ida Dehmel Literaturpreis   - Literatur
- GEDOK Literaturförderpreis   - Literatur
- Musik- und Komponistinnenwettbewerbe   - Musik

Zahlreiche Dokumentationen, Ausstellungen, Anthologien, Kataloge, CD – und Videoaufzeichnungen vervollständigen die Aktivitäten.

GEDOK Schleswig-Holstein Gemeinschaft der Künstlerinnen und Kunstförderer e.V.
Nach ersten Gesprächen im Herbst 1976 zwischen der bildenden Künstlerin Hanna Jäger und der Kunstförderin Margrit Schulz aus dem Kahmen wurde bereits im April 1977 der Landesverband mit neun Künstlerinnen und zwei Kunstförderinnen gegründet.
Diese Gruppe und nachfolgend zahlreiche engagierte Frauen bauten den Landesverband mit sehr viel persönlichem Einsatz erfolgreich weiter aus, sodass er heute über 200 Mitglieder zählt. Unter der derzeitigen Vorsitzenden Maren Fehling und ihren Vorstandskolleginnen arbeitet nach wie vor ehrenamtlich ein motivierter Kreis von Frauen für die Ziele des Vereins.
Das 1992 mit der unverzichtbaren Hilfe von umfangreichen Fördermitteln, Stiftungsgeldern und sonstigen Unterstützungen geschaffene Atelierhaus in Lübeck war das Herz der Gruppe Schleswig-Holstein. Es ermöglichte zehn Künstlerinnen die Arbeit in eigenen Ateliers sowie die regelmäßige Betreuung von Stipendiatinnen des Landes Schleswig-Holstein. Darüber hinaus konnten in eigenen Ausstellungsräumen ständig Ausstellungen sowie Veranstaltungen für die Künstlerinnen durchgeführt werden. Ende 2009 musste dieses Haus leider aufgegeben werden. Doch der engagierte Einsatz sowie wiederum großzügige Unterstützungen, insbesondere durch die Possehl – Stiftung zu Lübeck und die Gemeinnützige Sparkassenstiftung zu Lübeck, ließen zwei neue Objekte entstehen. Mit unverändert zehn Ateliers kann damit auch in der Zukunft das Schaffen und Wirken der Künstlerinnen sowie Stipendiatinnen ermöglicht und unterstützt werden.

Die GEDOK Schleswig – Holstein vertritt heute die Sparten

- Angewandte Kunst
- Bildende Kunst
- Darstellende Kunst
- Literatur
- Musik

Die Arbeiten und die zahlreichen Projekte unserer Künstlerinnen werden in einem umfangreichen und vielfältigen Programm der interessierten Öffentlichkeit regelmäßig präsentiert. Im Laufe der Jahrzehnte hat die GEDOK Schleswig-Holstein somit durch ihr kontinuierliches Wirken einen wichtigen Platz in der Kunst- und Kulturszene in Schleswig-Holstein eingenommen.

www.gedok-sh.de

Deborah DiMeglio
Vorsitzende des BBK Schleswig-Holstein, Kiel

Erinnern, Bewahren, Entwickeln – Der BBK Schleswig-Holstein

Zum Anlass der 50. Landesschau Schleswig-Holstein schrieb das damalige Vorstandsmitglied Sylvia Stuhr in den Katalog:

„Seit 1953 zeigt der Berufsverband Bildender Künstler alljährlich in seiner Landesschau einen Querschnitt von aktuellen Arbeiten seiner Mitglieder. Im Laufe eines halben Jahrhunderts hat der BBK mit seiner Kunstausstellung über die Vielfältigkeit und aktuelle Strömungen in der Kunst informiert."

Schon der Zusammenschluß der schleswig-holsteinischen Künstler im Jahr 1894 hatte das Ziel, die beruflichen Interessen zu vertreten. Damals wie heute stand im Vordergrund, für die Freiheit der Kunst einzutreten.

1953 bildete sich aus verschiedenen Künstlergruppen der Vorläufer des heutigen BBK mit dem Namen „Arbeitsausschuss der Bildenden Künstler Schleswig-Holsteins".

Die Zielsetzung „in allen die bildenden Künstler betreffenden Fragen als Verhandlungspartner die Verbindung mit der Öffentlichkeit und den amtlichen Stellen aufzunehmen und zu pflegen", ist bis heute eine entscheidende Aufgabe.[1]

Seit dieser Zeit setzt sich der BBK Schleswig-Holstein für die Verbesserung der gesellschaftlichen Rahmenbedingungen auf künstlerischem, wirtschaftlichem, sozialem und arbeitsrechtlichem Gebiet für die professionellen Künstlerinnen und Künstler in Schleswig-Holstein ein. Unsere Grundsätze können in drei Bereiche aufgelistet werden, Förderung, Kooperation, Vertretung:

- Förderungen der ästhetischen Bildung
- Förderung der professionellen künstlerischen Kreativität
- Hilfe für Berufsanfänger

- Kooperation mit Künstlern und Künstlerinnen international
- Kooperation mit anderen Kulturinstitutionen, auch spartenübergreifend
- Vertreten der beruflichen Interessen

Seit über 35 Jahren ist der Brunswiker Pavillon eine zentrale Anlaufstelle für Kunst und gleichzeitig die Geschäftstelle des BBK Schleswig-Holstein. Durch das aktuelle Ausstellungsprogramm wird die künstlerische Professionalität und Kreativität im Land gefördert und gefordert. Für die Mitglieder des BBK und das Publikum ist der Pavillon das Herzstück unserer Identität.

Genauso wichtig ist die jährliche Landesschau, gegründet mit der Idee, einen Ausschnitt gegenwärtiger Kunst überall im Land zu zeigen.

Im Katalog der Landesschau 1985 schrieb Dr. Peter Bendixen, der damalige Kulturminister des Landes Schleswig-Holstein:

„Die vom Landesverband Bildender Künstler seit 1954 jährlich veranstaltete Landesschau hat sich in Schleswig-Holstein als eine bedeutsame und nahezu unentbehrliche Ausstellung erwiesen, die sowohl dem einzelnem Künstler als auch der Öffentlichkeit einen Überblick über die Vielseitigkeit, die Entwicklung sowie den Stand des gegenwärtigen künstlerischen Wirkens im Lande erlaubt."

Die ursprüngliche Idee wird bis heute durchgehalten und weiterentwickelt. So gibt es seit 1990 einen Landesschau-Kunstpreis, einen der wenigen Preise für Bildende Kunst in Schleswig-Holstein.

Seit 10 Jahren begleitet die „Schau der 1000 Bilder" die Landesschau als Markenzeichen, wenn auch nur in jedem 2. Jahr. Die Idee des damaligen Vorsitzenden des BBK, Bernhard Schwichtenberg, und des Geschäftsführers, Karl Fettweis, war, die dünn gesäte Galerieszene auszugleichen. Das Konzept wurde weiterentwickelt und seit einiger Zeit sind Galerien und Kunstvereine bei uns zu Gast. Die Veranstaltung ist nach wie vor ein wichtiges Forum, das immer für ein Wochenende eine kontroverse Auseinandersetzung zwischen dem Publikum und den Künstlerinnen und Künstlern des Landes garantiert.

Ästhetische Erziehung in allen Bildungsinstitutionen befindet sich heute im Aufbruch. Deshalb ist es wichtiger denn je, dass künstlerische Bildung von einem offenen, den Zeitgeist reflektierenden Kunstbegriff ausgeht. Gerade im Bereich Kunst werden nicht nur fachspezifische Kompetenzen erworben. Diese Entwicklung geschieht in allen Altersgruppen, und der BBK arbeitet in Kooperation mit der Muthesius Kunsthochschule und allen allgemeinbildenden Schulen zusammen. Auf allen Ebenen, im ganzen Land Schleswig-Holstein vermitteln wir Kunst in Form von Projekten, Ausstellungen, Unterricht usw. In Ihrer Rede zur Eröffnung der 53. Landesschau sagt die Vorsitzende, Deborah Di Meglio:

„Wir leben in einer Zeit der extremen Umbrüche. Globalisierung macht unsere Welt flach, die wir vor ein paar Jahrhunderten gerade als rund erkannt hatten. Veränderte

Lebensbedingungen verlangen neue Konzepte. Kunst muss und kann uns dabei helfen."
Vor 55 Jahren haben die Künstlerinnen und Künstler Schleswig-Holsteins erkannt, wie
wichtig es ist, Kunst im Sinne unserer menschlichen Existenz zu mobilisieren.
Aus einer kleinen Gruppe gleichgesinnter Künstlerinnen und Künstlern ist heute eine
Institution mit über 500 Mitgliedern geworden. Inzwischen vertreten wir nicht nur die
Interessen der eigenen Mitglieder, sondern bilden einen wesentlichen Teil der Kultur-
szene Schleswig-Holsteins.

www.bbk-schleswig-holstein.de

Christiane Opitz, M.A
Leiterin und Geschäftsführerin des Palais für aktuelle Kunst, Glückstadt

Palais für aktuelle Kunst (PAK) – Internationale Gegenwartskunst zwischen Deich und Fleth

Im Sommer 2010 jährt sich in Glückstadt ein ganz besonderes Jubiläum, das des Kunstvereins Palais für aktuelle Kunst (PAK) – Zeit also, einmal zurückzublicken. Seit nunmehr zehn Jahren laden engagierte KuratorInnen Künstler und Künstlerinnen aus der
Region, dem Bundesgebiet und dem angrenzenden Ausland in das kleine Matjes-Städt-
chen an der Elbmündung ein, um hier spannende Tendenzen zeitgenössischer Kunst
zu präsentieren. In wechselnden Ausstellungen beherbergt das Adelspalais Fotografien,
Malereien, Objekte und auch Videoarbeiten. Je nach kuratorischem Konzept werden
entweder fertige Ausstellungen übernommen oder Arbeiten gezielt für die Räumlichkeiten produziert. Dafür ist das denkmalgeschützte, restaurierte Haus, als architektonisches Juwel der Spätrenaissance, hervorragend geeignet. Im klaren Raumgefüge aus
Sälen und Kabinetten haben sich Wandmalereien und originale Kachelöfen erhalten.
Der barocke Garten wurde nach alten Plänen rekonstruiert. Das Gebäude ist Teil der
historisch erhaltenen Innenstadt, die im 17. Jahrhundert vom dänischen Königshaus
gegründet wurde. Es liegt in einer Häuserzeile direkt am idyllischen Hafen.
Zeitgenössische Kunst zu zeigen und vor allem zu vermitteln, bedeutet immer den
Umgang mit dem noch Unbekannten, Ungesicherten, mit dem Experimentellen, dem
Provokanten, mit dem Risiko des Nichtgelingens. Der Kunstverein und seine bishe-
rigen LeiterInnen übernahmen und übernehmen, oft mit wenig Budget und viel eh-
renamtlichen Engagement, den bisweilen schwierigen, aber auch lohnenden Auftrag,
Kunst vor Ort für Mitbürger und Mitbürgerinnen erlebbar und erfahrbar zu machen.
Während das Schlagwort Bildungspolitik, wie zuletzt im Bundes- und den Landes-

wahlkämpfen im Herbst 2009, beinahe inflationär in aller Politiker-Munde kursierte, verfolgt der Kunstverein seit einem Jahrzehnt im Kleinen konsequent seinen wichtigen Bildungsauftrag. Dabei agiert der Kunstverein Glückstadt auf zwei Ebenen. Zum einen bietet das PAK immer wieder jungen Kunststudenten und Studentinnen ein Forum für erste öffentliche Klassenpräsentationen und beteiligt sich somit an der erfolgreichen Ausbildung von künstlerischem Nachwuchs. So war im Winter 2002 die Fachklasse für Medienkunst der Muthesius Hochschule Kiel in Glückstadt zu Gast. In Kooperation mit dem Schleswig-Holsteinischen Landeskulturzentrum Salzau präsentierten 30 Studenten der Klasse von Thomas Wörgötter unter dem Titel „frei machen" Malerei, Zeichnung, Objekt, Fotografie, Video, Film, Installation, Musik und Performance. Im Frühjahr 2007 dann ein erneuter Besuch von Muthesius-Schülern im Glückstädter Palais. Gezeigt wurden fotografische Arbeiten von Schülern des leider viel zu früh verstorbenen Fotografen Dirk Reinartz. Mit Unterstützung der Kunststiftung HSH Nordbank konnte das aufwendige Projekt „Stille – Dirk Reinartz und Schüler" nicht nur in Glückstadt, sondern auch an anderen Ausstellungshäusern, der Kunsthalle Kiel, der VHS Fotogalerie Stuttgart, im Martin Gropius Bau, Berlin, der Städtischen Galerie Wolfsburg und im Stadtmuseum Buxtehude erfolgreich realisiert werden. Doch nicht nur Kunststudenten aus Schleswig-Holstein bot der Kunstverein Glückstadt die Möglichkeit, erste Erfahrungen außerhalb der Institution zu machen. So waren aus Hamburg schon die Kunstklassen der namhaften Professoren Franz Erhard Walther und Werner Büttner zu Gast, und auch die renommierte Hochschule für Grafik und Buchkunst (HGB) in Leipzig entsandt junge Künstler – aus den Fotografieklassen von Timm Rautert (2003) und Peter Piller (2008).

Auf weiterer Ebene ist die bildungspolitische Arbeit des Kunstvereins vor Ort von zentraler Bedeutung. Vermittlungsarbeit nimmt dabei einen hohen Stellenwert ein. Im Rahmen jeder Ausstellung werden Führungen und Künstlergespräche angeboten, die dem interessierten Besucher die Möglichkeit bieten, Fragen zu den Arbeiten, aber auch allgemeiner Natur zu formulieren. Seit 2008 arbeitet das PAK verstärkt mit den Schulen in Glückstadt und Umgebung zusammen. Klassen und ihre Lehrkörper nehmen an Führungen teil oder halten gar den Kunstunterricht in den Räumen des PAK ab. Auf spielerische Art versucht der Kunstverein auch die ganz Kleinen an die Kunst heranzuführen, indem er Mal- und Fotowettbewerbe auslobt und Ferienkurse mit Kunstpädagogen anbietet.

Kunstvereine, wie auch das Palais für aktuelle Kunst, leisten einen unverzichtbaren Beitrag zur Präsentation, Förderung und Auseinandersetzung mit neuen Formen zeitgenössischer Kunst, indem sie Künstlerinnen und Künstlern ein Forum bieten, neue und experimentelle Wege zu beschreiten und das neugierige Publikum an ungewohnte künstlerische Ausdrucksformen heranführen.

Trotz seiner Randlage am äußersten südlichen Zipfel Steinburgs, ist es dem Kunstverein Glückstadt innerhalb von nur zehn Jahren gelungen, zu einem der wichtigsten

Vertreter zeitgenössischer Kunst im Land zu werden. Daran haben vor allem die bisherigen KuratorInnen des Palais großen Anteil, aber auch der engagierte Vorstand, die ehrenamtlichen Helfer, die regional und überregional ansässigen Mitglieder und Unterstützer des Vereins – und nicht zuletzt die treuen öffentlichen und privaten Förderer, ohne deren finanzielle Unterstützung die wichtige Arbeit des Kunstvereins nicht möglich wäre. Möge das PAK also noch lange an der Spitze der besten Kunstinstitutionen Schleswig-Holsteins verweilen.

www.pak-glueckstadt.de

Dr. Peter Thurmann
Kunsthistoriker, Komm. Leiter der Kunsthalle zu Kiel

100 Jahre Kunsthalle zu Kiel
Eine Marke am Düsternbrooker Weg

Der hundertste Geburtstag der Kunsthalle zu Kiel im Herbst 2009, verbunden mit der anstehenden Neudefinition des Eingangsbereichs und dem Direktorenwechsel, gab während des Jahres immer wieder Anlass, über das Profil der künftigen Kunsthalle nachzudenken, eine visionäre Markenreflexion vorzunehmen. Die neuen Sichtachsen, die durch die baulichen Veränderungen auf dem Gelände Klein-Elmeloo entstanden und die Kunsthalle nicht nur mit dem ehemaligen Schlossterrain, der Dänischen Straße, dem Ratsdienergarten, der Innenstadt und dem Kleinen Kiel verbinden, sondern auch einen neuen Zugang zum Wasser schaffen, waren erste Impulse für die neuartigen Kommunikationsstrategien.

Die Neudefinition des Eingangsbereichs und die geplante neue Wegeführung in Richtung Alter Botanischer Garten ließen die Kunsthalle plötzlich inmitten eines (Schloss-)Parks denken und regten Fragen nach dem historischen Standort auf dem Schlosserrain und seiner wechselvollen Geschichte an. Die Aussicht auf eine offene und weitläufige Einbindung in eine touristisch attraktivere Wegeführung, die auch für den Tages- und Fährschifftouristen alternative, kulturtouristische Orientierungen bereithält, verleiht der Kunsthalle eine neue Wertigkeit.

Markenzeichen: Souveränität

Diese veränderte Wahrnehmung der Kunsthalle auf dem Gesamtterrain war der Leitfaden für eine neuartige Markenreflexion und lieferte Material und Fragestellung, den historischen Ursprüngen der Kunsthalle und seinem Gründungsmythos nachzugehen. Inspiriert und angeregt durch Ausstellungen wie *Privatissimo. Kunst aus schleswig-holsteinischem Adelsbesitz* und die Vorbereitungen für *Dopplereffekt. Bilder in Kunst und Wissenschaft* gerieten der Schleswig-Holsteinische Kunstverein und die Universität als zwei tragende Säulen neu in den Blickpunkt. Als der Vorstand des Kunstvereins 1854 in seiner Generalversammlung beschloss, in Anbindung an die Universität eine Gemäldegalerie zu errichten, war die fachliche Unabhängigkeit des Kunstvereins wie des Direktoriums eine der Grundbedingungen der Gründung. Der schleswig-holsteinische Adel, der seinerzeit jedes fünfte Mitglied im Kunstverein stellte, stärkte durch seine Kulturpolitik die Initiativen des Kunstvereins.

Nach den Zerstörungen des Zweiten Weltkriegs verlief der Wiederaufbau der Kunsthalle in mehreren Abschnitten bis 1958. Die zweite Modernisierungsphase wurde als Erweiterungsbau 1984 nach einem Entwurf des Architektenteams Jungjohann + Hoffmann + Krug abgeschlossen. Die schlichte, geometrische Architektur folgte den Grundsätzen moderner Museumsbauten und war in seiner maßvollen Gestaltung von dem von Karl Moser errichteten Kunsthaus in Zürich inspiriert. Doch die ausstellungsbezogene Lichtführung und die Referenzen an wegweisende

Architektur und Innengestaltung verbanden nicht nur Anspruch und Bescheidenheit, sondern entwickelten innovative architektonische Elemente. Eine als „dritte Röhre" eingelassene und geknickte Galerieebene ermöglicht intime Präsentationsräume. Sie schafft aber auch eine schwebende „Reflexionsebene", die neue Einsichten über die Kunst, den Raum und die Geometrie ermöglicht.

Unabhängig, eigenwillig und ganz im Dienst der Kunst – dies ist seither das Grundbekenntnis der Personalpolitik für die Besetzung der Direktorenstelle. 1970 forderte Erich Hubala, Ordinarius am Kunsthistorischen Institut, die Trennung zwischen Kunsthalle und Institut. Jens Christian Jensen, bis 1990 Direktor der Kunsthalle zu Kiel, formulierte die Zukunftsaufgabe der Kunsthalle als Landesinstitution mit internationaler Ausstrahlung: „Mit der Wiedereröffnung der erweiterten Kunsthalle beginnt ein neuer Abschnitt in der Geschichte der Gemäldegalerie und Graphischen Sammlung der Christian-Albrechts-Universität. […] übergeordnet wird von nun an die Funktion der Kunsthalle als öffentliches Museum in der Landeshauptstadt Schleswig-Holsteins bleiben. Verpflichtung und Aufgaben einer solchen Institution werden wir mit ganzen anderem Nachdruck als bisher erfüllen müssen."

Im Herbst 2009 steht die Kunsthalle zu Kiel vor einem neuen Zeitabschnitt; durch die siebenjährige, international ausgerichtete Ausstellungspolitik von Dirk Luckow, der seit 1.10.2009 als Intendant die Hamburger Deichtorhallen leitet, ist das Haus für die Zukunftsaufgabe, sich an der Spitze der Kunstmuseen in Schleswig-Holstein zu etablieren, gut aufgestellt.

Perspektiven

Die Tragfähigkeit der Marke Kunsthalle erweist sich in der Museumspraxis, im gelebten Alltag. Der Kontakt mit dem Besucher, die interne Arbeitsteilung, die Kommunikation mit den Partnern und Sponsoren, die Abrundung des Gesamtprogramms und der Umgang mit den Medien sind dabei ebenso wichtig wie die visuellen Merkmale: das Profil des Kunsthallenchefs, seine öffentlichen Auftritte und – wie nun im Herbst 2009 – die Neudefinition des Eingangsbereichs. Welche Visionen wird das Museum künftig treiben? Wer werden die neuen Partner aus Wirtschaft und Politik sein? Wie wird sich das Ausstellungsprogramm verändern? Welche Persönlichkeitsmerkmale

werden die Binnenstruktur der Kunsthalle zu Kiel künftig weiterentwickeln? Nicht eine Dachmarke, sondern eine Markenplattform, die Veränderungsmöglichkeiten gleichsam im Vorfeld mitdenkt, ist angestrebt.

In Anlehnung an die Strategie der Open Innovation, einem Schlüsselbegriff der Wissensökonomie, agiert die Kunsthalle als offene Plattform für vorhandene und neu sich bietende Vernetzungsmöglichkeiten. Der Begriff der Open Innovation begreift eine Institution als Kommunikationsraum und Forum. Ausstellungen, insbesondere die Rahmenprogramme, Diskussionen über Kunst und die Anbindung an aktuelle Fragestellungen von Gesellschaft, Wissenschaft und Politik prägen das Haus. Paradigmatisch für das Prinzip der Open Innovation sind Ausstellungen wie *Dopplereffekt. Bilder in Kunst und Wissenschaft* und das damit verbundene (letzte) *See History. Art & Science,* in dem Wissenschaftler fast aller Fakultäten der Universität zu Kiel als Kuratoren eingebunden sind. Open Innovation umfasst aber auch ein systemimmanentes Qualitätsmanagement, einen breiten Wissensdiskurs und eine Wissensvermehrung auf der Basis eines qualifizierten Austauschs. Anstelle einer Closed Tradition schien der Begriff der Open Tradition letztlich allein in der Lage, eine Markenbeschreibung zu liefern, die Geschichte und Gegenwart, Standort und Neubau umfasst. Denn unter Wahrung ihrer Eigenständigkeit und unter Einbeziehung ihrer Historie nutzt sie Informationen und Kompetenzen verschiedener Herkunft und Disziplinen und bindet sie ein, um daraus etwas Neues zu formen. Betrachtet man die Spannbreite des Ausstellungs- und Veranstaltungsprogramms, so lässt sich daraus folgendes Alleinstellungsmerkmal ableiten: Der Blick auf die Kunstgeschichte erfolgt von dem Standpunkt der Gegenwartskunst – und nicht umgekehrt. Diese Haltung spiegelt sich in der Kommunikation, die Themen aus allen Bereichen der Gesellschaft aufgreift und sie mit Schlüsselthemen aller Diskursbereiche verbindet. Sie spiegelt sich aber auch in den Ausstellungskonzepten wie *Privatissimo. Kunst aus schleswig-holsteinischem Adelsbesitz, Cocker Spaniel and other tools for international understanding und Dopplereffekt. Bilder in Kunst und Wissenschaft*, denn dort geht es nicht vorrangig um historische Dokumentation, sondern um aktuelle Beiträge zu einem gesellschaftlichen Diskurs auf hohem Niveau.

In naher Zukunft soll der vordere Treppenaufgang saniert und in ein gestalterisches Gesamtkonzept integriert werden. Die Kunsthalle zu Kiel ist stets ein Haus gewesen, das sich der Innovation und Kommunikation verpflichtet fühlt. Tradition und Gegenwart werden auch in Zukunft miteinander im Dialog stehen und ermöglichen Synthesen, die Kunst, Kommunikation und Internationalität miteinander verbinden. Einen Eingangsbereich neu zu definieren, bedeutet, nicht nur eine weitere Tür zu öffnen: Ein ganzes Haus steuert einer Neueröffnung entgegen.

www.Kunsthalle-Kiel.de

Hans-Georg Bluhm

Leiter Keramikmuseum Kellinghusen

Keramik in Schleswig-Holstein

Schleswig-Holstein, das „Land zwischen den Meeren", entstanden durch die Einwirkungen von Eiszeit und Gezeiten, verfügt über zahlreiche gute Tonvorkommen. Dem entspricht eine ebenso umfangreiche wie auch vielfältige keramische Tradition.

Baukeramik

Der Ziegel begleitete die Baugeschichte des Landes vom hohen Mittelalter an bis in die Gegenwart. Das Material bewies dabei eine erstaunliche Anpassungsfähigkeit sowohl an unterschiedliche Bauaufgaben wie auch an wechselnde Stilrichtungen. Die ältesten erhaltenen Ziegelbauten in Schleswig-Holstein stammen aus der zweiten Hälfte des 12. Jahrhunderts: Als frühestes Beispiel profaner Ziegelarchitektur gilt die sogenannte „Waldemarsmauer" im Danewerk, der einstigen dänischen Grenzbefestigung auf der Schleswiger Landenge zwischen Schlei und Treene. Aus der gleichen Zeit datieren auch die ersten Zeugen des sakral-monumentalen Gewölbebaus aus Backstein. Das neue Baumaterial prägte etwa die Basilika der ehemaligen Stiftskirche in Bad Segeberg, die romanische Domkirche in Ratzeburg, und – als glanzvollen Höhepunkt – den Kernbau des Lübecker Doms, zu dem Heinrich der Löwe 1173/74 den Grundstein legte.

Die weitere Geschichte des Backsteinbaus in Schleswig-Holstein lässt sich an zahlreichen in situ erhaltenen Baudenkmälern ablesen: Seit der Mitte des 13. Jahrhunderts wurden in Lübeck, seit dem 16. Jahrhundert an der Westküste auch städtische Bürgerhäuser aus Ziegeln errichtet. Die neue Bauweise war zwar erheblich teurer als die früheren hölzernen Pfosten- und Ständerbauten, doch wirkte sie der Brandgefahr entgegen und bot zudem die Möglichkeit, aufgrund der Druckfestigkeit des Baustoffs in die Höhe zu bauen. Als um 1800 auf der holsteinischen Geest das Bauholz infolge intensiver Rodung knapp und damit teuer geworden war, propagierte die Obrigkeit auch hier die Verwendung von Ziegeln bei Neubauten. Ab den dreißiger Jahren des 19. Jahrhunderts setzte sich die massive Bauweise auch in den wirtschaftlich schwächeren Gebieten des holsteinischen Mittelrückens durch.

Mit der Heimatschutzarchitektur erhielt der Ziegel in Schleswig-Holstein in der ersten Hälfte des 20. Jahrhunderts eine neue ästhetische Qualität. In den 1920er Jahren entstanden „landschaftsgerechte" Wohnhäuser, Gartenstadtsiedlungen und öffentliche Gebäude mit einer betont handwerklichen Mauergestaltung. Der „Heimatstil" wirkte weit über die Zeit des Nationalsozialismus und die Nachkriegszeit hinaus.

Bis in die Gegenwart wird der Backstein gern als architektonisches Gestaltungsmittel genutzt, denn der aufgemauerte Ziegel ermöglicht horizontale und vertikale Betonungen in der Fassade. Darüber hinaus erlaubt der wetterfeste Stein, Versetzungen und somit ein plastisches Durchwirken der Fläche. Das gilt vor allem für den gesinterten, besonders druckfesten Klinker mit seiner Farbenvielfalt, die von Braun über Bläulich-Rot bis Violett und Schwarz reicht, und der im Reflex des Sonnenlichts eine beinahe irisierende Wirkung entfaltet. Treffend nannte der aus Bekenreihe bei Elmshorn stammende Fritz Höger, dem Norddeutschland so viele herausragende Backsteinbauten verdankt, den Klinker einen „Bauedelstein".

Gefäßkeramik

Auch die Gefäßkeramik hat in Schleswig-Holstein Tradition. Dazu gehören zunächst die schlichten, farbig dekorierten Geschirre aus Irdenware, die seit dem Mittelalter vom Töpferhandwerk für den alltäglichen Gebrauch in Stadt und Land hergestellt wurden. Töpferlandschaften mit eigenen charakteristischen Formen und Dekoren entwickelten sich beispielsweise im 18./19. Jahrhundert in Dithmarschen in der Gegend um Tellingstedt und in der Probstei bei Preetz.

In der Zeit des Gesamtstaates wurden zudem zwischen 1755 und 1771 in Schleswig, Altona, Criseby-Eckernförde, Kiel, Rendsburg, Kellinghusen und Stockelsdorf Fayencemanufakturen gegründet. Die Betriebe stellten in erster Linie repräsentatives Tafelgeschirr her, das im Vergleich zum teuren Porzellan recht preiswert war und dennoch dem anspruchsvollen Geschmack des niederen Adels und des gehobenen Bürgertums Rechnung tragen konnte. Kaum eines der Unternehmen hat bis in das 19. Jahrhundert hinein überlebt. Zum einen fehlte es an der Bereitschaft der Hersteller, die veralteten – noch dem Rokoko verhafteten – Formen und Dekore zu erneuern, zum anderen stockte der Absatz, denn gegen Ende des 18. Jahrhunderts eroberten sich das Porzellan und das in England industriell hergestellte Steingut ihren Platz auch in breiteren Bevölkerungskreisen. Eine Ausnahme bildete Kellinghusen: Hier konnte die Herstellung bis 1860 aufrechterhalten werden, denn die Manufakturen des kleinen Ortes hatten es verstanden, sich rechtzeitig auf neue Käuferschichten einzustellen. Kellinghusen nimmt somit eine Sonderstellung innerhalb der schleswig-holsteinischen Fayenceproduktion ein.

An industriellen Unternehmungen ragen zwei Gründungen heraus: 1906 wurde die „Elmshorner Steingutfabrik C. & E. Carstens" gegründet. Die Firma spezialisierte sich zunächst auf die Massenproduktion von Gebrauchsgeschirren, der sogenannten „Stapelware". Es gab nur eine begrenzte Anzahl von Gefäßtypen, die jedoch mit wechselnden Dekoren versehen wurden. Anfang der 1930er Jahre bis zur Betriebsaufgabe 1938 stellte man die Produktion auf Künstlerentwürfe um, an denen v. a. der renommierte Keramiker Siegfried Möller beteiligt war. Nach dem Zweiten Weltkrieg (1948 – 1998) produzierte die „Keramik-Manufaktur Kupfermühle" in Hohenlockstedt bei Itzehoe Geschirre für anspruchsvolle Kunden. Die Serie SIENA konnte 1958 im deutschen Pavillon auf der Weltausstellung in Brüssel gezeigt werden.

Lebendige Tradition bedarf der ständigen Erneuerung. Für die Keramik in Schleswig-Holstein übernahm seit 1947 diese Aufgabe die damalige Muthesius-Werkschule, die heutige Muthesius-Kunsthochschule. 1956 bis 1994 wirkte hier mit internationaler Ausstrahlung Johannes Gebhardt, zunächst als Leiter der Abteilung Keramik, seit 1978 als Professor. Unter seinen zahlreichen Schülerinnen und Schülern seien nur zwei stellvertretend genannt: Cathy Fleckstein, als freischaffende Künstlerin in Preetz lebend, und Kap-Sun Hwang, der heute selbst als Professor an der Seoul National University unterrichtet – mit eigener Werkstatt in Kellinghusen –, und der mit exzellenten Gefäßen für die Porzellanmanufakturen Meißen und Fürstenberg hervorgetreten ist.

Seit 1994 leitet Kerstin Abraham als Professorin die Klasse Freie Kunst und Keramik an der Muthesius Kunsthochschule in Kiel. Ihre Arbeiten entstehen auf der Basis einer fundierten humanistischen Bildung einerseits und einer beeindruckenden „Welterfahrenheit" andererseits. Dabei steht weniger das Gefäß oder die figürliche Plastik im Mittelpunkt ihres Interesses. Kerstin Abraham interessiert sich für das Objekt. Ihre Themen sind zum einen Räume, Raumkörper, Architekturen; zum anderen Formen von Gegenständen aus unserer Alltagswelt. Stets stehen die Motive in einem kulturellen, genauer gesagt, kulturgeschichtlichen Kontext.

Das Museum der Töpferstadt Kellinghusen sammelt, dokumentiert und erschließt sowohl die traditionelle wie auch die aktuelle Keramik Schleswig-Holsteins. Darüber hinaus findet jeweils am zweiten Augustwochenende seit 1987 der Kellinghusener Töpfermarkt rund um das Museum statt.

www.Kellinghusen.de

Maike Ossenbrüggen
Gritje Stöver
Söl'ring Foriining, Keitum

Die Kulturarbeit der Söl'ring Foriining auf Sylt

Die Söl'ring Foriining bildet mit ihren 2700 Mitgliedern, davon ca. 600 Familien, den größten Heimatverein im nordfriesischen Raum und stellt einen der wichtigsten Kulturträger der Insel Sylt dar. Der Verein tritt für die Erhaltung und den Schutz von Volkstum, Küste, Landschaft und Denkmälern auf der Insel Sylt ein.
Als Kulturverein sieht sich die Söl'ring Foriining vor ein vielschichtiges Spektrum der Kulturarbeit gestellt, das über die Kerngebiete des Vereins Brauchtumspflege, Küstenschutz und Landschaftspflege hinausreicht. Kulturarbeit erfordert einen interdisziplinären Brückenschlag, der sich aus der Ambiguität des Arbeitsfeldes Kultur ergibt. Bereits die Gründungsgeschichte der Söl'ring Foriining legt diese vielschichtigen Kulturleistungen des Vereins offen. Am 12. November 1905 wird die Söl'ring Foriining in Keitum mit der Absicht gegründet, „Heimatkunde und Heimatliebe auf der Insel Sylt zu wecken und zu fördern und das schon bestehende Museum in Keitum auszubauen zu einem umfassenden Denkmal des alten Sylt". Von Beginn an verfolgte der Verein damit zwei Ziele, ‚Förderung' und ‚Bewahrung' der regionalen Kultur.
Als privater Träger- und Förderverein, der sich nur in geringem Maße auf die gemeinnützige Unterstützung der Kommunen stützt, konnte die Söl'ring Foriining innerhalb ihres über hundertjährigen Bestehens diese Ziele durch Spenden und überwiegend ehrenamtliche Mitarbeit aufrechterhalten und verwirklichen. Neben dem Altfriesischen Haus, das Einblicke in die Sylter Wohnkultur des 18. Jahrhunderts bietet, ist der Verein Träger des Sylter Heimatmuseums, das u.a. die heimatkundliche Sammlung des Sylter Chronisten C.P. Hansen beherbergt, des jungsteinzeitlichen Ganggrabs ‚Denghoog' und der auf das Jahr 1767 zurückgehenden Entenfanganlage ‚Vogelkoje Kampen'. Darüber hinaus engagiert sich der Verein im erweiterten Bereich der Heimatpflege für den Naturschutz, im speziellen den Landschafts- und Küstenschutz auf der Insel Sylt. So betreut der Verein aktuell die Naturschutzgebiete Nord-Sylt, Vogelkoje Kampen, Rotes Kliff, Nielönn, Baakdeel und die Rantumer Dünen.

Neben der reinen Denkmal- und Heimatpflege zählt die aktive Förderung und der Erhalt der friesischen Identität zu den kulturellen Arbeitsfeldern der Söl'ring Foriining. Im Bereich der Brauchtumspflege bietet die Söl'ring Foriining einen kulturellen Anlaufpunkt für die friesische Minderheit der Insel Sylt, die zu den offiziell anerkannten Minderheiten der Bundesrepublik zählt. Eines der Kerngebiete bildet hierbei neben der Museumsweberei und der Trachtengruppe die Förderung des Erwerbs der friesischen Sprache als Identifikationsgeber für die Inselbewohner und Zeichen einer gelebten Kultur. Söl'ring, das Sylter Friesisch, das zu einem der Hauptdialekte der friesischen Sprache gehört, wird lebendig gehalten durch ein vielschichtiges Angebot der Sprachförderung in Kindergärten, Schulen der Insel und Sprachkursen für Einheimische und Gäste. Die Söl'ring Foriining setzt sich seit ihrer Gründung dafür ein, dem Verlust des Kulturguts ‚Sprache' entgegenzuwirken und hiermit zur Stärkung der friesischen Identität beizutragen.

Gegenwärtig verfolgt die Söl'ring Foriining unter dem Vorsitz von Maike Ossenbrüggen neben den Zielen Erhalt und Förderung der Kulturlandschaft Sylt neue Wege der Innovation und Kooperation. Gerade im Bereich der vier musealen Einrichtungen der Söl'ring Foriining ist die Umsetzung neuer Museumskonzepte notwendig, um eine effiziente und zeitgemäße Museumsarbeit zu gewährleisten. Zum aktuellen Museumskonzept gehört die Entscheidung, wechselnde Sonderausstellungen in den Räumlichkeiten des Heimatmuseums zu beherbergen. Die Idee, das Museum nicht nur als Ort der Bewahrung heimischen Kulturguts sondern auch als Plattform für wechselnde Kunstausstellungen zu nutzen, konnte unter Zusammenarbeit mit Prof. Schulte-Wülwer im Jahre 2008 erstmalig umgesetzt werden. Auf die Ausstellung *Künstlerinsel Sylt. Sylt in der Malerei von 1870 bis 1910* folgten im Jahre 2009 die beiden Ausstellungen „*Von Keitum aus. Fotografien in schwarz-weiß von Bleicke Bleicken*" und „*Ernst Mollenhauer. Die Sylter Zeit.*" Die Reihe der Sonderausstellungen setzt sich 2010 mit einer Fritz Overbeck Ausstellung fort, die u.a. Arbeiten aus der Zeit seiner Studienaufenthalte auf der Insel Sylt beinhaltet.

Die große Resonanz, die die bisherigen Sonderausstellungen gefunden haben, verstärkt die Idee einer Erweiterung des Museums. Planung und Entwicklung von Konzepten eines neu zu schaffenden Ausstellungsgebäudes, das sich in die vorhandene Architektur und die Tradition des Heimatmuseums einfügt, müssen in näherer Zukunft unter Einbeziehung der aktuellen musealen Standards angedacht werden. Neben den Ausstellungen mit dem Schwerpunkt ‚bildende Kunst' könnten thematische Ausstellungen zur Sylter Geschichte und Kulturlandschaft hier eine Ausstellungsfläche finden. Die ‚Bädergeschichte Sylts' wäre eine von vielen Möglichkeiten, die nahe Vergangenheit in Form von Sonderausstellungen schrittweise in das Ausstellungsangebot des Heimatmuseums zu integrieren. Überdies könnten die neu geschaffenen Räumlichkeiten als Forum für den kulturellen Austausch in den Bereichen ‚regionale Forschung' und ‚öffentliche Veranstaltung' dienen.

Innovationen zu neuen Wegen erhielt die Söl'ring Foriining durch den Marketing-chef der Noldestiftung Seebüll, Dr. Jörg Garbrecht, der im November 2008 in seinem Vortrag „Museen oder Mallorca" im Sylter Heimatmuseum Marketingkonzepte für ein lebendiges Museum vorstellte. „Das Tourismuskarussell dreht sich immer schneller", so Garbrecht, die Söl'ring Foriining muss vom Tourismusmarkt lernen, damit sich die Sylter Museen bald mit drehen. Die Söl'ring Foriining kann und will sich in Anbetracht ihrer Ziele ‚Erhalt' und ‚Förderung' des Sylter Kulturguts und der lokalen Identität der Sylter jedoch nur bedingt expansiven Vermarktungsstrategien öffnen. Der schmale Grat auf dem Weg zum Erlebnis- oder Eventtourismus wird vom Heimatverein in angemessenem Maße beschritten. Der seit der zweiten Hälfte der 1980er Jahre etablierte Begriff des ‚Kulturtourismus' ist hierbei aufgrund der Verortung der Söl'ring Foriining auf der Ferieninsel Sylt von besonderer Bedeutung. Das steigende Interesse an Kultur, gerade an einer ‚Kultur vor Ort', soll im Sinne einer Kultur- und Naturerfahrung als individuelles ortsspezifisches Potential nutzbar gemacht werden. Die Söl'ring Foriining verfolgt daher eine lebendige Kulturarbeit, bei der sie als Kulturvermittler Wissenstransfer und erlebte Geschichte vor Ort ermöglicht. Sie bleibt damit dem Gründungsgedanken treu. So heißt es auch in der Gründungsurkunde: „Im alles ausgleichenden Strom der Entwicklung und des Verkehrs, in der unser Flecken Erde mitten hinein geworfen ist aus seiner Abgelegenheit heraus, schwindet alter Sylter Eigenart, Sprache, Sitte immer mehr. Eigenartiges Volkstum bildet aber gerade einen großen Reiz für Fremde; das wollen unsere Gäste hier sehen und kennen lernen."

www.sylter-verein.de

Christine Berg

Intendantin der Nordischen Filmtage, Lübeck

Nordische Filmtage Lübeck: Vom kleinen Filmklub zum internationalen Branchen-Event

Film in Schleswig-Holstein hat eine lange Tradition, auch wenn es auf den ersten Blick nicht als die Hauptregion der Filmindustrie daher kommt. Auf den zweiten Blick erkennt man die wahre Filmleidenschaft des Landes. Hier sind Kinoklassiker wie Murnaus „Nosferatu" bis Breloers „Buddenbrooks" entstanden. Lübeck, die beschauliche Hansestadt an der Ostsee, ist aber auch Austragungsort des

größten und bedeutendsten Filmfestivals, das Schleswig-Holstein zu bieten hat: Die Nordischen Filmtage Lübeck. Sie haben sich in den vergangenen 50 Jahren zu einem kulturellen Event ersten Ranges entwickelt, das europaweite Ausstrahlung besitzt und vor allem für die skandinavischen Filmländer als Einfallstor für den internationalen Filmmarkt gilt. Traditionell lebt das Festival von der besonderen Hingabe ihres Publikums und Ihrer Leidenschaft für nordische Filme. Dies soll bewahrt werden, da es das Festival einzigartig macht. 2009 wurde nun der Blick nach vorne gerichtet und die NFL erfahren eine zusätzliche Entwicklung. Damit wurde eine noch größere Aufmerksamkeit auf ihre Attraktivität als Treffpunkt für die Filmindustrie gelegt.

Doch erst ein Blick zurück.

Über 24.000 Besucher strömen alljährlich in die Festivalkinos der Nordischen Filmtage Lübeck. Hinzu kommen 800 Vertreter der internationalen Filmbranche und 200 Pressevertreter. Dass dieses Großereignis – deren Höhepunkt die gemeinsam mit der Filmförderung Hamburg Schleswig-Holstein veranstaltete Filmpreisnacht im Theater Lübeck ist – einmal ganz klein angefangen hat, kann man sich heute kaum noch vorstellen: Im Jahr 1956 fanden die Nordischen Filmtage Lübeck erstmals statt – damals noch als kleiner Filmklub im Rahmen der „Nordischen Tage", eine städtische Veranstaltung, die ein Band zu Wirtschaft und Kultur in den nordischen Ländern knüpfen sollten. Der vom Apotheker Rolf Hiller gegründete Filmklub der Stadt steuerte damals 12 Filme bei, unter anderem Ingmar Bergmans frühes Meisterwerk „Abend der Gaukler". Das Budget der ersten Nordischen Filmtage Lübeck belief sich auf 753 Mark. Gezeigt wurden nur einige Filme, ohne Jurys, ohne Preise, ohne Stars und Glamour. Zum Vergleich: Heute werden auf dem Festival jährlich knapp 130 Filme gezeigt, die von einem aufwendigen Rahmenprogramm begleitet werden und in einer glanzvollen Gala mit einer ganzen Reihe hochkarätiger Preise prämiert werden. Stars aus Deutschland und Skandinavien geben sich ein Stelldichein. Das Budget liegt bei rund 500.000 Euro.

Seit 1956 haben sich die Nordischen Filmtage Lübeck von Jahr zu Jahr stetig erweitert. Dabei musste das Festival in der Anfangszeit in zwei Jahren mangels Finanzierung pausieren, weshalb das 50-jährige Jubiläum erst 2008 zustande kam. 1971 sind die Filmtage in städtische Trägerschaft übernommen worden. Im Jahr 1979 wurde erstmals ein Film ausgezeichnet: Der Publikumspreis der Lübecker Nachrichten ging damals an „Willst Du meinen schmucken Nabel sehen?" von Søren Kragh-Jacobsen. Im selben Jahr wurde das Kinder- und Jugendfilmprogramm eingeführt. Ende der achtziger Jahre wurde der Blick der Nordischen Filmtage Lübeck um die baltischen Filmländer erweitert. Im Jahr 2006 wurde das Festival wegen des hohen Publikumsandrangs um einen Tag verlängert.

Viele der Regisseure, die in Lübeck ihre Debütwerke vorstellten, haben mittlerweile Weltruhm erlangt – wie Bille August, Lasse Hallström, Aki Kaurismäki, Fridrik Thór Fridriksson oder Per Fly. Zahlreiche Legenden der nordischen Kultur haben dem Lübecker Festival einen Besuch abgestattet: So zum Beispiel Liv Ullmann, Bibi Andersson, Astrid Lindgren, Erland Josephsson und Thure Lindhardt.

Heute sind die Nordischen Filmtage Lübeck das einzige Festival in Deutschland, das sich ganz auf die Präsentation von Filmen aus dem Norden und dem Nordosten des Kontinents spezialisiert hat. In Europa wird diese Intention nur von den später entstandenen Festivals im französischen Rouen und dem litauischen Scanorama geteilt. Alljährlich werden hier Anfang November fünf Tage lang die neuesten Spiel-, Dokumentar- und Kurzfilme aus Dänemark, Estland, Finnland, Island, Lettland, Litauen, Norwegen und Schweden vorgestellt. Daneben gibt es ein umfangreiches Kinder- und Jugendprogramm und eine Retrospektive, die wichtigen Epochen, bestimmten Genres oder bedeutenden Persönlichkeiten der Filmgeschichte gewidmet ist. Seit 1987 präsentiert das Filmforum Produktionen aus Norddeutschland. Mit der Filmpreisgala, auf der auch der renommierte Norddeutsche Filmpreis verliehen wird, bietet das Festival einen der kulturellen Veranstaltungshöhepunkte Norddeutschlands.

Filme, die auf den Nordischen Filmtagen Lübeck für Aufsehen sorgen oder gar einen Preis gewinnen, werden nicht selten in direkter Konsequenz für den deutschen Kino-, TV- oder DVD-Markt aufgekauft. Zuletzt war das bei dem norwegischen Coming-

out-Drama „Der Mann, der Yngve liebte" der Fall. Davor wurden unter anderem die Komödie „Die Kunst des negativen Denkens" – ebenfalls aus Norwegen – und das dänische Sozialdrama „Eins zu Eins" für den deutschen Markt entdeckt.

Dass die Nordischen Filmtage Lübeck ihren Rang als Branchentreffpunkt weiter ausbauen, ist die große Herausforderung für dieses traditionell und stark in Schleswig-Holstein verwurzelte Filmfest, um in einer internationalen, immer vielseitigeren Festivallandschaft weiter an Attraktivität zu gewinnen. Deshalb gibt es in diesem Jahr erstmals einen Filmmarkt für skandinavische Produktionen, die noch keine Auswertung in Deutschland erfahren haben. Dieses Angebot für die Filmbranche ist deutschlandweit einmalig. Ebenfalls zum ersten Mal in diesem Jahr gibt es ein Treffen deutsch-norwegischer Koproduzenten. An zwei Tagen können sich die Teilnehmer über die Besonderheiten des deutschen und des norwegischen Filmmarktes informieren, Modelle der Finanzierung kennen lernen sowie gemeinsame Projekte besprechen. Ziel der Veranstaltung ist es, die Koproduktionen zwischen den Filmländern Deutschland und Norwegen anzuregen und zu fördern. Denn die Entwicklung auf dem internationalen Filmmarkt zeigt es: In Koproduktionen liegt die Zukunft der Branche.

www.filmtage.luebeck.de

Professor Rolf Beck

Intendant des Schleswig-Holstein Musik Festival, Lübeck

Die Erinnerung lebt von der Zukunft: Das SHMF blickt nach vorn – 25 Jahre Schleswig-Holstein Musik Festival

Als das Schleswig-Holstein Musik Festival vor einem Vierteljahrhundert gegründet wurde, gab es kein vergleichbares Konzept: Die Dezentralisation galt als Revolution in der Kulturlandschaft; nicht mehr den Metropolen allein sollte die große Kunst vorbehalten bleiben, es galt vielmehr, die traditionellen Musentempel zu verlassen und musikalische Ereignisse in das ganze Land zu bringen, direkt zu den Menschen.

Seit seiner Gründung im Jahr 1986 gehört das Schleswig-Holstein Musik Festival mittlerweile zu den herausragenden internationalen Kulturereignissen. Die renommiertesten Künstler aus aller Welt bringen Jahr für Jahr maßstabsetzende Konzerte in das nördlichste deutsche Bundesland. Darüber hinaus spielt das Schleswig-Holstein Musik Festival auch jenseits der eigenen Landesgrenzen in Dänemark, Hamburg und Niedersachsen. Die jährliche Sommersaison findet in der Regel zwischen Mitte Juli und Anfang September statt. Zusätzlich veranstaltet das Schleswig-Holstein Musik Festival neben einzelnen Sonderveranstaltungen wie Weihnachtskonzerten das internationale Jazz-Festival „JazzBaltica" – ein Wochenende im Juni mit ca. 20 Veranstaltungen auf Schloss Salzau.

Im Jahr 2009 besuchten mehr als 141.000 Musikfreunde fast 160 Veranstaltungen an 80 verschiedenen Spielstätten in rund 50 Spielorten. Bereits diese Dimensionen begründen die Einzigartigkeit des Schleswig-Holstein Musik Festivals als eines der größten Flächenfestivals weltweit.

Zweifelsohne hat das SHMF auf dem Gebiet der Festivals eine Vorreiterrolle inne. Zwischenzeitlich hat sich aber – und das ist gut so – eine Reihe weiterer Festivals etabliert, die ebenfalls ganze Landstriche mit musikalischen und sonstigen kulturellen Ereignissen bereichern. Die Idee des Schleswig-Holstein Musik Festivals erfährt nicht zuletzt dadurch eine Bestätigung; andererseits bedeutet dies gleichzeitig die Herausforderung, sich innerhalb der Mitbewerber stets aufs Neue zu positionieren.

Damit die Erinnerung an unvergessliche Gründerzeiten nicht in sentimentaler Museumskunde verblasst, sind wir also aufgefordert, das eigene Tun immer wieder zu hinterfragen und weiter zu entwickeln. Zufriedenheit ist Stillstand und damit Rückschritt – Visionen und Grenzerweiterungen öffnen die Zukunft und schaffen so erst die Basis zur Bewahrung der Erinnerung.

Unsere Aufgabe ist es, den Ausnahmecharakter des Schleswig-Holstein Musik Festivals zu erhalten. Die Voraussetzungen dafür sind mannigfaltiger Art, und der Platz an dieser Stelle reicht nicht aus, um ins Detail zu gehen. Auf einige Punkte sei mit der Bitte um Verständnis für die hier nur kursorisch gegebene Möglichkeit dennoch hingewiesen:

1. Oberste Maxime für alle Arbeitsbereiche des Schleswig-Holstein Musik Festivals ist die unbedingte Verpflichtung zur Qualität. Dies gilt selbstverständlich zunächst in Bezug auf das künstlerische Programm – Interpreten und Programme werden nach strengsten Maßstäben ausgewählt und zusammengestellt. Darüber hinaus findet dieser Grundsatz in der gesamten internen und externen Organisation, also insbesondere der Künstler- und Publikumsbetreuung, dem Kartenvertrieb, der Konzertdurchführung und dem Sponsoring Anwendung. Ein kontinuierliches Qualitätsmanagement überwacht sämtliche Abläufe, so dass nicht nur der Bereich des Budgets, sondern die gesamte Struktur des Schleswig-Holstein Musik Festivals durch ein entsprechendes Controlling gesteuert und im Bedarfsfalle situationsbezogen umgehend optimiert wird.

2. Erfolg setzt Profil voraus; Profilierung führt oftmals zur Spezialisierung oder wird mit dieser gleichgesetzt wie z.B. bei den Bayreuther Festspielen oder den Donau-

eschinger Musiktagen. Dass es auch anders geht, beweist das Schleswig-Holstein Musik Festival. Als eines der führenden europäischen Festivals hat es ein Konzept entwickelt, bei dem Profilierung nicht auf Kosten der Vielfalt geht. Kaum eine Kunstgattung findet im Programm des Schleswig-Holstein Musik Festivals keinen Platz: Von den „klassischen Musikereignissen" wie der Oper, dem symphonischen Konzert, dem Liederabend oder dem Recital, über Crossover-Projekte, dem Jazz, der Neuen und der Experimentellen Musik bis hin zu Veranstaltungen mit Literaturbezug und Ausstellungen wird in Schleswig-Holstein die gesamte Bandbreite des anspruchsvollen kulturellen Geschehens berücksichtigt. Das Festival erfüllt damit nicht nur das Bedürfnis nach Highlight-Konzerten, sondern schafft auch ein besonderes Angebot für Spezialisten.

3. Ein weiteres Markenzeichen des Schleswig-Holstein Musik Festivals ist die große Anzahl völlig neuer und ungewöhnlicher Spielorte. Neben den üblichen Konzertsälen wie dem Kieler Schloss, der Lübecker Musik- und Kongresshalle, der Holstenhalle in Neumünster oder der Laeiszhalle in Hamburg sind es die Herrenhäuser, Scheunen und Ställe, die Kirchen und Kathedralen, eine Werft, ein Flughafen oder Werkshallen, wo die Konzerte stattfinden. Die Liste ließe sich fortsetzen. Durch diese Strategie bekommen nicht nur die Veranstaltungen des SHMF eine Atmosphäre, wie sie andernorts so nicht anzutreffen ist; es hat sich außerdem auch das Stigma Schleswig-Holsteins als Bundesland mit unbedeutender Musiklandschaft schlagartig ins Gegenteil verwandelt: Indem die Musik durch Künstler von Weltruf der breiten Bevölkerung quasi an ihren Wohnorten nahe gebracht wird, wurde zusätzlich zur vom Schleswig-Holstein Musik Festival ausgelösten erheblichen Erweiterung des Kulturangebots auch eine verstärkte Identifikation der Menschen mit ihrem Land sowie eine grundlegende Verbesserung des Landesimages erreicht. Mit der bereits skizzierten Programmvielfalt und dem dezentralisierten, flächendeckenden Angebot anstelle der Konzentration auf wenige Aufführungsorte in Großstädten wird auch bisherigen Nicht- und Gelegenheitsbesuchern die Schwellenangst vor klassischer Musik genommen und das Ziel einer möglichst breiten Publikumsansprache realisiert.

4. Dass die Gastspiele internationaler Starinterpreten dem Sommer in Schleswig-Holstein Jahr für Jahr einen besonderen Glanz verleihen, ist – wie erwähnt – eine Grundvoraussetzung des Erfolgs und trägt sicherlich maßgeblich zum Nimbus des Schleswig-Holstein Musik Festivals als zumindest in Europa zur ersten Liga zählenden Klassikfestivals bei. Die bloße Aneinanderreihung klangvoller Namen stellt für sich gesehen jedoch noch keine dramaturgische Leistung dar und kann auch nicht als Indikator für die Unverwechselbarkeit einer Kultureinrichtung herangezogen werden. Das Schleswig-Holstein Musik Festival gibt sich daher nicht bereits mit dem

Engagement der Topkünstler zufrieden gibt (auch wenn die Leistung, diese Künstler für die eigene Veranstaltungsreihe gewinnen zu können, hier nicht geschmälert werden soll), sondern setzt mittels des sogenannten Länderschwerpunktes eine besondere dramaturgische Linie, so dass sich das künstlerische Programm neben der bereits erwähnten Vielfalt auch durch seine Einzigartigkeit auszeichnet. Das Schleswig-Holstein Musik Festival präsentiert im Rahmen der jährlich wechselnden Länderschwerpunkte die Kultur verschiedenster Nationen in all ihren Facetten. Neben der dadurch ausgelösten Konzentration auf die Kultur eines Landes führt der Länderschwerpunkt aber gleichzeitig insofern zu einer Ausdehnung, als dem Publikum nicht nur die Musik des jeweiligen Partnerlandes näher gebracht, sondern auch ein Blick auf die bildenden Künste sowie die Film- und Literaturszene der Gäste eröffnet wird. Durch die Mischung aus Modernem und Klassischem, aus Populärem und Avantgardistischem bekommen die Festival-Besucher faszinierende Einblicke in die Kultur der Gastländer, die sich nicht auf die Rezeption eines hochkulturellen Ereignisses, wie es auch in New York, Mailand oder Berlin zu erleben wäre, reduzieren. Möglich wird dies auch durch die zahlreichen am Länderschwerpunkt orientierten Begleitveranstaltungen in ganz Schleswig-Holstein, wie dem Kultursommer des Landeskulturverbandes.

5. Mit dem vorletzten Stichwort soll kurz auf ein besonderes Juwel unseres Festivals eingegangen werden, nämlich auf die Akademien des SHMF: Mit der Orchesterakademie, der Chorakademie und den Meisterkursen verfügt das Schleswig-Holstein Musik Festival über einen musikpädagogischen Schwerpunkt, der in seinem Anspruch und in seiner Struktur weltweit einzigartig ist und dessen Reputation weit über die Grenzen Deutschlands hinausreicht. Kein anderes Festival bietet dem musikalischen Nachwuchs in den drei wesentlichen musikalischen Disziplinen (Orchestermusiker, Chorsänger, Solist) ein Forum der Ausbildung an, in dem die eingeladenen jungen Instrumentalisten und Vokalisten neben der Vermittlung technischer Aspekte musikalische und persönliche Impulse von außergewöhnlichen Künstlerpersönlichkeiten erhalten, die die Teilnehmer in ihrer weiteren künstlerischen Entwicklung voranbringen und prägen. Jahr für Jahr werden in Vorspielen bzw. Castings, die auf vier verschiedenen Kontinenten stattfinden, die besten der besten hochbegabten jungen Musiker ausgewählt, um dann in der Abgeschiedenheit Schleswig-Holsteins mit Dirigenten wie Christoph Eschenbach, Kent Nagano, Valery Gergiev oder Christopher Hogwood (die Liste ließe sich fortsetzen) Programme einzustudieren, die im Rahmen der Konzerte innerhalb des sommerlichen Festivals oder auf Tourneen bis nach China, Japan, Südamerika oder in die USA zur Aufführung gebracht werden. Die Ergebnisse bestechen durch eine leidenschaftliche Spielfreude gepaart mit technischer Souveränität, die uns eine beglückende Bereicherung zu dem oftmals routinierten Spielbetrieb der etablierten Klangkörper beschert.

6. Und schließlich trägt ganz wesentlich zum unverwechselbaren Profil unseres Festivals das ehrenamtliche Engagement bei, das vom Schleswig-Holstein Musik Festival e.V. koordiniert wird. Der Verein bildet quasi das Rückgrat des Festivals: Rund 3.000 Mitglieder, ein Zusammenschluss begeisterter Musik- und Schleswig-Holstein-Fans, setzen ihre Kraft zum Wohl des Festivals ein. In jedem Festivalort gibt es einen sogenannten Beirat, der sich insbesondere um die Betreuung der Künstler vor Ort kümmert (Verpflegung, Einrichtung der Garderobe, Übergabe der Blumen, Ausrichtung des Empfangs nach dem Konzert etc.) und damit eine ganz besondere Stimmung schafft, die geprägt ist von Herzlichkeit, Gastfreundschaft und persönlicher Zuwendung. Das Schleswig-Holstein Musik Festival hat sich aus verschiedenen Gründen bewusst dazu entschieden, dem Ehrenamt eine herausgehobene Rolle im Gesamtgefüge des Festivals zu geben: Zum einen wird dadurch ein flächendeckendes, bürgerschaftliches Netzwerk geschaffen, das nicht nur ein Bindeglied zwischen Festival und Publikum darstellt, sondern darüber hinaus zur Verschmelzung von Machern und Konsumenten führt. Dies gibt beiden „Seiten" neue Impulse und erweiterte Sichtweisen, die es bei der isolierten Konzentration auf die jeweilige „Kernkompetenz" (Organisation bzw. Rezeption) so nicht geben kann. Zum anderen legt das persönliche, bürgerschaftliche Engagement die Basis für eine unverwechselbare Atmosphäre in den Festivalorten sowie im Rahmen der Veranstaltungen, die das Schleswig-Holstein Musik Festival von anderen Großveranstaltungen abgrenzt.

Es ist unser Auftrag und unsere Verantwortung, dieses vielschichtige Gefüge des Schleswig-Holstein Musik Festivals zu bewahren, indem wir es auf die Zukunft ausrichten. Alle sind aufgefordert, dazu beizutragen. Natürlich in erster Linie wir „Festivalmacher", aber ganz erheblich die Politik durch ihr klares Bekenntnis zum Festival, die Sponsoren und Förderer und auch unser Publikum, das wir Jahr für Jahr ermuntern, gemeinsam mit uns auf eine spannende Entdeckungsreise zu gehen.

Nur am Rande sei an dieser Stelle erwähnt, dass laut einer repräsentativen Umfrage des Instituts für Medien- und Sozialforschung TNS Emnid allein die direkte wirtschaftliche Wertschöpfung des SHMF (ohne Berücksichtigung der vorgelagerten Wirtschaftsbereiche) dem Faktor 4 entspricht; jeder Euro, den die öffentliche Hand in das SHMF investiert, fließt also mindestens viermal zurück in die Wirtschaft unseres Bundeslandes.

Das Schleswig-Holstein Musik Festival zeigt auf wunderbare Weise, welche Effekte eine Kulturarbeit haben kann, die sich den Menschen zum Mittelpunkt gesetzt hat. Alle profitieren davon: Der Konzertbesucher, die Wirtschaft und die öffentliche Hand. Das Schleswig-Holstein Musik Festival blickt optimistisch in die Zukunft.

www.shmf.de

Jens-Peter Müller

Vorsitzender der Landesarbeitsgemeinschaft Folk Schleswig-Holstein

Künstlerischer Leiter der folkBALTICA, Flensburg

Traditionen im Schmelztiegel

Ist man als Folkmusiker aufgefordert, über Begriffe wie „Bewahren" und „Erinnern" nachzudenken, stellt sich sogleich ein Abwehrreflex ein. Eigentlich merkwürdig, wo doch die historischen Wurzeln, die überlieferten Texte und Melodien Grundlage dieses Genre sind. Aber Geschichte und Geschichten, Werte und Überlieferungen, die sich nicht den Bezügen zur Gegenwart und dem Wandel stellen, werden zu Folklore. Dieser Umgang mit dem kulturellen Erbe hat seinen Wert und kann unterhaltsam sein. Diejenigen, die sich mit diesem diffusen Begriff Folk identifizieren, haben allerdings ein anderes Selbstverständnis. Gustav Mahler (!) hat es auf den Punkt gebracht, als er sagte:

„Tradition ist nicht die Anbetung der Asche, sondern die Weitergabe des Feuers." In diesem Sinne steht der Herd der schleswig-holsteinischen Folkszene auf dem Scheersberg zwischen Flensburger Förde und Ostsee, in der gleichnamigen Bildungsstätte. Hier trifft sich ein Teil der schleswig-holsteinischen Folkszene alljährlich zu

Pfingsten zu Workshops und gemeinsamem Musizieren, und hier wurde 1990 die Landesarbeitsgemeinschaft Folk gegründet, eine in Deutschland einzigartige Organisation. Dieses schon seit 35 Jahren (!) stattfindende „Internationale Folktreffen" hat bedingt durch eine sorgfältige Programmplanung Trends gesetzt und war Ausgangspunkt für eine – ebenfalls deutschlandweit einmalige – Nachwuchsförderung in diesem Bereich. Das Publikum in den öffentlichen Konzerten konnte

hier schon vor vielen Jahren erleben, dass „Folk" etwas anderes ist als nur Kneipenmusik von Liebhabern des irischen Bieres, sondern eine im mehrfachen Sinne grenzüberschreitende Musik, sowohl in Bezug auf Menschen unterschiedlicher Kulturen als auch als in der Offenheit für andere Musikrichtungen.

Die Anregungen kommen dabei hauptsächlich aus den nordeuropäischen Ländern, wo die traditionelle Musik als Kraft- und Inspirationsquelle gilt, wo man schon seit Jahrzehnten an unterschiedlichen Orten Volksmusik mit Hochschulabschluss studieren kann, und sich Musiker aus dem Jazz, Pop und der sogenannten E-Musik auf der Basis des Folk begegnen. „Volksmusik ist die wichtigste menschliche und musikalische Resource, ohne Volksmusik würden wir gar keine Musik spielen," sagte der schwedische Jazzposaunist Nils Landgren, als er im Jahre 2005 das neue Festival folkBALTICA in Flensburg eröffnete. Folkmusik als eine grenzüberschreitende Kraft zeigt damit auch eine Vision für die Bewältigung der globalen Herausforderungen: weg von Ideologien, Schubladen- und Lagerdenken hin zu neuen integrativen Denk- und Lösungsansätzen. Mit dieser, so gesehenen, „Weltmusik" haben sich neben der folkBALTICA auch Festivals wie das Möllner Folksfest, die „Frequenzen" in Meldorf oder die Folk-Beat-Veranstaltungen in Neumünster ein neues, zahlreiches Publikum abseits der engen Folkszene erschlossen. Die ländliche Struktur Schleswig-Hosteins bedingt aber, dass die tatsächliche Immigranten- und Weltmusikszene, wie sie in Städten aktuell und erfolgreich ist, hier wenig vertreten ist. Von der stilistischen Bandbreite haben wir in Schleswig-Holstein ansonsten fast alles, was „Folk" ausmacht: Von Celtic-Folkrock, Liedermachern, Freaks der Bordunmusik, Klezmer- und Cajun-Musik bis zu norddeutschen Klängen und sehr vielen Spezialisten für die Vielfalt skandinavischer Musiktraditionen. Folkmusik in Schleswig-Holstein bedeutet: in Schleswig-Holstein gespielte Folkmusik, und als dieser „Schmelztiegel" unterschiedlicher Kulturen führt die Folkmusik dann auch die vielleicht einzige, wirklich norddeutsche Tradition weiter.

www.folkbaltica.de

Horst-Dieter Fischer

Vorsitzender, „BluesBaltica", Eutin

BluesBaltica Eutin – eine schleswig-holsteinische Kreisstadt entwickelt sich zum deutschen Blues-Mekka

Bei Blues denkt man gemeinhin eher an endlose Baumwollfelder und verschlafene Juke – Joints im Mississippi-Delta der USA oder an verräucherte Großstadtkneipen in den schwarzen Gettos amerikanischer Städte wie Chicago und Memphis als an einen strahlend blauen Sommerhimmel über Eutin, der ostholsteinischen Kreisstadt inmitten einer idyllischen Hügel- und Seenlandschaft. Und so fragt sich manch eine Besucherin und manch ein Besucher des Internationalen Eutiner Bluesfestes skeptisch, ob man in solch einer Urlaubskulisse überhaupt den Blues haben kann.

Die Antwort lautet eindeutig ja; denn bereits seit 1990 findet jedes Jahr im Mai auf dem Eutiner Marktplatz das mehrtägige Internationale Bluesfest statt, und es erfreut sich seitdem ständig wachsender Beliebtheit und zunehmenden Zuspruchs. Heute lobt das führende deutsche Blues-Fachmagazin Bluesnews das Eutiner Bluesfestival in den höchsten Tönen. In seiner Ausgabe Nr. 58 vom Juli 2009 würdigt es die beeindruckende Entwicklung mit Blick auf das 20. Jubiläum des Festivals im Mai 2009 mit den Worten „Nach diesem Jahr dürfte sich das Bluesfest Eutin endgültig vom Geheimtipp zu einem der wichtigsten Bluesevents in Nordeuropa gemausert haben, was allein durch die vielen aus dem Ausland angereisten Zuhörer belegt wurde… Die sehr gute Programmgestaltung lässt keinen anderen Schluss zu".

Bei so hervorragenden Kritiken kann man sich heute kaum noch vorstellen, aus welch bescheidenen Anfängen heraus sich dies alles entwickelt hat: eine provisorische Bühne auf einem alten Anhänger, eine kleine Verstärkeranlage, einige wenige Getränke- und Essbuden und überwiegend norddeutsche Amateur-Bluesmusiker. Der Publikumszuspruch war trotzdem ausgesprochen gut, und im Laufe der Jahre gelang es, das musikalische Angebot immer weiter auszubauen und qualitativ zu steigern. Zunehmend konnten international renommierte Bluesinterpreten auch aus dem Ausland verpflichtet werden, wobei die Veranstalter besonderes Augenmerk darauf legten, Künstler aus dem Ostseeraum zu gewinnen.

Dieser in der Blueswelt einmalige Schwerpunkt „Baltikum", der sich bestens in die kulturellen Aktivitäten des Landes Schleswig-Holstein einfügte, und die Absicht, die Angebote des Eutiner Bluesfests noch einmal deutlich zu verbreitern und zu verbessern, führten Anfang 2006 dazu, dass einige engagierte Bluesfreunde aus Eutin und Umgebung den gemeinnützigen Verein zur Förderung des Blues im baltischen Raum – kurz Baltic Blues e.V. – ins Leben riefen. Schon im ersten Jahr wurden Riesenfortschritte erzielt:

Das Festivalbudget wurde deutlich erhöht, das Festival als BluesBaltica unter dem Dach der Ostsee-Kulturinitiative ArsBaltica etabliert, eine noch größere Anzahl von Künstlern aus dem Ostseeraum aufgeboten und vor allem die musikalische Qualität auf einen Schlag auf ein international anerkanntes Niveau angehoben.

In den folgenden Jahren zeichnete sich die BluesBaltica durch zusätzliche Aktivitäten und hervorragende Bluesinterpreten aus den USA und Nordeuropa aus: So gaben sich in Eutin aus den USA u.a. die Gewinnerin des viel beachteten Blues Music Awards Dianna Greenleaf, die Johnny Sansone Band und James Harman, aus Polen die jugendlichen Boogie Boys und die junge J.J. Band, aus Skandinavien Sven Zetterberg und Kenn Lending und aus Deutschland der hoch talentierte Henrik Freischlader ein Blues-Stelldichein. Weitere Informationen sowie stimmungsvolle Konzertfotos findet man auf der Homepage des Baltic Blues-Vereins www.blues-baltica.de. Zu den neuen Programmpunkten der BluesBaltica Eutin gehören Ausstellungen und das Projekt Blues@school. Bilder des Hamburgers Andreas Ole Ohlendorff von verstorbenen Bluesmusikern wie John Lee Hooker und Jimi Hendrix und eindrucksvolle Scharzweiß-Fotos des bekannten Konzertfotografen Donovan Allen (USA) unter dem Festival-Motto Black and white fanden viele interessierte Betrachter. Als sehr erfolgreich und zukunftsträchtig hat sich das BluesBaltica-Projekt Blues@school erwiesen, bei dem sich Bluesmusiker gemeinsam mit Schülern in lockerer Form mit den geschicht-

lichen, sozialen und musikalischen Aspekten des Blues befassen. Natürlich wird dabei auch zusammen musiziert, und so werden diese ungewöhnlichen Schulstunden zu einem besonderen Erlebnis für die Schüler und vermitteln ihnen viele neue Kenntnisse und Eindrücke.

Das jüngste Kind des Baltic Blues-Vereins Eutin ist die German & Baltic Blues Challenge – GBC/BBC –, der größte europäische Blueswettbewerb, der erstmals vom 29. bis 31. Oktober 2009 in Eutin stattfand. Dabei ermittelten rund sechzig Bluesmusiker aus dem gesamten Ostseeraum in Live-Auftritten die vier besten Blues-Acts Nordeuropas. Diese vier durch eine hochkarätige internationale Fachjury bestimmten Sieger nahmen im Januar 2010 auf Kosten der BluesBaltica an der Welt-Endausscheidung, der International Blues Challenge – IBC, in Memphis, USA, teil. Auf der IBC kämpften sie im weltweit größten Blueswettbewerb friedlich mit fast 200 Blues-Acts aus aller Welt um die Krone des Blues – der Traum eines jeden Bluesmusikers, einmal in seinem Leben in einem der weltbekannten Clubs auf der Beale Street in Memphis auftreten zu können! Weitere Informationen zur GBC/BBC findet man auf www.blues-baltica.de, zur IBC unter www.blues.org/ibc.

Die ständig größer werdende Bedeutung der BluesBaltica Eutin zeigt sich nicht nur an der großen Anzahl in- und ausländischer Besucher/innen, sondern auch an dem stark angewachsenen Medieninteresse. So veröffentlichen regionale und überregionale Printmedien und die Fachpresse immer wieder Berichte über BluesBaltica-Aktivitäten, und Radiosender wie der Deutschlandfunk und Rockradio.de übertragen Blueskonzerte aus Eutin live und in Sendereihen wie „On stage" und „Blues in concert". Die Verantwortlichen der BluesBaltica Eutin haben fest das Ziel im Auge, auch künftig

Bluesmusik und Blueskultur ansprechend in der Ostseeregion zu präsentieren, Live-Bluesmusik zu fördern und weiterhin vor allem junge Menschen mit dieser lebendigen Musikform vertraut zu machen. Dies kann – wie bisher nur mit Hilfe vieler Förderer aus dem privaten und öffentlichen Sektor gelingen. Der Baltic Blues-Verein Eutin dankt deshalb allen ganz herzlich für ihre bisherige Unterstützung und hofft auf lange anhaltende Kooperationen auch in der Zukunft.

www.bluesfest-eutin.de

Rainer Haarmann
Leiter JazzBaltica, Lübeck

JazzBaltica
„Die Hüter des Feuers sitzen in Salzau"

„JazzBaltica ist einmalig und ungewöhnlich, es wurde eines der wichtigsten Festivals der Welt." Doch wie kam es dazu, dass die Presse sich so lobend über ein Jazzfestival irgendwo auf dem Lande im überschaubaren Schleswig-Holstein äußerte? Wie konnte sich hier ein Jazzfestival von Weltrang etablieren? Zugegebenermaßen war der Weg lang und teils steinig, aber heute freuen wir uns über nun bald zwanzig Festivaljahre: 2010 geht JazzBaltica in die 20. Runde und das ist ein Ergebnis, auf das wir sehr stolz sind. Aber nun zurück zur Eingangsfrage.

Die Idee für JazzBaltica entstand 1990. Der damalige Ministerpräsident von Schleswig-Holstein, Björn Engholm, wollte seinen Plan einer kulturellen Gemeinschaftsinitiative der Ostseeländer, der „Ars Baltica", mit Beginn seiner Regierungszeit in die Tat umsetzen. Er sprach mir aus dem Herzen, als er sagte, dass eine Gesellschaft nur mit Kunst und Kultur überleben könne. Ich wurde damit beauftragt, nach ersten Projekten zu suchen und schlug vor, mit einem Ostsee-Jazzfestival zu beginnen. Ich kannte Engholms Vorliebe für diese Musik. Fest stand, dass die Ostseeregion im Mittelpunkt stehen sollte, es sich aber um ein offenes Fest der kulturellen Begegnungen über Grenzen und Kontinente hinweg handeln sollte. Das JazzBaltica Ensemble als eigenes Ensemble mit Musikern aus Ländern rings um die Ostsee sollte dieses Projekt maßgeblich stützen.

Die Vorstellung, passionierten Jazzmusikern die Möglichkeit zu bieten, sich einmal im Jahr im nördlichsten Bundesland Deutschlands zu treffen, sich auszutauschen und musikalisch zu befruchten, begeisterte uns alle. Kurz darauf, im Frühjahr 1991, ging es auch schon los. Anfangs war es harte Pionierarbeit für alle Beteiligten. Der musikalische „Think Tank" kam auf Schloss Salzau zusammen, dem Kulturzentrum unseres Landes. Anschließend wurden die Früchte der Arbeit bei Konzerten in Husum und Kiel präsentiert.

Das gemeinsame Leben und Arbeiten, der Austausch und das Experimentieren, dies alles spielte sich aber auf Salzau ab – weshalb also nicht auch das Ergebnis hier vorstellen? Denn auch die Kieler Oper, in der 1992 die Konzerte stattfanden, erwies sich nicht als idealer Konzertort. Die Künstler drängten darauf, ihre Musik dort zu präsentieren, wo sie entstand, wo sie sich entwickelte, wo sie erblühte und wo es zum musikalischen Diskurs kam. Und wie reizvoll war dieses Ambiente auch für Besucher! Also wurde 1993 hier die wunderbare Konzertscheune, die kleine Scheune sowie die Probenscheune dauerhaft Mittelpunkt des Festivals. Anfangs fanden vorwiegend norddeutsche Besucher den Weg in das beschauliche Salzau – wir mussten uns den internationalen Ruf von JazzBaltica erst mühevoll erarbeiten. Unter anderem auch dank unserer Medienpartner, dem NDR und 3Sat in Zusammenarbeit mit Deutschlandfunk und Deutschlandradio Kultur, die die Konzerte nach ganz Deutschland und darüber hinaus trugen und Jahr für Jahr heute noch tragen, wurde das „Kleinod unter den Jazzfestivals", wie einst ein Journalist schrieb, aber allmählich über die Landesgrenzen hinaus bekannt. Jedoch reichten die Besucherzahlen nicht aus, um JazzBaltica, so wie es war, am Leben zu erhalten.

Bevor JazzBaltica im Jahr 2000 eine neue Heimat unter dem Dach des Schleswig-Holstein Musik Festivals fand, luden 1995 meine Frau Theresia und ich Fachleute und Jazzfreunde zu einem gemeinsamen Austausch ein, um das Konzept des Festivals inhaltlich zu überdenken. So schnell gab sich der Jazz in Schleswig-Holstein nicht geschlagen. Aus diesen fruchtbaren Diskursen folgte 1996 ein erneuertes Festivalkonzept. Der Jazz auf dem Lande sollte munterer, einladender und jünger werden. Neu hinzu kamen unter anderem die „Session-Nights" im ebenfalls neuen JazzCafé im Salzauer Schloss – mittlerweile ein nicht wegzudenkender Bestandteil.

Die Botschaft kam an, JazzBaltica war über den Berg und das Ergebnis kann sich sehen lassen: Vor einigen Jahren beschrieb die Frankfurter Allgemeine Zeitung JazzBaltica als Festival, das sein Heimatland Schleswig-Holstein „auf der Jazzlandkarte verewigt" hat. Auch war es zum Sprungbrett in eine internationale Karriere für zahlreiche gefeierte Künstler des Nordens geworden. Nennen möchte ich beispielhaft Namen wie Nils Landgren, Esbjörn Svensson, Cæcilie Norby, Victoria Tolstoy, Solveig Slettahjell oder Rigmor Gustafsson. Sie wurden von JazzBaltica erstmals außerhalb ihres Heimatlandes vorgestellt und von hier aus starteten sie ihre zum Teil umjubelte internationale Karriere.

Heute kann man JazzBaltica mit Fug und Recht als Anziehungspunkt für die Besten des heutigen Jazz, als ein Festival mit internationaler Ausstrahlung, bezeichnen. So waren inzwischen wohl fast alle der namhaften und stilbildenden Größen der gefeierten Jazzwelt von heute zu Gast in Salzau. Es fing 1991 an mit dem amerikanischen Saxophonstar Charles Lloyd. Es folgten der argentinische Bandoneonspieler Dino Saluzzi, Gitarrenlegende Joe Pass, Dänemarks Basswunder, der unvergessene Nils-Henning Ørsted Pedersen und Lester Bowie, dessen Trompetenstil den Jazz der 1980er und 1990er Jahre maßgeblich geprägt hatte. Die Liste unvergesslicher Salzauer Begegnungen mit Jazzgrößen ist lang: Dave Brubeck, Max Roach, Toots Thielemans (erstmals mit Gesangsstar Paolo Conte), Ray Brown, Michel Brecker, Pat Metheny, Charlie Haden, Dianne Reeves, Wayne Shorter, Herbie Hancock, Dave Holland, Joe Lovano, Hank Jones, Don Friedman, Joe Locke, Bunky Green, Maria Schneider und viele mehr. Sie alle kamen nicht nur als durchreisende Tourneegäste – nein, sie kamen nach Salzau, um hier über mehrere Tage zu arbeiten, um Kollegen zu begegnen und neue Ideen und Projekte zu realisieren. Salzau wurde zu einem von der internationalen Jazzwelt geliebten „Homeplace" des zeitgenössischen Jazz.

Mittlerweile reist die Presse aus England, Frankreich, den USA, Italien, der Slowakei, der Schweiz oder Österreich an. Und auch die Musiker sind begeistert. So sagte der Saxophonist Joe Lovano, gern gesehener Gast bei JazzBaltica, einst: „It's a celebration of life and music!" Genau das bringt unseren Festivalgedanken auf den Punkt, und darauf kann jeder Bürger in Schleswig-Holstein ein wenig stolz sein. Wir sind es zumindest sehr und freuen uns auf die nächsten zwanzig Jahre! So wird auch weiterhin gelten, was Wolfgang Sandner in der Frankfurter Allgemeinen Zeitung schrieb: „Die Hüter des Feuers sitzen in Salzau".

www.jazzbaltica.de

Gert Haack

Chairman Ars Baltica Organizing Committee, Kiel

Ars Baltica

„Ars Baltica wird in unserem Land als eine Qualitätsmarke für die erfolgreiche kulturelle Ostseekooperation wahrgenommen", so der Staatssekretär im Auswärtigen Amt, Peter Ammon, und der damalige Chef der Staatskanzlei Schleswig-Holstein, Heinz Maurus, auf der Tagung der Ostseekulturminister in Riga. Dieses hochrangige Treffen der Kulturverantwortlichen aus den Ostseeanrainerstaaten behandelte im letzten Herbst u.a. die Fragen, wie sich die Ostsee-Kulturinitiative zukünftig ausrichten solle und die Kooperationen mit anderen Netzwerken rund um die Ostsee zu verbessern sei. Um das Ergebnis vorweg zu nehmen: Die kulturelle Zusammenarbeit zwischen den Ostseeanrainern bleibt ein Schwerpunkt in der multilateralen Zusammenarbeit der beteiligten zehn Länder. Und: Ars Baltica wird weiterhin als ein Leuchtturm zwischen den vielfältigen kulturspezifischen Netzwerken gesehen.

Die Anerkennung, die die schleswig-holsteinische Initiative damit gefunden hat, war vor fast zwei Jahrzehnten, am Ende der bipolaren Ära, nicht absehbar. Die Intentionen der Gründungsväter und -mütter zielten darauf ab, im gemeinschaftlichen Zusammenwirken zwischen Beteiligten aller partizipierenden Länder Projekte zu entwickeln, die das gemeinsame kulturelle Erbe heben und sichtbar machen sollten. Beispielhaft dafür steht die Fayencenausstellung in Schloss Gottorf im Jahre 2003. Die nach Jahren der Vorbereitung und unter Mitwirkung von Fachleuten aus Estland, Dänemark, Schweden und Deutschland zustande gekommene Ausstellung „Baltic Rococo" versinnbildlichte diese Idee. Die Fayencen, zwischen 1750 und 1800 produziert, gehörten in ihrem Formen- und Farbenreichtum zum Schönsten, was das nordeuropäische Kunsthandwerk dieser Zeit hervorgebracht hat. Die Forschungsergebnisse auf dem Gebiet der Ostseefayencen sind in einer Publikation zusammengefasst und somit einem breiteren Publikum zugänglich. Die Ausstellung präsentierte sich anschließend im Nordiska Museet in Stockholm, Det Danske Kunstindustriemuseum in Kopenhagen und im Museum of Foreign Art in Tallinn.

Nicht minder exemplarisch ist der Charakter der Ars Baltica Triennale der Fotokunst, die 2007 in der Kieler Stadtgalerie bereits zum vierten Mal eröffnet wurde. Sie versammelte 20 Künstlerinnen und Künstler aus dem Ostseeraum unter dem animierenden Titel „Don´t worry – be curious!". Fotografien, Videos und Installationen reflektierten auf unterschiedliche Weise die gesellschaftlichen Umbrüche und die dadurch hervorgerufenen Ängste und Widersprüche. Ausgewählt wurden die Künstlerinnen und Künstler von dem Kuratorentrio Dorothee Bienert, Kati Kivinen und Enrico Lunghi. Dank der Förderung durch das Land Schleswig-Holstein, das Programm Kultur 2000 der Europäischen Union und der Kulturstiftung des Bundes konnte die Ars Baltica Triennale in einem Artist-in-Residence-Programm vielen Künstlern ermöglichen, für die Ausstellung neue Arbeiten zu entwickeln. Im Anschluss an die erste Station in der Stadtgalerie Kiel „tourte" die Ausstellung ins KUMU-Art Museum of Estonia und ins Pori Art Museum nach Finnland.

Weitere 20 Projekte sind als Ars Baltica Projekte akkreditiert, darunter so bekannte wie die JazzBaltica, folkBaltica und auch BluesBaltica – allesamt gefördert durch das Land Schleswig-Holstein. Die Beispiele zeigen, dass die Mehrzahl der multilateralen Projekte im musischen oder im Bereich der Bildenden Kunst angesiedelt ist. Dieser Akzent ist der Eigenart der multilateralen Zusammenarbeit und der gut entwickelten Kooperationsbereitschaft der Projektentwicklerinnen und -entwickler geschuldet. Das Ars Baltica Komitee nimmt auf diese Inhalte der Projekte keinerlei Einfluss.

Das Ars Baltica Komitee ist in der Vergangenheit sicher mehr als heute als Initiator und Stimulator künstlerischer Prozesse hervorgetreten. In seinem Selbstverständnis sieht sich das Komitee heute dagegen mehr als Netzwerkbildner, als Informations- und Ideenbörse.

Diese – behutsame – Neuausrichtung wird in nächster Zukunft aktiv begleitet und moderiert durch die Einrichtung des Ars Baltica Sekretariats in Salzau. Mit Beginn des Jahres 2010 wird das Sekretariat, das teilweise aus Mitteln der beteiligten Kooperationsländer finanziert wird, seine Arbeit im Landeskulturzentrum aufnehmen und die Idee der Ostseekooperation an diesem Standort verdichten und weiterentwickeln. In der lingua franca der Ostseekooperation lauten diese Ziele, die im Herbst letzten Jahres in Riga formuliert wurden:

- ARS BALTICA organizing committee serves the ground for networking on a practical level and seeks to facilitate the cross sectional cooperation between cultural operators.
- ARS BALTICA' s new orientation is that it serves as an enabler and promoter for cultural processes, tendencies and trends within in the Baltic Sea Region.
- In the future ARS BALTICA will be more proactive regarding cooperation with other governmental and non-governmental institutions and other potential partners.

http://www.ars-baltica.net
http://kulturzentrum-salzau.de

Dr. Friedrich Wedell
Intendant chiffren, Kiel

Chiffren – Musik neu entdecken

„Es war das erste Festival für neue Musik – nicht nur in Kiel, sondern im Land Schleswig-Holstein. Und tatsächlich hatte man den Eindruck, als ob die Menschen dieser Stadt und Region schon seit langem sehnsüchtig darauf gewartet hätten", so schrieb die Musikfachzeitschrift „Positionen" nach dem Debut von **chiffren. kieler tage** für neue musik im Februar 2006.

Tatsächlich war spätestens seit Beginn der 1990er Jahre außer in der Musikhochschule Lübeck und einer seit 2003 in Eckernförde wirkenden Initiative des ensemble reflexion K im Lande praktisch keine neue Ensemblemusik zu hören – bis durch eine Initiative der Stadt Kiel, des Landes Schleswig-Holstein und des Forums für zeitgenössische Musik chiffren ins Leben gerufen wurde. Auf Anhieb ein Publikumserfolg, der auch die überregionalen Medien aufmerksam machte und der sich als Biennale etablieren konnte.

Von vornherein sind bei der Gestaltung des Festivals Aspekte der Vermittlung neuer Musik berücksichtigt worden. Auf dieser Basis konnten die Akteure von chiffren ein umfassendes Konzept erarbeiten, mit dem die Initiative als eines der deutschlandweit 15 Modellprojekte in das Förderprojekt Netzwerk Neue Musik 2008 – 2011 der Bundeskulturstiftung aufgenommen worden ist. Dies ist eine Auszeichnung und eine Herausforderung, sind daran doch hohe Erwartungen und eine besondere überregionale Aufmerksamkeit geknüpft. Als die wichtigsten Förderpartner vor Ort seien das Land Schleswig-Holstein, die Landeshauptstadt Kiel und die Sparkassenstiftung Schleswig-Holstein genannt. Die Trägerschaft von chiffren hat das Forum für zeitgenössische Musik e.V. in Kiel über-

nommen.

Das Gesamtprojekt wird aus zwei großen zyklischen Blöcken gebildet, die sich kongruent zueinander verhalten: der Biennale „kieler tage für neue musik" und der „Brücken". Beide Blöcke enthalten sowohl Konzertaktivitäten als auch Vermittlungsprojekte, jedoch mit unterschiedlicher Akzentuierung.

Der Schwerpunkt der Biennale liegt naturgemäß auf einer Konzertreihe im engen zeitlichen Rahmen eines Festivals. Die Programme geben einen Einblick in die aktuelle Produktion der Musik, ohne dabei aus dem Blick zu verlieren, dass auch die neue Musik bereits selbst eine lange Geschichte hat. Vor und während der Festivals finden inhaltlich daran gekoppelte Vermittlungsaktionen für unterschiedliche Zielgruppen statt, die in ihrem jeweiligen Thema auf die Programme der einzelnen Konzerte fokussiert sind: die Vortragsreihe „Crescendo", das Schulprojekt „Tuchfühlung", der Workshop „Vibrations" für junge Instrumentalisten, Komponistengespräche und nicht zuletzt das Podium „Kulturpolitischer Aperitif". Die Konzerte werden von hochrangigen Ensembles dargeboten. Neben international bekannten gibt das Festival auch renommierten Komponisten und Künstlern aus der Region Raum.

Der Fokus der Biennale liegt auf den vier bzw. in 2010 fünf Konzerten, die vom 4. bis 7. Februar 2010 in der Halle400 in Kiel stattgefunden haben. Das herausragende Ereignis dieser dritten Biennale war ein Auftritt des Klangforum Wien mit vier deutschen Erstaufführungen. Daneben präsentierte chiffren Kammerensemble Neue Musik Berlin, das Eckernförder ensemble reflexion K , das Klavierduo Jennifer Hymer und Bernhard Fograscher (Hamburg) sowie das 2009 von chiffren gegründete LandesJugendEnsemble Neue Musik Schleswig-Holstein, das sich bereits mit einem bemerkenswerten

Debut eingeführt hatte. Die Brücken zwischen den Spielzeiten des Festivals werden durch eine Reihe unterschiedlicher Projekte in Kooperationen mit einer großen Zahl von Partnern, die sich inhaltlich oder organisatorisch engagieren, gebildet. Die Projekte sind flexibler im Ablauf, haben jedoch ihre öffentliche Präsenz in Konzerten, die sich aus den Aktivitäten ergeben: Kooperationen mit anderen Konzert-

veranstaltern oder Ensembles, chiffren-Preis für die Interpretation eines Werkes der neuen Musik im Anschluss an Jugend musiziert, Abschlusskonzerte des in Schulen wirkenden „Ensemble in Residence" und des Kompositionskurses für Jugendliche „Composer in Residence" sowie von Teilnehmern an „Musiklabor" und Konzerte des LandesJugendEnsembles.

In künstlerischer Hinsicht erfordert der oben genannte Nachholbedarf einen Anschluss an die gegenwärtigen Entwicklungen der neuen Musik, der nur mit hochrangigen Ensembles und Konzerten überzeugend gelingen kann. chiffren will dafür in der Öffentlichkeit Aufmerksamkeit, Akzeptanz und Interesse wecken. Es will neue Publikumsschichten erschließen und insbesondere ein junges Publikum erreichen. Mit seinen Projekten und Veranstaltungen will chiffren die Musiklandschaft der Region prägend mit gestalten. Darüber hinaus will es als herausragende und weithin beachtete Initiative einen Kristallisationspunkt für die vorhandenen verstreuten Potenziale bilden, denen Projekt und Marke Motivation, Identifikation und Unterstützung bieten. Mit den durch ein breites Netzwerk möglichen beispielgebenden, zukunftsorientierten Kooperationen will chiffren nachhaltige Strukturen für die Stadt und die Region entwickeln. Ziel ist, im Publikum und bei den kulturell Verantwortlichen auf ein Bewusstsein für Kunst-Musik als innovative Ausdrucksform der Gegenwart hinzuarbeiten.

Vor allem aber will chiffren die Menschen erreichen und die Ohren öffnen für eine Musik, die die künstlerische Sprache unserer Zeit ist. chiffren lässt Menschen Musik neu entdecken.

www.chiffren.de
www.neuemusik-sh.de

Das Avantgarde-Festival in Schiphorst

Erinnern, bewahren, entwickeln – diese Schlagworte bezeichnen auch den Geist des Avantgarde-Festivals. Die frühesten Quellen, aus denen sich die Musik des Avantgarde-Festival speist, liegen schon über 40 Jahre zurück und erscheinen in der Retrospektive wie aus einer anderen Zeit. Wir erinnern uns:

Hippie-Kultur, Aufbruch für Bürgerrechte, Land-WG, Anti-Vietnam, Studentenrevolte, das waren die Themen damals, als auch in der deutschen Musikgeschichte eine neue Zeitrechnung begann: Die Musik wurde von einem anarchischen, basisdemokratischen Geist angetrieben, der sich jedem klassisch-künstlerischen Anspruch verweigerte. Freie Improvisation um der Lust am Spielen und Hören willen ohne Intention der kommerziellen Verwertbarkeit oder der Anpassung an bestehende Konventionen – das war ein neuer Ansatz, der auch in der klassischen Musik so noch nicht gewagt worden war. Bei allen Experimenten, die seit dem frühen 20. Jahrhundert die Konzertsäle erschüttert hatten und die auch in die elektronischen Studios eingedrungen waren, immer stand das geplante Experiment im Vordergrund, bei dem der Komponist letztlich dem klassischen Ideal des Genies nacheiferte, das sich durch das Kunstwerk in Szene setzt.

Dagegen stand der Aufbruch von Musikern, die als Gruppen gerade die individuelle Schöpfung ablehnten und sich als Teil einer gemeinsamen Erfahrung verstanden, bei der die Erzeugung von künstlerischem Ausdruck zwar Ergebnis aber nicht Intention sein sollte. Dieser Kunstbegriff schuf eine ungeheure Freiheit, weil viele Konventionen und Ansprüche, welche die Musikproduktion sonst schon vor der Entstehung in bestimmte Bahnen lenkten, entfielen. Das beginnt mit der Legitimität des Musikers. In der neu entstehenden Szene war der Nachweis einer musikalischen Vorbildung eher Handicap als Vorteil und eröffnete damit Menschen den Weg in die Musik, die bisher dafür keine „soziale Berechtigung" hatten. Auch die Art der Performance folgte plötzlich nicht mehr den gewohnten Formen und war dadurch auch nicht mehr an die klassischen Aufführungsorte gebunden, wodurch diese Kultur in Milieus getragen wurde, die nach heutigem Duktus eher als „kulturfern" zu bezeichnen gewesen wären.

Ein wichtiger Begriff, der durch diese Entwicklungen entstand, ist der „Krautrock". Er wurde von Engländern geprägt mit der Anspielung an die deutschen „Krauts", die sich jetzt eben auch im Rock versuchten. Die Existenz dieses Begriffes zeigt immerhin, dass die deutsche Entwicklung international wahrgenommen wurde – sonst wäre dieser Begriff nicht entstanden. Krautrock stand aber damals wie heute nicht einfach für eine Spielart konventioneller Rockmusik, sondern für ein radikales Experiment jenseits der eingefahrenen Bahnen.

Das alles sind heute Erinnerungen an eine Zeit des Aufbruchs und der Auflehnung gegen einen erstarrten und geordneten Kunstbetrieb, in dem sich junge Menschen damals neue Ausdruckmöglichkeiten und ein neues Zusammengehörigkeitsgefühl erobert haben.

Von diesem Gefühl, das viele von uns noch selbst miterlebt haben, möchten wir etwas bewahren. Viele von uns haben die Ideale, die bei der Erinnerung an diese Zeit mitschwingen, nie aufgegeben und träumen weiter von einem freien Leben mit Gleichgesinnten ohne feste Regeln und mit der Möglichkeit der spontanen Improvisation – nicht nur in der Musik! Doch auch die, die diese Kultur mit aufgebaut haben, sind älter geworden. Sie besetzen heute meist nicht mehr Häuser sondern ganz normale Arbeitsplätze in der Wirtschaft, leiten Firmen und Behörden oder haben sich als Künstler oder in freien Berufen eingerichtet. Nur wenige haben die permanente Improvisation zu ihrem dauerhaften Lebensalltag gemacht. Bei den meisten ist das äußere Leben ein bürgerliches mit Familie, Haus und Auto geworden, und trotzdem ist bei vielen der alte Spirit nicht versiegt, der sie immer wieder die alten Platten auflegen läßt und bei Jahresfeiern und Geburtstagen ein wenig von der Stimmung wieder aufkommen läßt, die die alten Zeiten geprägt hat. Und auch mit diesen wollen wir die Erinnerungen bewahren, weil sie ein Teil unserer Geschichte und Kultur sind und wir den Stolz haben zu sagen, dass die Ideale, die dahinter stehen, auch heute noch ihre Berechtigung haben und – allen Widrigkeiten zum Trotz – weiter gehört werden sollen. Und damit sind wir beim Weiterentwickeln: Gerade weil die Themen des Eintretens für

Freiheit und dem Mut zur Improvisation nichts von ihrer Aktualität verloren haben, suchen wir immer wieder nach den neuen Formen des Ausdrucks dafür. Der Krautrock hat im Laufe der Zeit eine Vielzahl von Stilrichtungen beeinflusst, viele Künstler haben sich in benachbarte Bereiche hinein entwickelt und eine Vielzahl an jungen Künstlern forscht heute einem ganz ähnlichen Geist mit ihren eigenen Mitteln nach. Sie alle zeigen, dass die damals entstandenen Ideale auch heute ihre Berechtigung haben und dass die daraus entstehende Musik ein begeistertes Publikum findet, das sich inzwischen aus ganz unterschiedlichen Altersgruppen zusammensetzt. Da sind die alten Krautrocker ebenso wie die jungen Elektronikfreaks und bisweilen finden sich auch Zuhörer aus dem eher klassischen Milieu, die Lust auf etwas Neues, Anderes haben. Sie alle sind herzlich willkommen. Der Krautrock und was sich daraus entwickelt hat war nie borniert oder elitär, hatte und hat immer den Anspruch, offen für alle Zuhörer zu sein, die unvoreingenommen an Musik herangehen. Wir haben auch weiter die Überwindung der Trennung zwischen Musikern und Publikum auf dem Programm. Es ist daher kein Zufall, dass es beim Avantgarde-Festival keinen Backstage-Bereich gibt, dass Musiker und Publikum gemeinsam den Tag verbringen, dass praktisch alle Musiker die gesamte Zeit des Festivals dort miterleben (und manche bleiben auch länger). Viele alte Freunde treffen sich dort, spontane gemeinsame Improvisationen finden statt, und dies ist nicht nur die Wunschvorstellung eines Faltblattschreibers. Dank des unermüdlichen Einsatzes von Jean-Herve Peron, der selbst seit 40 Jahren mit „Faust" auf der Bühne steht, und Carina Varain, die einen Großteil ihrer Zeit für den alljährlichen Event einsetzt, ist das Avantgarde-Festival der internationale Treffpunkt für die gesamte experimentelle Musik und ihre Zuhörer geworden. Und nicht nur die Musiker kommen aus der ganzen Welt, auch die Besucher reisen aus Europa, den USA und sogar Japan an, um bei den „3 days of Utopia" (Zitat Chris Cutler) dabei zu sein.

Und wir haben uns viel vorgenommen: In einer Zeit, in der die Live-Events wieder wichtiger werden, in der „Musik abseits des Mainstream" auch im Radio wieder hörbar wird, wollen wir mit dem Avantgarde-Festival der internationale Treffpunkt für experimentelle Musik bleiben und ein wachsendes Publikum für diese Musik begeistern. So werden wir auch in Zukunft die wichtigsten Trendsetter nach Schiphorst holen und denen eine Bühne und ein begeistertes Publikum bieten, die noch unverbraucht und ohne Staralüren die Musikentwicklung vorantreiben. Und wir hoffen, dass uns auch das Publikum dabei weiter folgen wird mit der Lust am Neuen, am Experimentellen, Ungewohnten, Provozierenden...

So ist denn aus der Erinnerung und dem Bewahren ein pulsierendes, hochaktuelles Projekt geworden, das nicht nur in Schleswig-Holstein seinesgleichen sucht und das immer wieder die Möglichkeiten von Freiheit und Gemeinschaft neu auslotet.

www.avantgardefestival.de

Holger Hübner

Konzertveranstalter

Wacken Open Air

Als Holger Hübner und Thomas Jensen vor 20 Jahren die Idee hatten, in ihrer Heimat-
gemeinde Wacken ein Open Air Festival für die Fans harter Musik zu organisieren,
ahnten sie noch nicht, dass aus dieser Initiative das größte und wichtigste Heavy Metal
Festival der Welt entstehen würde. Zum ersten Wacken Open Air 1990 kamen 800
Fans, alle zumeist aus der Region, sechs Jahre später kamen erstmals mehr als 10.000
Heavy Metal Fans nach Norddeutschland. Ende der Neunziger Jahre wusste das Wacken Open Air als eines der ersten Festivals die immer größer werdende Bedeutung
des Internets für sich zu nut-
zen. Über das neue Medium
konnten Heavy Metal Fans
auf der ganzen Welt erreicht
werden. So wurde nach und
nach das Wacken Open Air
immer mehr zum Treffpunkt
der internationalen Heavy
Metal Szene. Mit dem Fes-
tival wurde auch der Ort
Wacken zum Inbegriff für
Toleranz und Akzeptanz der
Harten Musik. Die ländliche
Gemeinde, mit 1.800 Einwoh-

nern, empfängt Jahr für Jahr Zehntausende Heavy Metal Fans mit einer einzigartigen
Gastfreundschaft. Das Festival ist jedes Jahr das herausragende Ereignis für das Dorf
Wacken und die angrenzenden Gemeinden. 2003 kamen erstmals 30.000 Besucher
zum W:O:A. Mittlerweile war das Festival nicht nur bei den Fans aus der ganzen Welt
zum wichtigsten Termin des Jahres avanciert, auch die Künstler dieses Genres, machten Wacken zu einem festen Bestandteil ihres Terminkalenders.

International bekannte Musiker kommen Jahr für Jahr nach Norddeutschland. Ob
Motörhead, Saxon, Slayer oder im Jahr 2008 die britische Heavy Metal Legende Iron
Maiden, kein Künstler lässt es sich nehmen vor mittlerweile 75.000 begeisterten Festi-
val-Besuchern auf über 200 ha Fläche, in einer einmalig friedlichen Atmosphäre aufzutreten.

Der Mit dem Max Ophüls Preis ausgezeichnete Film "Full Metal Village" der Korea-
nerin Sung Hyung Cho zeigt auf eindrucksvolle Weise die Atmosphäre, die Dorf, Fans
und Musiker jedes Jahr wieder zu einem eindrucksvollen Erlebnis machen.

Die Veranstalter haben aber nicht nur kontinuierlich an der Logistik und dem Ausbau des Festivals gearbeitet. Gerade die Nachwuchsarbeit liegt dem W:O:A Team besonders am Herzen. 2005 wurde der W:O:A Metal Battle – ein Nachwuchswettbewerb für Heavy Metal Bands ins Leben gerufen. War der Metal Battle im ersten Jahr noch ein nationaler Wettbewerb, nehmen heute schon 26 Nationen teil. 2008 konnte erstmals eine israelische Band, die Endrunde, die auf dem Wacken Open Air ausgetragen wird für

sich entscheiden. Neben einen Plattenvertrag wird der Sieger langfristig begleitet und beraten. Aus dem Engagement in der Nachwuchsförderung wurde die Idee einer Stiftung geboren, die Wacken Foundation. Diese Stiftung unterstützt neben jungen Musikern auch in Not geratenen Familien. Zu den Kuratoren gehört unter anderem die deutsche Sängerin Doro Pesch.

2009 konnte das Wacken Open Air sein 20jähriges Jubiläum feiern. Die Veranstalter ruhen sich aber nicht auf ihrer Erfolgsgeschichte aus. Immer wieder investieren sie in das Gelände und die Infrastruktur um den Fans und Musikern jedes Jahr aufs Neue das Wacken Open Air zum Heavy Metal Event des Jahres zu machen.

Das Musikbusiness ist auf Grund seiner Vielfältigkeit und Komplexität schwer zu durchschauen. Dabei spielt es keine Rolle, ob es sich nun um den Musikkonsumenten, oder den kreativen Künstler handelt.

Die Firma ICS Festival Service GmbH (ICS) hat es sich zum Auftrag gemacht genau diese Facetten unter einen Schirm zu bringen und durch vielfältige Kompetenz in allen relevanten Bereichen ein klar durchstrukturiertes Netzwerk zu schaffen.

Jahrelange Erfahrung in den Bereichen: Konzertveranstaltungen, Tourneebuchung, Künstlerbetreuung, Label, Verlag, Vertrieb, Internetradio, Shop, Mailorder, Promotion, Reisen und Ticketversand stehen dabei zu Buche und erschaffen ein Puzzle, in dem jedes Teil perfekt an das andere gereiht eine übersichtliche Einheit bildet.

www.wacken.com

Thomas Overdick

Leiter des Flensburger Schiffahrtsmuseum

Die Besucher ins Boot holen
Entwicklungen, Perspektiven und
Herausforderungen maritimer Museen

Ergebnisse der Fachtagung „Rethinking the Maritime Museum", 20.-23.05.2009, Flensburg und Aabenraa

50 Museumsfachleute aus Deutschland, Dänemark, Grönland, England, Finnland, Belgien und den Niederlanden waren auf Einladung des Flensburger Schiffahrtsmuseums und des Museums Sønderjylland – Kulturhistorie Aabenraa vom 20. bis 23. Mai 2009 nach Flensburg und Aabenraa gekommen, um innovative Entwicklungen, neue Perspektiven und aktuelle Herausforderungen maritimer Museen zu diskutieren. Die Tagung setzte vier Themenschwerpunkte: Maritime Sachkultur, maritime Erzählungen, maritimer Tourismus und maritimes Erbe.

Mit der provokant gestellten Frage, ob maritime Museen überhaupt eine Zukunft hätten, setzte gleich zu Anfang *Tony Tibbles (Merseyside Maritime Museum, Liverpool)* in seinem Eröffnungsvortrag den Kurs der Tagung. Tibbles zeigte auf, wie sich mit dem Wandel der Seefahrt, Hafenstädte und Küstenregionen auch das Umfeld maritimer Museen und damit die Zielgruppen und Nutzer dieses spezifischen Museumstyps grundlegend gewandelt haben. Hatte bislang ein Großteil der Besucher maritimer Museen selber einen engen persönlichen Bezug zur Seefahrt, so ist heute eine gewachsene Distanz festzustellen. Die Herausforderung, denen sich Schifffahrtsmuseen heute daher stellen müssen, ist, die Distanz zwischen der maritimen Wirklichkeit und der Erfahrungswelt an Land zu überbrücken und verstärkt die Bedeutung aufzuzeigen, die eine global agierende Seefahrt für den Alltag der allermeisten Menschen heute nach wie vor und vielleicht mehr denn je hat. Dies wird nur möglich sein, wenn die Museen ihre traditionell eher objektzentrierte Ausrichtung ablegen und stattdessen themenzentrierte Strategien entwickeln, die sich an den Interessen und Erfahrungen der aktuellen und potentiellen Museumsbesucher orientieren.

Diese Perspektive stellt eine große Herausforderung an die beiden musealen Kernaufgaben vom Sammeln und Ausstellen. Zentral ist hier die Frage, wie sich „Maritimität" definieren lässt und nicht zuletzt, wer das „Maritime" überhaupt definiert. Die Tagung machte an verschiedenen Stellen deutlich, dass das „Maritime" stets im Spannungsfeld zwischen kollektiver Erinnerung und populären Vorstellungsbildern bestimmt wird, was sich u. a. in der heute weit verbreiteten symbolischen Ausstaffierung unserer Küstenlandschaften mit maritimen Insignien wie Seezeichen und Fischerbooten widerspiegelt. Museale Sammlungsstrategien stehen hier vor der Herausforderung, der stereotypen Wiederholung mit kritischer Reflexion zu begegnen. Denn es ist nicht das Objekt selbst, sondern sein Bezug zur maritimen Wirklichkeit, die seine „Maritimität" definiert. *Torkil Adsersen (Handels- og Søfartsmuseet, Kronborg)* schlug daher vor, nicht von maritimen Objekten, sondern vielmehr von maritimen Beziehungen zu sprechen. Mit der eingehenden wissenschaftlichen Analyse und Dokumentation können Objekte so zu Mittlern werden, deren jeweilige Geschichten helfen, die Distanz zwischen maritimer Wirklichkeit und Vorstellung zu überbrücken und die Besucher wieder „ins Boot" der Museen zu holen. Durch Interaktivität, Atmosphäre und Erlebnismöglichkeiten kann die Faszination dieser Geschichten jenseits der traditionellen „Vitrinen-Meere" vermittelt werden, wobei das Spektrum der Erzählweisen von High-

tech (z. B. *Heureka – The Finnish Science Centre, Helsinki*) bis Bordmittel (z. B. *Deutsches Sielhafenmuseum Carolinensiel*) reicht. Die Ergebnisse können in beiden Fällen erfrischend und inspirierend sein.

Maritime Museen sind kein Selbstzweck, sondern leisten wichtige Beiträge zur Entwicklung des maritimen Tourismus im Besonderen und zur Erhaltung, Dokumentation und Erforschung des maritimen Erbes im Allgemeinen. Wichtige Perspektiven eröffnet hier das Konzept der *„Soft Values of Sea Ports"* von *Eric van Hooydonk (Watererfgoed Vlaanderen, Antwerpen)*. Demnach sollte Hafenentwicklung nicht bloß unter ökonomischen Gesichtspunkten betrachtet werden, sondern ganzheitlich von einem stadtplanerischen Standpunkt aus, der die seewirtschaftlichen Interessen mit soziokulturellen Aspekten eines modernen Hafen(er) lebens verbindet. Eine solch integrative Strategie schafft die Grundlage für eine kulturelle Entwicklung und touristische Vermarktung, wie sie etwa im Tourismuskonzept des Landes Schleswig-Holstein angestrebt wird. Vorbildlich erscheint hier das Konzept des *Historischen Hafens Flensburg*. Dass in diesem Zusammenhang maritime Museen zum Knotenpunkt von Netzwerken verschiedener maritim-historischer Institutionen werden können, zeigt das Beispiel vom *Museum Time & Tide (Great Yarmouth, UK)* und seiner leitenden Rolle im Kulturnetzwerk Maritime *Heritage East*. Ziel dieser europaweit wohl einmaligen Initiative ist die vernetzte Erschließung des maritimen Erbes einer ganzen Region. Für die Bewahrung und Pflege maritimer Kulturgüter sind Netzwerke zwischen öffentlichen Institutionen und privaten Initiativen unerlässlich.

Denn gerade die Aufgabe der Erhaltung historischer Schiffe kann langfristig nur im gemeinsamen Zusammenspiel von Museen und privaten Eignern gelingen, indem ein gegenseitiger Wissenstransfer zwischen historischer Forschung und praktischer Erfahrung stattfindet.

Prof. Dr. Willy Diercks
Geschäftsführer SHHB a.D., Schleswig
Stefan Lipsky
Chefredakteur sh:z a.D., Flensburg

Schleswig-Holstein Maritim

Die Ziele

Zahlreiche Vereine, Verbände, Museen und Privatinitiativen beschäftigen sich mit der Bewahrung oder Dokumentation des maritimen Erbes Schleswig-Holsteins. Ein Erbe, das ein wachsendes öffentliches Interesse verdient. Zur Unterstützung und Koordination dieser Aktivitäten wird von Schleswig-Holstein Maritim e.V., einem Verein zur Förderung des maritimen Tourismus, der Traditionsschifffahrt und technischer Kulturdenkmäler im Lande Schleswig-Holstein, ein maritimes Netzwerk unterhalten.
Dieses Netzwerk hilft denen, die sich um konkrete maritime Projekte kümmern, denen es aber oft an Verbindungen im Lande oder an know how für Öffentlichkeitsarbeit und Marketing fehlt. Unter dem Dach des Vereins wird das maritime Erbe des Landes dokumentiert, zusammengeführt und – wo möglich – auch präsentiert. Die Aufgaben des Vereins sind kurz umrissen:

- **Förderung des maritimen Wissens**
  Die Verbreitung maritimen Wissens in Bildungseinrichtungen, z.B. Schulen, mit dem Ziel der Stärkung einer landesweiten Identität (z.B. auch durch grenzübergreifende Jugendarbeit).

- **Durchführung von Veranstaltungen**
  Die Veranstaltung eines landesweiten maritimen Festes fand im Sommer 2008 zum ersten Mal in der Landeshauptstadt Kiel statt.

- **Maritime Kooperationen**
  Die Zusammenarbeit mit vergleichbaren Institutionen anderer in- und ausländischer Küstenländer (z. B. European Maritime Heritage, Stiftung Hamburg Maritim, etc.) läuft oder wird angestrebt.

- **Kommunikation**

  Der Verein betreibt landesweite Öffentlichkeitsarbeit, Kommunikation, Werbung für das maritime Erbe.

Das maritime Erbe Schleswig-Holsteins

Unter dem maritimen Erbe Schleswig-Holsteins sind historische Segler und Dampfschiffe, Leuchttürme, Häfen und Museen, Kanäle und Schleusen, sogar Kirchen und Friedhöfe zu finden.

Die Schiffe

Mit dem Nydam-Boot beginnt die nachweisbare maritime Geschichte der Region im Jahr 320 nach Christus, gefolgt vom im Jahr 950 n. Chr. vor Haithabu gesunkenen Wikingerboot, das 1953 entdeckt wurde, sowie dem in der Schlei gefundenen Wrack von Karschau aus der Zeit um 1138, das den schiffbaulichen Übergang von den Wikingerbooten zu späteren Seglern der Hansezeit belegt.

In Museen oder als eigenständige Exponate werden im Land zwanzig Museumsschiffe gezeigt. Unter diesen das 1943 bei Blohm + Voss in Hamburg gebaute und 1972 in Laboe aufgestellte Unterseeboot U 995 und die ebenfalls bei Blohm + Voss 1911 gebaute Viermastbark PASSAT in Travemünde.

Dreizehn stationäre Veteranenschiffe werden als schwimmende Restaurants und Klubhäuser genutzt, darunter in Heikendorf das 1886 aus Holz gebaute, ehemals dänische Feuerschiff LÆSØ RENDE.

Eine Armada von über 80 aktiven Veteranen unter Segeln, darunter 19 Boote, die vor dem Jahr 1900 gebaut wurden, ist in Schleswig-Holsteins Häfen beheimatet.

Das älteste Boot ist der Zollsegler RIGMOR aus dem Jahr 1855, der heute von Glückstadt aus Fahrten unternimmt. 26 Veteranen mit Dampfmaschine oder Motor haben ihren Heimathafen in Schleswig-Holstein. Das älteste Schiff dieser Flotte ist der 1900 gebaute Lauenburger Raddampfer KAISER WILHELM, der regelmäßig Fahrten auf der Elbe unternimmt. Seit über 100 Jahren ist Kiel ein Zentrum des europäischen Yachtsports. 1882 wurden die Segelregatten zum ersten Mal veranstaltet. 1936 und 1972 fanden Olympische Segelwettbewerbe in Kiel statt. Die historische Yachtszene befindet sich heute komplett in privater Hand, wodurch die Schiffe grundsätzlich in sicherem Fahrwasser schwimmen.

Die Museumshäfen

Historische Segler prägen das Bild der Museumshäfen in Flensburg, Kappeln, Kiel, in der Probstei, Büsum und Lübeck. Diese Oldtimer-Häfen sind touristische Anziehungspunkte und vermitteln Besuchern der Städte ein eindrucksvolles Bild vergangener Zeiten.

Die Bauwerke

Zum maritimen Erbe gehören neben den schwimmenden Attraktionen landseitige Bauwerke, deren Erscheinungsform und Nutzung überwiegend durch ihre Nähe zum Wasser geprägt sind. Dabei handelt es sich um z.B. Lotsenhäuser, Fährhäuser, Leuchttürme, Rettungsbootschuppen, Silos und Speicher, Brücken, Kanäle, Schleusen und Hafenanlagen. An Schleswig-Holsteins Küsten stehen insgesamt 43 Leuchttürme. Fast alle sind 100 und mehr Jahre alt, allesamt landschaftsprägende Sehenswürdigkeiten.

In Travemünde findet man ein bemerkenswertes Double: Deutschlands höchster Leuchtturm auf dem 1972 erbauten Maritim-Hotel und davor der restaurierte Alte Leuchtturm, dessen Ursprünge auf das Jahr 1539 zurückgehen.

In Schleswig-Holstein gibt es 33 maritime Museen und Sammlungen, davon sind 21 Heimatmuseen; sie widmen sich dem Nord-Ostsee-Kanal, der Fischerei, der Marine, den Wikingern und den Slawen. Vier dieser Häuser bezeichnen sich als „Schifffahrtsmuseen" – nämlich die in Flensburg, Husum, Kiel und Lauenburg.

Bemerkenswert sind auch diejenigen maritim-historischen Anlagen, die einer neuen, touristischen Nutzung zugeführt worden sind, wie die Siegfried-Werft in Eckernförde, heute ein gut geführtes Restaurant und Hotel in bester Lage, oder das moderne Husumer Rathaus, das auf der Slipanlage der alten Husumer Werft mitten im Herzen der Stadt steht. Davor der Tonnenleger HILDEGARD aus dem Jahr 1907.

Die besondere geographische Lage Schleswig-Holsteins zwischen zwei Meeren verlangt nach verbindenden Wasserstraßen: So wird ab 1398 der Stecknitz-Kanal von Lübeck zur Elbe befahren, er gilt heute als älteste künstliche Wasserstraße Nordeuropas. 1784 entsteht mit dem Eiderkanal der Vorläufer des heutigen Nord-Ostsee-Kanals, der 1895 eingeweiht wird. Ebenfalls landschaftsprägend sind die großen Brücken über den Nord-Ostsee-Kanal – in Hochdonn (1913 gebaut), in Levensau (aus dem Jahr 1893) und die 1911 errichtete Rendsburger Eisenbahnhochbrücke. Zwei bekannte Wasser-Bauwerke sind von besonderer Bedeutung: Der 1926 eröffnete Hindenburgdamm sowie das 1973 erbaute Eidersperrwerk. Unter den 15 Schleusen des Landes ist vor allem die 1726 gebaute Lauenburger Palmschleuse am Stecknitz-Kanal zu erwähnen, ebenso wie die Anlagen am Alten Eiderkanal. Historische Hafenanlagen finden sich in Husum mit dem 1528 angelegten Binnenhafen, in Glückstadt an der Elbe und in Tönning. Kirchen waren zu jeder Zeit für Seefahrer besondere Orte des Dankes für ihre gesunde und unversehrte Heimkehr. 35 Votivschiffe schmücken die Gotteshäuser des Landes. Von alters her wurden für Seeleute oder namenlose Opfer der See Friedhöfe angelegt: So auch in Westerland auf Sylt und auf Amrum die Friedhöfe der Namenlosen. 17 maritime Mahn- und Ehrenmale erinnern an Ereignisse deutscher und schleswig-holsteinischer See-Geschichte, in der die Marine naturgemäß eine wichtige Rolle spielt.

Die maritime Geschichte

1848 stellt das Land die erste deutsche Marine auf, um sich vor dänischen Angriffen und Belagerungen zu schützen. Zwei Jahre Jahr später wird das erste deutsche Unterseeboot in Kiel konstruiert und gebaut. Dieser „Brandtaucher" ist das erste an der Ostsee gebaute Eisenschiff. Es wird heute im Dresdener Militärhistorischen Museum

gezeigt. 1865 erhält Preußen die Hoheitsrechte über den Kieler Hafen, 1910 wird die Marineschule in Mürwik eingeweiht, im November 1918 geht der Erste Weltkrieg mit dem Kieler Matrosenaufstand zu Ende.

Der Zweite Weltkrieg hat tiefe Spuren hinterlassen: 1945 fliehen 2,5 Millionen Menschen mit Schiffen, Booten oder Kähnen aus dem Osten an die schleswig-holsteinischen und dänischen Küsten.

Maritime Zeitzeugen sind die Flensburger Fördedampfer ALBATROS und ALEXAN-DRA. Wenige Tage vor Kriegsende ereignet sich in der Neustädter Bucht ein Drama, an das auch heute noch Mahnmale erinnern: Britische Bomber versenken das Gefangenenschiff „Cap Arkona" mit Tausenden von Opfern.

Nach dem Zweiten Weltkrieg unterhält die Marine bis zu 15 Stützpunkte in Schleswig-Holstein. Marine-Geschichte wird insbesondere durch Mahnmale in Laboe und Möltenort dokumentiert.

Die maritime Gegenwart

Zur Seefahrt gehört der Schiffbau. Elf Unternehmen sind heute im Land tätig – eine touristisch attraktive Besonderheit stellt die Museumswerft in Flensburg dar. Dort können Besucher den Bootsbauern bei der Arbeit über die Schulter sehen. Das attraktivste Erlebnis für einen interessierten Touristen ist, selbst in See stechen zu können. Hierfür gibt es zahlreiche Möglichkeiten, vom Tagesausflug auf einem der Dampfschiffe bis zur Kojen-Charter auf holländischen Plattbodenschiffen, die im Sommer zahlreiche Fahrten an unseren Küsten unternehmen. Maritim geprägte Restaurants und Hotels erfreuen sich an vielen Orten wegen ihrer besonderen Atmosphäre und Speisekarten großer Beliebtheit: Ein über die Landesgrenzen hinaus bekanntes Beispiel ist die Lübecker Schiffergesellschaft, die auf das Jahr 1535 zurückgeht. Weitere maritim-touristische Besonderheiten finden sich auf der Hallig Langeness, wo Fahrten ins Watt mit einer Draisine angeboten werden. Am Nord-Ostsee-Kanal und an der Elbe empfangen Schiffsbegrüßungsanlagen vorbeifahrende Schiffe, und in Rendsburg kann man mit einer einzigartigen Schwebefähre über den Nord-Ostsee-Kanal fahren. Von großer touristischer Bedeutung sind maritime Feste wie die Kieler und Travemünder Woche oder das Flensburger Oldtimer-Treffen „DampfRundum".

SCHLESWIG-HOLSTEIN MARITIM will den „maritimen Schatz" des Landes heben. Der Tourismus soll gefördert und die Betreiber alter Schiffe oder maritimer Denkmäler unterstützt werden. Alles, um der maritimen Szene dieses Landes zu noch mehr Glanz zu verhelfen.

Wolfgang Gramm
Geschäftsführer Kunst in der Carlshütte, Kurator Nord Art, Büdelsdorf

Kunst ohne Grenzen
Das zweite Leben der Büdelsdorfer Carlshütte

Wer sich im mittlerweile zwölften Jahr der Nord Art an die Anfänge der Kunst in der Carlshütte (KiC) zurückerinnert, gerät unweigerlich ins Staunen. Und das trifft nicht nur auf die vielen tausend Besucher zu, sondern auch und gerade auf die Handvoll Menschen, die 1997 – nach der Stilllegung der Büdelsdorfer Carlshütte – mit neuem Leben zu erfüllen. Nicht, dass es nicht genügend Wunschträume und Visionen gegeben hätte (und heute noch gibt); aber im Nachhinein wäre es mehr als vermessen, die vielen glücklichen Fügungen, die das Projekt bislang begleitet haben, außer acht zu lassen. Immer wieder haben sich unvermutet Türen geöffnet, und waren helfende Hände und Köpfe zum richtigen Zeitpunkt da. Dass sich die Nord Art heute Nordeuropas größte jährliche Kunstausstellung nennen darf und 2008 von der Standortinitiative „Land der Ideen" ausgezeichnet wurde, ist das Verdienst vieler – und ein Erfolg, auf den wir natürlich stolz sind.

Als die Hollersche Carlshütte, das erste Industrieunternehmen der Herzogtümer Schleswig und Holstein und im 19. Jahrhundert das größte Eisenwerk Norddeutschlands, 1997 nach 170 Jahren stillgelegt wurde, blieben im Besitz der ACO Gruppe die riesigen Hallenschiffe mit dem mächtigen Kupolofen, ein 60.000 Quadratmeter großes Parkgelände, das in Teilen schon im 19. Jahrhundert angelegt wurde, charmante alte Gebäude wie die Alte Wagenremise und das Direktorenhaus zurück. Das unverwechselbare Ensemble, genau zwischen Büdelsdorf und Rendsburg gelegen, verpflichtete aus Sicht von ACO-Geschäftsführer Hans-Julius Ahlmann geradezu dazu, diese Geschichte weiterzuerzählen. Das Projekt „Kunst im Betrieb", mit dem die ACO mich damals beauftragt hatte, war vermutlich die erste glückliche Fügung auf dem Weg zur Nord Art. Denn schon von Beginn an drängten die vielen Ideen und Bilder sich und uns aus dem ursprünglich gedachten Rahmen hinaus in die unvergleichlichen Spielorte, die die alte Carlshütte bot. Die Funken sprühten nur so in dieser Phase, und sie entfachten zwangsläufig ein Feuer: 1997 eröffnete KiC die erste Ausstellung in der Alten Wagenremise und begann ab diesem Zeitpunkt, das gesamte Gelände zu erobern. Heute zeigt die Nord Art, die zwei Jahre später zum ersten Mal nach Büdelsdorf einlud, in jedem Sommer zwischen Anfang Juni und Ende September Bilder, Skulpturen, Installationen, Grafiken und Fotografien von mehr als 200 Künstlern aus aller Welt.

Kunst in der Carlshütte, vor allem die Nord Art als ihr größtes jährliches Projekt, ist stetig gewachsen. Äußerlich ist das anhand der Ausstellungsflächen und der ständig steigenden Zahl von Besuchern abzulesen, aber auch hinter den Kulissen haben sich neue Netzwerke entwickelt. So ist der Ausstellung seit dem Jahr 2000 ein Bildhauersymposion vorgelagert, auf dem vor der Nord Art für die Nord Art gearbeitet wird, seit 2008 richtet die KiC außerdem ein Symposion für junge Maler aus. Sowohl diese Arbeitsphasen als auch die Ausstellung selbst sind so konzipiert, dass etablierte und junge Künstler miteinander arbeiten.

Einerseits wollen wir damit den Ausstellern den Weg ins globale Dorf ebnen, andererseits aber auch globale Ideen und Visionen vor die eigene Haustür holen. Dieser Grundidee ordnen sich auch sämtliche Kooperationen unter, etwa das jährliche Kino-Wochenende, das wir zusammen mit dem Kommunalen Kino Rendsburg ausrichten, oder die Lesungen und Poetry Slams, die das Nordkolleg Rendsburg in der Carlshütte veranstaltet.

KiC, mittlerweile gGmbH, wurde schnell eine gemeinsame Initiative der ACO Gruppe und der Stadt Büdelsdorf. Inzwischen hat sich die Stadt Rendsburg angeschlossen, zudem unterstützt uns seit 2008 das Land und vermittelte zudem Fördergelder aus dem Europäischen Fonds für regionale Entwicklung. Damit ist eine finanzielle Grundbasis geschaffen, die uns vergleichsweise ruhig in die jährlichen Etatplanungen gehen lässt. Mit diesem Konstrukt ist allerdings auch der Umstand verbunden, sich zunehmend als Standortfaktor und betriebswirtschaftliche Größe in der politischen Debatte wiederzufinden und seine Existenzberechtigung nicht zuletzt über den Zuspruch des Publikums nachweisen zu müssen.

Hier wird es eine der großen Herausforderungen für die KiC sein, auch weiterhin Projekte mit ungewissem Ausgang zu realisieren und der Kunst einen möglichst großen Freiraum zu erhalten. Denn die Carlshütte ist nicht nur ein einzigartiger Ausstellungsraum, sondern auch eine grenzenlose Inspirationsquelle.

www.kic-nordart.de

Dr. Imke Lüders

Projektleiterin „Domarus-Archiv" der Sparkassenstiftung Schleswig-Holstein, Kiel

Was tun mit Künstlernachlässen?
Das Domarus-Archiv

Das Schaffen der Nachkriegskünstler wurde nicht durch Kriege oder andere Notzeiten dezimiert, im Gegenteil, der Nachkriegswohlstand förderte eine reiche Kunstproduktion. Die Frage nach dem Verbleib umfangreicher Künstlernachlässe stellt nun zahllose Künstler oder deren Erben vor ein großes Problem: Die Kunstwerke sollen möglichst zusammen bleiben und nicht einzeln „verhökert" oder gar weggeschmissen werden. Bisher versuchte man solche Bestände Museen oder Stiftungen anzuvertrauen, in der Hoffnung, so die Kunstwerke für die Nachwelt zu erhalten. Doch insbesondere die Werke weniger bekannter Künstler fristen auch hier, wenn sie denn überhaupt angenommen werden, zumeist ein Schattendasein. Denn die kunstwissenschaftliche Bestandsaufnahme ist aufwendig, und den Museen fehlen hierfür häufig Personal und Mittel. Um hohe Besucherzahlen zu sichern, werden nach wie vor die Werke bekannterer Künstler in Ausstellungen bevorzugt.

Dieses Problem wird seit einigen Jahren erkannt und angegangen. Die gezielte Bewahrung und Erforschung von Künstlernachlässen auf regionaler Ebene begann in Hamburg. Im August 2003 wurde hier der gemeinnützige Verein *Forum für Nachlässe von Künstlerinnen und Künstlern (FFKN)* gegründet. Er vereint erstmalig die Arbeitsfelder Museum, Archiv, Ausstellungshaus und wissenschaftliche Forschungsstelle für Künstlernachlässe, vorrangig aus Hamburg und Schleswig-Holstein. „Immer mehr Künstlernachlässe werden auseinander gerissen und in alle Winde zerstreut, bevor sie in ihrer Gesamtheit erfasst werden können. Oftmals fehlen Möglichkeit oder gar das Wissen um die fachgerechte Lagerung, nicht selten sind es auch mangelnde Finanzen, die für die desolate Situation vieler Nachlässe verantwortlich sind" (www. kuenstlernachlaesse. de). Das Forum verwirklicht sein Vereinsziel, „bedeutende kulturelle Werte zu bewahren und zu erforschen", wesentlich durch Mitgliedschaften, Finanz- und Sachspenden sowie tatkräftige, ehrenamtliche Hilfe. Weitere Initiativen dieser Art folgten und folgen in jüngster Zeit: Seit 2008 gibt es in Bonn das *Rheinische Archiv für Künstlernachlässe* (www.rak-bonn.de), auch im saarländischen Saarlouis sowie in Luxemburg sind vergleichbare Institutionen in Planung.

Im Januar 2009 erfolgte, in Zusammenarbeit mit der bundesweit tätigen Stiftung *Kunstfonds*, der Spatenstich für ein *Zentrum für Künstlernachlässe* in der ehemaligen Abtei Brauweiler in Pulheim bei Köln, wo ein 2000 Quadratmeter großes Magazin

entstehen soll. Jedoch wird dieses Zentrum nur den Nachlässen bedeutenderer Künstler vorbehalten bleiben.

2009 übernahm die Sparkassenstiftung des Sparkassen- und Giroverbandes Schleswig-Holstein den Nachlass des Künstlers Ernst von Domarus. Der 1900 in Pommern gebürtige und später in Kassel lebende Autodidakt vermachte, um familiäre Streitigkeiten zu vermeiden, sein Erbe von rund 700 Bildern und autobiographischen Dokumenten dem Schwiegersohn, Edwin Theune aus Altwittenbek bei Kiel. Das Ehepaar konnte 1977, noch am Sterbebett des Künstlers, die Sammlung bei einer anderen Stiftung unterbringen. Jedoch passierte hier während der Dauer von zehn Jahren genau das, was die Erben im Sinne des Künstlers nicht wollten: die Bilder schlummerten unberührt im Depot. Also entzog der verantwortungsvolle Erbe der Stiftung die Bilder, bewahrte sie in einem ehemaligen Kinderzimmer und bemühte sich selbst um Ausstellungen und

die Publikation der Bilder mittels Kalendern und Postkarten. Jedoch war dies ein sehr mühsames Unterfangen und ohne professionelle Hilfe kaum nachhaltig zu bewerkstelligen. Zudem kommen nun auch die Erben selbst in ein hohes Alter, und sie möchten den Künstlernachlass für die Nachwelt sichern und publik machen – den Kindern kann man diese Verantwortung nicht aufbürden.

Nach jahrelanger Suche kamen Irmingard und Edwin Theune mit der Sparkassenstiftung ins Gespräch. Doch auch hier konnte man nicht ohne Weiteres eine so umfangreiche Sammlung von Kunstwerken eines weitgehend unbekannten Künstlers annehmen, denn dieser Nachlass benötigt Raum und kostet Zeit und Geld. Also wurden der Stiftung nicht nur die Bilder und Dokumente anvertraut, sondern auch ein monetärer

Betrag dazu gespendet, um die professionelle Archivierung, Inventarisierung, wissenschaftliche Bearbeitung und Publikmachung zu finanzieren. In Zusammenarbeit mit der schleswig-holsteinischen Objekt- und Museumsdatenbank *digiCULT Verbund eG (www.digicult-sh.de)* werden die Kunstwerke des Ernst von Domarus als „*Domarus-Archiv – Schenkung Theune*" zunächst in ihrer Gesamtheit publiziert und im Laufe der Zeit zudem sukzessive Teilaspekte aus Leben und Werk des Künstlers durch Ausstellungen und Printmedien der Öffentlichkeit vorgestellt. Mit dieser Lösung hat die Sparkassenstiftung nicht nur dem Ehepaar Irmingard und Edwin Theune eine große Last abgenommen, sondern ebnet einen Weg, wie regionale Stiftungen dem zunehmenden „Nachlassboom" auch in Zukunft Rechnung tragen können.

www.domarus-archiv.de
www.imke-lueders.de

Hannes Albers

Galerist aus Benz/Usedom in Mecklenburg-Vorpommern

In der Kunst KEIN Land der Horizonte

Schleswig-Holstein ist ein besonders schwieriges Pflaster für Galerien. Nur wenige haben sich zwischen der Nordsee und der Ostsee über die Jahre etablieren und halten können. Andere sind abgewandert. Keine der Galerien in Schleswig-Holstein hat sich eine überregionale Ausstrahlung erkämpfen können. Sie arbeiten vielmehr seit Jahren lokal oder regional sehr beharrlich und oft selbstausbeuterisch. So kratzt beispielsweise Hein Lüth in Halebüll oft seinen letzten Groschen zusammen, um seinen Künstlern (Künstlerinnen) einen guten Katalog zu ermöglichen. Auf den großen Kunstmessen in Deutschland, Österreich und der Schweiz findet sich meist jedoch an keiner Koje ein Hinweisschild auf einen Ort nördlich der Elbe. Das Land der Horizonte glänzt hier regelmäßig durch Abwesenheit.

Eine Ausnahme stellt das Kunsthaus Lübeck dar, das seit Jahrzehnten überregional präsent ist. Die beiden Partner pflegen jedoch keine klassische Galerie, die regelmäßig Künstler ausstellt und sie auf ihrem Weg begleitet. Das Kunsthaus Lübeck ist vielmehr ein Verlag, der Editionen auflegt und europaweit erfolgreich anbietet. Die beiden Inhaber, der Eine nach außen gewandt (Frank-Thomas Gaulin) und der Andere still für den Innenbereich zuständig (Klaus Oestmann), setzen seit Jahrzehnten mit einem sicheren Gespür auf große Namen und Mehrfachtalente, zunächst auf Horst Janssen, den genialen Zeichner aus Hamburg, der auch wunderbare Texte schrieb

– gegenwärtig auf Günter Grass, den Bildhauer, Grafiker und Schriftsteller sowie auf Armin Mueller-Stahl, den Schauspieler, Musiker und Maler. Sie waren und sind Glücksgriffe für einen Kunsthändler. Das Kunsthaus Lübeck hat sich im deutschsprachigen Raum etabliert. Sozusagen als Ausnahme von der schleswig-holsteinischen Regel!

Ein Sonderpflaster im Land zwischen den Meeren bildet die Insel Sylt, nicht so sehr durch die Galerie Sprotte, die das Erbe des bekannten Westküstenmalers Siegward Sprotte pflegt, sondern durch mehrere Galerien, zum Beispiel aus Nordrhein-Westfalen (Peerlings) oder aus Baden-Württemberg (Rudolf). Sie prägen in Kampen und Keitum die Szene. Wo auch sonst? Diese Galerien setzen schwerpunktmäßig auf die Klassische Moderne. Sie bedienen die Wohlhabenden der Republik, die auf Sylt in einem eigenen Haus oder im Sommer während eines langen Ferienaufenthalts Hof halten. Sie haben das Geld und wissen, dass SIE mit der anerkannten Kunst der Klassischen Moderne auf der sicheren Seite des Kunst-Geschehens stehen. Die einheimische Galerienszene und die Künstlerschar des Landes profitiert von dieser Klientel nur am Rande. Gelegentlich verläßt ein Sylt-Urlauber die Hauptreise-Route und macht auf Nebenwegen einen Abstecher zu einer Galerie (Kruse, Rote Straße, Flensburg – wegen Klaus Fußmann) oder zu einem Künstler (einer Künstlerin). Sozusagen als Ausnahme von der Sylt-Regel.

Absolut in der Minderheit sind die privaten Sammler. Auch hier ist Schleswig-Holstein kein Land der Horizonte. Zum Aufzählen benötigen wir nicht einmal die fünf Finger einer Hand. Kaum ein Sammler hat sich das Ziel gesetzt, beharrlich und über Jahrzehnte aus dem Reichtum des schleswig-holsteinischen Kunstschaffens der Gegenwart zu schöpfen und eine karätige Collection zusammenzutragen. Die wichtigen Museen können oder wollen dieser Aufgabe nicht gerecht werden. Ihnen ist von der Politik die Funktion von kulturellen Leuchttürmen zugewiesen worden. Sie müssen auf die großen Namen und Ausstellungen setzen, um Besucher-Quoten zu erreichen, damit die Politik ihnen im Land der engen Horizonte nicht noch mehr Gelder streicht. Jenseits der Regel agierte hier in den Vorjahren Ulrich Schulte-Wülwer auf dem Museumsberg in Flensbug. Insgesamt aber wird die Gegenwartskunst im Lande nicht besonders intensiv wahrgenommen. Eine leuchtende Ausnahme können wir allerdings in einer beschaulichen Westküstenstadt beobachten, in Niebüll, wo ein aktiver Kunstverein zusammen mit dem Richard Haizmann-Museum und seinem Leiter Uwe Haupenthal Akzente weit über den Niebüller Kirchturm hinaus setzt. Grundsätzlich jedoch: Wenn Künstlerinnen oder Künstler des Landes an eine Karriere denken, müssen Er/Sie das Glück in der Regel außerhalb des Landes suchen. Hier denke ich an Daniel Richter, in Lütjenburg geboren, oder Jonathan Meese aus Ahrensburg. Im Lande der Horizonte finden sich ihre Spuren nicht.

Einige in Schleswig-Holstein haben das Träumen trotzdem nicht verlernt. Sie können sich gut vorstellen, einen Kristallisationspunkt für die Kunst der jüngsten Vergangenheit und der Gegenwart zu schaffen, wo der Reichtum des Landes sichtbar gemacht werden könnte. Eine besondere Kunsthalle der Gegenwartskunst könnte die Schätze des Landes bewahren und entwickeln: wenn, ja wenn, die Politik das Geld der Steuerzahler nicht im schwarzen Loch einer Bank versenken würde. Dann könnte Schleswig-Holstein auch ein Land der Horizonte für die Kunst zwischen Flensburg und Halstenbek, zwischen Fehmarn und Dithmarschen werden – mit vielen, vielen Euro-Millionen. Fürwahr ein Traum inmitten vom aufgeregten Geschrei der Möwen und eines behäbigen landesväterlichen Kuschelbären. Im Kunstland der engen Horizonte zwischen den Deichen auf Nordstrand. Oder in der traurigen Wirklichkeit der Hügelgräber von Schwedeneck. Siehe das CDU-Statement auf dem Kulturkongress des Landeskulturverbandes am 5. November 2009 in Rendsburg. Für mich erschreckend: dass die karätige Kultur-Runde diesen seichten Beitrag still und ohne Aufschrei ertragen hat. Jeder pflegt seine Horizonte, geliebtes Schleswig-Holstein.

www.kunstkabinett.de

Dirk Scheelje

Mitglied der Kieler Ratsversammlung

Vorstand der Heinrich Böll Stiftung Schleswig-Holstein, Kiel

Atelierhaus für Künstlerinnen und Künstler im Anscharpark Kiel Wik

Seit langem schon wird in Kiel an der Errichtung eines Atelierhauses für Künstlerinnen und Künstler gearbeitet. Mehrere Versuche waren zunächst gescheitert, so die Herrichtung der ehemaligen Margarinefabrik zu einem Künstlerhaus. Die Margarinefabrik wird heute, nicht minder wichtig, als Musikschule genutzt.

In der Diskussion über ein Künstlerhaus oder Atelierhaus in Kiel standen stets unterschiedliche Ansätze, die erhebliche Auswirkungen auf dessen Konzeption haben, nebeneinander.

Soll es sich um ein Angebot für auswärtige Kunstschaffende handeln, hier in Kiel ebenso wie in anderen schleswig-holsteinischen Künstlerhäusern für einen begrenzten Zeitraum, unterstützt durch ein Stipendium, eine Arbeits- und Wirkungsstätte, inklusive des dafür nötigen Wohnraums zu erhalten? Oder geht es schlicht darum, Kieler Künstlerinnen und Künstlern günstige Atelierräume in einem attraktiven Ambiente anzubieten?

Für beide Modelle gibt es deutschlandweit zahlreiche positive erfolgreiche Beispiele, die darlegen, dass es jeweils gute Entscheidungsgründe gibt.

Die ersten Überlegungen in Kiel zielten auf den Ansatz, in der Landeshauptstadt ein weiteres schleswig-holsteinisches Künstlerhaus zu schaffen. Die leider abnehmenden finanziellen Mittel des Landes und der Stadt zur Finanzierung von Stipendien für Kunstschaffende waren schließlich der Hauptgrund, weshalb sich dieser Ansatz nicht verwirklichen ließ.

Gleichwohl besteht aber in Kiel allein auf Grund der Existenz der Muthesius Kunsthochschule ein großer Atelierbedarf für Künstlerinnen und Künstler. Und es fehlt an einem zentralen Ort der bildenden Kunst außerhalb von Hochschule und Museum, der Raum schafft für Begegnungen, Experimente und lokale, regionale und internationale künstlerische Projekte. Mit dem Atelierhaus im Anscharpark Kiel Wik soll dieses Vakuum nun gefüllt werden.

Positioniert in einem ehemaligen wilhelminischen Krankenhausareal, werden dessen Kesselhaus und das nördlich davon liegende ursprüngliche Versorgungshaus in ein Kultur- und Atelierhaus umgewidmet.

Das Kesselhaus kann kurzfristig als experimenteller Raum für künstlerische Projekte und Explorationen genutzt werden, ehe es hoffentlich langfristig Raum für eine Kulturgastronomie mit größerem Veranstaltungsraum bieten wird. Dies wird maßgeblich davon abhängen, ob es gelingt, in ernst zu nehmenden Umfang Förderungen, z.B. der Denkmalpflege, zu mobilisieren.

Im dahinter liegenden ehemaligen Versorgungshaus sollen ab Januar 2010 insgesamt 14 Ateliers in der Größe zwischen 30 – 140 qm entstehen. Auf Basis von Juryentscheidungen werden diese an lokale Künstlerinnen und Künstler zu einem Mietpreis von voraussichtlich 4,50 € vergeben. Die Muthesius Kunsthochschule wird sich darüber hinaus um Sponsoren bemühen, die einzelnen HochschulabsolventInnen günstigere Konditionen in sog. Starterateliers ermöglichen sollen.

Für den Betrieb des Hauses wurde eine Gesellschaft mit beschränkter Haftung gegründet, der langfristig Künstlerinitiativen und –verbände, die Muthesius Kunsthochschule, Stiftungen und andere Kunstförderinstitutionen angehören sollen.

Unter dem Namen „Atelierhaus im Anscharpark – GmbH" übernimmt diese Gesellschaft die Geschäftsführung für eine ebenfalls neu gegründete Eigentümer – Kommanditgesellschaft, die Privatpersonen offen steht, die das Haus mit einer verzinslichen Kapitaleinlage unterstützen.

Mit dem Atelierhaus wird vor allem das Ziel verfolgt, der künstlerischen Produktion und künstlerischen Projekten in Kiel eine öffentliche Adresse zu verschaffen. In dem Haus werden neben den Ateliers Veranstaltungs- und Gemeinschaftsräume, eine Gästewohnung, Büros gemeinnütziger Vereine und eine zentrale Galerie Platz finden.

Das Objekt gliedert sich in den attraktiven Anschar-park ein, der als Schlüsselgebiet für die weitere Entwicklung des Stadtteils Kiel-Wik angesehen wird. Die Kieler Förde ist fußläufig zu erreichen, in die Innenstadt dauert es mit dem Bus 15 Minuten. Vorangebracht wurde die Planung vom Lübecker Projektentwicklungsbüro Conplan GmbH seit dem Jahr 2004. Nachdem zunächst in einer Studie der Bedarf für ein Atelierhaus nachgewiesen werden konnte, begann die architektonische Planung ein-

schließlich der Kostenschätzung. Hierauf aufbauend folgten dann die Verhandlungen mit Land und Stadt über Fördermöglichkeiten. Aus Restmitteln eines auslaufenden Städtebauförderprogramms, in dem auch schon andere Maßnahmen in Kiel-Wik finanziert werden konnten, stellte das Land eine Summe von 700 T€ in Aussicht. Im Oktober 2008 hat dann die Kieler Ratsversammlung beschlossen, die notwendige Gegenfinanzierung von 350 T€ zur Verfügung zu stellen. Seitdem laufen die konkreten Planungen und Umsetzungsschritte. Mit einer Fertigstellung wird zu 2011 gerechnet.

Anke Müffelmann

Künstlerische Leitung „radius-of-art", Kiel, der Heinrich-Böll-Stiftung Schleswig-Holstein

„radius of art" – über den "Radius der Kunst"

Radius of art fragt: Wie kann Kunst, ob nun Musik, Bilder oder Theater, unsere Sicht auf die Realität in der wir leben verändern? Wie kann Kunst den Erfahrungsschatz und damit den Horizont, den eigenen, persönlichen Radius erweitern?

Die Antworten sind für alle Beteiligten immer wieder überraschend, für die Organisierenden genauso wie für die beteiligten Akteure.

Unter dem Motto „radius of art" fanden im November 2008 zum zweiten Mal die Kulturwochen Nahost in Kiel statt. Sie waren eingebettet in ein vom EU-Programm „Kultur 2007" gefördertes Projekt, welches mit Partnern aus Polen, Dänemark und Nahost (Kairo, Ramallah, Alexandria, Tel Aviv) entwickelt und durchgeführt wurde. Nach den erfolgreichen Kulturwochen Nahost 2006 war die Kooperation der Landeshauptstadt Kiel mit der Heinrich-Böll-Stiftung Schleswig Holstein fortgeführt worden. Die finanzielle Förderung aus dem EU-Programm zeigte die Wertschätzung des Projektes, über die Grenzen Kiels und Schleswig-Holsteins hinaus.

Für das Projektbüro „radius of art" und die Heinrich Böll Stiftung ist das Engagement bezogen auf den Nahen Osten gewachsen aus der Verantwortlichkeit für die auf deutsche Geschichte, insbesondere die des 2. Weltkriegs und die deutsche Teilung, aber auch auf die aktuelle Situation in Nahost. Wir möchten dazu beitragen, dass verantwortliches Handeln die Gefühle von Schuld und Ohnmacht ablösen und Vorurteile durch differenzierte Bilder ersetzen können.

Mit dem Veranstaltungsprogramm der Kulturwochen aus den Bereichen Kultur, Religion und Politik sollte einer breiten Öffentlichkeit die Möglichkeit einer neuen Form der Auseinandersetzung mit dem Thema geboten werden. Die Veranstaltungen mit internationalen Gästen aus Literatur, Film, Theater, Politik und Religion zeichnen ein facettenreiches Bild mit aktuellen Perspektiven auf die Lebenswirklichkeiten des Nahen Ostens auf.

Zu den inhaltlichen Ausgangspunkten zählten dabei die positive Aufarbeitung des Verhältnisses zwischen europäischer und arabischer Welt, aber auch die Auseinandersetzung mit den Konsequenzen der Staatsgründung Israels und den bis heute ungelösten Problemen für die dort lebenden Menschen und die Weltgemeinschaft. Auch die kulturellen Verbindungen zwischen Orient und Okzident, die seit Jahrhunderten einen fruchtbaren Austausch ermöglichen, und der interreligiöse Dialog mit der Aufarbeitung der Shoa wurden thematisiert.

Die Ausstellungen von Künstlerinnen und Künstlern aus Europa und Nahost während der „Kulturwochen Nahost – radius of art" ermöglichten eine direkte, bildhafte Auseinandersetzung. Zwischenräume und Ambivalenzen deutlich zu machen, sollte ein reflektorischer Ansatz für den Blickwechsel zwischen Kunst und Gesellschaft sein. Grundlage für die Arbeiten einiger Künstler/innen waren dabei ihre mehrwöchigen „radius – research-based art" Aufenthalte in Europa und Nahost. Im Mittelpunkt standen Forschungen vor Ort, sowie die Befragung der eigenen Rezeption und die Überprüfung gängiger Denk- und Wahrnehmungsmuster.

Begleitet wurden die Ausstellungen von einem Seminar am Kunsthistorischen Institut der Christian-Albrechts-Universität Kiel unter dem Titel „kunst feld forschung / forschung feld kunst". Von Studierenden wurde unfangreiches Textmaterial erstellt und Ausstellungsführungen angeboten. Den Besucher/innen der Ausstellungen und den beteiligten Künstler/innen konnten so neue kulturelle Blickwinkel und Perspektiven eröffnet werden. Zum Thema Rache trafen sich bei Workshops im Landeskulturzentrum Salzau junge Schauspieler/innen aus Berlin und Tel Aviv, bzw. aus Alexandria, Haifa, Ramallah und Berlin. In Improvisationen wurden persönliche Erlebnisse, Geschichten und Aktuelles untersucht. Grundlage der Arbeit unter der Leitung von Alexander Stillmark waren die Texte „Hamlet" und „Hamletmaschine" von Shakespeare und Heiner Müller. Dieses Projekt entstand als ein Teil des ITI/CIDC-Projekts »my unknown enemy« in Kooperation mit dem Kieler Monodrama Festival Thespis.

„radius of art" ist kontinuierlich auf der Suche nach neuen Fragen und Sichtweisen, denn nur wer fragt, kann andere und sich selbst immer wieder wahrnehmen und erkennen, kann Zukunft, Gegenwart und Vergangenheit verstehen und gestalten. Bei der Beschäftigung mit dem israelischen Dirigenten Daniel Barenboim und dem palästinensischen Philosoph Edvard Said versteht man beispielsweise: Nur wer ZUHÖREN kann, kann dirigieren und verändern, kann die Zwischentöne nachempfinden, kann den

Ton treffen oder das richtige Intervall wählen.

Dass mediale Bilder und Festschreibungen in Köpfen zu verengten Sichtweisen und persönlichen Katastrophen führen können, hat Heinrich Böll zum Beispiel eindrucksvoll in seinem Buch „Die verlorene Ehre der Katharina Blum" beschrieben. Mit der Legitimation eines Vorurteils werden kulturelle Errungenschaften des gegenseitigen Respekts, der Menschenwürde und der Freiheit außer Kraft gesetzt. Statt dem eigenen Urteil, das aus Erfahrung wächst, zu folgen, wird in dem Fall der Katharina Blum dem Bild der Medien gefolgt und ein schuldloser Mensch pauschal verurteilt.

Aus diesem Grund umfasst das Projekt »radius of art« ebenfalls Aktivitäten im Bereich der Jugendbegegnung:

Mit „Partnerschaften Palästina": Musik, Theater und Bildende Kunst von und mit Schüler/innen und Jugendlichen aus Kiel und ihren Gästen aus Ost-Jerusalem, Jenin und Ramallah hat „radius of art" drei interkulturelle Begegnungsprojekte entwickelt, die langfristig Räume für die Erforschung von verschiedenartigen kulturellen Hintergründen eröffnen.

Durch den persönlichen Austausch hoffen wir zu einer Differenzierung von Bildern und kulturellen Festschreibungen beizutragen. Wir glauben, dass Musik, Theater und Bildende Kunst die Basis für eine offene und gleichberechtigte Auseinandersetzung gesellschaftlicher Fragestellungen jenseits medialer Zerrbilder schaffen können.

www.radius-of-art.de

Prof. Dr. Thomas Steensen
Direktor Nordfriisk Instituut, Bredstedt

Sprache und Kultur der Nordfriesen 2010

Der friesischen Volksgruppe in Schleswig-Holstein wird seit 1990 in der Landesverfassung
„Schutz und Förderung" zugesichert. Die Bundesrepublik Deutschland wendet seit 1998 das
Rahmenübereinkommen des Europarats für
nationale Minderheiten auch auf die Friesen an.
Für die friesische Sprache übernahm sie 1999
überdies Verpflichtungen in der Europäischen
Charta der Regional- oder Minderheitensprachen. Land und Bund haben die Friesen mithin
gesetzlich als Minderheit anerkannt. Wie nun
steht es um Friesisch in Schleswig-Holstein an
der Schwelle zum zweiten Jahrzehnt des 21. Jahrhunderts? Bevor darauf geantwortet wird, seien
einige grundlegende Informationen gegeben.
Friesisch ist kein deutscher oder dänischer Dia-
lekt, sondern eine eigene westgermanische Sprache. Gemeinsam mit dem Englischen bildet sie
das Nordseegermanische. Friesisch ist zwar eine
eigenständige, aber keine einheitliche Sprache.

Das Finanzamt firmiert auf Friesisch
als „Stüürâmt Nordfriislon"

Es bildet unter den germanischen Sprachen das am stärksten aufgegliederte Idiom mit
drei Zweigen: Nord-, Ost- und Westfriesisch. Das Nordfriesische besteht aus zwei Di-
alektgruppen mit verschiedenen Varianten: Festlandsfriesisch und Inselfriesisch (mit
den Dialekten von Sylt, Föhr-Amrum und Helgoland). Weniger als 10 000 Menschen
beherrschen in Nordfriesland einschließlich Helgolands die friesische Sprache, viele
mehr können sie verstehen. Einzelne Dialekte werden nur noch von sehr wenigen alten
Menschen gesprochen und dürften bald verklungen sein. Andernorts ist Friesisch weiterhin die erste Sprache auch für Kinder. Die „Hochburgen" finden sich auf dem Fest-
land im Norden des Kreisgebiets in der Bökingharde sowie vor allem im Westteil Föhrs.
Durch die Jahrhunderte war Friesisch die allgemein gebräuchliche Sprache in der Familie, im Dorf und im Nahbereich. Als Amts-, Kirchen- und Schulsprache herrschte
jedoch spätestens seit der Reformation das Niederdeutsche, seit dem 17. Jahrhundert
Hochdeutsch. Nordfriesisch blieb lange Zeit auf den mündlichen Gebrauch beschränkt.
Erst von etwa 1800 an wurde es auch als Schriftsprache benutzt. Das erste gedruckte
Buch erschien 1809, also vor genau zwei Jahrhunderten. Friesische Bestrebungen wur-

den jedoch sodann von der übermächtigen nationalen Auseinandersetzung zwischen Deutsch und Dänisch überschattet. Die Nationalstaatsbildung verstärkte indirekt, aber auch durch gezielte Maßnahmen den Assimilationsdruck auf das Friesische, insbesondere in Schulen, Behörden und Medien.

Verschiedene friesische Vereine und Institutionen fördern die Sprache. Der Nordfriesische Verein, 1902 als erster Heimatverein für ganz Nordfriesland gegründet, umfasst mit den ihm angeschlossenen Vereinigungen heute etwa 5000 Mitglieder. Er hat sich korporativ dem Schleswig-Holsteinischen Heimatbund angeschlossen. Die rund 600 Mitglieder zählende Friisk Foriining, gegründet 1923, bemüht sich um die Verwendung des Friesischen in möglichst vielen Lebensberei-

Das Nordfriisk Instituut in Bredstedt.

chen. Sie arbeitet mit der dänischen Minderheit zusammen und lässt sich politisch vom Südschleswigschen Wählerverband (SSW) vertreten. Der früher ausgetragene leidenschaftliche Streit zwischen beiden Gruppen ist mittlerweile einer recht engen Zusammenarbeit gewichen. Dazu hat die Verbindung in der nordfriesischen Sektion des Friesenrates beigetragen, die als übergreifendes Gremium für die friesischen Vereinigungen Nordfrieslands wirkt.

Als zentrale wissenschaftliche Einrichtung in Nordfriesland für die Förderung und Erforschung der friesischen Sprache, Geschichte und Kultur dient seit 1965 das Nordfriisk Instituut in Bredstedt (friesisch: Bräist), das von einem 1948 gegründeten, heute 850 Mitglieder zählenden Verein getragen wird. Das Institut unterhält eine Fachbibliothek und ein Archiv, gibt Zeitschriften und Bücher heraus, bietet Kurse, Vorträge, Tagungen und Arbeitsgruppen an. Neben Mitgliedsbeiträgen und Verkaufserlösen wird die laufende Arbeit durch Zuschüsse des Landes Schleswig-Holstein sowie des Kreises Nordfriesland und der dänischen Minderheit finanziert. Vor allem für die friesische Sprache auf Föhr und Amrum hat die private Ferring-Stiftung in Alkersum große Bedeutung erlangt.

An den Universitäten Kiel und Flensburg kann Friesisch studiert werden, im Zuge der jüngsten Studienreform teilweise aber nur noch als Schwerpunkt in der Germanistik oder als Zusatzangebot. Seit den 1970er Jahren wurde der Friesischunterricht an den Schulen ausgebaut. Allerdings werden in der Regel nur in Grundschulklassen zwei Wochenstunden erteilt, und zwar auf freiwilliger Grundlage. In den Medien ist

Friesisch spärlich vertreten, im öffentlichen Rundfunk so geringfügig wie kaum eine andere Sprache in Europa, Minderheitensprachen eingeschlossen. In den Räumen der Ferring-Stiftung soll von 2010 an ein privates friesisches Radio-Programm für den Offenen Kanal produziert werden.

Rahmenbedingungen für eine „Friesen-Politik" entstanden erst seit Ende der 1980er Jahre. Als ein „Markstein" gilt der 1990 neu gefasste Artikel 5 in der Verfassung von Schleswig-Holstein. Im öffentlichen Leben wird der friesischen Sprache seit einigen Jahren mehr Aufmerksamkeit gewidmet. Seit dies 1997 erlaubt wurde, haben mehrere Gemeinden ihre Ortstafeln zweisprachig deutsch-friesisch gestaltet. 2004 beschloss der Schleswig-Holsteinische Landtag das Gesetz zur Förderung des Friesischen im öffentlichen Raum (Gesäts fort stipen foont friisk önj e öfentlikhäid), das u. a. eine auch friesische Beschilderung öffentlicher Einrichtungen vorsieht.

De jure kann die friesische Volksgruppe in der Gegenwart als voll anerkannte Minderheit gelten. De facto aber bestehen erhebliche Defizite. Insbesondere im Bildungs-, Wissenschafts- und Medienbereich liegen Deutschlands Friesen im Vergleich mit vielen anderen Minderheiten Europas weit zurück. Die finanzielle Förderung macht nur einen winzigen Bruchteil dessen aus, was etwa die dänische oder die sorbische Minderheit erhalten. Auch die etwa gleich große deutsche Minderheit in Dänemark erhält vielfach höhere Mittel. Die vom Bund seit 2000 geleistete Förderung von Friesisch-Projekten umfasst zum Beispiel bescheidene 280 000 Euro. Für Dänen und Sorben werden von der Grundschule bis zum Gymnasium Schulen vorgehalten, in denen der Unterricht in der eigenen Sprache erteilt wird. Nordfriesisch hingegen ist an den Schulen Schleswig-Holsteins eine Randerscheinung – wenn überhaupt! Um Lehrmaterial und friesische Veröffentlichungen zu erarbeiten, steht im Nordfriisk Instituut knapp eine Mitarbeiterstelle zur Verfügung. Damit soll eine eigene Sprache gefördert und wissenschaftlich untermauert werden. In manchen Kindergärten Nordfrieslands „schnuppern" Kinder am Friesischen. In den Einrichtungen der Sorben und der Dänen hingegen tauchen sie ganz in die Sprache ein. Während der öffentlich-rechtliche Rundfunk den Sorben täglich ein professionell gestaltetes mehrstündiges Radioprogramm sowie ein monatliches Fernsehmagazin bietet, reicht es in Schleswig-Holstein nur für dreieinhalb Radio-Minuten – in der Woche! In den Tageszeitungen Nordfrieslands werden dankenswerterweise etwa jeden Monat drei bis vier friesische Artikel geboten. Dänen und Sorben hingegen verfügen über teils hoch subventionierte eigene Tageszeitungen. Im Falle der Friesen ist noch viel zu tun, damit das schöne Wort von dem „Minderheiten-Modell-Land Schleswig-Holstein", dem Mit-und-Füreinander zwischen Minderheiten und Mehrheit wirklich zutrifft.

www.nordfriiskinstituut.de

Jens A. Christiansen
Generalsekretär, Dansk Generalsekretariat Flensburg
Sydslesvigsk Forening

Sydslesvigsk Forening und die dänische Minderheit

Nach dem für Dänemark verlorenen Krieg 1864 entstand die dänische Minderheit in Südschleswig. Ernsthaft organisierte sie sich aber erst nach der Volksabstimmung von 1920, die Nordschleswig (heute Sønderjylland) zu Dänemark zurückkehren ließ, während Südschleswig deutsch blieb. Die Zahl der Angehörigen der dänischen Minderheit beläuft sich auf etwa 50.000 Personen. Es gilt seit den Bonn-Kopenhagener Erklärungen von 1955: "Däne sei, wer will", ohne dass es behördlicherseits nachgeprüft werden darf.

Als einen Teil der Gesellschaft präsentiert sich die dänische Minderheit selbstbewusst im Land Schleswig-Holstein, was sich an der aktiven Beteiligung am kulturellen und politischen Leben im Land zeigt.

Die dänische Minderheit ist in einer Vielzahl starker und selbständiger Organisationen aufgeteilt, die nahezu alle Lebensbereiche abdecken. Das Dänische Generalsekretariat (Dansk Generalsekretariat) in Flensburg ist die zentrale Anlaufstelle in allgemeinen kulturellen und minderheitenpolitischen Fragen.

Über den Südschleswigschen Verein (Sydslesvigsk Forening, SSF) und den Südschleswigschen Wählerverband SSW (Sydslesvigsk Vælgerforening) wirkt die dänische Minderheit an den gesellschafts- und kulturpolitischen Aufgaben des Landes mit. SSF ist die kulturelle Hauptorganisation der dänischen Minderheit. Das Ziel des SSF ist, die dänische Sprache und die dänische und nordische Kultur zu fördern, das Verständnis für die dänische Minderheit und die schleswigsche Heimat und deren Eigenart zu vertiefen sowie eine nahe Verbindung mit Dänemark, dem Norden und den dänischen Schleswigern außerhalb Südschleswigs zu pflegen. Auf der einen Seite ist SSF als Kulturträger verantwortlich für Kulturangebote in Form von klassischer und moderner Musik, zeitgemäßem Theater, Kindertheater und Ballett, aber auch für kulturelle Kontakte zwischen Südschleswig und Dänemark. Andererseits betreibt der SSF Interessenwahrnehmung in Minderheitenfragen. Er arbeitet mit im Koordinationsausschuss DialogForumNorden (DFN), ist Mitglied in der Föderalistischen Union Europäischer Volksgruppen – FUEV und im European Bureau for Lesser Used Languages EBLUL.

Der SSF betrachtet die Mitarbeit und Zusammenarbeit mit anderen europäischen Minderheiten als einen unverzichtbaren Aufgabenbereich. In Zusammenarbeit mit den anderen drei autochthonen nationalen Minderheiten in der Bundesrepublik verfügen die vier Minderheiten seit 2003 über ein Minderheitensekretariat in Berlin. Das Sekretariat wird vom Bundesministerium des Innern finanziert und trägt mit dazu bei, die Kontakte zum Deutschen Bundestag zu pflegen.

Die kulturelle dänische Arbeit in Südschleswig und damit die verschiedensten Aktivitäten bilden den Rahmen für ein sprachliches und kulturelles Minderheitenleben. In einen nationalen Minderheitenzusammenhang gestellt ist das Kulturelle jedoch anders und mehr als nur Veranstaltungen und Zusammensein. Die kulturelle Arbeit muss als aktive Manifestation der Minderheit und ihres Status' als nationale Minderheit mit Recht auf Heimat verstanden werden. Es dreht sich hierbei um grundlegende minderheitenpolitische und völkerrechtliche Fakten, die für das Selbstverständnis der Minderheit entscheidend sind. Die minderheitenpolitische Herausforderung ist es, an der Feststellung festzuhalten, dass die dänische Minderheit kein Phänomen ist, das sich nur unter der Rubrik »kulturelle Vielfalt« kategorisieren lässt. Es dreht sich genau genommen nicht um die kulturelle Anerkennung, sondern um die Sicherung der Anerkennung der Minderheit als dänische, nationale Volksgruppe, die aus gleichberechtigten deutschen Staatsbürgern besteht, die die gleichen Rechte und Pflichten wie die Mehrheitsbevölkerung haben.

Innerhalb dieses existenziellen kultur- und minderheitenpolitischen Verständnisrahmens sieht der SSF es als seine Aufgabe an, Minderheiteninteressen wahrzunehmen und sich Minderheitenfragen zu stellen.

Die dänische Minderheit besteht aus einer Vielzahl von selbständigen Vereinen mit der zentralen Internetadresse www.sydslesvig.de. Nachstehend sind einige von ihnen aufgeführt:

Sydslesvigsk Forening SSF (Südschleswigscher Verein):

15.000 Mitglieder in rund 80 Ortsverbänden. 8 Kreisverbände mit Sekretariaten incl. Friisk Foriining. 40 Versammlungshäuser plus Altenwohnanlagen. Danevirke Museum (Museum am Danewerk). Schullandheim Skipperhuset in Tönning. Dansk Generalsekretariat u.a. mit Kulturabteilung (ca. 100 öffentliche Veranstaltungen jährlich mit weit über 15.000 Teilnehmern plus die traditionellen Jahrestreffen (Årsmøder) mit über 40 Veranstaltungen an einem Wochenende im Mai/Juni mit an die 20.000 Teilnehmern), Außenreferat (mit Büro im Folketing, dem dänischen Parlament und Sitz der dänischen Regierung), Pressedienst, Mitgliedszeitung KONTAKT donnerstags via Tageszeitung Flensborg Avis (zusätzliche Auflage: 10.000 Exemplare), Layoutabteilung, Zentralkartei (mit 36.000 Adressen). 24 angeschlossene Vereine mit 12.500 Mitgliedern. www.syfo.de

Sydslesvigsk Vælgerforening (Südschleswigscher Wählerverband SSW):

3.500 Mitglieder in rund 70 Ortsverbänden. 4 Kreisverbände. Über 200 Vertreter in 76 Gemeinden. 27 Vertreter in Kreistagen und der Flensburger Ratsversammlung. 4 Vertreter im Schleswig-Holsteinischen Landtag. Um die 20% der Stimmen bei der Kommunalwahl 2008, über 69.000 Stimmen bei der Landtagswahl 2009.

Sydslesvigs danske Ungdomsforeninger SdU (Jugendverband):

Rund 12.500 Mitglieder in rund 65 Vereinen, 4 Landesverbänden und 11 Kinder- und Jugendeinrichtungen. Sporthallen in Flensburg und Schleswig.

Dansk Skoleforening for Sydslesvig (Dänischer Schulverein für Südschleswig):

5.565 Schüler in 47 Schulen, Integrierten Gesamtschulen und 2 Gymnasien in Flensburg bzw. Schleswig. 55 Kindergärten mit 2.085 Kindern. 27 Schülerfreizeitangebote für rund 660 Kinder. 1 Nachschule für die 14- bis 18jährigen. 1 Heimvolkshochschule für Erwachsene.

Dansk Centralbibliotek for Sydslesvig (Dänische Zentralbibliothek):

16.000 registrierte Entleiher. Über 640.000 Entleihungen. Materialbestand: 650.000. Filialen in Husum und Schleswig sowie zusammen mit dem Schulverein in Eckernförde und Bredstedt. 2 Bücherbusse. Angeschlossen: 1 Studienabteilung sowie 1 Archiv mit 750 Personenarchivalien, 4000 Vereinsarchivalien und 120 Institutionsarchivalien.

Dansk Kirke i Sydslesvig (Dänische Kirche in Südschleswig):

6.800 Mitglieder in 35 Kirchengemeinden mit eigenem Kirchenvorstand. 6 Kirchenkreise. 23 Pastoren und 1 Propst.

Dansk Sundhedstjeneste for Sydslesvig (Dänischer Gesundheitsdienst):

21 mobile Krankenschwestern. 5 Schulkrankenschwestern. Sozialstationen in Flensburg, Schleswig, Husum und Leck. Alten- und Pflegeheim in Flensburg. 52 Altenwohnungen in Flensburg, Leck und Bredstedt.

Flensborg Avis (2-sprachige Tageszeitung):

Aktiengesellschaft mit 1.400 Aktionären. 70 Mitarbeiter. Auflage 5.500 Exemplare. Donnerstagsauflage mit der Mitgliederzeitung des SSF: 15.500 Exemplare. Layout- und Druckereibetrieb.

www.syfo.de

Prof. Dr. Peter Wulf

Historiker, Gettorf

Geschichte

Der Mensch ist in Hinsicht auf die Zeit ein mehrdimensionales Wesen: Er behauptet sich unter den Zwängen der Gegenwart, er sorgt für sein Überleben in einer unsicheren Zukunft, und er lebt aus der Kenntnis seiner Vergangenheit. Kenntnis der Vergangenheit ist Erinnerung. Dabei gibt es nicht nur eine persönliche Erinnerung – die Kenntnis der

Lebensgeschichte der eigenen Familie, deren Herkunft und sozialen Ort – , sondern es gibt auch die kollektive Erinnerung – die Kenntnis der Geschichte der Landschaft, des Staates und der Gesellschaft, in der wir leben. Diese kollektive Erinnerung geht aus von der Wirkungsmacht der Geschichte, die unsere gegenwärtige Weltauffassung und unser Handeln beeinflusst. Die Geschichte wird aus ihrer Herkunft begriffen.

Dabei gibt es nicht die Geschichte, sondern viele Geschichten. Es gibt die Geschichte der Herrschenden und der Unterlegenen, der Gläubigen und der Nichtgläubigen, der Hoffenden und der Verzweifelten, der Interessenten und derjenigen, die andere Interessen haben. Die Geschichte, die Auswahl und die Darstellung der Ereignisse werden also auch „benutzt", um bestimmte Ziele zu erreichen. Diese Benutzung wird man nicht verhindern können, aber die Kenntnis einer solchen Benutzung ist notwendig. Eine Geschichte, die in ihrem Verständnis offen und vielfältig ist, hat also auch immer eine aufklärerische Funktion. Erst in dieser „Vielfalt" von Geschichten finden sich die Menschen wieder.

Diese Vielfalt von Geschichten ist auch in Schleswig-Holstein zu beobachten. In unserem Lande befasst sich eine Vielzahl von Behörden, Anstalten, Vereinigungen, Stiftungen und privaten Gründungen mit der Erforschung und der Pflege der Geschichte im weitesten Sinne. Geschichte in Forschung und Lehre wird von den Universitäten und den dort errichteten besonderen Instituten betrieben. Das Landesarchiv und die Landesbibliothek stellen mit ihren Beständen die Grundlage aller historischen Beschäftigung bereit. Im weiteren Sinne sind auch das Landesamt für Denkmalpflege, die Stiftung schleswig-holsteinische Landesmuseen, die Kunstmuseen in vielen Städten, das Freilichtmuseum in Molfsee und die vielen Dorfmuseen im Bereich der geschichtlichen Vermittlung tätig, da die Ausstellungen aller dieser Museen vielfach auch eine historische Dimension haben. Eher auf privater Basis ist die Gesellschaft für Schleswig-Holsteinische Geschichte, ist auch der Schleswig-Holsteinische Heimatbund und sind die Heimatgemeinschaften, die Geschichtswerkstätten und die Arbeitskreise für Wirtschafts- und Sozialgeschichte sowie für Firmengeschichte tätig. Zwar wünscht man sich vielfach eine engere Zusammenarbeit aller dieser Institutionen, um eine gewachsene „historische Kultur" zu konstituieren, aber es gibt gleichwohl eine breite lebendige Beschäftigung mit Geschichte im Lande.

Die finanzielle Lage vieler Institutionen und Initiativen, sofern sie nicht in den öffentlichen Haushalten geführt werden, ist indes prekär. Waren sie bis vor einiger Zeit durch Zuwendungen des Landes gefördert worden, so ist die Förderung aufgrund der abnehmenden Haushaltsmittel inzwischen eingestellt worden. So ist man heute auf Spenden und Sponsorengelder angewiesen, doch wird die Einwerbung solcher Gelder immer schwieriger. Die Zahl der Anträge bleibt gleich hoch, die Zahl der Sponsoren und vor allem deren Bereitschaft bei der gegenwärtigen Finanzlage, sich zu engagieren, nehmen ab. Bedauerlich ist es, dass es noch nicht – wie in anderen Bundesländern – ein „Haus der Geschichte" gibt, in dem der Gesamtablauf der schleswig-holsteinischen Geschichte im Rahmen der deutschen und europäischen Geschichte dargestellt wird. Bedauerlich ist auch, dass es – trotz einzelner Ansätze im Landesarchiv – kein Wirtschaftsarchiv Schleswig-Holstein gibt, das sich dem Sammeln wirtschafts- und sozialgeschichtlicher Archivalien widmen könnte. Hier sind die Kammern des Landes gefragt.

Eine Sonderstellung nimmt jedoch der Geschichtsunterricht an den Schulen ein. Wenn irgendwo historisches Interesse erweckt werden kann, dann im Geschichtsunterricht an den Schulen. Über die Form und die Inhalte, die dieser Unterricht haben sollte, kann man streiten; moderne Unterrichtsformen sollten hier ihren Platz finden; die alte Staaten- und Politikgeschichte – ausschließlich gelehrt – greift zu kurz. Unumgänglich für die Bildung eines historischen Bewusstseins im Sinne der Erkenntnis der eigenen Herkunft und im Sinne der Aufklärung über eine jeweils nur im eigenen Interesse „benutzte" Geschichte scheint es jedoch zu sein, die reine Form des Geschichtsunterrichts wiederzubeleben und die Vermengung mit Wirtschafts- und Sozialkunde – so wichtig diese sind – aufzuheben.

Der Kauf von Büchern über historische Themen, die Diskussionen in der Öffentlichkeit über Fragen der Geschichte, der Besuch von Ausstellungen und Vorträgen zu geschichtlichen Themen zeigen doch, dass ein breites historisches Interesse vorhanden ist. Dieses Bestreben des Menschen zur Klärung der Fragen seiner Herkunft und seiner Prägung im individuellen wie im allgemeinen Bereich sollte genutzt und gefördert werden.

Dr. Helmut Sydow
Referatsleiter im Kultusministerium, Kiel

Industrie und Technik, Verkehr und Schifffahrt als Kulturelles Erbe – eine Bestandsaufnahme

Schleswig-Holstein ist kein Industrieland. Gleichwohl haben Technik und industrieller Fortschritt seit dem 18. Jahrhundert nicht nur in den heranwachsenden Städten und Häfen, sondern auch auf dem flachen Land charakteristische Spuren hinterlassen, die heute ebenso wie die Stätten der Hochkultur zum spezifischen kulturellen Erbe des Landes gehören.

1. Maritimes Erbe

Unverwechselbar ist Schleswig-Holstein seit seiner Frühgeschichte vom Maritimen Element geprägt, was sich in seinen Häfen, Wasserwegen und Wasserfahrzeugen widerspiegelt. Die Häfen in Glückstadt, Tönning, Husum beispielsweise oder in Flensburg, Kappeln, Eckernförde, Heiligenhafen, Neustadt, Travemünde haben ihren ursprünglichen Charakter weitgehend bewahren können. Sie werden durch historische Fahrzeuge belebt, die unterschiedliche Schiffstypen, Bauarten und Antriebstechniken im Original veranschaulichen.

Die ältesten Zeugnisse der hiesigen Bootsbaukunst geben das Nydamboot des 4. Jahrhunderts sowie die Wikingerschiffe des Archäologischen Landesmuseums in Schleswig und Haithabu. Zum Historischen Hafen Flensburg gehören der Museumshafen, in dem zahlreiche Holzschiffe beheimatet sind; die Museumswerft, die Reparaturen und originalgetreue Nachbauten fertigt; die Brücke der Klassischen Yachten sowie der kohlebefeuerte Salondampfer „Alexandra" von 1908, der saisonale Ausflugstörns anbietet. Das Flensburger Schifffahrtsmuseum liefert dazu die systematischen Informationen über die Entwicklung von Werften und Schifffahrt und dokumentiert, dass Stadtgeschichte und Hafengeschichte lange Zeit identisch waren.

Auch das Kieler Schifffahrtsmuseum verbindet die Schausammlung mit drei schwimmenden Originalschiffen an der Museumsbrücke, dem Rettungskreuzer „Hindenburg", dem Feuerlöschboot „Kiel" und dem kohlebefeuerten Tonnenleger „Bussard" von 1906, der gelegentlich zur Mitfahrt einlädt. Das Schiffahrtsmuseum Nordfriesland in Husum beherbergt das wohlkonservierte Schiffswrack von Ülvesbüll, einem flachgehenden Lastensegler des 17. Jahrhunderts. Dem Lauenburger Elbschiffahrtsmuseum zugeordnet, verkehrt der kohlebefeuerte Schaufelraddampfer „Kaiser Wilhelm" von 1900 seit ca. 40 Jahren zu sommerlichen Ausflugsfahrten auf der Elbe – international bewundert als eingetragenes geschichtliches Kulturdenkmal.

Noch im Planungsstadium ist die Errichtung einer „Deutschen Museumswerft" im Lübecker Hafen, zum Nachbau der Galeone „Adler von Lübeck", einem Handelsschiff von 1565. Und 2007 eröffnete die J.P.Schlüter-Stiftung das Rendsburger Schiffahrtsarchiv, das die Geschichte der weltweit tätigen Reederei Schlüter dokumentiert und ihre Schiffsmodelle seit 1949 systematisch präsentiert – ein Panorama des Frachtschiffbaues.

2. Wasser- und Landwege

Die 1911-13 erbaute Rendsburger Eisenbahnhochbrücke mit der Schwebefähre über den Nord-Ostsee-Kanal, seinerzeit das weltweit größte Stahlbauwerk, ist ein ebenfalls international beachtetes technisches Zeugnis der Ingenieurskunst in Schleswig-Holstein. Der Baugeschichte des damaligen Kaiser-Wilhelm-Kanals ist der Kulturpfad „Schleusen und Kanalmuseum" in Brunsbüttel gewidmet. Den Bau des Alten Eiderkanals dokumentiert das Rendsburger Museum im Hohen Arsenal, in situ ergänzt durch die erhaltenen Eiderkanal-Schleusen von ca. 1780 und andere Relikte.

Die älteste Kammerschleuse Europas ist die im Kern aus dem 14. Jahrhundert stammende Palmschleuse im alten Stecknitzkanal unweit von Lauenburg.

Den historischen Schienenverkehr veranschaulichen verschiedene Museumsbahnen auf mehr oder weniger authentische Weise. Die Strecke Kappeln-Süderbrarup wird mit skandinavischen Fahrzeugen bedient, ein Eisenbahnmuseum in Kappeln ist in Planung. Der Museums-Bahnhof Schönberger Strand bietet die Möglichkeit, nach Ankunft mit der Dampfbahn in eine historische Straßenbahn umzusteigen. Die Museumsbahn beim Lokschuppen Aumühle bedient eine Verbindung bis Geesthacht.

3. Industrie und Technik

Unter den Industriedenkmalen der Schwerindustrie ragt die Kupfermühle bei Harrislee nahe der Flensburger Förde als internationales Projekt heraus. 1602 begründet und 1962 stillgelegt, war sie um 1800 die größte Fabrik im damaligen Königreich Dänemark. Das Kupfer- und Messingwerk verfügte über globale Handelsbeziehungen und lieferte den vielfältigen Bedarf für die dänische Westindien-Flotte, die von Flensburg aus operierte. Die ursprünglichen Produktionshallen, Kupferhammer, Dampfmaschine und historische Geräte werden als Industriemuseum rekonstruiert. Die Firmensammlung dokumentiert die Geschichte, zeigt Produkte und erläutert Produktionsverfahren. Die Gebäude der Arbeitersiedlung aus dem 17. bis 19. Jahrhundert stehen unter Denkmalschutz.

Auf die 1827 gegründete Carlshütte bezieht sich die Dokumentation und Sammlung des heutigen Eisenkunstgussmuseums in Büdelsdorf. Die Alte Gießerei von 1884 in Kiel-Dietrichsdorf wurde kürzlich als Industriemuseum Howaldtsche Metallgießerei e.V. mit einem Museumsbetrieb wiedereröffnet. An die Geschichte der Lübecker Metallhütte, deren drei Hochöfen von 1906 – 1981 in Betrieb waren, erinnert heute die Geschichtswerkstatt in Herrenwyk mit verschiedenen Ausstellungen im ehemaligen Werkskaufhaus.

Das „Maschinenmuseum Kiel-Wik" widmet sich der Präsentation funktionstüchtiger Kraftmaschinen und Apparate und unterstreicht den hohen Rang Kiels als Werft- und Maschinenbaustandort des 19. und 20. Jahrhunderts. Demgegenüber repräsentiert das Landwirtschaftsmuseum in Meldorf anhand einer umfassenden Maschinensammlung die Mechanisierung und Industrialisierung in der schleswig-holsteinischen Landwirtschaft seit Mitte des 19. Jahrhunderts. Die Bedeutung der Textilindustrie für den Standort Neumünster und die Abhängigkeit von

Textil- und Stadtgeschichte unterstreicht das 2005 eröffnete „Museum Tuch und Technik" im Zentrum der Stadt. Eine Verbindung dieses Hauses zur Wollspinnerei Blunck in Bad Segeberg ist geplant; die 1852 gegründete Spinnerei blieb bis heute im Originalzustand betriebsfertig erhalten. Einmalig ist das Historische Sägewerk von 1920 an der Holländer-Windmühle in Kappeln, das ursprünglich über eine Transmission mit Windkraft betrieben wurde und noch heute vorführbereit ist. Zur Holzverarbeitung gehört auch das Tischlerei-Museum in Friedrichstadt, das einen unverändert und vollständig erhaltenen Handwerksbetrieb aus der Frühzeit des 20. Jahrhunderts vorstellt.

Das Druckmuseum im Hohen Arsenal Rendsburg gibt einen Überblick über die Entwicklung der Drucktechnik und die Rationalisierungsprozesse dieser Branche. Das Industriemuseum Elmshorn versteht sich als Universalmuseum verschiedener regionaler Wirtschaftszweige und beleuchtet zugleich die sozialen Aspekte der Industrialisierung. Das Museum Krügersches Haus in Geesthacht resümiert die Produktionsgeschichte der dortigen Pulver- und Dynamitfabriken von Alfred Nobel, die Geesthacht zeitweise den Ruf als „Pulverkammer Deutschlands" eintrugen. Als jüngere moderne Branche ist die Elektroindustrie im E.O.N.Hanse-Elektro-Museum Rendsburg mit Motoren, Apparaten und Haushaltsgeräten aller Art präsent. Hohen internationalen Rang besitzt wiederum die Computerschausammlung der Fachhochschule Kiel, die 2011 in Kiel-Dietrichsdorf als Museum eröffnet werden wird. Sie umfasst meist funktionsfähige Rechner, darunter solche der Firma Zuse, die im Kiel der 1950er Jahre Einsatz kamen – Exemplare, die sonst nur in Spezialsammlungen in Zürich oder Boston erhalten geblieben sind.

Überblickt man die aufgezählten Beispiele, so wird deutlich, dass Schleswig-Holstein mit seinen Beiträgen zur Schiffsbautechnik von der Wikingerzeit bis zur Gegenwart, zum Wasser- und Wegebau, zu historischen Standorten der Metall- und Schwerindustrie, der Textil- und Holzverarbeitung bis hin zum frühen Einsatz der Hochtechnologie eine Tradition besitzt, die hinter dem kunsthistorischen und volkstümlichen Kulturerbe des Landes keineswegs zurücktreten muss. Das gesamte maritime sowie industrie- und technikgeschichtliche Potential bedarf allerdings einer stärkeren systematischen Erschließung, um die verschiedenen Stätten für die breite Öffentlichkeit als

Ausflugsziele wahrnehmbar und attraktiv zu machen. Die Statistiken anderer Bundesländer beweisen, dass Technikgeschichte durchaus im Besuchertrend liegt. Der erste Schritt könnte ein gemeinsamer Auftritt der namhaften Institutionen und ein gezieltes Marketing sein.

www.museen-sh.de

Silke Nelius

Art-Consulting, Essen/Bad Oldesloe

„Brückenschlag" – ein Kulturprojekt mit Schwerpunkt Schleswig-Holstein

1988 gründete Silke Nelius die Agentur für Kunstberatung und Kunstversicherung in Essen. Ausbildung im Versicherungswesen bei einem Hamburger Assekuradeur mit

Schwerpunkt Kunstversicherung von Museen und Sammlungen. Das Interesse an Kunst war durch Schule und Elternhaus in Schleswig-Holstein gelegt. Ein Studium der Kunst und Germanistik vertieften die Neigungen. Der Umzug vom Norden nach Nordrhein-Westfalen erweiterte den Blick auf die aktuelle Kunstszene.

Kunst sichern und bewahren!… wurde zum Leitspruch der Agentur. Das Beratungsangebot konnte in den folgenden Jahren ausgeweitet werden, um „Wirtschaft und Kultur" miteinander stärker zu vernetzen: Kunstversicherung, Kunstkonzepte für Unternehmen, Ausstellungen, Aufbau und Ausbau von Sammlungen, Schadensfeststellung, Schadenssicherung, Auswahl der Restauratoren für beschädigte Kunst bis hin zu Auktionen.

1997 ist das Gründungsjahr von „Brückenschlag", ein Ausstellungskonzept, dass insbesondere sich der Kunst aus dem Norden zuwendet. Schirmherr wird Dr. Gerhard Stoltenberg, Ministerpräsident von Schleswig-Holstein 1971-1982.

Die Agentur Silke Nelius Art-Consulting mit Büros in Essen und Bad Oldesloe präsentiert in den folgenden Jahren mit „Brückenschlag" Künstler aus Schleswig-Holstein an unterschiedlichen Ausstellungsorten, die überregional bekannt und durch Besucher stark frequentiert sind:

Ausstellungsorte in Nordrhein-Westfalen (Auswahl):
Folkwang-Hochschule, Essen-Werden, Kunstraum Essen-Werden, Marktkirche Essen City, ktpBKK Betriebskrankenkasse ThyssenKrupp Partner Essen, Sparkasse Essen, KWI Kulturwissenschaftliches Institut, Essen, Deutsche Bank, Essen, Schadow-Arkaden, Düsseldorf, Rheinische Post, Düsseldorf, Sparkasse Neuss, Städtisches Museum, Gelsenkirchen.

Weitere Ausstellungsorte in Norddeutschland (Auswahl):
Sparkassenstiftung Schleswig-Holstein, Kiel, Schloss Reinbek/Kreis Stormarn, St. Petri, Lübeck, Universitätsmuseum, Marburg, St. Jakobi, Stralsund, Hamburg, Leipzig.

Künstler im Projekt „Brückenschlag" (Auswahl):
„KNICK – Künstlerinitiative Stormarn, Stipendiaten der Sparkassen Kulturstiftung Stormarn, Verbotene Städte mit Kunstideen von 90 Künstlern aus Schleswig-Holstein, Jan Koblasa, Tobias Duwe, Hanna Jäger, Reneé Pötzscher, Michael Sakuth, Claudia Spielmann, Walther Kunau, Jens Langholz.

Im Idealfall übernimmt „Brückenschlag" Kunstausstellungen aus Schleswig-Holstein, um diese Kunst über die „Elbe" zu begleiten und neue Foren der Präsentation zu erschließen. Beispielhaft sei hier genannt die Ausstellungsreihe „Licht" der Lübecker Künstlerin Hanna Jäger, die an sieben Ausstellungsorten gezeigt werden konnte.

www.silkenelius.de

KULTURPOLITIK

Björn Engholm
Ministerpräsident a.D., Lübeck

Kleinode statt Events

Natürlich wäre es wundervoll, wenn Kiel ein Staatstheater hätte, Lübeck ein A-Orchester, wenn Kunst- und Musikhochschule aus dem Vollen schöpfen könnten und die Anschaffungsetats der Museen üppig ausgestattet wären, wenn alle Wünsche der Denkmalpflege erfüllbar und die Fördermittel für freie Projekte doppelt hoch wären. Allein, die finanziellen Ressourcen dieses Landes sind objektiv knapp und werden – Wirtschafts- und Finanzkrise und HSH Nordbank sei´s geklagt – nicht besser. Gleichwohl, jenseits berechtigter Klagen und Wünsche: Unser Land ist kulturell reich, reicher gewiss, als innerhalb wie außerhalb seiner Grenzen registriert! Wir besitzen stolze Kul-

turleuchttürme, wie z. B. die Lübecker Musik- und die Kieler Kunsthochschule, wie Kirchenmusiken von kontinentalem Rang, die Nobelpreisträger-Häuser in Lübeck, bestrenommierte Theater und Philharmonische Orchester, SHMF und Nordische Filmtage, Museen in Vielfalt und ein Landesmuseum mit Spitzenrang.

Dazu kulturelle Kleinode wie Jazz Baltica, Folk Baltica, Eutiner Festspiele, Karl-May-Festspiele, Heavy Metal Wacken, die Erinnerungsstätten von Storm, Groth oder Barlach u.v.m. Das alles kann sich wahrhaft sehen lassen, ist für ein kleines Bundesland eine be-

merkenswerte Bilanz. Und positiv ist auch der weitgehende Verzicht auf Großevents, auf´s Pompöse, Glamouröse. Wo es darum geht, mehr Gesellschaft als Kultur zu präsentieren, wo Eitelkeiten Jahrmarkt halten, da mögen sich andere tummeln und gesponserte Korken knallen lassen, dass Schleswig-Holstein da nicht um jeden Preis mitbietet, ist erfreulich.

Jedoch sollten Land, Kreise und Kommunen sich fragen, wo´s noch Schätze aus heimatlichem Kulturhumus zu bergen gibt, wo mit begrenztem Mitteleinsatz (und ehrenamtlichem Engagement) eine anspruchsvolle Belebung des kulturellen Lebens denk- und machbar ist. Einige Hinweise, stellvertretend für viele weitere Möglichkeiten, seien erlaubt und am Beispiel von Namen dingfest gemacht. Blicken wir in die Geschichte, fallen u.a. Claudius, Voß, die Overbecks (nicht nur der Nazarener Friedrich), Geibel, Hebbel, v. Liliencron, Bonsels, Friedrich Paulsen, der Philosoph Blumenberg, Mühsam und „die" Geistesgröße des Landes, der Nobelpreisträger Theodor Mommsen ein. Sind, bei aller löblichen regionalen Pflege, ihre Potentiale wirklich ausgeschöpft?

In der Gegenwart denkt man an die Bildkünstler Duwe, Klasen, Rheinsberg, Mattner, Koblasa, Skreber, Jochims oder Nagel; an die Literaten Kirsch, Becker, Kunert, Runge, Bekker, Mißfeldt, Zaimoglu; an die führenden Komponisten Neuer Musik, Gubaidulina und Friedhelm Döhl; an die Darsteller Mueller-Stahl, Carrière(s), Olschewski – und die Regisseure Bohm und Buck; an die Musiker Wader, Kiesewetter, Reichel – und begnadete Solistinnen wie Sabine Meyer ...

Wenn jedes Museum, jeder Kunstverein, jede kleine Gemeinde, alle Kreise, wenn Orchester und Chöre, Literaturzirkel und Geschichtsvereine sich auch nur ein-, zwei Mal per anno zu einer attraktiven Würdigung ihrer Kulturgrößen öffneten, mag das keine überregionalen Schlagzeiten ergeben; aber zeitgeschichtliche, kulturhistorische und aktuelle Strömungen würden vor Ort sichtbar – und das zu absolut tragbaren Konditionen. Es schüfe zumal Bewusstsein im Land für´s Land, schärfte den Blick für verborgene Potentiale, stärkte die Identität mit der Kultur der Region – und machte deutlich, dass Schleswig-Holstein ein kulturelles „Land der Horizonte" ist – ganz oder fast ohne spektakuläre Großereignisse. Dass Hans nur schwer lernt, was Hänschen nicht lernte, stimmt. Zumindest cum kilo salis. Also muss ein hoffendes Wort an die künftige Bildungspolitik gerichtet werden. Sie möge der ästhetischen Früh- und Schulbildung mehr Aufmerksamkeit schenken denn zuvor. Weil ästhetische Bildung die Phantasie und Kreativität unseres Nachwuchses beflügelt wie nichts sonst!

Und weil sie das einzige Pendant einer Bildung ist, die sich auf dem abschüssigen Weg vom homo sapiens zum homo oeconomicus befindet. Nichts gegen diesen, aber alles gegen das allmähliche Verschwindens jenes…

Literaturtipp: *Josef Wiesehöfer, Theodor Mommsen, Franz Steiner Verlag 2005.*
Klaus Kellmann, Friedrich Paulsen, Wachholtz Verlag 2010

Wolfgang Börnsen MdB

Kultur- und medienpolitischer Sprecher der CDU/CSU-Bundestagsfraktion

Schleswig-Holstein setzt eigene Akzente – Erinnerungskultur bleibt Schwerpunkt der Bundespolitik

Schleswig-Holstein gilt heute als Vorreiter in der Integration nationaler Minderheiten. Insbesondere das Zusammenleben mit der dänischen Volksgruppe ist durch eine europaweit einzigartige Politik geprägt. Ihre politischen Rechte und ihre kulturelle Eigenständigkeit wurden in der Kieler Erklärung von 1949 und in den Bonn-Kopenhagener Abmachungen von 1955 festgelegt. Danach wurde auch die politische Vertretung der Dänen in Schleswig-Holstein, der SSW, von der Fünfprozentklausel befreit und ist seit 1958 im Landtag vertreten. Hinzu kommt Artikel 5 der Landesverfassung, in dem sich das Land ausdrücklich zu „Schutz und Förderung" der Minderheit verpflichtet. Schleswig-Holstein hat mit diesen Regelungen ein Minderheitenmodell geschaffen, das in seiner Nachhaltigkeit weit über die nationalen Grenzen hinaus vorbildhaft ist. Die Bundespolitik – mit Verlaub – hat sich der Integrationsproblematik erst Jahrzehnte später ernsthaft angenommen!

Aber das Land zwischen den Meeren ist nicht nur in unserer Gegenwart „Trendsetter" bei der Lösung drängender nationaler Fragen. Das Schleswig-Holsteinische Staatsgrundgesetz vom 15. September 1848, das die Kieler Landesversammlung als Folge der deutschdänischen Auseinandersetzungen erließ, gilt als eine der demokratischsten und liberalsten Verfassungen ihrer Zeit überhaupt – als vorbildhaft.

Vorausgegangen war die Einigung auf ein Wahlrecht, das ebenfalls ohne Übertreibung als das modernste der damaligen Zeit bezeichnet werden kann. Es gewährte allen männlichen Einwohnern Schleswig-Holsteins über 21 das Wahlrecht, das wir heute – natürlich erweitert um dass Frauenwahlrecht – mit großer Selbstverständlichkeit ausüben: ein allgemeines, gleiches und unmittelbares Wahlrecht. Die Wahlen am 1. August 1848 waren danach frei, gleich und geheim. Sie schufen die erste schleswig-holsteinische verfassunggebende Landesversammlung, die das neue Staatsgrundgesetz ausarbeitete.

Es war die erste Verfassung in Deutschland, die einen Grundrechtekatalog umfasste. Die Landesversammlung hatte sich leiten lassen zum einen vom norwegischen Grundgesetz von 1814 und von der belgischen Konstitution von 1831, die beide als die liberalsten Verfassungen ihrer Zeit galten. Zum anderen floss natürlich das Gedankengut, das die Frankfurter Paulskirchenverfassung prägte, mit ein. Es war europaweit das Zeitalter revolutionärer Erhebungen und liberaler Forderungen. Gekämpft wurde um Freiheit und Einheit. Sowohl eine nationale Einheit, als auch im Falle Schleswig-Holsteins um die Einheit des Landes, die einhergehen sollte mit der Einheit der Nation.

Und so schuf die Kieler Landesversammlung eine Verfassung, die in Artikel I vorsah, dass die Herzogtümer Schleswig-Holstein ein einiger, unteilbarer Staat waren und Bestandteil des deutschen Staatsverbandes. Der moderne demokratische Geist zeigt sich in der in der Verfassung vorgesehenen Gewaltenteilung:
Die Exekutive sollte vom konstitutionellen Monarchen, dem Herzog, gemeinsam mit dem sogenannten Staatsrat, der Landesregierung mit ernannten Ministern, ausgeübt werden, die Legislative von Monarch und Parlament. Die Macht des Monarchen war somit mehr als nur eingeschränkt. Schleswig-Holstein wird für die Geltungsdauer des Staatsgrundgesetzes bis 1851 nicht umsonst als eine „faktische Republik" bezeichnet.

Besonders aufhorchen aber lässt der Grundrechtekatalog im dritten Abschnitt der Verfassung: Gleichheit vor dem Gesetz, Religionsfreiheit, Freiheit und Unverletzlichkeit der Person, Eigentumsgarantie, Unverletzlichkeit der Wohnung, Briefgeheimnis, Meinungsfreiheit, Pressefreiheit, Versammlungsfreiheit, Recht auf Vereinsbildung, Aufhebung der kommunalen oder privaten Gerichtsherrlichkeit und der gutsherrlichen Polizeigewalt. Damit wurden Grundrechte definiert, die für die damalige Zeit nur als revolutionär bezeichnet werden können. Die Zeit aber war noch nicht reif für solche demokratischen und liberalen Verfassungen. Sowohl die Frankfurter Paulskirchenverfassung als auch die schleswig-holsteinische scheiterten. Doch ihr geistiges Fundament wurde nicht zerstört. Freiheit, Gleichheit, bürgerliche Rechte, Wahlfreiheit, Pressefreiheit, Gewaltenteilung – diese zutiefst demokratischen Ideen gehören seit 1848/1849 unserem historisch-politischen Erbe. Die Weimarer Verfassung 1919 war als Ergebnis einer Revolution, die erste Verfassung für ein demokratisches und republikanisches Deutschland, eine freiheitliche Verfassung mit dem allgemeinen und gleichen Wahlrecht, liberalen und sozialen Grundrechten und plebiszitären Elementen. Doch auch sie währte nur kurz. Erst 1949, ein Jahrhundert nach dem schleswig-holsteinischen Staatsgrundgesetz und der Paulskirche wurden mit der Gründung der Bundesrepublik Deutschland Demokratie, Rechtsstaat und Parlamentarismus – zumindest im Westen unseres Landes - Realität. Und der parlamentarische Rat hat ganz bewusst viele der 100 Jahre zuvor festgelegten Grundrechte im Grundrechtekatalog verankert.

Auf die Deutsche Einheit mussten wir lange warten. Erst durch den Mauerfall 1989 wurde sie möglich. Die Idee eines nationalen demokratischen Einheitsstaates wurde endlich verwirklicht. Wir verdanken unseren Vordenkern und Vorkämpfern für Demokratie, Freiheit und Gleichheit viel. Vor allem ihr Mut, diese damals revolutionären Vorstellungen in einer Verfassung niederzuschreiben und ihnen somit – für welch kurze Zeit auch immer – Wirkungskraft zu verschaffen, nötigt tiefsten Respekt ab. Der Stein, der ins Wasser geworfen wird, zieht immer Kreise. Der Freiheitsgedanke, einmal ausgesprochen und noch dazu in eine Rechtsform gegossen, setzt sich immer durch: „Man kann eine Idee durch eine andere verdrängen, nur die der Freiheit nicht!" (Ludwig Börne).

Dass wir heute in einem Staat leben, der zunächst das gute Ende der langen und schmerzhaften Freiheitsgeschichte Deutschlands markiert, ist nicht selbstverständlich. Wir sollten dafür dankbar sein und an die erinnern, die das geistige Fundament dafür gelegt haben. Freiheit und Demokratie sind keine Selbstläufer. Wir müssen unsere freiheitlich-demokratische Grundordnung immer wieder aufs Neue gegen ihre Feinde von links und von rechts verteidigen.

Das Jubiläumsjahr 2009 bietet dafür viele geeignete Anlässe: 90 Jahre Weimarer Reichsverfassung, 60 Jahre Grundgesetz, 20 Jahre Friedliche Revolution, noch ergänzt um 160 Jahre Frankfurter Paulskirche. Dieses Jahr ist geprägt von vielen wichtigen Geschichtsjubiläen, die Festtage für die Demokratie in Deutschland gewesen sind.

Gedenken und Aufklären sind zentrale Aufgaben – und zwar über das aktuelle Jubiläumsjahr 2009 hinaus. Deshalb bleibt die Erinnerungskultur ein Schwerpunkt unserer Kulturpolitik. Die Aufarbeitung unserer Geschichte ist Voraussetzung für eine freiheitliche, demokratische, zukunftsfähige Politik.

Das Gedenken an die Opfer der Diktaturen in Deutschland ist ein besonderes Anliegen der Bundesregierung. Erinnern und Gedenken brauchen eine solide Basis – trotz und gerade wegen der tiefen Emotionen, die damit verbunden sind.

- Mit der Fortschreibung des Gedenkstättenkonzeptes haben wir einen Paradigmenwechsel in der Erinnerungs- und Gedenkstättenpolitik vollzogen. Wir tragen damit unserer Verantwortung für eine verstärkte Aufarbeitung und einem vertieften Gedenken an die Opfer beider Diktaturen in Deutschland Rechnung.
- Mit der 7. Novellierung des Stasi-Unterlagengesetzes bekräftigen wir unsere Forderung, dass es keinen Schlussstrich bei der Aufarbeitung der Stasi-Machenschaften geben darf. Die historisch-wissenschaftliche und die politisch-moralische Aufarbeitung des DDR-Unrechts muss zwingend fortgesetzt werden.
- Mit der Errichtung der „Stiftung Flucht, Vertreibung, Versöhnung" haben wir das zentrale Gedenkvorhaben umgesetzt, im Geist der Versöhnung auch in Berlin ein sichtbares Zeichen zu setzen, um an das Unrecht von Vertreibungen zu erinnern und Vertreibung für immer zu ächten.

- Mit dem Beschluss für ein Freiheits- und Einheitsdenkmal in Berlin würdigen wir den glücklichsten Moment in der deutschen Geschichte – die Deutsche Einheit. Die Erinnerung an die Freiheitsbestrebungen unserer Nation ist uns eine tiefe innere Verpflichtung, denn die Identität unserer Nation ist von unserer gesamten Geschichte und besonders von den freiheitlichen Momenten geprägt.

Die Erinnerungskultur ist eine der großen moralischen, politischen und gesellschaftlichen Leistungen der Bundesrepublik Deutschland. Zu ihr zählt die fortgesetzte Auseinandersetzung mit der nationalsozialistischen Diktatur, zu ihr zählen die wachsenden Anstrengungen, das Unrecht des SED-Staates aufzuarbeiten, und dazu zählt das Gedenken auch an die Widerstands- und Freiheitstradition unserer nationalen Geschichte.

www.wolfgang-boernsen.de

Dr. Robert Habeck

Schriftsteller; Vorsitzender der Fraktion Die GRÜNEN im Landtag, Kiel

Lackmustest der Freiheit

Was Kulturpolitik von allen anderen Politikfeldern unterscheidet – oder unterscheiden sollte! – ist, dass es hier kein Gegenseitigkeits-Verhältnis gibt. Fördert man Kultur und Künste, dann geht man eine Wette mit unbekanntem Ausgang ein. In der Bildungspolitik jedoch hat die Politik sich darauf versteift, möglichst viel und möglichst Konkretes zurückzufordern. Das ist schon im Bildungsbereich mehr als fraglich, im Bereich der Kultur wäre es fatal. In der Kulturpolitik funktioniert der Grundsatz des Förderns und Forderns nicht. Gefördert werden muss Kultur, weil sie nicht nach den Prinzipien der Verwertbarkeit arbeitet und deshalb nicht markwirtschaftlich ist. Forderungen jedoch, im Sinn von Ergebnisvorgabe oder Zielbestimmungen, würde ihren Charakter zerstören.

Das heißt nicht, dass eine Förderung von Kultur und Kunst nicht ein in Zahlen messbares volkswirtschaftliches Ergebnis bringen würde. Nach den Studien von Richard Florida sind Investitionen in diesem Bereich sogar die einzigen, die nachweislichen wirtschaftlichen Nutzen zeitigen. Florida zeigt, dass all die konventionellen Wirtschaftsförderungen, neue Industriegebiete, Straßen, Gewerbeflächen, niedrige Löhne etc. kein messbares wirtschaftliches Ergebnis gebracht haben. Wo es jedoch Theater, eine liberale Atmosphäre, Kleinkunst und ein breites Kulturangebot gibt, da entwickelt sich eine erstaunliche Reaktionskette. Erst ziehen Schwule in die Quartiere und Städte mit einem reichen kulturellen Leben und einem toleranten Umfeld. Wo viele Schwulen sind, ist es für Frauen attraktiv zu leben, weil sie weniger bedrängt und angemacht werden. Wo viele Frauen sind, steigt irgendwann die Geburtenrate, dann kommen Kitas und das Viertel wird kinderfreundlich, so ziehen schließlich die werdenden Eltern bewusst in diese Region oder bleiben dort. Die Eltern sind gerade jene Menschen, die in Berufe drängen, Geschäftsideen haben, Neues probieren wollen. Es bildet sich eine kreative Klasse. Und dies ist die Klasse, die Arbeitsplätze schafft und Ideen für neuen wirtschaftlichen Aufschwung bringt. Am Prenzlauer Berg in Berlin kann man diesen Ablauf ziemlich genau beobachten. Es ist von der Sponti-Szene zum In-Stadtteil geworden.

Großzügige Kulturförderung ist aber eben deshalb genau das Gegenteil davon, substantielle Gegenleistungen einzufordern. Gleichwohl – ich kenne solche Debatten. Im Kreistag, in dem ich sitze, werden Richtlinien zur Förderung lang und ausgiebig diskutiert und verabschiedet. Aber letztlich, Kreistagspolitiker müssen jetzt tapfer sein, werden sie alle nur aufgestellt, damit sie von den Kulturschaffenden gebrochen oder umgangen werden. Gibt es eine bestimmte Quote von Geldern, die für Frauen vergeben werden soll, heißt das noch lange nicht, dass die weiblichen Kreativen die Gelder im Sinn der Emanzipation oder anderer in Förderrichtlinien geforderten Themen benutzen – herauskommen können ganz andere Bücher, Kunstwerke, Projekte, die vielleicht gar nichts mit Geschlechterfragen zu tun haben.

Mit einem Plädoyer für die Autonomie von Kunst und Kultur macht man sich nicht nur Freunde. Man schließt ja nichts aus und genau das möchten aber viele. Das Stadttheater wird sowieso nur von den Bildungsbürgern besucht und ist eine Subvention für die Elite, heißt es etwa und besser stecke man das Geld in Kitas und Schulen. Solche Forderungen werden immer dann besonders laut, wenn auf den Bühnen irgendwelche Skandale passieren, uriniert wird oder sich die Schauspieler ausziehen. In genau die andere Richtung zielt die Forderung, nur radikale, ästhetisch hochwertige Kultur zu fördern, also nicht die Kreismusikschule oder den Spielmannszug, sondern Ausstellungen abstrakter Malerei. Diese Forderung wird dann manchmal noch politisch eingeengt und das Kritikpotential von Kultur direkt ausgedeutet und vorgegeben. Den ökologischen Umbau der Industriegesellschaft fördern, soziale Probleme lösen, Migration loben– das kann man alles künstlerisch einlösen, aber man muss es nicht. Politische Kunst muss nicht politisch korrekt sein. Der politische Kampf in der Kulturförderung wird letztlich nicht darüber geführt, ob das eine oder andere Projekt gefördert werden soll, sondern ob der Staat ein Urteil darüber treffen darf, was gute Kultur ist. Die Spießer von rechts wollen Erbauungskunst, die Spießer von links wollen Veränderungskunst (in ihrem Sinn). Aber eine solche Entscheidung zu treffen, wäre genau falsch. Sie wäre eine Vereinseitigung, während doch gerade Vielseitigkeit das Signum der Kultur ist. Dass bedeutet auch, dass man Unsicherheit aushalten muss.

Ob ein Kind, das Klavierunterricht erhält, später die Nationalhymne oder Zwölftonmusik spielt, weiß man eben nicht im Voraus. Und das ist gut. Es wissen zu wollen, hieße Kunst und Kultur zu funktionalisieren. Kunst ist aber nicht funktional. Sie ist radikal. Radikal in dem Sinn, dass sie in Frage stellt, auch die am sichersten geglaubten Werte. Sie ist eben kein Gegenwert, sie steht nicht in einem Austauschverhältnis. Deshalb bemisst sich an dem Umgang mit der Kultur, wie freiheitlich eine Gesellschaft ist.

www.robert-habeck.de

Minister für Bildung und Kultur Dr. Ekkehard Klug
Rede in Rendsburg, 05.11.2009

Kulturkongress des Landeskulturverbands

Meine sehr geehrten Damen und Herren,
mit dem Titel Ihrer Veranstaltung nehmen Sie die fünf kommenden Jahre in den Fokus: „KulturPerspektive 2010-2015". Es wird Sie nicht überraschen, dass dieser Zeitraum auch mich derzeit sehr stark beschäftigt. Denn er ist fast deckungsgleich mit der gegenwärtigen Wahlperiode des Landtags.
Sie können sich heute mit eigenen Augen davon überzeugen, dass es wieder einen Minister für Kultur in Schleswig-Holstein gibt. Ich freue mich auf den Austausch und die Zusammenarbeit mit Ihnen!
Damit verbunden ist die erneuerte Verbindung mit dem Bildungsressort. Für die kommenden fünf Jahre steht also zumindest eines fest: Die gemeinsamen Schnittmengen von Kultur und Bildung in Schleswig-Holstein können wieder stärker zur Geltung kommen. Wenn es um die Perspektiven der schleswig-holsteinischen Kulturpolitik geht, gehört kulturelle Bildung sicher zu den Punkten, die es zu stärken gilt. In den Arbeitsgruppen haben Sie die Frage der Perspektiven bereits aus unterschiedlichen Blickwinkeln erörtert, sicher auch mit interessanten Ergebnissen für unsere weitere Diskussion.
Der Kulturkongress des Landeskulturverbandes gibt mir nun die Gelegenheit zu einem kulturpolitischen Statement, erstmals in meiner neuen Funktion. Ich danke Ihnen für die Ausrichtung dieser Veranstaltung und für die Einladung!
Eine kleine Warnung vorweg (oder auch Beruhigung): Bitte erwarten Sie keine Kursbestimmung für die kommenden fünf Jahre. Jeder Segler weiß, dass Kursansagen in Wirklichkeit eher Absichtserklärungen sind, die schnell veralten sein können. Die aktuelle Wirtschafts- und Finanzkrise ist ein Beispiel für eine Großwetterlage, die Kurs-

bestimmungen enorm erschwert. Was ist die Alternative? Auf gut Glück einfach in die nächsten fünf Jahre Kulturpolitik lossegeln? Sicher nicht!

Nein, was mir am Herzen liegt, ist ein grundlegender Konsens über realistische Ziele, damit wir das große Schiff der Kultur mit vereinten Kräften in die richtige Richtung voran bringen.

Hierfür sind in der Vergangenheit bereits gute Grundlagen gelegt worden. Ich will nur die Umstellung auf Zielvereinbarungen mit Theatern oder Kulturverbänden nennen. Und auch in den Kommunen gibt es solche Prozesse: Es wird zunehmend deutlicher, dass öffentliches Engagement für Kultur nicht allein die Summe von Ausgabenposten ist, sondern einer eigenen, breit abgestimmten Konzeption bedarf.

Auf Landesebene ist ein Kulturentwicklungsplan deshalb konsequenterweise der nächste Schritt. Er kann allerdings erst am Ende einer breiten kulturpolitischen Strategie-Debatte stehen. Und das muss den bürgerschaftlichen Sektor mit einschließen. Eine solche Debatte muss auch die Frage beantworten, welchen grundlegenden Zielen der Ressourceneinsatz im Kulturhaushalt folgt. Wir kommen also fast automatisch zu der Überlegung, ob damit ein neuer haushalts- und kulturpolitischer Ansatz verbunden sein sollte.

Das würde der Devise folgen, aus knappen Mitteln das Optimale herauszuholen.

Für mich ist dabei sehr wichtig, dass sich die kulturpolitischen Ziele nicht einfach den fiskalischen Zielen unterordnen. Es muss vielmehr darum gehen, neue Wege zu suchen, um die Handlungsfähigkeit zu erhalten. Im Kern geht es darum,

- das kulturelle Erbe im Land zu bewahren
- die kulturelle Infrastruktur zu sichern
- Kultur als Wirtschaftsfaktor zu stärken, z.B. durch kulturtouristische Profilierung
- und die kulturelle Bildung auszubauen.

Ich habe bereits erwähnt, dass die Verzahnung von Bildung und Kultur im neuen Ministerium für Bildung und Kultur auf der Hand liegt. Lassen Sie mich das noch etwas ausführen: Es ist schlicht unvorstellbar, Werte zu vermitteln, ohne dass dabei die Kultur ins Spiel kommt. Kulturformen wie Lesen, Theater, Kunst und Musik fördern eine individuelle Auseinandersetzung, eine Haltung.

Das kann man für den Konsum von Massenmedien wie Fernsehen, Internet oder Videospielen nicht gerade behaupten. Stattdessen registrieren wir besorgniserregende

Auswirkungen auf die sozialen und kulturellen Kompetenzen von Kindern und Jugendlichen. 45 Prozent der 14- bis 19-Jährigen erklären, dass sie als Kind nie ein Buch geschenkt bekamen. Ein Drittel von ihnen geben an, dass es ihren Eltern egal ist, ob sie lesen oder nicht (Untersuchung der Stiftung Lesen von 2008). Das sind deutliche Anzeichen dafür, dass die kulturelle Bildung gestärkt werden muss.

Zurück zum Thema Kulturentwicklungsplan:

Die Vorarbeiten sind noch unter der bisherigen Regierung geleistet worden. Die neue Landesregierung will darauf aufbauen und hofft, den Kulturentwicklungsplan als zentrales Navigationsinstrument der Kulturpolitik nutzen zu können. Ich bin froh, dass wir damit einen Ansatz vorfinden, der sich sehr gut damit deckt, wie ich Kulturpolitik als Minister betreiben möchte: Im Dialog mit Ihnen, mit den Kulturschaffenden und Kulturinteressierten des Landes Schleswig-Holstein. Dieser Kongress – und der Landeskulturverband selbst – fördern einen solchen Gedankenaustausch.

Als Auftakt will ich diese Gelegenheit auch nutzen, um zu skizzieren, welche kulturpolitische Grundhaltung Sie von mir erwarten dürfen. Als Liberaler habe ich großes Vertrauen in die schöpferischen Kräfte und Fähigkeiten des Menschen. Auch deshalb stehe ich einer kulturpolitischen Kursbestimmung von oben herab sehr kritisch gegenüber.

Um nicht missverstanden zu werden: Staatliche Kulturpolitik ist alles andere als verzichtbar. Sie sollte aber in erster Linie fördernd und unterstützend wirken. Das gilt insbesondere für die Anerkennung der Eigeninitiative von Bürgerinnen und Bürgern. Denn das ist die wichtigste Basis für ein lebendiges Kulturleben in Schleswig-Holstein.

Weiterhin erachte ich es als Aufgabe des Staates, nicht nur die Freiheit der Kunst zu sichern, sondern auch den freien und ungehinderten Zugang. Wir brauchen ein lebendiges Netzwerk kultureller Infrastruktur – einschließlich unserer besonderen Leuchttürme, die für unsere Identität und für unser historisches Bewusstsein in Schleswig-Holstein unverzichtbar sind.

Die Rahmenbedingungen dafür könnten besser sein. Umso wichtiger ist es, sich über die infrastrukturellen Kerne zu verständigen – in den einzelnen Elementen Denkmalschutz, Archivwesen, Bibliotheken, literarisches Leben, Theater, Musik, Museen, Volkshochschulen, Bildungsstätten, Musikschulen, Soziokultur und Heimatkultur.

Unser Land verfügt über ein reiches kulturelles Erbe, dessen Pflege und Bewahrung eine zentrale Aufgabe der schleswig-holsteinischen Kulturpolitik ist. Dieses Erbe der Vergangenheit behauptet seine Präsenz nicht nur in den unter Denkmalschutz stehenden Landsitzen des Adels, in den alten Bauernhäusern und den Zeugnissen unser Industrie- und Alltagskultur, in Ausstellungen und Museen, sondern auch in unzähligen Reproduktionen auf Bild- und Tonträgern, in Büchern und in den neuen Medien.

Dieses Erbe ist präsent und wird ganz selbstverständlich wahrgenommen, ganz abgesehen von seiner Bedeutung als Attraktion für die Besucher unseres Landes. Die zeitgenössische Kunst hat es da schon schwerer. Sie ist – das darf man wohl behaupten – jedenfalls nicht in gleicher Weise präsent wie das Überlieferte. Der Kreis jener, die sich mit ihr auseinandersetzen oder sie auch nur wahrnehmen, ist vergleichsweise überschaubar. Um diesen Kreis zu erweitern, bedarf es einiger Anstrengungen.

Gelungen ist der Brückenschlag zwischen dem Alten und dem Neuen zum Beispiel in den Programmen des Schleswig-Holstein Musik Festivals, in denen auch neue Kompositionen Aufnahme finden. Ein anderes Beispiel sind die „Tage der Architektur", bei denen Neubauten ebenso wie auch Sanierungen denkmalgeschützter Bauten oder Rekonstruktionen einer breiteren Öffentlichkeit zugänglich gemacht werden. Solche Formen der Verbindung zwischen Altem und Neuem finde ich besonders bemerkenswert und vorbildlich.

Meine Damen und Herren,

zurück zu den eher nüchternen Aspekten der Kulturpolitik. Die Auswirkungen der Finanz- und Wirtschaftskrise auf die öffentlichen Haushalte werden anhalten und damit wird auch der Druck auf jede einzelne Position zunehmen. Ich bin allerdings der Auffassung, dass ein Kahlschlag in den öffentlichen Kulturetats nachhaltigen Schaden auf der kulturellen Landkarte Schleswig-Holsteins anrichten würde.

Mit Blick auf die vor uns liegenden (sicher für das Land schwierigen) Jahre sollten wir uns – und andere – daran erinnern, dass die Existenz von Bundesländern sehr eng mit der Kulturhoheit zusammenhängt.

Darüber hinaus gilt, dass Kultur eben auch ein Wirtschaftsfaktor ist. Sie beeinflusst übergreifend die Attraktivität des Wirtschaftsstandortes Schleswig-Holstein ganz erheblich. Wer hierher kommt oder sich sogar hier ansiedelt, der hat ein Bild von Schleswig-Holstein im Kopf, das ganz erheblich mit kultureller Prägung zu tun hat.

Die gegenwärtige Wirtschaftslage mag zwar wenig Anlass für Optimismus geben, aber gerade in Krisen zeigt sich, was wir der Kultur verdanken: Sie ist eine Quelle kreativer Lösungsansätze. Ohne sie würden uns wichtige Kompetenzen zur Gestaltung und Veränderung unseres Gemeinwesens fehlen.

Eine weitere Herausforderung für die kommenden Jahre ist der demografische Wandel. Damit steht ein tief greifender struktureller Umbruch bevor. Da er zunächst in ländlichen Regionen spürbar wird, besteht die Gefahr, dass sich die Konkurrenz zwischen Regionen und Städten verschärft – auch in Bezug auf kulturelle Infrastruktur und Ressourcen.

Zudem registrieren wir eine Änderung des kulturellen Nachfrageverhaltens, die zum Teil mit dem demografischen Wandel zusammenhängt. Die Zielgruppen werden zunehmend spezifischer und grenzen sich gegeneinander ab, entsprechend schwierig gestaltet sich die übergreifende Vermittlung von kulturellen Angeboten.

Soweit zur Großwetterlage. Mögen die Prognosen auch belastend für unsere Diskussionen wirken – ich vertraue darauf, dass es dennoch möglich bleibt, die großen kulturellen Potenziale unseres Landes weiterzuentwickeln.

Wir werden handlungs- und gestaltungsfähig bleiben. Eine wichtige Voraussetzung dafür ist, dass wir lernfähig sind, um Anregungen für Verbesserungen und effizienteres Wirtschaften aufnehmen zu können. Zur Sicherung einer flächendeckenden kulturellen Infrastruktur in Schleswig-Holstein gehört deshalb

- dass wir prüfen, wo man durch geteilten Aufwand Synergien schaffen kann
- dass wir in gleicher Weise die verbandlichen Strukturen genau beleuchten
- dass wir nach Wegen suchen, um professionell auf neue Anforderungen reagieren zu können
- und dass wir die Kerne der kulturellen Infrastruktur klar benennen.
- Das sind zugleich Aspekte, die wir im Diskussionsprozess des Kulturentwicklungsplans weiterverfolgen wollen.

Um noch einmal auf die fünf bevorstehenden Jahre zurück zu kommen: Wir stellen uns vor, dass der Kulturentwicklungsplan das Fundament legt für eine Vereinbarung zwischen dem Land und den Kommunen – im Sinne der künftigen Aufgabenteilung, der gemeinsamen Ziele und des damit verbundenen Controllings.
Ich bin froh, sehr geehrter Herr Prof. Haselbach, dass wir bei Vorarbeit auf Ihren externen Sachverstand zurückgreifen können.

Meine Damen und Herren,
sobald der Rahmen steht, wollen wir das natürlich auch mit Ihnen, mit der gesamten Kulturszene sehr breit diskutieren. Ich bin davon überzeugt, dass eine neue Grundlage nur eine Chance hat, wenn sie sich im gemeinsamen Dialog bewährt hat. Wir rechnen damit, dass wir diesen Dialog im ersten Quartal 2010 einleiten können.
Ich freue mich darauf, mit Ihnen zusammen in diese wichtige Arbeit einzutreten. Ich hoffe auf ergiebige Gespräche und konstruktiv-kritische Begleitung – und natürlich darauf, dass wir gemeinsam zu einem guten Ergebnis für die Kultur in Schleswig-Holstein kommen!

Dr. Ralf Stegner
Vorsitzender der SPD-Fraktion, Kiel

Beitrag der SPD-Fraktion – Schleswig-Holstein

Der kulturpolitische Sprecher unserer Fraktion, Hans Müller, hat 2008 eine Große Anfrage zu Stand und Perspektiven der Kultur in Schleswig-Holstein gestellt. Die Antwort der damaligen Landesregierung zeigt nicht nur, wie vielfältig die Kultur in ihren Sparten und Strukturen in unserem Land ist, sondern auch, wie schwierig die materielle Situation vieler Menschen ist, die von kultureller Tätigkeit leben.

Wenn deren Monatseinkommen schon im Schnitt unter 1.000 € liegt und viele Künstlerinnen und Künstler nicht einmal das Niveau von Hartz-IV-Beziehenden erreichen, verbietet sich jegliche weitere Belastung von selbst. Der Landtag hat deshalb gut daran getan, als er sich schon vor zwei Jahren gegen Eingriffe in die Künstlersozialversicherung ausgesprochen hat.

Der Kulturausschuss des Bundestages hat im März eine Anhörung zu den Auswirkungen der Finanzkrise auf die Kultur durchgeführt. Das wenig überraschende Ergebnis war, dass sowohl die öffentlichen Hände als auch private Stifter und Sponsoren und die Privathaushalte ihre Ausgaben für kulturelle Zwecke einschränken werden. Interessant finde ich die Anregung der Enquête-Kommission des Bundestages, Schulden bei der Erbschaftssteuer durch die Abgabe von Kulturgütern tilgen zu können. Dies wäre eine Möglichkeit der Kompensation.

Viele begründen Einsparungen bei der Kulturförderung gerne mit dem Verweis auf die „freiwilligen Leistungen", die eben als erste Opfer von Einsparzwängen würden. Es ist richtig, dass Bund, Länder und Gemeinden einen weiten Ermessensspielraum haben, was und wen sie vorrangig fördern. Das Land und die Kommunen werden und können keine Existenzgarantien für jede kulturelle Organisation und Institution übernehmen. Sie müssen jedoch für ein Mindestmaß an Planungssicherheit sorgen. Wenn man eine Förderung beenden will, muss das in einem angemessenen mehrjährigen Zeitraum angekündigt werden, damit die Zuwendungsempfänger ausreichend Möglichkeit haben, sich um andere Einnahmen zu bemühen oder ihre Tätigkeit geordnet auslaufen zu lassen.

Auch macht Art. 9 unserer Landesverfassung die Kulturförderung zur Pflichtaufgabe des Landes und der Kommunen. Es nützt niemandem, wenn Bund, Länder und Kommunen die Verantwortung untereinander hin- und herschieben. Was gefördert wird, kann und soll strittig sein, dass gefördert wird, nicht. Kultur ist mehr als die „Petersilie auf dem Karpfen", wie Gert Heidenreich neulich in einem lesenswerten Aufsatz feststellte. Kultur, so Heidenreich, sei die Suche nach Möglichkeiten mit der Welt umzugehen und Kunst, die Suche nach eigenem Ausdruck für die Deutung der Welt. Und setze Menschen voraus, die fähig seien, in diesem Prozess kritisch zu handeln. Die Kulturfähigkeit des Menschen sei entscheidender Faktor im evolutionären Prozess.

Für uns ist die Teilhabe aller gesellschaftlicher Gruppen – der Jungen wie der Alten, der Männer wie der Frauen, der Stadt- wie der Landbevölkerung, der Alteingesessenen wie der Migrantinnen und Migranten – am kulturellen Leben entscheidend. Kultur und Kunst sind keine Privilegien, sondern unverzichtbarer Teil der Lebensqualität für alle Menschen. Dazu brauchen wir kulturelle Angebote in der Fläche und ohne soziale und wirtschaftliche Barrieren.

Ich halte deshalb den Weg mancher Einrichtungen, immer wieder an der Preisschraube zu drehen, für falsch, da es gerade jene Barrieren aufbaut. Auch für die Träger der Museen ist es doch attraktiver, wenn Besucherinnen und Besucher bei geringeren Eintrittsgeldern wiederkommen, statt bei hohem Eintrittsgeld auf einen weiteren Besuch zu verzichten.

Das hohe Lied der Ehrenamtlichkeit wird zu Recht gesungen. Auch im kulturellen Bereich wäre vieles nicht möglich ohne die vielen Menschen, die hier Zeit, Kraft und auch Geld investieren. Aber es gibt einen Widerspruch zwischen den schönen Sonntagsreden und den immer schlechter werdenden Rahmenbedingungen. Die jetzige Ankündigung, von institutioneller auf Projektförderung umstellen zu wollen, beraubt viele ihrer Planungssicherheit.

Ich denke auch, dass wir unseren Museen mehr Eigenverantwortung über ihr Eigentum einräumen müssen. Viele Häuser verfügen über volle Magazine mit Beständen, die niemals ausgestellt und auch nicht bei der Forschungs- und Veröffentlichungstätigkeit des Museums berücksichtigt werden. Die beste Lösung wäre hier ein Austausch mit anderen Museen im In- und Ausland. Das wird nicht immer gehen, und deswegen sollten wir auch über die Möglichkeit nachdenken, derartige Objekte zu verkaufen. Unabdingbare Voraussetzung dafür ist ein verbindliches und transparentes Verfahren, das den Mitarbeiterinnen und Mitarbeitern und Leitungen unserer Museen Rechtssicherheit gibt.

Um zu definieren, was in besonderem Maße der öffentlichen Förderung bedarf, haben wir in unserem Wahlprogramm vorgeschlagen, einen „Kreativ-Pakt" aus Kultur, Wirtschaft und Politik zu schließen. Dazu sollte ein Kulturrat gehören, in dem die Kulturverbände, Vertretungen der 4.000 freischaffenden Künstler in Schleswig-Holstein, Parlamentarier und Mitarbeiterinnen und Mitarbeiter der Kulturverwaltungen des Landes und der kommunalen Ebene zusammenarbeiten.

Der Landeskulturverband kann und sollte wegen seiner Unabhängigkeit und Überparteilichkeit eine wichtige Rolle spielen bei dieser Vernetzung zwischen denen, die Kultur machen, und denen, die über ihre finanziellen Rahmenbedingungen entscheiden.

www.ralf-stegner.de

Anke Spoorendonk MdL

Fraktion SSW im Landtag Schleswig-Holstein, Kiel

Die Kulturpolitik des SSW in Schleswig-Holstein

Kultur ist aus Sicht des SSW ein gesellschaftspolitisches Entwicklungsinstrument. Durch die Erschaffung von Kultur und die Teilhabe an Kultur entdecken die Menschen die Gesellschaft und gestalten sie. Sie ist ein elementarer Bestandteil unserer gesellschaftlichen Wirklichkeit, sie prägt unser Leben und bereichert es. Kultur darf daher nicht nur ein Luxus der oberen Bevölkerungsschichten sein, sondern muss als Lebensmittel allen Menschen zur Verfügung stehen.

Aus kulturpolitischer Sicht kann es jedoch nicht nur um die Betonung des ideellen Stellenwerts von Kultur gehen. Unsere Aufgabe ist es vor allem, entsprechende Rahmenbedingungen zu schaffen, damit sich Kultur entwickeln kann. Diese Diskussion ist immer auch eine Diskussion über die Finanzierung von Kultur. Die Förderung von Kultur ist zwar in der schleswig-holsteinischen Verfassung verankert, trotzdem wird Kultur als freiwillige Aufgabe angesehen, die prinzipiell immer von finanziellen Kürzungen bedroht ist.

Hier haben wir es mit einem immer größer werdenden Widerspruch zu tun. Obwohl der Stellenwert von Kultur in öffentlicher Trägerschaft ebenso wie von kommerzieller Kultur in den letzten Jahren gestiegen ist, geht die Schere zwischen den Ansprüchen an öffentliche Förderung und den vorhandenen Finanzierungsmöglichkeiten immer weiter auseinander. Zwar nimmt die gesellschaftliche Bedeutung der Kulturpolitik zu, gleichzeitig steht Kultur bei der Suche nach einsparfähigen Bereichen häufig an oberster Stelle.

Dabei zweifelt niemand daran, dass Kultur eine zukunftsorientierte Wirtschaftsbranche ist. Die Bundesregierung hat 2009 das Forschungsgutachten „Kultur- und Kreativwirtschaft" veröffentlicht, aus dem hervorgeht, dass Kultur mit derzeit einer Million Erwerbstätigen und einem Umsatz von 132 Milliarden Euro 2,6% des deutschen Bruttoinlandsprodukts ausmacht. Gleichzeitig waren in den letzten Jahren häufig gerade die Kommunen nicht mehr in der Lage, die öffentlich geförderte kulturelle Infrastruktur zu erhalten oder auszubauen. Aus dieser Sicht begrüßt der SSW ganz ausdrücklich, dass Gelder aus dem Konjunkturpaket II in Teilen der Kultur zugute kommen. Zwar geht es hier nicht um große Summen, aber trotzdem um wichtige Signale und eine Stärkung der Kulturstandorte besonders im ländlichen Raum.

Aus Sicht des SSW machen die dringend notwendigen Sanierungs- und Investitionsbedarfe gerade in öffentlich geförderten Kultureinrichtungen wie Museen, Theatern, Bibliotheken oder Musikschulen deutlich, dass das Wirtschafts- und Beschäftigungspotenzial des Kultursektors in Schleswig-Holstein immer noch nicht erkannt wurde.

Gerade in der Politik hat Kultur keinen einfachen Stellenwert. In Schleswig-Holstein hat sich die finanzielle Förderung auf einem niedrigen Niveau stabilisiert und damit die notwendige Weiterentwicklung der Kulturlandschaft in den letzten Jahren ausgebremst.

Der SSW fordert seit vielen Jahren eine verbesserte Förderung der Breitenkultur, um so ein lebendiges Schaffen und eine ganzheitliche Teilhabe aus der Mitte der Gesellschaft zu fördern. Dies kann aus unserer Sicht nur über eine institutionelle Unterstützung, also eine strukturpolitische Ausrichtung der kulturellen Förderung erreicht werden. Ohne das zur Verfügung-Stellen von Rahmenbedingungen wie Räumen und Materialien zum Beispiel in Schulen oder Vereinshäusern, gäbe es keine Orte, wo Kultur gemeinsam entstehen und sich entwickeln könnte. Aus Sicht des SSW muss Kulturpolitik als Struktur-politik begriffen werden. Es muss eine kulturelle Infrastruktur geschaffen, entwickelt und langfristig finanziert werden. Nur so werden die Voraussetzungen (wie Betriebskosten, Personalkosten, Sachkosten, Mieten) für Kultur geschaffen, ohne dass damit politische Aussagen darüber gemacht werden, welche Kultur als förderwürdig und welche nicht als förderwürdig angesehen wird.

Aber Kultur ist mehr als ein Wirtschaftsfaktor, der auf einer funktionierenden Infra-struktur beruht. Kultur ist außerdem ein Imagefaktor und dient damit dem Marketing von zum Beispiel Ereignissen oder auch einem bestimmten Milieu. Ebenso ist Kultur aber auch ein Identitätsfaktor, der das kulturelle Erbe stärkt und Traditionen bewahrt und mit Leben füllt.

Die Kultur als Identitätsfaktor ist insbesondere für die dänische Minderheit und die friesische Volksgruppe in Schleswig-Holstein von Bedeutung.

Dem SSW liegt dabei natürlich vor allem die kulturelle Arbeit der nationalen Min-derheiten am Herzen. Die Kompetenzanalyse des Landtages zu den Minderheiten im deutsch-dänischen Grenzland „Miteinander, Füreinander" weist ausdrücklich darauf hin, dass hier gerade von Seiten der Minderheiten eine erhebliche Menge Sozialkapital gesammelt wird, von der auch die Mehrheitsbevölkerung profitiert.

Besonders hervorgehoben werden muss hier der südschleswigsche Kulturverein SSF mit 2.700 organisierten kulturellen Veranstaltungen, die dänischen Büchereien mit 650.000 entliehenen Medien pro Jahr, die Arbeit des Nordfriisk Instituut und natürlich das Museum Danevirke mit 20.000 Besucherinnen und Besuchern pro Jahr.

Aber die dänische Minderheit trägt auch zu einer vielfältigen grenzüberschreitenden kulturellen Zusammenarbeit bei. Dies geschieht nicht nur im Rahmen von Interreg-Projekten, darüber hinaus gibt es langjährige Traditionen der Zusammenarbeit, zum Beispiel in den Bereichen Musik sowie Jugend und Sport. Die Minderheiten haben mit anderen Worten eine wichtige Brückenfunktion in das jeweilige Nachbarland.

Die besondere kulturelle Vielfalt Schleswig-Holsteins kommt in den vielen kultu-rellen Einrichtungen der Minderheiten zum Ausdruck. Diese werden aber vielfach unzureichend finanziell unterstützt und werden als freiwillige Leistungen jederzeit nach Belieben gekürzt.

Der SSW setzt sich daher dafür ein, dass Bund, Land und Kommunen eine stärkere öffentliche Verantwortung für Kultureinrichtungen übernehmen, die für die Min-derheiten des Landes überlebenswichtig sind und eine finanziell gesicherte kulturelle Infrastruktur aufbauen, innerhalb derer sich Kultur gestalten und entwickeln lässt.

www.spoorendonk.de

Dr. Christian von Boetticher MdL

Fraktionsvorsitzender der CDU Schleswig-Holstein, Kiel

„Erinnern, Bewahren, Entwickeln – Ein Blick auf die Kultur in Schleswig-Holstein"

Kulturelle Vielfalt ist charakteristisch für unser Land und ermöglicht den Bürgerinnen und Bürgern die Identifikation mit ihrer Heimat. Gerade vor dem Hintergrund von Globalisierung und den damit einhergehenden Orientierungsproblemen wächst das Bedürfnis nach regionaler Identitätsfindung durch Kultur. Nationale Minderheiten und Volksgruppen sind von jeher ein wichtiger Teil unserer Gesellschaft, und sie tragen auch in besonderer Weise zur kulturellen Vielfalt und zum gesellschaftlichen Leben unseres Landes bei. Nach unserer Landesverfassung haben sie Anspruch auf Schutz und Förderung. Der Beitrag und die Rolle der Minderheiten sind für uns auch ein wichtiges Fundament für die weitere Entwicklung einer guten regionalen Zusammenarbeit mit unserem Nachbarn Dänemark und die Entwicklung der Grenzregion. Aber auch die Pflege der Kulturtraditionen der Ost- und Westpreußen, Schlesier, Pommern, Ostbrandenburger, Danziger und Sudetendeutschen sowie der Aussiedler ist für die CDU in Schleswig-Holstein ein wichtiges Anliegen, für das wir uns einsetzen. Flucht und Vertreibung sollten als verbindliches Unterrichtsthema in den allgemein bildenden Schulen behandelt werden. Die Identifikation mit der Heimatregion wird in starkem Maße durch die Geschichte und das kulturelle Erbe vor Ort geprägt. Dieses Bewusstsein soll – im Kontext überregionaler und internationaler Entwicklungen – weiterentwickelt und gestärkt werden. Die CDU-Fraktion im Schleswig-Holsteinischen Landtag versteht sich dabei vordringlich als beständiger und verlässlicher Makler, Kontakte zwischen Kulturakteuren und Sponsoren zu vermitteln und eine Kultur des kommunikativen und fruchtbaren Dialogs zu fördern. Kultur und Kunst haben für die CDU-Fraktion im Schleswig-Holsteinischen Landtag auch wegen ihrer Bedeutung für die Entfaltung schöpferischer Fähigkeiten der Menschen einen hohen Stellenwert: Die Beschäftigung mit Kultur setzt Kreativität und Phantasie frei, fördert die Entwicklung der Lernfähigkeit und liefert einen Beitrag zur Entwicklung von Schlüsselqualifikationen. Es gilt, die kreativen und musischen Anlagen der Menschen frühzeitig zu entdecken, um sie entsprechend fördern und entwickeln zu können. Theater, Museen, Literatur, Musik, bildende Kunst und andere Kulturbereiche zu fördern, bleibt eine herausragende Aufgabe des Landes und der Kommunen. Wir streben daher auch eine Verständigung über die von ihnen zu tragende kulturelle Infrastruktur, deren Sicherung und Finanzierung an, um Trägern und Kulturschaffenden für die Zukunft Planungssicherheit geben (Kulturentwicklungsplanung). Der wesentliche Beitrag des bürgerschaftlichen Engagements für Kunst und Kultur, der durch Vereine, Verbände und Initiativen sowie durch private Stiftungen, Mäzene und Sponsoren geleistet wird, findet unsere nachdrückliche Anerkennung und soll auch inZukunft weiter durch die Kulturpolitik des Landes unterstützt werden.

Unsere kulturellen Leuchttürme genießen Aufmerksamkeit über die Landesgrenzen hinaus. Dazu gehören die Schleswig-Holsteinischen Landesmuseen, die privaten Herrenhäuser genauso wie das Schleswig-Holstein Musik Festival und vieles andere mehr.

Sie sind auch neben den vielfältigen regionalen Kulturangeboten von wesentlicher Bedeutung für den Kulturtourismus, den wir stärken wollen, ebenso wie auch die Potenziale der Kultur- und Kreativwirtschaft insgesamt. Zu den Zielen der CDU-Fraktion im Schleswig-Holsteinischen Landtag gehören neben den genannten kulturpolitischen Aufgaben und Schwerpunkten auch die Förderung der kulturellen Kinder-, Jugend- und Erwachsenenbildung, der internationalen Kulturbeziehungen (unter besonderer Beachtung überregionaler Verbindungen unseres Landes in der Ostsee- und der Nordseeregion), der niederdeutschen Sprache und Kultur, der Arbeit in den Bereichen Landesgeschichte, Landesarchäologie und Heimatkultur, des Bücherei- und Archivwesens, der Gedenkstätten sowie die Filmförderung, die Entfaltung kultureller Potenziale der Neuen Medien und die Stärkung von Medienkompetenzen. Es gilt also insbesondere, das Filmland Schleswig Holstein und die Wettbewerbsfähigkeit des Medienstandortes Norddeutschland durch intensive Zusammenarbeit der norddeutschen Länder insgesamt zu stärken. Die Musikhochschule Lübeck und die Muthesius-Kunsthochschule in Kiel sind überdies ebenso wie das UNESCO-Weltkulturerbe Lübeck von besonderer Bedeutung für Kunst und Kultur in unserem Lande. Die CDU-Fraktion im Schleswig-Holsteinischen Landtag strebt einen angemessenen Ausgleich zwischen dem Denkmalschutz und den Interessen der Eigentümer an. Dies soll in der Gestaltung des Denkmalschutzrechts ebenso wie auch in der Praxis der Denkmalpflege seinen Ausdruck finden. Die Selbstständigkeit der Kirchen und Religionsgemeinschaften sowie die Freiheit, ihrem Verkündigungsauftrag in der Gesellschaft nachzukommen, sind ein Eckpfeiler unserer freiheitlichen Grundordnung. Der Beitrag der Kirchen und Religionsgemeinschaften zu Sinnstiftung und Wertevermittlung sowie ihre diakonischen und karitativen Leistungen sind nach unserer Auffassung von großer Bedeutung für die Entwicklung unseres Gemeinwesens. Die CDU-Fraktion im Schleswig-Holsteinschen Landtag wird daher auch die partnerschaftlichen Beziehungen zwischen dem Land und den Kirchen und Religionsgemeinschaften pflegen und weiterentwickeln. Ein wichtiger Bereich dieser partnerschaftlichen Zusammenarbeit betrifft die Stärkung des Religionsunterrichtes an den Schulen. Wir wollen in unserem Lande religiöse Toleranz und wechselseitiges Verständnis zwischen Menschen unterschiedlicher konfessioneller Zugehörigkeit sowie auch jener Bürgerinnen und Bürger, die keiner Kirche oder Religionsgemeinschaft angehören, fördern.

www.vonboetticher.de

Survey

Dr. Bernd Brandes-Druba

Vorstand der Sparkassenstiftung Schleswig-Holstein, Kiel

Epilog

„Seit ich denken kann, hatten wir die Krise. Und wenn wir die nicht mehr hätten, dann hätten wir sie".

Dieses Jürgen Flimm zugeneigte Bonmot hat Konjunktur. Derzeit at its best.

Die Publikation des Landeskulturverband Schleswig-Holstein (LKV), erstmalig angeregt zum (damaligen) 60. Geburtstag am 5. November 2008, zunächst als „Broschüre" (sic!) geplant, hat sich – den Zeitläuften folgend – zu einer veritablen „Kulturellen Bestandsaufnahme des Nordens" entwickelt. Was der zeitnahen Herausgabe natürlich nicht sonderlich zuträglich war. Die Fülle der Themen und die Meinungsfreudigkeit vieler Kulturbewegter retardierten zusätzlich. Nun ist es vollbracht! Auch wenn in allen Zwischenstufen immer wieder Hinweise kamen, nun müsse man eigentlich ja „ganz neu schreiben". Wurde aber nicht. So liest sich – knapp eineinhalb Jahre nach der LKV-Geburtstagfeier – der ein oder andere Beitrag schon als ein „Monument der gewesenen Geschichte": tempus fugit!

Ich danke allen, die dabei blieben (und das sind etwa 100 Beitragende!), für Verständnis und Geduld. Das Ergebnis soll nicht nur die Fülle der Kulturangebote im Lande im Jetzt, nicht nur einen Schein auf das Historische, sondern auch die Anregung nach Vorne bieten. Kultur lebt und entwickelt sich – Krisen hin oder her!

Nur wenige enthielten sich – verwunderlich ist dabei nicht deren Ablehnung, sondern die fehlende Begründung. Insofern kann die Schrift nicht „vollständig" sein. Das geht im Kulturellen ohnehin nicht. Die Szene ist zudem noch viel facettenreicher, als ein jeder von uns sie sich denken (und überblicken!) kann. Aber ein Anfang ist gemacht. Plädoyer des Herausgebers wäre: eine Fortschreibung auf dieser Basis. Alle Jahrfünfte, spätestens jedes Jahrzehnt. Nur so ergäbe sich die Ablesbarkeit von Wachsen, Blühen und Vergehen in der Kultur.

Diese Schrift hatte geistige Vorläufer: so die 1988 von Brigitte Schubert-Riese und Jürgen Jensen edierte Publikation „Beiträge zur Kultur", so die 1998 von Magnus Staak vorgelegte Dokumentation „Kultur in Schleswig-Holstein". Das vorliegende Werk hatte ursprünglich versucht, im gegebenen Rhythmus an diese anzuknüpfen. Es hieße diese beiden Vorläufer gering zu schätzen, wolle man Umfang und Vielfältigkeit der neuen Schrift loben. Im Gegenteil. In ihrer Zeit waren beide Werke maß- und maßstabgebend. Nur daran wollen wir – wenn auch in anderem Format – anknüpfen. Das Kulturelle ist seitdem gewachsen: in jedweder Hinsicht. Über Theater, Literatur, Museen und Bildende Kunst hinaus. Das soll im neuen Werk deutlich werden. Die Kultur wird weiter wachsen. Auch in geografischer Hinsicht. Kulturelles ist nicht länger auf die Oberzentren begrenzt. Auch wenn sie dort – nach wie vor – am dichtesten konzentriert in allen ihren Angeboten vorliegt.

Der LKV hat sich weiter entwickelt – auch das spiegelt diese Schrift. So haben seit einigen Jahren die „KulturKongresse" mit ihren Themen (KulturWirtschaft, Kultur-Politik, KulturTourismus) zu fach- und regionenübergreifendem Meinungsaustausch unter heterogenen Beitragenden geführt. So hat sich in wenigen Jahren die Dach-marke „KulturSommer" gebildet. So hat man mit der Weiterentwicklung von „kul-turAktuell" zum „Norddeutschen Kulturpreis" für Aufmerksamkeit und zugleich kritische Diskussion gesorgt. So hat man mit dem Aufbau eigener Websites für einen viel breiteren Diskurs im Bereich Kultur sorgen können.

Derzeit steht – der problematischen Finanzlage geschuldet – alles in der Diskussion. Auch das ein Zeichen für die Krise. Aber – Flimms Erkenntnis sei es gedankt: die hatten wir ja schon, so lange wir denken können.

www.brandes-druba.de

Stefanie Kruse und Katharina Perrey

Landeskulturverband Schleswig-Holstein, Rendsburg

Der KulturSommer Schleswig-Holstein

„Die Welt ist ein Buch. Wer nie reist, sieht nur eine Seite davon." Diesen Worten des römischen Kirchenlehrers und Phi-losophen Augustinus folgend gehen die Schleswig-Holsteiner seit fast 15 Jahren jeden Sommer auf Reisen, zumindest im übertragenen Sinne.

Die Geschichte des KulturSommers, der damals noch „Festivalsommer" hieß, be-gann 1996. Seitdem greift er jedes Jahr den Länderschwerpunkt des Schleswig-Holstein Musik Festivals als Thema auf

Eröffnung Kultursommer 2009, Eutin

und begleitet und ergänzt die musikalischen Darbietungen mit zahlreichen Veran-staltungen. Zuvor fand der so genannte „Museumssommer" statt, eine Initiative, bei der einzelne Museen in den Festivalmonaten besondere Ausstellungen anboten und an den Wochenenden Museumsfeste feierten.

Nach der Gründung des Museumsamtes im Jahr 1996 wurde der erste Grundstein für den heutigen KulturSommer gelegt. Dr. Helmut Sydow, Leiter des Museumsamtes, nahm eine entscheidende Rolle dabei ein. Seiner Begeisterung und seinem Aktionismus ist es unter anderem zu verdanken, dass der Länderschwerpunkt des Schleswig-Holstein Musik Festivals von Museen für exklusive Ausstellungen und Projekte übernommen wurde. Ab dem Jahr 1997 spiegelte sich das jeweilige Thema auch im Titel des Schleswig-Holsteinischen KulturSommers wider. Zunächst verzeichneten die Initiatoren eine recht geringe Beteiligung, doch schon bald kamen immer mehr Museen und Anbieter an unterschiedlichen Orten in ganz Schleswig-Holstein hinzu.

Mit dem Intendantenwechsel beim Schleswig-Holstein Musik Festival 1999 erfolgte die Planung des KulturSommers in enger Abstimmung mit dem Festival und mit dem Literaturhaus Schleswig-Holstein, das seit 1996 jährlich den am musikalischen Länderschwerpunkt orientierten Literatursommer organisiert.

Bei der Koordination des KulturSommers wurden von Beginn an nicht nur Kooperationen innerhalb Schleswig-Holsteins aufgebaut, sondern auch direkte Kontakte zu Vertretern der jeweiligen Partnerländer geknüpft. Kulturminister und Generalkonsule stellen beim KulturSommer wichtige Repräsentanten ihrer Länder dar. Zudem unterstützen sie das Programm finanziell, beraten die Veranstalter inhaltlich und stellen Verbindungen zu Kulturinstitutionen des eigenen Landes her. Als 2002 die Kulturabteilung in der Staatskanzlei des Landes Schleswig-Holstein die Koordination des KulturSommers übernahm, entstanden viele neue Kontakte, von denen sowohl die Veranstalter als auch der KulturSommer insgesamt profitierten.

Der „Britische Sommer" 2003 war noch eine Initiative des Ministeriums für Bildung, Wissenschaft, Forschung und Kultur des Landes Schleswig-Holstein. Damals bot der Landeskulturverband an, die Öffentlichkeitsarbeit zu unterstützen und die Erstellung des Plakatfolders zu übernehmen – damit wurde er zum Projektpartner. Diese erfolgreiche Zusammenarbeit fand im folgenden Jahr, im Rahmen des „Tschechischen Sommers", ihre Fortführung.

2004, mitten in den Vorbereitungen des für 2005 geplanten „Japanischen Sommers", übernahm der Landeskulturverband die gesamte Organisation des KulturSommers. Mit knapp 70 Veranstaltungen und rund 25.000 Besuchern war bereits dieses erste Jahr unter neuer Regie ein voller Erfolg. Die im Vergleich zu den Vorjahren fast doppelt so hohe Presseresonanz unterstreicht das wachsende Interesse am Schleswig-Holsteinischen KulturSommer.

Im folgenden Jahr waren Nachbarn in Schleswig-Holstein zu Gast: Von Architektur bis hin zur bildenden Kunst, von Literatur bis Film war 2006 viel Niederländisches zu sehen, zu hören und zu erleben. Erstmalig präsentierte sich der KulturSommer mit einer zentralen Auftaktveranstaltung. In Anwesenheit der Schirmherren, dem Schleswig-Holsteinischen Ministerpräsidenten Peter Harry Carstensen und dem niederländischen Generalkonsul Teunis Halff, wurde im Künstlermuseum Heikendorf der „Niederländische Sommer" feierlich eröffnet. Doch nicht nur die Eröffnungsveranstaltung war ein Novum; zum ersten Mal übernahm ein ranghoher Vertreter des Gastlandes die Schirmherrschaft. Von Juni bis Oktober 2006 besuchten rund 40.000 Schleswig-Holsteiner die knapp 90 Veranstaltungen.

2007 stand die Kultur Ungarns auf dem Programm. In seinem Grußwort verwies Dr. István Hiller, Minister für Unterricht und Kultur des Landes Ungarn, auf die Gemeinsamkeiten zwischen seiner Heimat und Deutschland: „Unsere Begeisterung für die Kultur, unsere Achtung vor der Tradition ist ähnlich, und wie das deutsche Volk kann auch das ungarische stolz von sich behaupten, der Welt große Künstler gegeben zu haben." Diese Künstler standen einen Sommer im Mittelpunkt vieler Schleswig-Holsteinischer Museen, Galerien, Bibliotheken, Theater, Kinos und zahlreicher anderer Kultureinrichtungen. Gleichzeitig ist ein stetiger Anstieg der Angebote aus und in Hamburg zu verzeichnen – die Grenze zwischen Hamburg und Schleswig-Holstein verwischt zunehmend.

Dank der vielen hauptberuflichen und ehrenamtlichen Engagierten konnten im „Russischen Sommer" 2008 erstmals mehr als 100 Veranstaltungen im Programm gezählt werden. Höhepunkt war die Eröffnungsveranstaltung auf Gut Schierensee im Beisein des Ministerpräsidenten Peter Harry Carstensen, des russischen Generalkonsuls Dr. Sergey P. Ganzha und des Hausherren, Prof. Dr. Günther Fielmann.

Passend zu den beiden Jubiläen, 60 Jahre Grundgesetz und 20 Jahre Mauerfall, lautete 2009 das Motto des Schleswig-Holstein Musik Festivals „Heimspiel – Deutschland entdecken". Der Landeskulturverband schloss sich dem Thema an und konzentrierte sich auf die Kultur der eigenen Heimat. Mit rund 170 Veranstaltungen war der „Deutsche KulturSommer" der bisher umfangreichste. Den Schleswig-Holsteinern boten sich viele Gelegenheiten, die zahlreichen Facetten der deutschen Kultur ganz neu zu entdecken. In Hinblick auf die deutsche Geschichte war jedoch eine gewisse Sensibilität gefragt, um nicht allzu patriotisch aufzutreten.

Im Jahr 2010 – dem Chopin-Jahr – steht die Kultur Polens im Mittelpunkt. Es wird zahlreiche Veranstaltungen rund um den großen polnischen Komponisten geben, und sein Leben und Werk werden in Ausstellungen, Konzerten, Vorträgen und Filmen thematisiert. Zudem werden polnische Künstler ihre Werke in den Museen und Galerien Schleswig-Holsteins präsentieren.

Kunst und Musik bieten uns „oft die Einblicke in das Innerste der Seele verschiedener Völker", so die Worte Vladimir V. Kotenevs in seinem Grußwort zum Russischen Sommer.

Und genau das ist es, was den KulturSommer auszeichnet. Er schlägt Brücken, bietet Gelegenheit für neue Begegnungen und lässt uns über die Grenzen hinausblicken. Das jeweilige Gastland ist einen Sommer lang in ganz Schleswig-Holstein präsent und be-

kommt die Möglichkeit, seine Menschen, deren Leben und Kultur vorzustellen.
Der KulturSommer hat natürlich – um auf den Sinnspruch Augustinus' zurückzukommen – nicht den Anspruch, das Reisen zu ersetzen, im Gegenteil: Er soll neugierig machen und die Lust wecken, mehr von diesen Ländern und Kulturen zu sehen.

Dr. Holger Rüdel
Leiter Kulturamt der Stadt Schleswig

Dr. Theo Christiansen gestorben
Schleswig verliert eine bedeutende Persönlichkeit
des kulturellen Lebens[1]

Am 21. Juli 2000 ist Dr. Theo Christiansen im Alter von 91 Jahren in Schleswig gestorben[2]. Als Leiter des Kulturamtes, Direktor des Städtischen Museums und Autor zahlreicher historischer Veröffentlichungen hat Theo Christiansen das kulturelle Erscheinungsbild der Stadt Schleswig über mehrere Jahrzehnte wesentlich mitgestaltet. Theo Christiansen wurde am 3. Juni 1909 in Berlin als Sohn eines Pastors geboren. Seine spannungsreiche Schulzeit und Jugend zunächst in Christiansfeld (Nordschleswig), später in Kiel und dann in Berlin weckte sein Interesse für die Geschichte, Kultur und Sprachen Nordeuropas. Nach dem Abitur auf einem Reformgymnasium in Berlin entschloß er sich deshalb zu einem Studium der Fächer Geschichte, Volkskunde und Nordistik, das er im November 1937 mit der Promotion zum Dr. phil. abschloß.

Seine berufliche Karriere begann Theo Christiansen als wissenschaftlicher Assistent am Historischen Seminar der Universität Kiel. Nach einem Volontariat im „Haus der rheinischen Heimat" in Köln trat er am 1. September 1938 auf Vorschlag seines akademischen Lehrers Prof. Dr. Otto Scheel als wissenschaftlicher Angestellter in den Dienst der Stadt Schleswig. Seine Aufgabe bestand darin, im Schloß Gottorf oder im Rathaus ein historisches Landesmuseum einzurichten. Für die Verwirklichung dieses ehrgeizigen Vorhabens hatte sich vor allem der Landesmuseumspfleger Prof. Dr. Alfred Kamphausen eingesetzt. „Der Krieg", schreibt Theo Christiansen in seinem Buch über die Stadtgeschichte der Jahre 1836 bis 1945, „verhinderte die Ausführung dieses aus dem Geist der Zeit geborenen Planes." Immerhin gelang es Theo Christiansen, an seinem zunächst provisorischen Arbeits- und Ausstellungsort, dem „Schleswig-Haithabu-Museum" im Günderothschen Hof, eine Art „Probeausstellung" zur Geschichte des deutsch-dänischen Krieges 1848 bis 1851 einzurichten. In einer Einheit der Nachrichtenaufklärung erlebte Theo Christiansen den Krieg an der Ostfront. In

Lappland geriet er 1944 in sowjetische Gefangenschaft, aus der er erst 1950 entlassen wurde. Er kehrte in eine Stadt zurück, die sich gegenüber der Vorkriegssituation entscheidend verändert hatte: Tausende Flüchtlinge und Vertriebene waren am Ende des Krieges als Neubürger nach Schleswig gekommen und mußten mit Arbeitsplätzen, Wohnraum und Schulen versorgt werden. Auch die kulturellen Gewichte hatten sich verschoben: Nach der Verlegung des Regierungssitzes von Schleswig nach Kiel waren als „Kompensation" mittlerweile die Landesmuseen in das Schloß Gottorf eingezogen, so daß Christiansens ursprüngliche Aufgabe, ein historisches Zentralmuseum aufzubauen, entfiel. Die Wiederaufnahme seiner dienstlichen Tätigkeit bei der Stadt Schleswig stellte unter diesen Rahmenbedingungen eine persönliche Herausforderung dar, die sich aus heutiger Sicht in ihren Schwierigkeiten kaum erahnen läßt. Zudem übertrug die Stadt Theo Christiansen nicht nur die Verantwortung für den gesamten kommunalen Kulturbereich einschließlich des Theaters und der Volkshochschule, sondern zunächst auch noch die Zuständigkeit für das Schulwesen sowie die Wirtschafts- und Tourismusförderung. Auf allen Gebieten setzte er maßgebliche, vielfach bis heute fortwirkende Impulse. Unvergessen sind vor allem sein unermüdlicher, oft bis in die Nachtstunden reichender Einsatz für das Theater und seine Pionierleistung beim Aufbau des Städtischen Museums im Günderothschen Hof.

Mit seinem weit über Schleswig-Holstein hinaus anerkannten Sachverstand engagierte sich Dr. Theo Christiansen ehrenamtlich in zahlreichen Vereinen, Verbänden und Organisationen auf Landes-, Bundes- und internationaler Ebene. In dieser Funktion war er ein Motor für neue, oft wegbereitende Projekte und Ideen, gleichzeitig aber immer ein Botschafter für die Belange der Stadt Schleswig. So gelang es ihm als Mitbegründer und Geschäftsführer des Landeskulturverbandes, spektakuläre Kulturveranstaltungen nach Schleswig zu holen, die ihrer Zeit weit voraus waren. Mitten im kalten Krieg, im September 1958, organisierte er ein Gastspiel der Brecht-Witwe Helene Weigel im Rahmen der „Begegnung mit der DDR". In den 60er Jahren initiierte Christiansen weitere internationale Kulturfestivals in Schleswig mit Delegationen aus Schweden, Polen, der Tschechoslowakei und Ungarn. Auch als langjähriger Geschäftsführer der Arbeitsgemeinschaft Europastraße 3 schlug er eine völkerverbindende Brücke von Schleswig zu 120 Städten in neun europäischen Ländern.

Seine eigentliche Profession und Berufung, die Erforschung und Darstellung geschichtlicher Ereignisse, verlor Theo Christiansen trotz seines breitgefächerten dienstlichen Aufgabenbereiches und seiner ehrenamtlichen Verpflichtungen nie aus dem Auge. In seiner knapp bemessenen Freizeit verfaßte er neben einer Reihe stadt- und landesgeschichtlicher Aufsätze nach langjährigen Quellenstudien zwei für die Geschichte Schleswigs grundlegende Werk: 1973 erschien der Band „Schleswig 1836-1945. Eine Stadt und ihre Bürger in 110 Jahren des Wandels aller Lebensbedingungen", dem 1987 das Buch „Schleswig 1945-1962. Eine Stadt und ihre Bürger" folgte. Beide Bände wurden von der Gesellschaft für Schleswiger Stadtgeschichte herausgegeben. Viele Jahre lang war er zudem Mitglied im Redaktionsausschuß der Gesellschaft.

„Wer einmal von der Frucht Museum nascht, kommt von ihr nicht mehr los", pflegte er oft zusagen. Damit umschrieb er seine Leidenschaft für die Tätigkeit als Museumsdirektor. Diese Funktion übte er so erfolgreich aus, daß die Stadt Schleswig ihn nach seiner Pensionierung als Chef der Kulturverwaltung von 1974 bis 1984 weiterhin mit der Leitung des Städtischen Museums beauftragte.

Die Verleihung der Freiherr-vom Stein-Gedenkmedaille 1974, des Bundesverdienstkreuzes am Bande 1976 und des Bundesverdienstkreuzes Erster Klasse 1995 sind Ausdruck öffentlichen Dankes und Anerkennung für diese Lebensleistung. Die Gesellschaft für Schleswiger Stadtgeschichte ernannte ihn wegen seines Engagements als Historiker zum Ehrenmitglied.

Seine letzten Lebensjahre verbrachte Theo Christiansen zurückgezogen in seiner Wohnung in der Chemnitzstraße, nahm aber trotz seiner fortschreitenden Krankheit mit erstaunlicher geistiger Vitalität regen Anteil an allen Geschehnissen.

Mit Theo Christiansen verliert die Stadt Schleswig eine der großen Persönlichkeiten des kommunalen Kulturlebens im 20. Jahrhundert.

www.Stadtmuseum-Schleswig.de

Rolf Teucher

Die Zukunft des Landeskulturverbandes

Im Januar 1948 wurde der Landeskulturverband gegründet. Er ging hervor aus dem Kieler Kulturring.

Seit der Eintragung in das Vereinsregister des Amtsgerichts Kiel sind inzwischen mehr als 60 Jahre vergangen.

Den Landeskulturverband Schleswig-Holstein gibt es immer noch.

Das ist nicht selbstverständlich und das ist insbesondere für kulturelle Verbände nicht alltäglich.

Die Historie des Landeskulturverbandes und seine Entwicklung bis zum heutigen Tag sind auf den ersten Seiten dieser Edition von dem langjährigen Vorstandsmitglied Jutta Kürtz in hervorragender Weise und detailliert dargestellt worden.

Man erkennt: Der Landeskulturverband hat sich in seinen Aufgaben und seinem Wirken verändert. Er hat auf gesellschaftliche Entwicklungen reagiert und sich immer wieder neu orientiert. Anfangs noch im Wesentlichen ein Kulturveranstalter, wurde der LKV mehr und mehr zu einem Forum, auf dem unterschiedliche Positionen vertreten, pluralistische Auffassungen ausgetauscht und vielfältige Beiträge zur Bildung und Kultur vorgebracht und diskutiert werden konnten. Aus dem Spezialisten wurde ein Generalist, der sich um alle Fragen des Kultur- und Geisteslebens in Schleswig-Holstein kümmerte.

Aber wie geht es weiter?

Wohin entwickelt sich der LKV? Welche Ziele setzt er sich?

Was will er in der Zukunft bewirken? Wo sieht er seine Hauptaufgaben?

Und wie will er sie erfüllen?

Aus Anlass des 40 jährigen Bestehens hat der Landeskulturverband im Jahre 1988 seine letzte Standortbestimmung veröffentlicht.

Sie schloss ab mit Anmerkungen zu einem Kulturprogramm für das Land Schleswig-Holstein. Darin werden heute noch gültige wie auch unerfüllte Forderungen aufgestellt, wie z.B. die Stärkung des musischen Unterrichts an allen Schularten, die Errichtung eines Staatstheaters, die Aufwertung des Philharmonischen Orchesters Kiel zum A-Orchester und die Errichtung eines Musikinternats bzw einer Musikakademie.

Andere damalige Wünsche sind inzwischen umgesetzt und erfüllt: Der Ausbau der Muthesius-Schule zur Kunsthochschule zum Beispiel oder die Einrichtung eines Kinder- und Jugendtheaters am Schleswig-Holsteinischen Landestheater; die Vergabe eines Schleswig-Holsteinischen Kunstpreises etwa oder Autorenlesungen an Schulen.

Mehr als 20 Jahre später erscheint im 63. Jahr des Bestehens des LKV diese Edition, in der alle relevanten Kulturverbände und -vereine, alle maßgebenden Kulturinstitutionen und viele Kulturschaffende und Kulturfunktionäre sowie Parteienvertreter ihr Statement zur Entwicklung von Bildung und Kultur in Schleswig-Holstein abgeben.

Dies ist bereits ein deutlicher Hinweis auf die künftigen Aufgaben und das Selbstverständnis des Landeskulturverbandes:

Der Verband muss sich im Interesse der Kultur in Schleswig-Holstein zu einem echten Dachverband entwickeln, so wie es der Landessportverband für den Sport in Schleswig-Holstein ist.

Dazu gehört, dass der Landeskulturverband

- seine Aktivitäten in einem Haus der Kultur konzentriert
- die Geschäftstellentätigkeiten weiter professionalisiert
- seine Mitgliederbasis erweitert
- die Lobbyarbeit für Bildung und Kultur verstärkt
- aktiv in die Gesetzgebung eingreift und eingebunden wird
- mehr als bisher aktuelle Themen aufgreift und öffentlich diskutiert
- als anerkannter Gesprächspartner für Kommunal- und Landesverwaltung sowie Kommunal- und Landespolitik aktiv kultur- und bildungspolitische Prozesse beeinflusst

- Fortbildungsveranstaltungen organisiert und anbietet
- Verwaltungsdienstleistungen für Kultur- und Bildungsvereine anbietet
- Presse- und Öffentlichkeitsarbeit bei Kultursparten übergreifenden Themen und landesweiten Veranstaltungsserien übernimmt oder koordiniert

In all diesen Aufgaben darf und soll der LKV sich nicht in die Belange der Vereine und Verbände der einzelnen Kultursparten oder Bildungs- und Kulturinstitutionen einmischen. Er soll flankierend, unterstützend und begleitend tätig werden. Er soll gemeinsame Interessen definieren und gegenüber Politik und Verwaltung vertreten. Und er soll durch die Bündelung von Interessen und Forderungen der Kultur und der Bildung im Lande eine machtvolle, nicht überhörbare Stimme verleihen.

Dies alles hängt allerdings nicht nur vom Wollen und Sachverstand des Landeskulturverbandes ab, sondern von einer verstärkten und nachhaltigen Finanzierung.

Im 62 Jahre nach seiner Gründung „lebt" der Landeskulturverband von einer öffentlichen institutionellen Förderung von 12.000,- Euro jährlich. Hinzu kommt eine öffentliche Projektförderung für die Organisation und Durchführung des KulturSommers in Höhe von ebenfalls 12.000,- Euro.

Der Etat des Landeskulturverbandes beläuft sich aber auf 80.000,- bis 100.000.-Euro pro Jahr, d.h. zwischen 50.000,- und 70.000,- Euro werden durch Spender und Sponsoren finanziert. Mit diesem Etat lassen sich gerade einmal die derzeitigen Aufgaben in einer Sparversion finanzieren.

Soll der Landeskulturverband die oben angeführten Zukunftsaufgaben bewältigen, bedarf es deutlich erweiterter Personal- und Finanzressourcen und eines stark angepassten und verstetigten öffentlichen institutionellen Zuschusses.

Deshalb muss der Landeskulturverband es auch als seine Aufgabe betrachten, für sich und seine unverzichtbare Tätigkeit zu werben, und seine Mitglieder und er müssen die Existenznotwendigkeit des LKV Tag für Tag neu untermauern.

„Herausforderung und Aufgabe des Landeskulturverbandes Schleswig-Holstein e.V.", so heißt es in dem Einführungsbeitrag zu dieser Broschüre, „bestehen darin, alle Kräfte des Kultur- und Geisteslebens in Schleswig-Holstein an der Gestaltung der Rahmenbedingungen zu beteiligen und sie für die politische Dimension ihrer Arbeit zu interessieren."

Das gleiche Interesse aller Kräfte des Kultur- und Geisteslebens in Schleswig-Holstein gebührt auch der politischen Dimension der Arbeit des Landeskulturverbandes.

Impressum und Anhang

Anmerkungen

47 Literatur: Max Fuchs: Grundversorgung kulturelle Bildung. Zur Rolle der Kommune.
Vortrag im Rahmen der Veranstaltung „Kulturelle Bildung in der Kultur-Entwicklungsplanung", Dresden: 30.06.2004
Hermann Glaser: Aufgaben und Ziele kommunaler Kulturpolitik.
Impulsreferat zur Veranstaltung „Kommunale Kulturpolitik zwischen Sparzwängen und sozialem Auftrag", Saarbrücken: 21.07.2005
Armin Klein: Kulturpolitik. Eine Einführung. Wiesbaden: 2005. 2., überarb. und aktual. Auflage
Bundes-SGK: Sozialdemokratische Gemeinschaft für Kommunalpolitik in der Bundesrepublik Deutschland e.V.: Diskussionspapier „Aktivierende Kulturpolitik als Baustein des strukturellen Wandels begreifen – Innovationen fördern", Berlin: 01. März 2002
Leitlinien für die kommunale Kulturförderung der Landeshauptstadt Kiel, Kiel: 10. Oktober 2002
Kultur-Konzept Freiburg. Leitbild kulturelle Stadtentwicklung, Freiburg: 31. Oktober 2006
62 [1] Kirchenamt der EKD (Hg.), Räume der Begegnung. Religion und Kultur in evangelischer Perspektive. Eine Denkschrift der Evangelischen Kirche in Deutschland und der Vereinigung Evangelischer Freikirchen, Gütersloh 2002, 9.
63 [2] Deutscher Bundestag (Hg.), Kultur in Deutschland. Schlussbericht der Enquete-Kommission des Deutschen Bundestages, Regensburg 2008. [3] A.a.O., 208.
64 [4] A.a.O., 212f. [5] Anknüpfen lässt sich in dieser Sache bei dem evangelischen Theologen Paul Tillich. Er formulierte: „Kultur ist das, was der menschliche Geist über das Gegebene hinaus schafft. (...) Das heißt, Kultur umschließt das gesamte geistige Leben des Menschen, und nichts kann davon ausgeschlossen sein, (...) auch nicht Religion." Vgl. Paul Tillich, Über die Grenzen von Religion und Kultur, in: Ders., Gesammelte Werke Bd. IX, hrsg. von Renate Albrecht, Stuttgart 1959ff., 94-99, 94. [6] Ders., The Impact of the Concept of Culture on the Concept of Man, in: ders., The Interpretation of Cultures, New York 1973, 33-54, 46, [7] Vgl. dazu auch: Verf., Religion als Substanz der Medienkultur? Anmerkungen zu Paul Tillichs kulturtheologischen Überlegungen, in: Magazin für Ästhetik und Theologie, 28/2004, http://www.theomag.de/28/jh8.htm.
118 [1] Pressemitteilung vom 31.03.2009 des städtischen Pressedienstes der Stadt Dortmund anlässlich des 20jährigen Jubiläums der Kulturbüros Dortmund.
127 [1] FUR Reiseanalyse 2008, [2] FUR Reiseanalyse 2007, [3] 2007, [4] Die Arbeitsgemeinschaft setzt sich zusammen aus: Dem Projektmanagement Kultur, Vertreter der Kulturabteilung aus der Staatskanzlei, des Tourismusreferats des Ministeriums für Wirtschaft, Wissenschaft und Verkehr,
128 [5] Pressemitteilung vom 31.03.2009 des städtischen Pressedienstes der Stadt Dortmund anlässlich des 20jäh-

rigen Jubiläums des Kulturbüros Dortmund.
141 [1] www.vimu.info. Hier finden Sie auch Guides zum Virtuellen Museum zum Download (pdf-Format).
141 [2] Beteiligt an dem Projekt (April 2005 bis März 2008) waren neben dem Institut für schleswig-holsteinische Zeit- und Regionalgeschichte der Universität Flensburg (Prof. Dr. Uwe Danker) das Institut for Historie, Kultur og Samfundsbeskrivelse der Syddansk Universitet, Odense (Prof. Dr. Martin Rheinheimer), das Zentrum für Multimedia der Fachhochschule Kiel (Prof. Dr. Bernd Vesper) und das Institut for Fagsprog, Kommunikation og Informationsvidenskab Syddansk Universitet, Sønderborg (Prof. Dr. Klaus Robering).
142 [3] Detaillierte Hinweise zu den theoretischen Überlegungen finden Sie in: Danker, Uwe/Schwabe, Astrid: Historisches Lernen im Internet. Zur normativen Aufgabe der Geschichtsdidaktik, Geschichte in Wissenschaft und Unterricht, Jg. 58, 2007, H. 1, S. 4-19; Danker, Uwe/Schwabe, Astrid (Hrsg.): Historisches Lernen im Internet. Geschichtsdidaktik und Neue Medien, Schwalbach/Ts. 2008.
155 [1] Gietzelt (1997), 11f. [2] Wulf (1995), 97f.
156 [3] Schütze (2009), 219. [4] Die Ausstellung ist von Mai 2009 bis Ende 2010 im Schleswig-Holsteinischen Freilichtmuseum zu sehen.
157 [5] Heidrich/Hillenstedt (2009). [6] Wendt (2009),
155 Literatur: Carstens, Uwe: Leben im Flüchtlingslager. Ein Kapitel deutscher Nachkriegsgeschichte, Husum 1994.
Carstens, Uwe: 50 Jahre nach Flucht und Vertreibung…. In: Ende und Anfang im Mai 1945. Das Journal zur Wanderausstellung des Landes Schleswig-Holstein. Hrsg. Ministerien für Wissenschaft, Forschung und Kultur des Landes Schleswig-Holstein, Kiel 1995, S. 187-193.
Diercks, Willy (Hg.): Flüchtlingsland Schleswig-Holstein. Erlebnisberichte vom Neuanfang, Heide 1997.
Gietzelt, Martin: Schleswig-Holstein – Flüchtlingsland Nr. 1. In: Diercks, Willy (Hg.), Flüchtlingsland Schleswig-Holstein. Erlebnisberichte vom Neuanfang, Heide 1997, S. 11-16.
Heidrich, Hermann und Ilka E. Hillenstedt (Hg.): Fremdes Zuhause. Flüchtlinge und Vertriebene in Schleswig-Holstein nach 1945, Neumünster 2009.
Kossert, Andreas: Kalte Heimat. Die Geschichte der deutschen Vertriebenen nach 1945, München 2008.
Schütze, Manuela: Zur musealen Aneignung verlorener Heimat in ostdeutschen Heimatstuben. In: Heidrich, Hermann und Ilka E. Hillenstedt (Hg.): Fremdes Zuhause. Flüchtlinge und Vertriebene in Schleswig-Holstein nach 1945, Neumünster 2009, 219-234.
Wendt, Stefan: Ein Experiment mit Folgen. In: Heidrich, Hermann und Ilka E. Hillenstedt (Hg.): Fremdes Zuhause. Flüchtlinge und Vertriebene in Schleswig-Holstein nach 1945, Neumünster 2009, 92-109.
Wulf, Peter: Die Flüchtlinge in Schleswig-Holstein 1945-55. Belastungen und Chancen, in: Bohn, Robert und Jürgen Elvert (Hg.): Kriegsende im Norden. Vom heissen zum kalten Krieg. Historische Mitteilungen, Beiheft 14, Stuttgart 1995, 95-104.

256 [1] Jens Christian Jensen: Das Werk Harald Duwe heute, 1994 , [2] www.sh-tourismus.de, 15.08.09.
257 [3] Jimena Blázquez Abascal, Skulpturen-Parks in Europa. Ein Kunst – und Landschaftsführer, Basel 2006 [4] Jimena Blázquez Abascal, 2006, S. 11, [5] Werner Haftmann, in: Carl Georg Heise (Hrsg.): Plastik im Freien, Hamburg 1953, S. 4.
258 [6] R. W. D. Oxenaar: Rijksmuseum Kröller-Müller Otterlo, Museumsjournal 1966, zit. nach: Kröller-Müller. Hundert Jahre bauen und sammeln, Amsterdam 1992, S. 115, [7] Simon Schama: Der Traum von der Wildnis, Natur als Imagination, München 1996, S. 74, [8] John Brinckerhoff Jackson: Landschaften. Ein Resümee, 1984, in: Brigitte Franzen/Stefanie Krebs: Landschaftstheorie, Köln 2005, S. 43, [9] John Brinckerhoff Jackson, 1984, in: Brigitte Franzen/Stefanie Krebs, 2005, S. 31
220 [10] Mark Dion, in: Mark Dion. Concerning Hunting, Hatje Cantz Verlag, Ostfildern 2008, Rückumschlag.
259 [11] Dominique Gonzalez-Foerster im Gespräch mit Lars Köllner, in: skulptur projekte münster 07, Köln 2007, S. 57
260 [12] Klägliche 53,5 EUR je Einwohner wurden 2005 für Kultur durch das Land bereitgestellt, während bei einem bundesweiten Durchschnitt von 84,7 EUR beispielsweise Spitzenreiter Sachsen mit 155,4 EUR prozentual nahezu das Dreifache in die kulturelle Förderung seines Landes investierte. Vgl. Kulturfinanzbericht 2008, Statistische Ämter des Bundes und der Länder, Wiesbaden 2008, S. 22
273 Berichte aus dem Schleswig-Holsteinischen Freilichtmuseum, Nr. 1-37, Neumünster 1963-2000, Nr. 38-45, Molfsee bei Kiel 2002-2008.
Heidrich, Hermann/ Ulrike Looft-Gaude (Hg.) : Das Bordesholmer Haus und seine Nebengebäude zwischen 1600 und 1870 auf Grundlage wissenschaftlicher Arbeiten von Hartmut Hildebrandt und Michael Kopischke, Molfsee 2004 (Veröffentlichungen des Schleswig-Holsteinischen Freilichtmuseums, Band 2).
Heidrich, Hermann: Schleswig-Holsteinisches Freilichtmuseum. Museumsführer, München/Berlin 2007.
Heidrich, Hermann/ Ulrike Looft-Gaude (Hg.): Bunte Steine, buntes Glas. Fliesen, Terrazzo und Glasfenster um 1900 (mit Beiträgen von Birte Gaethke, Manuela Junghölter und Ulrike Looft-Gaude), Husum 2008.
Heidrich, Hermann/ Ilka E. Hillenstedt (Hg.): Fremdes Zuhause. Flüchtlinge und Vertriebene in Schleswig-Holstein nach 1945, Neumünster 2009.
Johannsen, Carl Ingwer (Hg.): Das Haus Storm aus Elsdorf-Westermühlen, Molfsee und Heide 1981 (Schleswig-Holsteinisches Freilichtmuseum, Studien, Band 1).
Johannsen, Carl Ingwer (Hg.): Führer durch das Schleswig-Holsteinische Freilichtmuseum, Neumünster 1994.
Johannsen, Carl Ingwer (Hg.): Milch…Butter…Käse… Milchverarbeitung früher, Husum 1996 (Lernort Schleswig-Holsteinisches Freilichtmuseum, Heft 4, 2. überarbeitete Auflage).
Johannsen, Carl Ingwer (Hg.): Schleswig-Holstein. Vom Leben und Arbeiten auf dem Lande, Hamburg 1999.
Johannsen, Maike/Ulrike Looft-Gaude /Astrid Paulsen:

Die ländliche Küche. Geschichte und Rezepte aus Norddeutschland, Hamburg 1998.
Kamphausen, Alfred: Häuser die Heimat waren, Kiel 1982.
Kamphausen, Alfred: Das Schleswig-Holsteinische Freilichtmuseum. Häuser und Hausgeschichten, Neumünster 1989 (12. erweiterte Auflage).
Mehl, Heinrich: Freilichtmuseum als Rummelplatz, in: Schleswig-Holstein, Juli/August 2009, S. 47.
280 [1] zitiert aus dem Katalog der 50. Landesschau, Sylvia Stuhr, 2003
373 [1] Erschienen in: Beiträge der Gesellschaft für Schleswiger Stadtgeschichte, Bd. 46, 2001, S. 7-9. [2] Todesdatum: 21. Juli 2000

Landeskulturverband
Schleswig-Holstein e.V.

Geschäftsstelle:
Am Gerhardshain 44
24768 Rendsburg
Telefon 04331 / 14 38 – 42
Fax 04331 / 14 38 – 41
info@landeskulturverband-sh.de
http://www.landeskulturverband-sh.de

Der Landeskulturverband Schleswig-Holstein bedankt sich für Unterstützung und Förderung
bei der Durchführung der KulturKongresse und der vorliegenden Publikation bei den
Provinzial Versicherungen (Kiel), der Investitionsbank Schleswig-Holstein (Kiel), der LBS
Schleswig-Holstein-Hamburg (Kiel/Hamburg), der E.ON Hanse AG (Quickborn), der HSH
Nordbank AG (Kiel/Hamburg), der ACO Severin Ahlmann GmbH (Büdelsdorf), der
Sparkasse Mittelholstein, der Förde Sparkasse (Kiel), der Sparkassenstiftung Schleswig-
Holstein (Kiel), der Damp Holding (Hamburg) sowie der Landesregierung Schleswig-Holstein
und dem Wachholtz Verlag (Neumünster).

Herstellung: Wachholtz Verlag

ISBN 978-3-529-02769-7